Produção e Reprodução das Formas de Sociabilidade

Produção e Reprodução das Formas de Sociabilidade

Dimensões territoriais e multi-escalares

Isabel Pauline Hildegard Georges
Cibele Saliba Rizek
Thalles Vichiato Breda
(Orgs.)

alameda

Grafia atualizada segundo o Acordo Ortográfico da Língua Portuguesa de 1990, que entrou em vigor no Brasil em 2009.

Edição: Haroldo Ceravolo Sereza/ Joana Monteleone
Projeto gráfico, diagramação e capa: Ana Júlia Ribeiro
Assistente acadêmica: Tamara Santos
Revisão: Alexandra Colontini
Imagem da capa: Ocupação em Busca de um Sonho (São Carlos), (2017), Jéssica Alves Rodrigues. Fotografia digital (20 x 23cm).

CIP-BRASIL. CATALOGAÇÃO NA PUBLICAÇÃO
SINDICATO NACIONAL DOS EDITORES DE LIVROS, RJ

P956

Produção e reprodução das formas de sociabilidade : dimensões territoriais e multi-escalares / organização Isabel Pauline Hildegard Georges , Cibele Saliba Rizek , Thalles Vichiato Breda. - 1. ed. - São Paulo : Alameda, 2022.
432 p. ; 21 cm

Inclui bibliografia
ISBN 978-65-5966-143-5

1. Política social - Brasil. I. Georges, Isabel Pauline Hildegard. II. Rizek, Cibele Saliba. III. Breda, Thalles Vichiato.

22-80842

CDD: 306.20981
CDU: 316.334.3(81)

Alameda Casa Editorial
Rua 13 de Maio, 353 – Bela Vista
CEP 01327-000 – São Paulo, SP
Tel. (11) 3012-2403
www.alamedaeditorial.com.br

Sumário

PARTE II
Destituição de direitos e de territórios: a gestão das desigualdades

Apresentação da coletânea SAGEMM: "Social activities, gender, markets and mobilities from below (Latin America)"

Isabel Pauline Hildegard Georges
Cibele Saliba Rizek

A coletânea organizada a partir da rede de pesquisa SAGEMM – *Social activities, gender, markets and mobilities from below (Latin America)* é dedicada à publicação de obras de pesquisadores que estabeleceram interlocuções a partir do Laboratório Misto Internacional, fomentado entre 2016 e 2018 pelo Institut de Recherche pour le Développement – IRD, sediado na França e co-coordenado por Isabel P.H. Georges (IRD) e Cibele S. Rizek (USP).

As temáticas desta coletânea se debruçam sobre um conjunto de processos de transformação no âmbito do trabalho, família e políticas sociais e de assistência, bem como suas ancoragens urbanas. Suas dimensões de análise abarcam questões de gênero, estruturas familiares, processos de concepção, implementação e operacionalização de políticas sociais, problematizando a dinâmica dessas interconexões com relação aos desafios impostos pela mundialização. Toma-se como objetos de pesquisa e análise tanto as políticas voltadas ao mercado de trabalho, à família e às questões de gênero, como as políticas urbanas, também em transformação desde os anos 1990, nos cruzamentos entre o horizonte de direitos e as formas de governo e de controle. A análise dessas políticas sociais e daquelas voltadas para o mercado de trabalho tem ainda como desdobramento o desafio de compreender como os atores que as implementam bem como seus beneficiários acabam por experimentá-las. A articulação entre objetos e programas de pesquisa que compõem a rede se assenta: na constatação de uma relação paradoxal entre a tendência mundial de desregulação por um lado, e os modos de ativação, por outro; nas dinâmicas da formalização/informalização no âmbito da América Latina, da experimentação de políticas sociais - inclusive as do trabalho - e de sua circulação, configurando a região como um laboratório de experimentações. Tratase de investigar como políticas sociais e urbanas, bem como políticas de (des)regulação do mercado de trabalho são adaptadas a configurações nacionais específicas, por meio de um processo de pesquisa multi-escalar e multi-situado que pretende iluminar processos sociais e históricos por sua justaposição e, quando possível, sua comparação.

Os primeiros sinais do último desmanche

Cibele Saliba Rizek
Isabel Pauline Hildegard Georges

Este livro teve origem em textos e comunicações apresentados em seminários e em encontros que ocorreram em diferentes momentos: em agosto de 2018 (na Universidade Federal de São Carlos), em agosto de 2019 (na Escola de Saúde Pública da Universidade de São Paulo) e em novembro de 2019 (na *UMR 201 Développement et sociétés, Institut de recherche pour le développement/Université de Paris I*), como um conjunto de atividades promovidas no âmbito do então Laboratório Misto Internacional (*Laboratoire Mixte International "Social Activities, Gender, Markets and Mobilities from below – Latin America"* – LMI SAGEMM (IRD, 2016-2018), além de envolver a rede de pesquisa que dele acabou por se originar (Rede SAGEMM[1]).

Essas atividades buscavam mapear as configurações sociais que marcaram a transição que vinha ocorrendo no Brasil entre um governo proveniente de um golpe jurídico parlamentar, sucedido em 2016, e o início do governo eleito, o qual já estava, então, marcado pela destruição – institucional e política – de programas sociais, de modo a conformar mais uma camada de desmanches de direitos e de regulações que tiveram relevância

1 https://sagemm.ird.fr.

ao longo do ciclo 2003-2016, período este dos sucessivos governos do Partido dos Trabalhadores (PT).

Esses seminários e encontros antecederam à eclosão da pandemia de coronavírus que se instalou no país e no mundo no início de 2020. Assim, precederam também o que a epidemia escandalosamente explicitou: uma combinação de elementos que atestava tanto a continuidade de um modo de sociabilidade política – forma, ao mesmo tempo, persistente e subterrânea de dominação, que perpassa relações de classe, gênero e raça – quanto a novidade (vista como um ponto de inflexão ou como um ponto de difícil retorno) da exposição sem máscaras de um governo de difícil classificação, detentor de traços fascistas combinados a uma forma exacerbadamente autocrática, explicitamente antidemocrática e fundamente governamentalizada, que tomou conta de instituições, relações e conformações dos modos de sociabilidade no Brasil.

A fim de compreender, então, uma primeira camada de destituições, os seminários, suas comunicações e os textos que deram origem a esta coletânea referiram-se e discutiram políticas e programas sociais já um tanto desmantelados; alguns ainda em vigência, que tiveram origem nos governos de coalisão encabeçados pelo Partido dos Trabalhadores, ciclo este cujo fim, em 2016, pode ser pensado como o encerramento da Nova República, instalada e em vigência desde 1985.

Os programas e políticas sociais que caracterizaram o referido período são heterogêneos e obedeceram ao que se poderia reconhecer como um ciclo cujo início se deu em 2003, de modo um tanto titubeante. Esses programas e políticas seriam marcados por oscilações, modulações e por destinos diferentes entre si. Alguns foram estabilizados e, a despeito de todas as inflexões, permaneceram vigentes, ainda que com nomes transformados à luz da mudança de orientação política a partir de 2018; outros, mesmo que, em um primeiro momento, tenham tido uma continuidade, foram extintos mais recentemente, em decorrência da profundíssima crise econômica, política, social que já havia se instalado no país, e que, com a pandemia, ganhou profundidade e gravidade. Tal cenário foi resultante não apenas em razão da pandemia em si, mas do tratamento governamental que ela recebeu, o qual é passível de ser considerado como um conjunto de práticas que se assemelham aos genocídios modernos, no mínimo uma política da morte, haja vista que produziu mais de 610.000 mil mortes no momento em que esse texto foi escrito, a saber, outubro/novembro de 2021. Assim, trata-se de pensar acerca de um conjunto de elementos que estiveram, em primeiro plano, no embate que pode ser considerado como fio condutor de um momento ao outro.

Alguns dos textos que compõem esse livro têm a marca de um olhar oriundo de uma sociologia histórica que recupera processos de formação da sociabilidade política brasileira em contextos diferentes. Trata-se assim dos escritos de Oswaldo Truzzi e Rogério da Palma, que abordam a transição do trabalho escravo ao trabalho industrial; do texto de Joana D´Arc de Oliveira, que versa sobre os lugares dos negros na trama urbana – ambas reflexões sob uma escala mais local, referente à cidade de São Carlos; e da contribuição de José Sergio Leite Lopes, que recupera a história conflitiva da transformação dos processos de trabalho e reprodução no setor canavieiro e têxtil, assim como o processo e o trabalho da memória que resgata a experiência desses trabalhadores.

Outras contribuições, ainda no âmbito da cidade de São Carlos, discutiram processos sociais marcados por um complexo de aspectos que caracterizam a dureza da exploração como marca das relações de trabalho no agronegócio (como é o caso do texto de autoria de Maria Aparecida de Moraes Silva e Tainá Reis), as dimensões da informalidade brasileira e algumas de suas expressões e modos de enfrentamento (escritos de Natália Máximo e Melo), assim como a política de produção de habitação de interesse social do período lulista, que redesenhou as linhas de segregação no mesmo âmbito e escala (texto de Thalles Vichiato Breda).

As passagens de uma escala à outra – o que caracterizamos como perspectiva multiescalar – marcavam as discussões em um âmbito mais local que, ao mesmo tempo, encarnavam e davam vida aos elementos que produziram marcas e processos provenientes da longa formação e da persistência das desigualdades brasileiras, postas sob perspectiva do ponto de vista de sua permanência, transformação e modulações contemporâneas.

Todo um outro conjunto de textos que compõem o livro aponta e discute uma trama de transformações societárias que se ancoraram em programas e em políticas sociais, suas configurações e deslizamentos que seriam apreendidos a partir de perspectivas diversas entre si. Nesse sentido, a constituição e destituição da face social do lulismo – ancorada na produção histórica de assimetrias e desigualdades que resultam da formação e conformação das relações de classe e de modos de dominação, de sua longuíssima duração, com linhas de sombra e de explicitação a partir de um regime próprio de visibilidade – vão ganhando densidade em seus desdobramentos: as redefinições e práticas da informalidade contemporânea (aspectos abordados no texto de Felipe Rangel e Tarcísio Perdigão Araújo Filho); as políticas de transferência de renda e as concepções de pobreza das quais partiram e que acabaram por ratificar (discutidas no texto de Carlos Alberto Bello); a política de saúde em seus processos fundamentalmente contraditórios, herdeiros da luta por direitos de caráter universal e objeto de práticas de privatização, tanto da oferta de serviços como a partir de "janelas de oportunidade" abertas pela integração social via consumo (como mostram as contribuições de Amélia Cohn, Áurea Ianni e de Ricardo de Lima Jurca); assim como as formas religiosas presentes nas práticas populares por meio das articulações micropolíticas entre música gospel, cultura e política nas periferias urbanas da cidade do Rio de Janeiro (como na contribuição de Carly Machado, Sthefanye Paz e Frederico de Assis). O solo de algumas dessas sociabilidades emergentes, de um lado, e dos sucessivos desmanches e destituições que estavam apenas se iniciando, de outro, podem ser lidos a partir de uma discussão da multiplicidade que constitui o que se poderia chamar, nos termos de Wendy Brown, de neoliberalismo realmente existente,[2] dialogando com o texto que fecha essa coletânea, cuja autoria é de Christian Laval e que trata das faces desse fenômeno contemporâneo, suas modulações e variações em uma escala bastante alargada do cenário mundializado de sua concretização.

Esse conjunto de textos sobre as tramas da desigualdade brasileira se voltou para a discussão tanto das formas de trabalho e de sociabilidade, em diferentes tempos e escalas, como da instituição frágil e destituição poderosa de programas e de políticas sociais já em curso no período pós-golpe de impedimento da presidenta democraticamente eleita Dilma Rousseff. De certo modo, tangenciamos os enigmas das permanências (construção e redefinição das relações de trabalho, dos conflitos em torno do trabalho, da informalidade e suas modulações), das transversalidades e das transformações ou variações das políticas sociais

2 Ver Wendy Brown. *Nas ruínas do neoliberalismo*: a ascensão da política antidemocrática no Ocidente. São Paulo: Editora Politeia, 2020.

e suas ancoragens universais e/ou focalizadas, das formas pelas quais seus impactos acabam por incidir – a partir de suas formas de operação – em dimensões que desencadeiam, criam ou destravam mercados que acabam sendo subjacentes a uma constelação que configurou a face de um social lulista como combinação de conquistas, gestão, formas de governo em suas relações porosas com: os mercados religiosos; os mercados "do bem", ancorados na trama composta por associações, ONGs e fundações; os mercados de promoção e gestão de práticas culturais; o mercado das formas de inserção e ativismos políticos; e os mercados religiosos e vinculados às práticas e gestão dos ilegalismos.

Dessa perspectiva, algumas noções e análises que se voltam para a produção recente das ciências sociais no Brasil acabam por se desdobrar em uma busca de diálogo com a literatura clássica sobre as formas de sociabilidade política, como a discussão do coronelismo e do patrimonialismo brasileiros, da cordialidade violenta,[3] do cada um no seu lugar ou do "equilíbrio de antagonismos", apontado por Benzaquén de Araújo com base em Gilberto Freyre.[4]

Trata-se, sobretudo, de pensar e de apreender as práticas que – nascidas ou, pelo menos, reforçadas inclusive por políticas e programas sociais, de certo modo vinculados às dimensões não mercantis e à esfera de ação do Estado – constituem uma espécie de paradoxo das consequências[5] nas ações e práticas que

3 Tal como formulada por Sergio Buarque de Holanda no clássico *Raízes do Brasil.* Companhia das Letras, São Paulo, 26ª edição, 1995, in: https://biowit.files.wordpress.com/2010/11/raizes-do-brasil.pdf. Acesso em: novembro de 2021.

4 Araújo, Ricardo Benzaquen de 1994. *Guerra e paz*: "Casagrande & Senzala" e a obra de Gilberto Freyre nos anos 30. Rio de Janeiro: Ed. 34.

5 A noção, como se sabe, é de Weber. A afinidade entre puritanismo e capitalismo é uma dimensão da noção weberiana que enfatiza a rela-

podem ser reconhecidas como esferas mediadas por mercadorias políticas, noção formulada por Michel Misse, a qual vem sendo utilizada de modo bastante diverso na literatura das ciências sociais brasileiras.

Tanto essa formulação de Misse como os diálogos que o próprio autor estabelece podem ser exemplificados a partir dos parágrafos que se seguem:

> Negociações como essas são corriqueiras, não se sabe exatamente desde quando, nem sobre sua variabilidade por regiões, na sociedade brasileira. Entre o personalismo apropriado ao uso do "favor" e do "jeitinho" no conluio e no clientelismo tradicional e a transação individualista e anônima da propina e da extorsão existem, sem dúvida, liames que as associam como também que as distinguem. Assim como não há, em sua própria "lógica em uso", qualquer mal-estar moral nas relações de favor que não decorram exclusivamente da assimetria hierárquica da relação patrono-cliente, também não parece haver nenhuma desconfiança grave que impeça a oferta (ou a cobrança) de pagamento para se obter uma vantagem em face de um custo mais alto, decorrente da administração monopólica da justiça pelo Estado.[6]
>
> (...)

ção entre racionalização da vida e ação humana como da ordem da consequência mais do que da intenção. *A ética protestante e o espírito do capitalismo*. São Paulo: Livraria Pioneira de Ciências Sociais, 1997.

6 In: Trocas ilícitas e mercadorias políticas: para uma interpretação de trocas ilícitas e moralmente reprováveis cuja persistência e abrangência no Brasil nos causam incômodos também teóricos. In: https://dialnet.unirioja.es/servlet/articulo?codigo=7449611. Acesso em: outubro de 2021.

Nessa sociedade, a representação social comum será a de que as transgressões serão comumente administradas pelo Estado uma vez que os cidadãos as façam conhecidas de seus agentes. A estes será reservada uma responsabilidade moral e institucional ainda maior, por representarem os dois coletivos aqui expressos pelas categorias políticas de "sociedade" e "estado". Tudo isso parece um truísmo, uma obviedade, mas não é. Por que não é? Porque existe uma confusão ideológica entre a definição típico-ideal de uma situação social e as suas formas de existência, inclusive como crença compartilhada.

(...)

A oferta, compulsória ou não, de um bem monopólico ilegal, a indivíduos, grupos e instituições (formais ou informais) por parte de indivíduos, grupos e instituições informais, completa o quadro (...). O caráter mais ou menos monopólico pode derivar de uma relação de força, de subterfúgio, de furto ou roubo (...) O que há em comum (...) é que seu custo é necessariamente político, pois é o que lhe confere a condição monopólica na troca. Sem poder para obtê-lo, a troca não poderia se desenvolver.

(...)

Todas essas formas de conversão da ilegalidade em mercadoria negociável não podem ser compreendidas senão como um mercado ilegal que oferece, privadamente, bens e serviços monopolizados pela soberania do Estado moderno. Nesse sentido, a

> própria regulação dos mercados econômicos pelo Estado, por exemplo, criminalizando a produção e a comercialização de certas mercadorias, cria ao mesmo tempo a possibilidade de emergência da oferta ilegal dessas mercadorias. Do mesmo modo, um mercado ilegal, baseado em relações de poder e violência, poderá oferecer, em substituição ao Estado, garantias nas transações, como no caso da máfia siciliana (...) proteção a traficantes e contrabandistas, como no caso dos "comandos" cariocas e paulistas, além de certas formas de controle social por meio de "milícias", como no Rio, ou do "debate", como em São Paulo.
>
> (...)
>
> Em parte constrangida pelo poder e pela autoridade ou violência do outro, em parte decorrente do interesse em fazer a transação daquele que aceita participar da troca negociada, a mercadoria política aparece como o recurso mais importante para obter vantagens econômicas e políticas nas margens do mercado regulado pelo Estado.[7]

7 Pode-se ainda encontrar um exemplo de uso da noção de mercadoria política em Daniel Veloso Hirata, para quem "o conceito de mercadoria política teria o potencial descritivo e analítico de iluminar a maneira pela qual a cidade se revela na relação com os dispositivos de poder. O ponto preciso do interesse desse conceito são as zonas de produção e reprodução dos mecanismos de poder, que se manifestam cotidianamente nas práticas flagradas nas situações que atravessam o campo aberto das negociações em torno das mercadorias políticas. (...) A escola pertinente da mercadoria política é a cidade, onde há as negociações em torno da proteção que garante o funcionamento dos mercados ilegais e ilícitos em relação com os poderes que organizariam o seu controle". (Hirata, 2010, p. 29).

Assim, a noção de mercadoria política surge vinculada aos ilegalismos, a suas formas de gestão, na incerteza permanentemente reposta, nas zonas cinzentas[8] entre o legal e o ilegal. Esse uso original da formulação de Misse, vinculado a relações de poder e a concepções e marcos normativos, não é necessariamente coincidente com a utilização de uma noção que resulta de um modo de apropriação que percebe uma produção de mercadorias políticas como agenciamentos vinculados aos mercados que nascem nas margens do Estado, das políticas e programas sociais, bem como das práticas religiosas que atravessam formas e modos de inserção no trabalho.

Sob essa perspectiva, as assim chamadas mercadorias políticas teriam se transformado em elemento consubstancial ao modo de funcionamento rotineiro dos serviços (sociais) do Estado e de sua capilaridade operacional, de modo a explorar, sistematicamente, qualquer diferença de poder, de hierarquização social e/ou de dominação, a fim de transformá-la em vantagem e/ou em meio de intercâmbio que possibilite o acesso a direitos despojados de seu caráter universalizado, transformados - seja pela troca de favores, seja pela produção de vantagens - em privilégio.

Desta forma, as práticas que podem ser pensadas como inerentes à esfera das mercadorias políticas incidem sobre os direitos em seu sentido original, transmutando ou desvirtuando o seu caráter anterior. Essas práticas contribuem para a deslegitimação da ideia mesma de um Estado de bem-estar social ou, no limite, do imaginário que ancora as representações dos

---

8 Cf. Bureau, Marie-Christine; Corsani, Antonella; Giraud, Olivier; Rey, Frédéric (orgs.). *Les zones grises des relations de travail et d'emploi*. Um dictionnaire sociologique. TeseoPress, 2019. https://www.teseopress.com/dictionnaire/. Acesso novembro 2021.

Estados-nação compostos por indivíduos formalmente iguais. A exploração sistemática das desigualdades tornou-se, assim, um *modos operandi* que permeia serviços sociais, de um lado, e mercados, de outro. Esta forma de operacionalização dos serviços públicos e das políticas sociais tomaria de assalto o Estado e seus agentes, transformado um e outros em aparato de dominação, em máquina burocrática, tecnocrática e profissionalizada, funcionalizada como suporte e legitimação das formas de desigualdade e exploração, sendo permanentemente utilizadas para retroalimentar hierarquias e assimetrias já existentes.

A partir dessas observações sobre os usos da noção de mercadoria política seria possível, então, perceber sua mediação, nas formas de operacionalização das políticas sociais, como elemento interposto entre modos de operação e públicos-alvo. Assim, ganham relevância os vínculos entre as práticas concebidas no âmbito do que se identifica como mercadorias políticas e as políticas sociais.

Os processos passíveis de serem apreendidos por meio do que denominamos como constelação de políticas e programas sociais teriam, então, conformado um social marcado por articulações e agenciamentos advindos do que se pode designar, tal como exposto por André Singer, como reformismo fraco, como pacto lulista.[9] Por meio de incursões de pesquisa e registros de informações e análises, os textos que compõem esse livro formularam, com base em diferentes campos de observação empírica, uma trama que se refere ao modo como políticas e programas sociais, por meio do Estado, instituíram mercados de inscrições diversas entre si: registro no cadastro único fora do distrito ou bairro de origem; permeabilidade de programas por meio de

---

9 Ver André Singer. *Os sentidos do lulismo:* reforma gradual e pacto conservador. São Paulo: Companhia das Letras, 2012.

agenciamentos como o da compra antecipada de terrenos para habitação social; controle de condicionalidades por meio de ONGs vinculadas a igrejas evangélicas;[10] além de vasos comunicantes entre dimensões legais e gestão de ilegalismos operados tanto pelo mundo do crime como por órgãos de repressão vinculados ao Estado (polícias, guardas municipais, agentes de segurança etc.). Além desses aspectos, é possível constatar um vasto mercado religioso que alimenta – e se alimenta – de concessões de rádios e de canais de televisão, limiares fluídos ou zonas cinzentas entre os mercados "do bem", constituídos por ONGs, Organizações Sociais (OSs), instituições educacionais de origem estatal geridas e operadas por esses mercados (a chamada "onguização" dos Centros de Educação Unificada – CEUS e dos Centros Culturais da periferia) e todo um *modus operandi* vinculado ou não às economias ilegais, dentre outros.

Nas tramas do lulismo

Esse conjunto muito complexo de dimensões e práticas ganhou densidade a partir de políticas sociais que se institucionalizaram com base em mecanismos que implicaram na construção de uma democracia participativa (com suas apostas e limites), combinada às formas da democracia representativa. Ainda que

10 Em texto anterior, Georges e Rizek também identificaram compra de material esportivo por parte de ministérios vinculados ao espectro de partidos políticos que compuseram o governo Lula, bem como a formação de núcleos produtivos com baixíssima remuneração na forma de "cooperativas", explorando trabalhadores que habitam o extremo leste da cidade de São Paulo. Ver "A periferia dos direitos: trabalho, precariedade e políticas públicas", Comunicação Anpocs 2008; Georges, Isabel; Rizek, Cibele, "À la périphérie des droits: travail, précarité et politiques publiques", in: Georges, Isabel; Leite, Marcia de Paula (orgs.). *Les nouvelles configurations du travail et l'Économie sociale et solidaire au Brésil.* Paris: Harmattan, 2012, p. 65-88.

se possa discutir os limites e impasses das formas de participação, é possível reconhecer, na produção e operação dessas políticas, demandas sociais importantes que se combinaram a um conjunto de recomendações das agências multilaterais, aos mecanismos de legitimação de formas de gestão de necessidades e precariedades, às combinações de programas e políticas que tiveram origem nos governos anteriores (especialmente no governo do então presidente Fernando Henrique Cardoso, nos anos noventa e início dos anos 2000). Parte dessas políticas tinha um caráter descentralizado, delegando sua implementação aos municípios, o que promoveu um trânsito das formas de operacionalização pelos estados e municípios brasileiros, encarregados de seu financiamento direto.

No âmbito da cidade de São Paulo,[11] a partir dos governos municipais e estaduais, as políticas e programas sociais foram operacionalizados por meio de um mecanismo de subcontratação ou de terceirização da gestão dos serviços. Da assistência social à saúde, a operação de transmissão às entidades privadas se impôs desde o início dos anos 2000.[12] O município de São Paulo, embora não tenha sido o único exemplo de administração privada dos serviços de assistência e de saúde, constituiu um laboratório importante para que essa transferência da gestão

11 O exemplo de São Paulo é mencionado aqui a partir dos achados de pesquisa das autoras Isabel Pauline Hildegard Georges e Cibele Saliba Rizek, além de outros autores. Cabe notar que esse exemplo também é significativo como inspiração e modelo para outras práticas e outros municípios, tanto do Estado de São Paulo como em âmbito nacional.

12 Cabe lembrar que a tentativa de transferir a gestão dos hospitais municipais para entidades privadas remonta aos anos noventa, com a formulação do PAS (Plano de Atendimento à Saúde), na gestão do prefeito Paulo Maluf (1993-1996).

do Estado para a gestão privada pudesse se espraiar pelo país (Georges; Santos, 2016; Georges, 2022).[13]

Nesse contexto, ONGs e OSs de origem e filiação empresarial e/ou religiosa/ filantrópica ganharam o estatuto de figuras jurídicas que auferiram densidade como operadores de programas sociais do Estado, a partir dos anos noventa.[14] Ademais, também é possível apontar que os governos de coalisão liderados pelo Partido dos Trabalhadores implementaram programas e políticas operacionalizadas por ONGs e por OSs; ainda assim, mesmo quando houve coincidência partidária de gestão nos âmbitos federal, estadual e municipal, ou quando as eleições conduziram à vitória de gestões municipais vinculadas aos partidos de oposição ao PSDB (especialmente as gestões petistas da cidade de São Paulo) as formas anteriores de parcerias com ONGs e OSs não foram revertidas.

A centralidade do papel desses intermediários nos programas e na gestão de formas de assistência e saúde, bem como de empresas construtoras na produção de habitação social, elementos também vinculados às agências municipais do Estado, justificava-se em razão de sua suposta capacidade de atingir, por meio de uma forte territorialização e capilaridade, as populações necessitadas/beneficiárias. Para além das OSs, as trajetórias dessas ONGs – a um só tempo, de caráter político e religioso

13 Georges, Isabel Pauline Hildergard; Santos, Yumi Garcia dos. *As "novas" políticas sociais na saúde e na assistência.* Produção local de serviço e relações de gênero. Belo Horizonte, Fino Taço, 2016; Georges, Isabel Pauline Hildergard. Le Brésil de l'ère luliste (2003-2016). *Les politiques sociales à l'épreuve du travail.* Paris: Ed. du Croquant, 2023, no prelo.

14 Cabe lembrar que essas mediações estiveram fortemente vinculadas à Reforma Administrativa promovida pelo governo FHC, cujo mote – de inspiração vinculada ao ideário neoliberal – propunha um "público não estatal" operado assim por esse conjunto de formas de implementação e operacionalização de programas sociais.

– assentam-se na permanência e no lugar que ocupam nos locais em que se ancoram as relações sociais e de solidariedade de proximidade. Tais entidades, que se articulam como "sociedade civil", acabam por operar como interface entre as formas de sociabilidade locais e um conjunto de atores (religiosos, políticos, operadores das economias criminais ou "mundo do crime").

Esses atores teriam, assim, importância e configurações variáveis de acordo com as conjunturas locais, de maneira a desempenhar o papel de mediadores, inclusive nas relações entre o poder público e os públicos-alvo dos programas, enquanto estes estiveram em operação. Dessa perspectiva, é possível considerar sua emergência e importância a partir desse papel de interface multidimensional entre a base e o topo, entre a população e os agentes do poder público que conformam o Estado. Cabe observar também que essas populações beneficiárias – assim como os grupos de diferentes atores que implementavam e operacionalizavam essas políticas, os quais, por vezes, eram compostos por membros de diferentes gerações de uma mesma família – transformaram-se em elementos centrais para a compreensão das fronteiras tênues e porosas entre os programas sociais e os processos de criação de formas mercantis a eles associados (mercados políticos, religiosos, morais).

Desta feita, a implantação duradoura e persistente desse conjunto de ONGs nas porções periféricas e empobrecidas da cidade de São Paulo estaria ancorada em sua capacidade de criar prévia e persistentemente um mercado para essas políticas, a despeito – ou mesmo por meio – da profissionalização do trabalho social, pelo menos desde o início dos anos 2000. Esses processos podem ser compreendidos pela mobilização da noção de mercadoria política, a partir de uma primeira forma de legitimação desse modo de operação, proveniente dos procedimentos identificados como ilegalismos vinculados ao jogo do bicho, posteriormente transferidos para as relações tecidas pelo tráfico de drogas e as atividades a ele interconectadas ou não (roubo e comercialização de celulares, bicas, biroscas, entre outros), assim como no âmbito das transações entre agentes do Estado e o halo de atores em seu entorno.

Desse modo, a articulação entre a exploração da capilaridade que se produz nos interstícios entre os diferentes tipos de mercado (o de trabalho, os político-eleitorais, os das economias ilegais, os religiosos, os morais etc.) e a utilização permanente tanto do poder de monopólio do Estado quanto da legitimidade assignada a essas organizações sociais e ONGs por parte da população beneficiária, poderia ser identificada como um conjunto de tramas que remetem à dinâmica e aos modos de operação desses processos.

A instituição desse social pelos governos liderados pelo PT e pelo lulismo, de um lado, e seu desmantelamento nada virtuoso pelos governos de Michel Temer e Jair Bolsonaro, de outro, precisariam ser identificados e aclarados para que se possa desvendar o cenário brasileiro contemporâneo, sob o quadro desse conjunto de relações sócio-políticas que funde destruição econômica, crescimento exponencial de desigualdades, emergência de uma direita e extrema direita militantes no topo da pirâmide social e transformação do bom pobre no "bom conservador" na sua base. Isto resulta, dentre outros elementos e processos, dos modos de governo de conduta instalados pela emergência e expansão de igrejas evangélicas nos bairros populares das grandes cidades brasileiras, lado a lado com o ideário do empreendedorismo e de uma vida "sem patrão", de inspiração neoliberal, fomentado por um conjunto de iniciativas que estimularam programas de qualificação e geração de trabalho e de renda.

Se os benefícios e avanços relativos dos programas sociais que, ao mesmo tempo, aliviaram e governaram a pobreza, puderam, com efeito, ser desfeitos, uma vez que não se consolidaram como direitos, talvez seja necessário, por outro lado, perceber que, ao longo de seu processo de implementação, esses programas geraram ou alimentaram mercados em suas franjas, seja por meio de mecanismos de racionalização, seja por empresariamento e mercadorização, sob uma escala talvez inédita, que dá continuidade e modula as formas clássicas dos clientelismos, da cordialidade violenta e dos patrimonialismos que marcaram as relações de dominação no Brasil.

Entre os escombros e as cinzas do presente

Desde o início, o governo de Jair Bolsonaro não poupou esforços no sentido de desmantelar os programas de proteção social – instituídos, timidamente, a princípio, desde os anos noventa – que acabaram por se consolidar em torno do Bolsa Família e que terminaram por desaparecer ou por se redesenhar de modo definitivo na instituição do Auxílio Brasil, em 2021. Esses esforços se voltaram para a desativação do Conselho Nacional de Segurança Alimentar e Nutricional (CONSEA), para o encolhimento dos programas de produção de alimentos pela agricultura familiar e, até mesmo, para o sério comprometimento e desmanche do Cadastro Único para Programas Sociais do Governo Federal.

A criação do Auxílio Brasil, que substituiu o Bolsa Família em outubro de 2021, e sua implementação fundamente vinculada às eleições de 2022, poderia ser descrita sob os termos que se seguem:

> Com o Auxílio Brasil, isso se concretiza na medida em que programas e conselhos citados acima foram transformados em meros instrumentos téc-

nicos de gestão e de fiscalização das famílias atendidas. Rompeu-se a cadeia de ações que articula as políticas públicas sociais e transferiu-se a responsabilidade do Estado para o "incentivo ao esforço individual" (...) Resumir a discussão dos programas sociais ao dinheiro que será transferido às famílias de trabalhadores é esquecer que a saída do Brasil do Mapa da Fome, em 2014, e a existência de alguma expectativa de mobilidade social só foram possíveis mediante a articulação de programas que sustentavam a rede de proteção social brasileira, de forma relacionada com políticas sociais consistentes, como a valorização do salário mínimo e a geração de empregos formais. (...) O alerta é claro: o retorno do país ao Mapa da Fome está relacionado ao colapso da rede de proteção social e à diminuição das políticas sociais. Não há "esforço individual" suficiente em meio ao desemprego, à carestia e à pobreza provocados sistematicamente por escolhas político-econômicas que minam o acesso aos direitos sociais. O Bolsa Família (...) esteve articulado a uma série de ações que o apoiavam no objetivo de minorar a pobreza e a extrema pobreza. A virada que o Auxílio Brasil representa para o horizonte social de agora e dos próximos anos é brusca e violenta. Os resultados já são evidentes nas filas que compõem o "garimpo dos ossos" nas portas de supermercados e açougues, no aumento de furtos famélicos e nos despejos de famílias inteiras de trabalhadores, jogadas para viver nas ruas.[15]

15 *Folha de S. Paulo*, 24 de outubro de 2021 – edição impressa. O artigo se baseia nas contribuições de Denise Sordi. Ver especialmente da autora: https://diplomatique.org.br/o-garimpo-dos-ossos-e-o-apagao-dos-programas-sociais-brasileiros. Acesso em novembro de 2021.

Uma última observação sobre o crescimento da desigualdade no Brasil oferece uma moldura instigante para o conjunto de textos reunidos nessa coletânea. Se retomarmos os cenários descritos por alguns dos autores – como por exemplo, por Maria Aparecida de Moraes Silva e Tainá Reis, bem como por Felipe Rangel e Tarcísio Araújo Perdigão Filho, cujas análises parecem atualizar os termos da defasagem abissal de renda no país e seus processos de produção e reprodução, no momento preciso em que esses textos foram escritos e apresentados –, é possível perceber indícios que, entrelaçados, parecem apontar que, mesmo naqueles anos nos quais a situação das camadas pobres e miseráveis não tinha atingido seu ponto mais vulnerável, já se anunciava uma desigualdade profunda e, ao mesmo tempo, enevoada, velada por cálculos que agora vêm sendo revistos.

Dessa perspectiva, cabe assinalar que o período entre agosto de 2018 e agosto de 2019 ainda não constituía o momento mais crítico do que se anunciou como o agravamento das condições de pobreza e de miséria, que atualmente vêm sendo apontadas por um conjunto de institutos de pesquisa nacionais e internacionais, revelações que acabaram ganhando as manchetes da grande imprensa. A partir de uma revisão das informações e dos cálculos sobre a distribuição de renda no Brasil, é possível constatar que a desigualdade brasileira permanecia estável, o que desmente a constatação anterior de que havia tido queda nos índices que a dimensionam.[16]

16 "A desigualdade brasileira tanto era mais alta do que se imaginava anteriormente, quanto permanecia em um nível de relativa estabilidade, não de queda (...) Em uma nota técnica publicada em dezembro de 2020, os pesquisadores Mauricio de Rosa, Ignacio Flores e Marc Morgan, do *World Inequality Lab*, centro fundado e codirigido pelo reputado economista francês Thomas Piketty, apresentaram cálculos novos que indicavam um aumento da concentração de renda brasileira. Os

Vale ressaltar que, consoante ao que indicam informações recentes sobre os cálculos que permitem mensurar as desigualdades brasileira, houve uma mudança que se operou tanto no olhar dos pesquisadores quanto na metodologia desenvolvida, alimentada pela ânsia de dar conta da brutalidade das constatações impostas pela conjuntura atual. Dessa maneira, os novos resultados sobre essas desigualdades passaram a levar em consideração a disponibilidade ou a ausência de serviços básicos, tais como educação e saúde. Essa mudança visibiliza uma realidade velada, mas subjacente ao período que antecedeu a guinada conservadora e autocrática, conferindo ainda mais plausibilidade ao argumento da continuidade entre uma forma de sociabilidade política assentada na predominância das dimensões privadas em detrimento dos processos de publicização e de extensão de direitos sociais, assim como das políticas e programas que os viabilizam.

Nesse sentido, essas dimensões privatizantes perpassaram as formas de operacionalização de serviços e de programas sociais do período anterior, configurando-se como dimensão central desta constelação do social.[17] Elas ainda se constituem em

---

dados que mostram essa trajetória estão disponíveis no site do grupo, o WID.world, e alarmaram a Cepal (Comissão Econômica para a América Latina e o Caribe), um dos principais centros de diagnóstico sobre problemas econômicos e sociais da região. "Em alguns casos, como os de Brasil e México, a desigualdade não apenas não caiu, como aumentou, gerando, portanto, um novo alerta para um olhar atento ao processo de distribuição efetiva de renda nos países da região', ressaltou o Panorama de Indicadores Sociais, publicado em março deste ano pela instituição, em referência ao trabalho dos três pesquisadores". In: Desigualdade de renda no Brasil caiu de 2002 a 2015, aponta estudo inédito. Tal resultado contraria pesquisas que mostravam estabilidade ou aumento da iniquidade neste século. In: *Folha de S. Paulo*, 23 de outubro de 2021.

17 Ver a esse respeito: Rizek, C. S. Políticas Socais e Políticas de Cultura: territórios e privatizações cruzadas. *Revista Brasileira de Estudos Ur-*

dimensão que faz das assimetrias e desigualdades um elemento central, de maneira a potencializar as ressonâncias das formas objetivas e subjetivas inerentes ao modo de operação do neoliberalismo realmente existente em suas modulações brasileiras; suas modulações contemporâneas fazem ainda ressoar os choques sucessivos que tiveram início com o *impeachment* da presidenta Dilma Rousseff, em maio de 2016, assim como os necessários deslocamentos de abordagem que provocaram.[18]

Desse modo, ainda é preciso observar que parte dos questionamentos que deram lugar às discussões que fundamentam esse trabalho de inteligência coletiva materializada sob esse conjunto de textos reunidos nesse livro nasceu das perguntas iniciais sobre a imbricação entre as perspectivas de pesquisa e a conjuntura mais ampla da qual os pesquisadores fazem parte. A reunião desses capítulos e contribuições, diante das inflexões do cenário brasileiro, chama a atenção para a importância das tendências de longo prazo, para a forte permanência das desigualdades estruturais e para a relevância dos mecanismos e incentivos que possam contribuir para instituição e valorização das dimensões públicas e comuns para a vida e para a sobrevivência da espécie humana, na contramão de uma necropolítica – ou política da morte – que, apenas no Brasil, exterminou, até o presente momento, mais de 610.000 vidas.

São Paulo e Paris, 21 de novembro de 2021.

---

banos e Regionais, v. 15 n. 2. Novembro de 2013.

18 Ver a esse respeito: Márcia Cunha, Isabel Pauline Hildegard Georges, Nilton Ota, Tempos do social e da política, Ed. Alameda, São Paulo, 2018. Este primeiro volume da coleção SAGEMM na ed. Alameda é fruto do seminário "Observar os tempos do social e da política", coordenado pelos autores no âmbito do LMI SAGEMM, da Rede Interdisciplinar de Pesquisadores (FFLCH/USP), e pelo Centro de Estudos dos Direitos da Cidadania (Cenedic/USP).

Referências bibliográficas

Araújo, Ricardo Benzaquen de. *Guerra e paz:* "Casagrande & Senzala" e a obra de Gilberto Freyre nos anos 30. Rio de Janeiro: Ed. 34, 1994.

Brown, Wendy. *Nas Ruínas do Neoliberalismo.* A ascensão da política antidemocrática no Ocidente. Editora Politeia: São Paulo, 2020.

Buarque de Holanda, Sérgio. *Raízes do Brasil.* Companhia das Letras, São Paulo, 26ª edição, 1995.

Bureau, Marie-Christine; Corsani, Antonella; Giraud, Olivier, Rey, Frédéric (orgs.). *Les zones grises des relations de travail et d'emploi. Um dictionnaire sociologique*. TeseoPress, 2019. In: https://www.teseopress.com/dictionnaire/. Acesso novembro 2021.

Georges, Isabel. *Le Brésil de l´ère luliste (2003-2016).* Les politiques sociales à l'épreuve du travail. Paris: Ed. du Croquant, 2023, no prelo.

Georges, Isabel; Rizek, Cibele. À la périphérie des droits: travail, précarité et politiques publiques. In: Georges, Isabel; Leite, Marcia de Paula (orgs.). *Les nouvelles configurations du travail et l'Économie sociale et solidaire au Brésil.* Paris: Harmattan, 2012, p. 65-88.

Georges, Isabel; Santos, Yumi Garcia dos. *As "novas" políticas sociais na saúde e na assistência.* Produção local de serviço e relações de gênero. Belo Horizonte: Fino Taço, 2016.

Misse, Michel. *Trocas ilícitas e mercadorias políticas:* para uma interpretação de trocas ilícitas e moralmente reprováveis cuja persistência e abrangência no Brasil nos causam incômodos também teóricos. In: https://dialnet.unirioja.es/servlet/articulo?codigo=7449611. Acesso outubro de 2021.

SINGER, André. *Os sentidos do lulismo: reforma gradual e pacto conservador*. São Paulo, Companhia das Letras, 2012.

WEBER, Max. *A ética protestante e o espírito do capitalismo.* São Paulo, Livraria Pioneira de Ciências Sociais. 1997.

PARTE I
As metamorfoses do social: trabalho e pobreza

Da economia cafeeira escravocrata ao trabalho livre ao longo do século XX: trajetória de um município de porte médio no interior paulista

Oswaldo Truzzi
Rogério da Palma

O povoamento por brancos e negros na região que posteriormente abrigaria o município de São Carlos vincula-se ao chamado *Picadão de Cuiabá*, caminho de mineiros aberto ainda no século XVIII, ao longo do qual se instalaram posseiros, fugitivos da lei e quilombolas. Ao final deste século, porém, a historiografia local registra um intenso movimento de apropriação de terras por meio da disputa por cartas de sesmaria. Sesmeiros aguardaram a valorização das terras e, aos poucos, foram negociando ou abrindo fazendas de cana-de-açúcar e gado na região, de modo a expulsar ou incorporar antigos moradores.

Houve, portanto, um movimento especulativo de terras antecipando e vislumbrando a viabilidade da exploração comercial agrícola graças à integração da nova zona em um circuito de comercialização mundial. As famílias de posses, constitutivas do que José de Souza Martins (2010) chamou de frente pioneira, normalmente se antecipavam à chegada da ferrovia e, ao vislumbrarem vantagens no futuro (seja para especular com terras, seja para efetivamente desenvolver a produção cafeeira), procuravam adquirir, ocupar ou tomar posse de terras, nelas implantando propriedades rurais.

Tais famílias contavam com recursos variados: cartas de sesmarias (até então não ocupadas); poder político e econômico (por exemplo, para comprar papéis e obter escrituras de terras, ou adquirir terras ainda pouco valorizadas, ou ainda ocupar e estender domínios para terras ainda devolutas); armas para ameaçar, forçar a venda ou expulsar antigos posseiros (da frente de expansão) e se defender (Truzzi e Volante, 2019, p. 165).

São Carlos formou-se em território que abrangia três grandes sesmarias: a do Monjolinho, a do Quilombo e a do Pinhal. Nesta última foi estabelecida a Fazenda Pinhal, cujos proprietários, pertencentes à família Arruda Botelho, contribuíram para a fundação de um povoado que deu origem ao município, emancipado de Araraquara, núcleo mais antigo, em meados do século XIX.

A partir deste momento, o lugarejo, que até então não passava de ponto de pousada para viajantes vindos de Rio Claro que seguiam rumo a Araraquara, começou a se desenvolver, sobretudo por meio do plantio das primeiras lavouras de café, à época ainda tocadas a braço escravo. O Visconde de Taunay, por exemplo, de passagem por São Carlos no mês de julho de 1867, registrou: "simples povoação no nascedouro (...), pitoresca e faceira na sua recente voga. As casas são todas novas e pintadas a capricho, as ruas alinhadas, se bem que pessimamente niveladas. Já há uma igreja e um hotel, em que se come em mesa redonda" (Taunay, 1921), esta curiosamente considerada um sinal de civilização.

São Carlos apresenta uma singularidade significativa, já que a época de sua "fundação" sinaliza o declínio futuro do regime escravista. De fato, as leis Eusébio de Queiroz (que buscava extinguir o tráfico negreiro) e Rio Branco (do Ventre Livre) datam de 1850 e 1871, respectivamente. Não obstante, a perspectiva de a região abrigar cada vez mais lavouras comerciais determinou que os escravos, mesmo a um custo maior, fossem trazidos de municípios vizinhos ou de outras províncias do Império. Em 1874, São Carlos contava com cerca de 1600 escravos, número este que – evidência de sua pujança – mais que duplicaria apenas doze anos depois, quando o censo de 1886 registrou 3774 deles no município. Somados aos pardos e pretos já à época libertos ou que nasceram livres, a população negra compunha um contingente de 5.950 indivíduos e representava o maior grupo étnico-racial do município, perfazendo 37% da população, composta ainda por brasileiros brancos (32%), caboclos (18%) e estrangeiros (13%) (Truzzi e Bassanezi, 2009).

É provável que a maior parte dos brasileiros brancos e dos caboclos proviesse de outras regiões do próprio estado paulista ou de Minas Gerais, cuja fronteira era relativamente próxima. Sobre os estrangeiros, deter-nos-emos oportunamente. Quanto aos negros, embora seja bastante difícil conjecturar sobre a origem deste grupo, uma aproximação razoável pôde ser realizada por meio de registros paroquiais de casamento de escravos, forros e libertos, entre 1860 e 1888, ano da abolição.

Tabela 1 – Origem dos cônjuges (escravos, forros e libertos), São Carlos, 1860-1888

Região	*N°*	%
Bahia	295	35,5
Quadrilátero do açúcar	152	18,3
São Carlos	97	11,7
Estados do Norte e Nordeste (menos Bahia)	79	9,5
Minas Gerais	78	9,5
Municípios vizinhos a São Carlos	64	7,7
Africanos	43	5,2
Vale do Paraíba	22	2,6
TOTAL	830	100

Cúria Diocesana, São Carlos, Livros de Registros de Casamentos

Tais fontes indicam que mais da metade dos negros que se casaram no período provieram da Bahia ou de regiões mais antigas do estado de São Paulo, em particular, do chamado "Quadrilátero do açúcar", área poligonal delimitada pelos municípios de Sorocaba, Piracicaba, Mogi-Guaçu e Jundiaí.

Foi em 1884 que São Carlos receberia um impulso decisivo à sua economia cafeeira: a chegada da ferrovia, empreendida por Antonio Carlos de Arruda Botelho, que posteriormente seria dignificado pelo imperador com o título de Conde do Pinhal. De fato, as terras mais a oeste do estado se valorizaram à medida que a fronteira se tornou economicamente viável.

Neste processo, a expansão da malha ferroviária paulista exerceu um papel essencial. Esta viabilizou – porque tornou rentável – a exploração econômica de áreas antes desconectadas da exploração agrícola para o mercado mundial, via porto de Santos.

Como observou Ellis Jr. (1960, p. 177),

> de fato, a ferrovia, avançando, oferecia transporte aos produtos da lavoura, por preços, em média, dez vezes mais baixos dos que até então vigorantes, efetuados no dorso do muar. É claríssimo que, com isso, o raio, dentro do qual o café poderia ser produzido e exportado, poderia ser alongado e dilatada a área, comportando lavouras de café.

Mapa 1 – O Oeste da Província de São Paulo em 1886

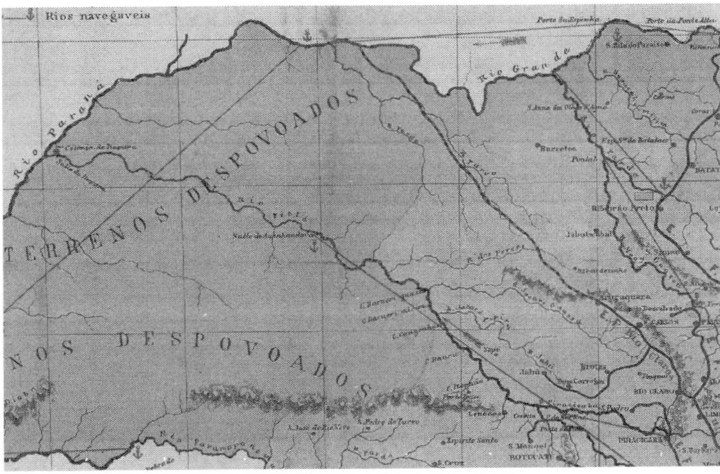

Sociedade Promotora da Immigração de São Paulo. Mapa da Província de São Paulo, 1886.

Para os propósitos deste texto, dois elementos significativos chamam a atenção no Mapa 1, acima, datado de 1886, quais sejam: as amplas áreas de "terrenos despovoados" no oeste do estado; e o percurso da E. F. Rio Claro (posteriormente Cia. Paulista de Estradas de Ferro), que, já adiante de São Carlos, atingira a vizinha Araraquara no ano anterior.

Alguns anos depois, São Carlos já podia contar com uma malha ferroviária significativa para escoar sua produção, como se observa no Mapa 2, a seguir. O tronco principal, a sudeste, ligava o município à capital, passando por Brotas, de onde também saía um ramal para Descalvado. No sentido inverso, esta mesma linha seguia de São Carlos a Ibaté (então distrito) para atingir Araraquara e municípios adiante. A oeste, um ramal fazia a ligação com Ribeirão Bonito, Dourado e outros municípios, ao passo que, ao norte, outro ramal supria os distritos de Água

Vermelha e Santa Eudóxia. Além dos núcleos urbanos, os trajetos ferroviários contemplavam as principais fazendas produtoras de café, junto às quais se estabeleceram pequenas estações.

Mapa 2 – O município de São Carlos e sua rede ferroviária

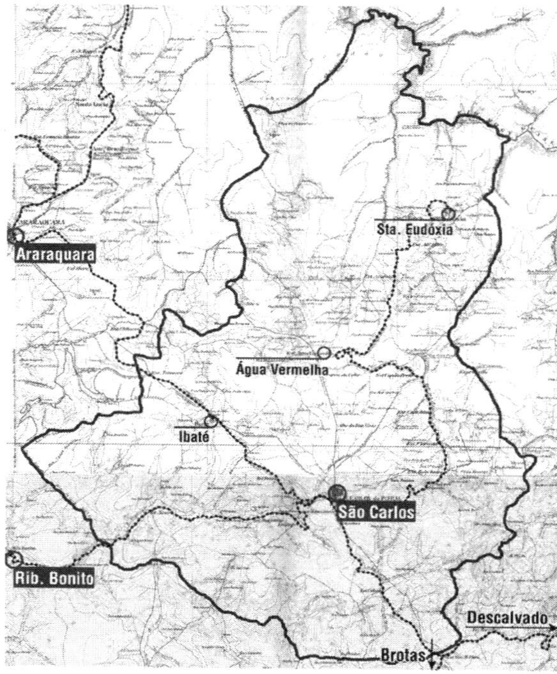

Truzzi e Bassanezi, 2009.

Mas as ferrovias não apenas levavam a produção cafeeira, também traziam imigrantes que, contratados pelos fazendeiros acossados pelo prenúncio da abolição, cada vez mais substituíam, agora sob o regime do colonato, a força escrava de trabalho. Também aportaram, ainda que em menor proporção, famílias mineiras e nordestinas, estas fugidas das secas e buscando se inserir na economia cafeeira em expansão do município (Truzzi, 2007).

> Na década final do século XIX, o município de São Carlos foi, por alguns anos, o maior receptor de imigrantes do interior paulista, recebendo diretamente da Hospedaria de Imigrantes de São Paulo, entre 1893 e 1907,[1] 26.918 imigrantes segundo as estatísticas da época. Nem todos aí permaneceram, assim como imigrantes que originalmente foram enviados a outros locais acabaram por se dirigir e se fixar em São Carlos, "uma das melhores lavouras do Estado de São Paulo", segundo o Relatório da Secretaria de Agricultura, Commercio e Obras Públicas do Estado de São Paulo de 1894 (Truzzi e Bassanezi, 2009).

A importação de imigrantes causou um profundo impacto sobre o perfil demográfico local, como mostra a seguir a Tabela 2, que explora a evolução dos contingentes populacionais presentes no município no decorrer dos 21 anos que separam o censo de 1886 de um outro, realizado pelo próprio município, em 1907, ainda que incompleto.

Tabela 2 - População segundo nacionalidade e categorias raciais (1886 e 1907)

Ano	*Brasileiros Brancos*	*Estrangeiros*	*Caboclos*	*Pardos*	*Mulatos*	*Pretos*	*Total*
1886	5.209 (32,3%)	2.039 (12,7%)	2.906 (18,0%)	1.957 (12,2%)	-	3.993 (24,8%)	16.104 (100%)
1907	18.568 (48,1%)	15.258 (39,4%)	-	-	1.001 (2,6%)	3.815 (9,9%)	038.642 (100%)

Truzzi e Bassanezi, 2009.

1 Exceto 1896.

É notável que menos de duas décadas após a abolição do cativeiro, a população de São Carlos, que entre 1886 e 1907 mais do que duplicou, teve sua composição racial profundamente alterada, em razão do grande afluxo de imigrantes europeus e provavelmente também – ainda que em bem menor grau – à saída de ex-escravos do município. Ao passo que no ano de 1886, dos 16.104 indivíduos que habitavam o município, 37% foram arrolados como pretos ou pardos,[2] em 1907, pretos e mulatos não ultrapassavam um oitavo da população do município. Os caboclos, por sua vez, presentes em 1886 – quando o contato com a população nativa era ainda recente na própria região e se dava em áreas mais ermas, a oeste do território paulista – foram subsumidos em 1907 como brancos ou mulatos, a depender provavelmente da cor e também da posição social de cada indivíduo.

A população negra perdeu participação relativa sobretudo com a chegada dos estrangeiros, que, em 1886, correspondiam a 12,7% da população (mais da metade já era italiana), aumentando para 39,4% em 1907 (quando quase três quartos dos estrangeiros eram italianos), mais do que setuplicando seu contingente em termos absolutos. Além disso, a população branca foi também incrementada pelo afluxo de brasileiros brancos (cujo volume absoluto mais do que triplicou), que acorreram ao município atraídos pela prosperidade de suas lavouras ou que eram filhos de estrangeiros imigrados.

Os italianos, como primeiro contingente da imigração em massa, sempre compuseram a ampla maioria da população de estrangeiros em São Carlos ao longo da primeira metade do século XX, como se nota pela Tabela 3, a seguir.

2 Em épocas próximas à abolição, a categoria "*pardo*" serviu também para designar a condição de libertos (Mattos, 1998).

Tabela 3 - População segundo nacionalidade, 1907, 1920 e 1934 (nº e %)

	1907	*1920*	*1934*
Brasileiros	23.335 (60.5)	40.894 (75,4)	44.724 (86,6)
Italianos	11.339 (29,3)	8.235 (15,2)	4.185 (8,1)
Espanhóis	1.670 (4,3)	2.141 (3,9)	1.109 (2,1)
Portugueses	1.631 (4,2)	1.948 (3,6)	950 (1,8)
Alemães	209 (0,5)	202 (0,4)	119 (0,2)
"Turcos"	114 (0,3)	212 (0,4)	150 (0,3)
Outros	304 (0,8)	593 (1,1)	383 (0,7)
Total	38.642 (100)	54.225 (100)	51.620 (100)

Censo Municipal de 1907, Censo Nacional de 1920, Censo Estadual de 1934.

Em termos de origens regionais na península itálica, estima-se uma diversidade razoável, na qual Veneto e Lombardia, ao norte, compunham mais de 50% do contingente, enquanto Calábria, Campania e Abruzzo, ao sul, quase 30% (Cúria Diocesana de São Carlos. Registros de Casamentos, 1880-1914).

Se explorarmos mais o Censo de 1907 realizado em São Carlos, obteremos um perfil socioeconômico mais preciso dos grupos populacionais que habitavam o município, perfil este que vigeu, em seus traços relativos, no mínimo por mais três décadas. Indagados se sabiam ler, nada menos que 65% dos indivíduos com pelo menos 12 anos de idade declararam que não, sendo que, deste total, mais de 85% habitavam as áreas rurais. Segundo o perfil étnico-racial, os grupos com maior capacidade de leitura eram os alemães e turcos, seguidos por italianos e portugueses (30%), espanhóis (25%) e negros (10%) (Truzzi e Bassanezi, 2009).

Na época, mais de três quartos da população do município habitavam áreas rurais; a população urbana somente ultrapassou a rural ao final dos anos trinta, conforme ilustra o Gráfico 1, a seguir.

Gráfico 1 – São Carlos. População total, urbana e rural

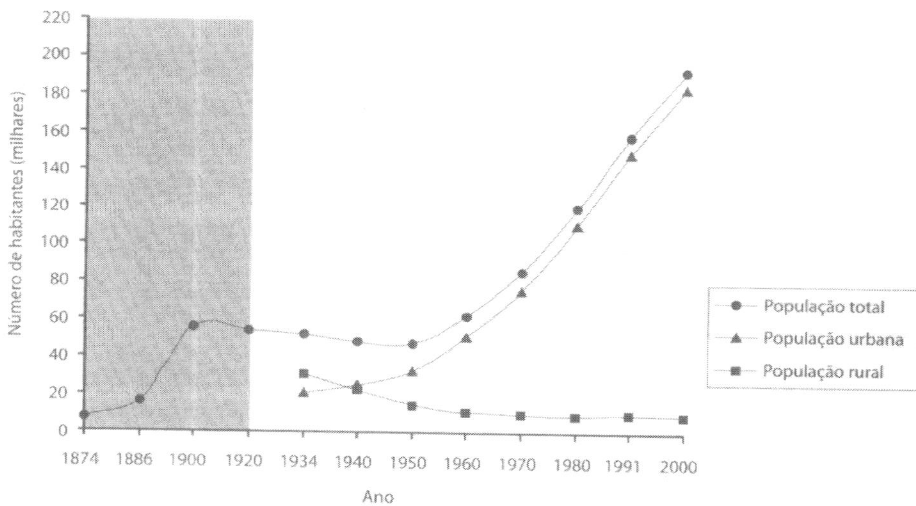

Lima (2007)

Em 1907, dos indivíduos com 12 anos ou mais que habitavam o meio rural, dois terços eram colonos e, destes, 60% eram italianos, seguidos por brasileiros (brancos, 15% e negros, 10%), espanhóis (8%) e portugueses (6%).

> Entre lavradores, havia uma clara predominância de brasileiros brancos (quase 60%), além dos italianos que já respondiam por um quarto desta ocupação, enquanto os brasileiros negros não somavam 10%. Estes eram mais abundantes entre camaradas, empregados e cozinheiros. Quase três quartos dos ad-

ministradores eram brasileiros brancos (...), que também se destacavam entre os ferroviários (50%) e empreiteiros (39%). Os italianos, além de colonos, representavam 55% dos negociantes no meio rural e disputavam com brasileiros negros a profissão de carroceiro e carreiro, ocupações manuais com pouca qualificação (Truzzi e Bassanezi, 2009).

Imagem 1: Colônias de trabalhadores no meio rural

Centro de Memória da Unicamp, Coleção Secretaria de Agricultura, Comércio e Obras Públicas do Estado de S. Paulo

Tabela 4: Ocupações rurais numericamente mais significativas, São Carlos, 1907

Ocupação	*Bras. total*	*Bras. brancos*	*Bras. pretos*	*Bras. mulatos*	*Italianos*	*Portugueses*	*Espanhóis*	*Alemães*	*Turcos*	*Diversos*	*Tot[illegible]*
Colono	3.016	1.848	990	178	7.132	706	971	89	0	152	12.[illegible]
Lavrador	1.328	1.144	139	45	504	88	15	16	1	3	1.9[illegible]
Camarada	819	326	383	110	330	99	40	10	1	11	1.3[illegible]
Empregado	219	99	92	28	59	19	2	1	3	0	303
Administrador	165	155	8	2	34	6	6	0	0	1	212
Empreiteiro	89	64	19	6	43	29	0	2	1	0	164
Negociante	32	32	0	0	80	10	9	0	14	1	146
Carroceiro*	66	28	37	1	35	3	5	0	0	0	109
Ferroviário**	32	30	0	2	6	16	7	1	0	2	64
Cozinheiro	45	8	26	11	10	1	0	0	0	1	57

*Truzzi e Bassanezi, 2009. *Inclui carreiros. ** Inclui empregados da Cia Paulista, empregados e chefes de estação e empregados da estrada de ferro.*

Já no meio urbano,

> os italianos permanecem se destacando entre os negociantes (mais da metade) e os brasileiros brancos entre os lavradores (58%). Em contrapartida, estes, no meio urbano, passam a ser mais frequentes do que os negros na profissão de empregados (46%), além de constituírem 58% das costureiras. Os negros estão mais representados em profissões subalternas – cozinheiro (68%), lavadeira (46%) e criado (41%) – e ainda disputam com os italianos a profissão de camaradas (residentes em área urbana). Os italianos constituíam ainda três quartos dos carroceiros e sapateiros, sendo também bastante representativos entre os alfaiates (65%) e trabalhadores (48%). Os portugueses, por sua vez, ainda que numericamente pouco expressivos, encontravam-se sobrerepresentados entre os ferroviários, com mais de 30% dos postos de trabalho (já representavam um quarto dessa ocupação nas áreas rurais), logo abaixo de brasileiros brancos (40%). Dos 61 estudantes compilados pelo censo que habitavam a área urbana, nada menos que 58 eram brasileiros brancos. Chama também atenção a concentração ocupacional dos turcos: 46 negociantes entre 47 indivíduos (Truzzi e Bassanezi, 2009).

Como o censo de 1907 distribuiu espacialmente a população urbana em uma zona central, quatro bairros periféricos e regiões de subúrbios, pôde-se ainda constatar os primórdios da marginalização urbana dos negros no município: a probabilidade de um negro (preto ou mulato) habitar a periferia era quase o dobro daquela de um brasileiro branco ou de um estrangeiro (Truzzi e Bassanezi, 2009).

Os brasileiros brancos também se destacavam dos brasileiros negros porque detinham mais de 80% das propriedades rurais do município, segundo dados da Estatística Agrícola realizada poucos anos antes, referente ao ano agrícola 1904-1905. Nesta, os italianos, chegados em massa, pioneiramente, já despontavam como o contingente estrangeiro com maior número de propriedades rurais (pequenas e médias), cerca de 13% do total. Por outro lado, se focalizarmos a distribuição étnico-racial das profissões de algum prestígio à época, como evidencia a Tabela 6, a seguir, é possível notar que os brasileiros dominavam amplamente tais ocupações (médicos, engenheiros, advogados, cargos de direção na ferrovia e no funcionalismo público, comerciantes de café e administradores de fazenda), enquanto os italianos ainda modestamente se insinuavam nestes, mas predominavam mesmo entre negociantes, industriais e diretores de colônia, ao mesmo tempo em que turcos, obviamente, eram negociantes (em maior proporção inclusive que portugueses, também relativamente abundantes entre feitores).

Tabela 5: Ocupações urbanas numericamente mais significativas, São Carlos, 1907

pação	*Bras. total*	*Bras. brancos*	*Bras. pretos*	*Bras. mulatos*	*Italianos*	*Portugueses*	*Espanhóis*	*Alemães*	*Turcos*	*Diversos*	*Total*
gociante	87	82	2	3	190	26	15	4	46	2	370
narada	169	57	101	11	120	51	18	1	0	7	366
rador	237	194	30	13	38	35	21	2	0	2	335
pregado	221	161	52	8	76	32	10	0	1	7	347
stureira	125	110	11	4	45	10	3	4	0	2	189
zinheiro	145	31	105	9	18	0	0	2	0	2	167
ado	93	40	50	3	25	4	3	1	0	4	130
adeira	97	39	51	7	23	2	3	1	0	0	126
roviário*	65	52	11	2	11	37	11	0	0	0	124
rroceiro**	16	7	9	0	68	6	0	0	0	0	90
ateiro	18	18	0	0	57	0	0	0	0	3	78
udante	60	58	0	2	1	0	0	0	0	0	61
aiate	19	18	0	1	38	1	0	0	0	0	58
balhador	27	19	8	0	28	3	0	0	0	0	58

*Truzzi e Bassanezi, 2009. *Inclui carreiros. ** Inclui empregados da Cia Paulista, empregados e chefes de estação e empregados da estrada de ferro.*

Como o censo de 1907 distribuiu espacialmente a população urbana em uma zona central, quatro bairros periféricos e regiões de subúrbios, pôde-se ainda constatar os primórdios da marginalização urbana dos negros no município: a probabilidade de um negro (preto ou mulato) habitar a periferia era quase o dobro daquela de um brasileiro branco ou de um estrangeiro (Truzzi e Bassanezi, 2009).

Os brasileiros brancos também se destacavam dos brasileiros negros porque detinham mais de 80% das propriedades rurais do município, segundo dados da Estatística Agrícola realizada poucos anos antes, referente ao ano agrícola 1904-1905. Nesta, os italianos, chegados em massa, pioneiramente, já despontavam como o contingente estrangeiro com maior número de propriedades rurais (pequenas e médias), cerca de 13% do total. Por outro lado, se focalizarmos a distribuição étnico-racial das profissões de algum prestígio à época, como evidencia a Tabela 6, a seguir, é possível notar que os brasileiros dominavam amplamente tais ocupações (médicos, engenheiros, advogados, cargos de direção na ferrovia e no funcionalismo público, comerciantes de café e administradores de fazenda), enquanto os italianos ainda modestamente se insinuavam nestes, mas predominavam mesmo entre negociantes, industriais e diretores de colônia, ao mesmo tempo em quew turcos, obviamente, eram negociantes (em maior proporção inclusive que portugueses, também relativamente abundantes entre feitores).

Tabela 6: Profissões de maior prestígio, São Carlos, 1907

issão	*Bras. total*	*Bras. brancos*	*Bras. pretos*	*Bras. mulatos*	*Italia-nos*	*Portu-gueses*	*Espa-nhóis*	*Ale-mães*	*Tur-cos*	*Diver-sos*	*Total*
ogados/ es	8	8	-	-	-	-	-	-	-	-	8
icos	9	9	-	-	1	-	-	-	-	-	10
nacêuticos	19	19	-	-	2	-	-	-	-	-	21
enheiros	1	1	-	-	-	-	-	3	-	-	4
essores	17	17	-	-	6	2	-	-	-	2	27
c. públicos	8	8	-	-	2	3	-	-	-	-	13
fes estação	13	13	-	-	1	1	-	-	-	-	15
queiros	2	2	-	-	1	-	-	-	-	-	3
striais	2	1	1	-	11	2	2	1	-	1	19
nerciantes	34	34	-	-	19	7	1	-	1	-	62
ociantes	41	36	2	3	175	28	17	3	34	2	300
ninistradores	95	90	3	2	16	5	4	-	-	-	120
tores	1	1	-	-	7	1	1	-	-	1	11
ores	7	5	1	1	3	11	-	-	-	-	21
l	257	244	7	6	244	60	25	7	35	6	634

Truzzi e Bassanezi, 2009

Mais uma vez, a participação da população negra, relativamente à sua expressão numérica, é bastante incipiente: apenas 13 posições em um conjunto de 634. Discriminados pelo restante da sociedade, também parece que os negros só lograram se organizar mais tardiamente, em 1928, quando fundaram uma associação (ainda existente), cujo núcleo era composto por ferroviários detentores de um emprego digno.[3] É possível observar que tais aspectos contrastam em ampla medida com a situação de italianos, que fundaram, desde o século XIX, pelo menos duas associações (uma delas mantendo uma escola para seus filhos), frequentavam ativamente as lojas maçônicas locais, dispunham de profissionais com algum prestígio e ainda dominavam o comércio da cidade.

É oportuno, portanto, constatar o conjunto de condições desfavoráveis que a população negra teve de enfrentar desde o período pós-abolição, tanto em termos de maiores taxas de analfabetismo, quanto de marginalização espacial, de concentração em ocupações subalternas e pouca presença em postos de maior prestígio, de menor acesso à condição de proprietários rurais, além de uma organização tardia e incipiente do grupo. Todos estes elementos aqui apresentados empiricamente atestam a noção de que, comparativamente aos negros, os imigrantes já adentraram em um patamar mais elevado da estrutura social em formação no oeste paulista. Os negros partiram de uma condição bem menos favorável – que produz seus efeitos até os dias de hoje – em busca da mobilidade social e que, em última análise, remonta à condição anterior de escravos.

Ao longo de toda a Primeira República – pode-se afirmar – a economia cafeeira embasou a atividade econômica da região. A partir dos anos vinte, sobretudo, parte dos cafeeiros havia envelhecido, bem como várias áreas de terra "cansaram" e a região já não era mais tão produtiva quanto no limiar dos

---

3 Muito embora um dos almanaques publicados em São Carlos mencione (sem maiores notícias a respeito) uma associação denominada Luís Gama, fundada em 1908 e presidida por um pedreiro que justamente residia nos arrabaldes da cidade.

dois séculos, cedendo vigor a outras áreas novas mais a oeste do território paulista. Mas o volume da população se manteve relativamente constante ao longo de toda a primeira metade do século XX.

Também convém notar que, desde o início do século XX, a cidade, servida por energia elétrica, foi aos poucos se constituindo em um polo regional e se industrializando, em torno de alguns setores significativos: a própria ferrovia, que exigia a implantação de uma série de oficinas (serrarias, fundições, forjarias, serralherias); a indústria de beneficiamento de café e cereais; ramos associados ao fornecimento de produtos consumidos pelas fazendas (adubos, indústria de ferramentas, metalurgia, têxtil) e outros vinculados à produção de artigos de consumo popular (alimentos, bebidas, vestuário, mobiliário, construção civil etc.). Em qualquer dessas atividades, o imigrante tendeu a ser o protagonista principal, seja porque alguns já exerciam determinados ofícios na terra de origem, seja porque passaram a se dedicar a tais atividades comerciais e industriais urbanas em razão de vislumbrarem nesse mercado oportunidades crescentes.

A Tabela 7, a seguir, elenca as maiores empresas industriais instaladas em São Carlos em 1933. São as de maior porte, o que não significa absolutamente que monopolizassem a atividade industrial do município; pelo contrário, há outras 66 empresas, em geral pequenas (com uma média de 6,5 operários por estabelecimento), instaladas nos ramos já supramencionados.

Tabela 7 – Maiores empresas industriais por número de operários. São Carlos, 1933

Empresa	*Número de operários*
Companhia Fiação e Tecidos São Carlos	581
Lápis Johann Faber	100
Sylvio Marzari (móveis de madeira)	80
Carlos Facchina (adubos e colas)	58
Francisco Ferreira (serraria)	44
Outras (66)	427

Catálogo de Indústrias do Estado de São Paulo, 1933

Ao produzir artigos de uso agrícola ou de consumo popular, esta pequena indústria pioneira encontrou inicialmente na economia cafeeira local sua mola propulsora e, no imigrante, o principal agente de seu empreendimento. Assim, aos poucos, ela vai se ampliando, de modo a atender mercados regionais e sendo capaz de se autossustentar.

Foi esta indústria incipiente a responsável por evitar um esvaziamento populacional mais agudo do município, apesar da produtividade dos cafezais vir paulatinamente decrescendo desde o início do século. De fato, entre os anos de 1900 e 1934, São Carlos perdeu menos de 7% de sua população total, passando de 55.729 para 51.620 habitantes. De modo coerente, o êxodo rural-urbano se fez sentir com mais vigor a partir de então, quando, em meados dos anos trinta, os efeitos da crise de 1929 foram mais duramente sentidos: se, em 1934, cerca de 60% da população ainda habitavam o meio rural, em 1950 apenas 31% o faziam. A zona urbana se estendeu inaugurando novos bairros, ao mesmo tempo em que se tornava mais densa.

Em parte, a indústria local absorveu a população deslocada do meio rural, conformando um operariado relativamente jovem, cujas famílias haviam recentemente saído das lides rurais. São Carlos logrou, assim, construir um parque industrial relativamente singular, porque razoavelmente diversificado, ao contrário de outras cidades médias do interior paulista, nas quais uma determinada vocação setorial era mais nítida, como nos casos de Araraquara e de Ribeirão Preto, cotejados a seguir.

Gráfico 2 - Diversificação do parque industrial. São Carlos, Ribeirão Preto e Araraquara, 1950.

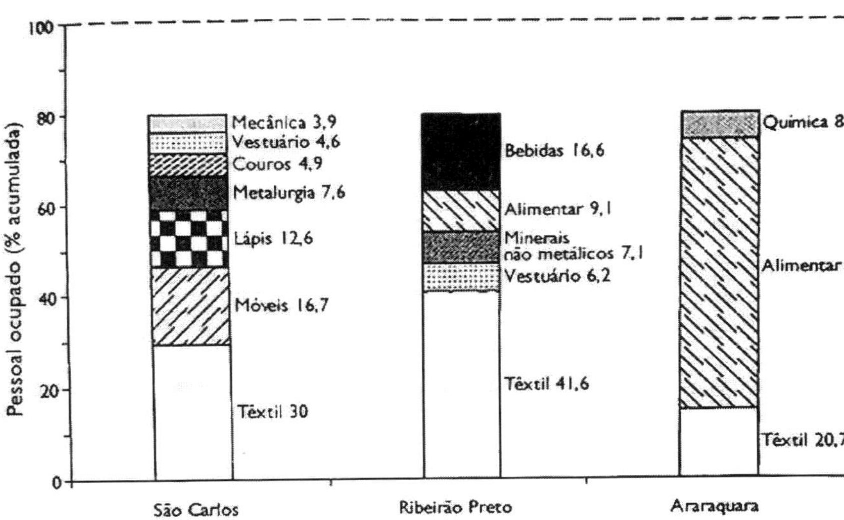

Truzzi, 2007, p. 161.

De um ponto de vista político, desde os anos trinta, as oligarquias agrárias locais, que dominavam amplamente o cenário, perderam força, abaladas tanto pela nova conjuntura econômica, quanto pela centralização crescentemente imposta por Vargas. Aos poucos, tal movimento acabou abrindo espaço para novos protagonistas, em geral, filhos de imigrantes relativamente bem-sucedidos no comércio, na indústria ou nas profissões liberais. No início dos anos trinta, tais estratos já haviam fundado a associação comercial no município e participado ativamente do movimento de 1932; mesmo com o fechamento do regime, passaram crescentemente a ocupar postos no aparelho burocrático e nas entidades corporativas (não étnicas) incentivadas pelo varguismo, desempenhando um papel de crescente relevo na política local. No pós-guerra, com a redemocratização do regime, os filhos de imigrantes, antes escassos na cena política local, passaram a abundar na Câmara Municipal, como evidencia a Tabela 8, a seguir.

Tabela 8 – Mandatos e vereadores de origem imigrante. São Carlos (1890-1930 e 1947-1959)

	Número de mandatos iniciados no período	Número de mandatos de vereadores filhos de pais estrangeiros iniciados no período	Percentual
1890 - 1930	162	15	9
1947 - 1959	83	40	48

Truzzi, Kerbauy e Barbosa, 2012, p. 146.

Em particular, observa-se o modo como a notoriedade adquirida por certos profissionais, tais como médicos, professores e advogados, devido às qualidades supostamente atribuídas ao exercício profissional, pôde ser facilmente reconvertida em trunfos políticos. Um deles, Ernesto Pereira Lopes, filho de um português comerciário, embora tenha nascido na capital, onde se formou pela Faculdade de Medicina, abriu seu consultório em São Carlos, tendo participado do movimento de 1932 e sido eleito vereador em 1936. Haja vista terem sido fechadas as câmaras municipais durante o Estado Novo, ele só pôde retomar sua carreira política no pós-guerra, quando se elegeu deputado estadual e galgou os postos de líder da bancada, secretário (1948) e presidente (1951) do diretório estadual da sigla udenista. Paralelamente, transferiu – da capital paulista para São Carlos – uma pequena fábrica da qual era sócio juntamente seus irmãos (um deles, Mario, um empreendedor irrequieto que abandonou o curso de engenharia na Universidade Mackenzie).

Prestígio político e prestígio econômico – um reforçou o outro na carreira de Pereira Lopes, uma figura que dominou o ambiente econômico e influenciou decisivamente a cena política de São Carlos entre as décadas de 1950 e 1970. Em 1952, obteve o primeiro dos cinco mandatos sucessivos de deputado federal, chegando a presidir a Câmara dos Deputados por um período no governo Médici. Por outro lado, sua empresa, que em 1950 fabricava fogões elétricos e a gás e empregava ao todo 55 trabalhadores, cinco anos depois, podia contar com 650 funcionários e estava apta a produzir quase um quarto das geladeiras – da marca Clímax, fabricadas em São Carlos - comercializadas em todo o país. Com o passar dos anos, em torno desta fábrica pioneira na produção nacional de refrigeradores domésticos de consumo popular, ergueu-se, sob o arco das Indústrias Pereira Lopes (IPL), um verdadeiro conglomerado de empresas que abrangia a produção de tratores, compressores herméticos, fundidos, plásticos, borrachas, lã de vidro, termostatos e equipamentos elétricos, trocadores de calor, gráfica e uma frota própria de veículos para transporte, dentre outras atividades, muitas delas incentivadas às custas de subsídios governamentais. De modo coerente, com a crise do petróleo e consequente fim do amparo estatal no início dos anos oitenta, foi natural que o grupo passasse a enfrentar dificuldades.

> Entre o pós-guerra e os anos de 1990, um balanço do processo de industrialização local, capitaneado pelo setor metal mecânico, mostra que São Carlos logrou constituir um parque industrial expressivo e *suis generis*. Expressivo porque dinâmico, diversificado e de monta incomum entre outras cidades da região, cujas indústrias normalmente se desenvolveram processando insumos agrícolas. E *suis generis* porque o processo de industrialização teve a característica de assentar-se inicialmente, salvo uma ou outra exceção, sobre capitais locais. De fato, o município pouco se beneficiou, até a implantação da fábrica de motores da Volkswagen em 1996, dos processos de transbordamento e relocação da indústria paulistana que, a partir dos anos de 1970, dinamizaram as regiões de Campinas, do Vale do Paraíba e de Sorocaba, mais próximas à capital (Truzzi; Nunes; Tilkian, 2008, p. 142).

Não obstante tal formação, pode-se afirmar que o parque industrial local encontra-se atualmente em processo de acelerada desnacionalização, já que boa parte das maiores empregadoras do setor são empresas de capital estrangeiro: a norte-americana Tecumseh, que incorporou a antiga fábrica de compressores; a sueca Electrolux, que fez o mesmo com a antiga fábrica de geladeiras; as alemãs Faber e Volkswagen Motores; e a chilena Latam Manutenção, instalada na área pertencente à antiga fábrica de tratores.

Deve-se ainda apontar que o município conseguiu, ao longo de décadas, constituir um expressivo setor de serviços, no qual se destaca particularmente um parque educacional robusto, desdobrado em uma série de instituições de ensino e pesquisa. Provavelmente, a antiga *Escola Normal*, criada ainda em 1912, tenha sido o estabelecimento de maior impacto ao longo de toda a primeira metade do século XX, porque, com seu edifício majestoso e com a concentração de lentes ilustres que ali ministravam aulas, constituiu-se em um núcleo de formação escolar e profissional significativo para toda a região. Já no início da segunda metade do século, a instalação da Escola de Engenharia da Universidade de São Paulo, em 1953, traria uma vocação inicialmente tecnológica à cidade, mas que, posteriormente, desdobrar-se-ia em muitas outras iniciativas que extrapolaram a abrangência inicial, tal como a criação da Universidade Federal de São Carlos, em 1970, a instalação de unidades da Embrapa, em 1974 e 1984, de parques e centros tecnológicos e de outras instituições privadas de ensino superior que, em seu conjunto, injetam uma quantidade de recursos muito significativa no município, além de atraírem uma população bastante diversificada, inclusive de outros estados e também do exterior.

Não surpreende, portanto, que em termos de empregos formais, o setor de serviços seja ao mesmo tempo o maior empregador do município e o que, em média, melhor remunera, conforme ilustra a Tabela 9, a seguir.

Tabela 9: Participação (%) e remuneração média (R$) setoriais no total de empregos formais em São Carlos, 2018.

	Participação (%)	Remuneração média (R$)
Serviços	48,71	4.056,31
Indústria	23,65	3.562,08
Comércio	21,08	2.030,73
Construção	3,39	2.484,32
Agropecuária	3,18	1.917,45

Fundação SEADE – Perfil dos Municípios Paulistas (PMP).

Apesar de tais características, é necessário frisar que tais números não levam em consideração os empregos informais, crescentemente presentes no município, e que não restam dúvidas de que problemas estruturais do país obviamente reverberam no município, cuja projeção de população para 2020 é de cerca de 242 mil habitantes, dos quais 96% habitam áreas urbanas. De acordo com o Censo Demográfico de 2010, por exemplo, 11,7% de domicílios particulares contavam com uma renda per capita de apenas até meio salário mínimo, enquanto, não obstante suas renomadas instituições escolares, uma taxa de analfabetismo de 3,66% persistia entre a população de 15 anos ou mais (SEADE – PMP).

Fica assim esboçado um quadro geral deste município de porte médio da região central do estado de São Paulo, ao longo de sua existência que já extrapola a décima sexta década. Decerto que muitos dos temas aqui apenas brevemente mencionados poderiam ser devidamente aprofundados, mas o que se pretendeu, no âmbito dos limites impostos, foi justamente construir um panorama ao mesmo tempo geral e sintético da história socioeconômica do município, a fim de servir tanto para embasar investigações e análises específicas – no caso desta coletânea, estudos que possam discernir "modos contemporâneos de gestão das desigualdades" –, quanto também para oferecer uma base comparativa para se cotejar com trajetórias de outros territórios no contexto latino-americano.

Referências bibliográficas

Brasil, IBGE. *Recenseamento Geral* de 1920.

Catálogo de Indústrias do Estado de São Paulo, 1933.

Centro de Memória da Unicamp. Coleção Secretaria de Agricultura, Comércio e Obras Públicas do Estado de S. Paulo.

Cúria Diocesana de São Carlos. *Livros de Registros de Casamentos*. São Carlos (1860-1914).

Ellis Jr., A. *Tenente-Coronel Francisco da Cunha Bueno*: pioneiro da cafeicultura no Oeste Paulista. São Paulo: Linográfica, 1960.

Fundação Pró-Memória de São Carlos. *Censo Municipal de 1907* (manuscrito).

Fundação SEADE – *Perfil dos Municípios Paulistas* (acesso online).

Lima, R. 2007. *Limites da legislação e o (des)controle da expansão urbana*. São Carlos (1857-1977). São Carlos: EdUFSCar, 2010.

Martins, J. S. *O cativeiro da terra*. 9ª. edição. São Paulo: Contexto, 2010.

São Paulo. *Censo Estadual* de 1934.

Sociedade Promotora da Immigração de São Paulo. *Mapa da Província de São Paulo, 1886*.

Taunay, Visconde de. *Viagens de outrora*. São Paulo: Melhoramentos, 1921.

Truzzi, O. *Café e Indústria* – São Carlos: 1850-1950. 3ª. edição. São Paulo e São Carlos: Imprensa Oficial do Estado e EdUFSCar, 2007.

Truzzi, O. e Bassanezi, M. S. População, grupos étnicos-raciais e economia cafeeira. *Revista Brasileira de Estudos de População*, v. 26, p. 197-218, 2009.

Truzzi, O.; Kerbauy, M. T.; Barbosa, A. Mudança de fronteiras étnicas e participação política de descendentes de imigrantes em São Paulo. *Revista Brasileira de Ciências Sociais*, v. 27, p. 135-151, 2012.

Truzzi, O.; Nunes, P.; Tilkian, R. *Café, Indústria e Conhecimento*. São Carlos, uma história de 150 anos. São Paulo e São Carlos: Imprensa Oficial do Estado e EdUFSCar, 2008.

Truzzi, O.; Volante, J. P. Percursos migratórios intergeracionais e dinâmicas de implantação de imigrantes estrangeiros no oeste paulista (1880-1950). *Tempo Social*, v. 31, p. 161-191, 2019.

Memória, conflito social e a transformação dos processos de trabalho e de reprodução social nas classes trabalhadoras[1]

José Sergio Leite Lopes

Uma experiência de pesquisa sobre o trabalho dos operários industriais da cana-de-açúcar

A experiência mais aprofundada que tive no estudo do processo de trabalho se deu durante a pesquisa de um processo concreto, o do trabalho dos operários da cana-de-açúcar no Estado de Pernambuco, no Nordeste brasileiro. Estes eram os operários da parte industrial das usinas, portanto, tratava-se de um trabalho fabril cercado por todos os lados pelo trabalho rural nos estabelecimentos produtores de cana-de-açúcar. Desde este momento, muitas de minhas pesquisas posteriores sobre o trabalho se relacionavam ao cruzamento de processos históricos que envolvem trabalhadores rurais e trabalhadores industriais.

Como pesquisa etnográfica, o processo produtivo foi estudado a partir da experiência e das representações coletivas que estes trabalhadores tinham do trabalho (Leite Lopes, 1976). Assim, na concepção de processo produtivo aqui considerado,

1 Texto baseado na palestra realizada no International Labour Process Conference, de Buenos Aires; keynote do dia 22 de março de 2018 e, posteriormente, na minha participação na mesa redonda intitulada "Memória e conflito social", juntamente com Maria Aparecida de Moraes, na manhã do dia 6 de agosto de 2018, na Escola de Inverno LMI-SAGEMM-PPGS-UFSCar; (Escola de Inverno do Laboratório Misto Internacional « Social activities, gender, markets and mobilities from below (Latin América) » e PPGS-UFSCar).

deve-se atentar não para o processo isolado tal como estudado na esfera da engenharia de produção, tampouco da economia estrito senso; ele está, para usarmos a expressão de Karl Polanyi (1957), "*embedded*" (incluído, contido) em relações sociais mais amplas, que certamente incluem aspectos da reprodução social do trabalhador e formas de dominação mais ou menos abrangentes que podem atingir moradia, concessões extramonetárias aos trabalhadores, atividades de lazer, religiosas e políticas. O processo produtivo também está embebido em relações institucionais originadas pelo Estado, em particular, as que regulam os conflitos do trabalho. Na história brasileira do século XX e início do XXI, o trabalho e o processo produtivo estão fortemente entrelaçados com as leis, com o direito público do trabalho, com o uso que deles fazem os sindicatos de trabalhadores e como reage o patronato.[2]

A pesquisa com os operários de cana-de-açúcar foi feita em 1972, no período do auge da ditadura militar, o que limitava a possibilidade de registrar aspectos políticos da experiência daqueles trabalhadores. Este silenciamento também se relacionava ao fato de este grupo profissional ser mais acomodado no que se refere à defesa dos direitos sociais. Por ter sido incluído nas leis do trabalho promulgadas pelo governo federal em 1943, distinguia-se dos trabalhadores do campo. O contingente muito mais numeroso de trabalhadores rurais na mesma atividade agroindustrial só começou a ser abarcado pelo direito social vinte anos depois.

Com isto, meu foco acabou se direcionando para a concepção dos operários sobre sua prática cotidiana no trabalho – que, no entanto, não silenciava a respeito dos conflitos

2 Para isso, ver, por exemplo, Gomes e Teixeira da Silva (2013).

ali surgidos. Nas entrevistas, o discurso deste grupo profissional era particularmente rico na descrição de suas diferenças internas. Tal diferenciação é constituída pela autoclassificação genérica de operários da produção, operários da manutenção e serventes; os dois primeiros são trabalhadores permanentes, os últimos, temporários. Todos os subgrupos reconhecem a primazia dos operários de manutenção sobre os outros: a categoria nativa para eles é a de *artistas*, no sentido de conhecedores e praticantes das artes industriais. Os operadores de máquinas que cuidam diretamente do percurso da matéria-prima se autodenominam como *profissionistas*, um neologismo referido ao sufixo da posição mais prestigiosa dos *artistas*. Os operadores são vigias das máquinas neste processo produtivo particular e, portanto, dependem do mercado de trabalho das usinas açucareiras para exercer sua atividade habitual. Já os *artistas*, por praticarem as artes industriais sobre o seu objeto – que são as próprias máquinas e a infraestrutura da usina –, podem empregar-se em um mercado mais amplo de trabalho industrial.

Estes metalúrgicos do açúcar dão assistência à manutenção das máquinas e ficam de prontidão em seu tempo livre durante a safra; no decorrer da entressafra, desmontam e reconstroem a usina, cujas ferragens são corroídas pelo processo químico da produção. Neste momento, chamado de *apontamento*, trabalham de 3 a 4 meses intensamente e com longas jornadas de trabalho. Podem ser contemplados, pela administração da usina, com o oferecimento de empreitadas e, para isso, contam com os *profissionistas*, operários que, com a produção parada, passam a ser ajudantes dos *artistas*. Já na safra, os artistas têm horários reduzidos, enquanto os *profissionistas* trabalham em turnos alternados semanais, em jornadas de 12 horas diárias, de meio-dia à meia-noite e de meia-noite a meio-dia. Estes últimos ficam sujeitos à oscilação anual entre o sobretrabalho excessivo da safra e a jornada reduzida na entressafra; e são, assim, forçados a aceitar as enormes jornadas como um mal menor diante do salário maior que ganham no período de produção do açúcar. São envolvidos, assim, em um fetichismo do salário-hora e ironicamente autodesignados (ou ironizados pelos outros) como os "contadores de horas". As propriedades de posição são importantes na autocaracterização dos operários do açúcar. Os operários fixos, com carteira assinada, contrato de longa duração e acesso a uma casa na vila operária, sejam eles da produção ou da manutenção, diferenciam-se dos trabalhadores temporários, os quais são os *serventes*, com contratos de curta duração na safra, sendo demitidos quando esta termina, e competindo com outros para serem admitidos na próxima safra. Os serventes (*unskilled laborers*; em francês, *manoeuvres*), em sua maioria, são jovens e solteiros; já os operários fixos são casados e, geralmente, moram com suas famílias nas casas da vila operária da usina. Dentre os temporários, há também os migrantes sazonais, trabalhadores provenientes de áreas camponesas semiáridas do mesmo estado da federação ou de estados vizinhos. Na entressafra, que coincide com o período de chuvas, voltam para suas áreas de agricultura familiar de origem. Assim, no interior de uma situação vista pelos analistas da *plantation* – por exemplo, Eric Wolf e Sidney Mintz (1957) – como característica de imobilização da força de trabalho, existe também, simultaneamente, uma situação de mobilidade e do que será no futuro considerado como precarização.

Este grupo de operários, com toda sua diferenciação interna, opõe-se aos *empregados*, os chefes da estrutura administrativa hierárquica que os enquadra. O conjunto dos operários assume as qualidades da sua parte mais autolegitimada, a dos *artistas*, aqueles que sabem fazer, para opor-se àqueles que ganham muito, exibem bens de consumo ostensivos, não produzem bens tangíveis e os oprimem – como é o caso dos *empregados*, chefes das seções, e de todos os que ocupam as posições hierárquicas.

O universo mais amplo do trabalho rural em que estão inseridos os operários da cana-de-açúcar

Se este é o universo dos operários da cana-de-açúcar, com suas diferenças internas, tal universo está rodeado por outro mais amplo: o dos trabalhadores rurais dos *engenhos*, isto é, dos estabelecimentos rurais que produzem cana-de-açúcar e alimentam de matéria- prima as usinas. É das famílias de trabalhadores rurais moradores de engenhos que provêm muitos dos operários das usinas, iniciando-se como serventes temporários nas safras e, posteriormente, conseguindo alguma vaga fixa de operário.

Ao contrário dos operários de usinas de cana-de-açúcar, que, na qualidade de operários industriais, foram considerados sujeitos de direitos por meio das leis trabalhistas implantadas nos anos 1940 (a Consolidação das Leis do Trabalho – CLT), os trabalhadores da parte rural dos estabelecimentos produtores de cana, tal como toda a população rural, não foram incluídos por aquelas leis sociais. Como parte do processo conhecido como cidadania regulada ou diferida ao longo do tempo entre diferentes grupos sociais,[3] as leis trabalhistas sancionadas nos governos Vargas (1930-1945) se aplicavam, na época, a aproximadamente 30% da população, ficando delas excluída a população rural.

Em grande parte originárias da escravidão (abolida juridicamente em 1888) ou do domínio sobre povos indígenas, as populações rurais tinham designações étnicas locais como *caboclos*, *colonos* e outras denominações relativas a arranjos pro-

3 Ver Santos, W.G. (1979).

dutivos com os donos de terras. A categoria genérica *trabalhador rural* só se difundiu por meio da promulgação do Estatuto do Trabalhador Rural, em 1963, ou seja, vinte anos depois da implantação da CLT. Essa defasagem no tempo estimulou a migração de trabalhadores do campo – em especial, das áreas semiáridas do Nordeste – para a cidade e para as indústrias que se multiplicavam no Sudeste do país. A formação da classe operária nas áreas industrializadas se deu por meio da incorporação do campesinato que estava à procura dos direitos que lhe eram negados em suas áreas de origem. A defasagem temporal da implantação dos direitos na cidade e no campo proporcionou ao movimento camponês que se formava à época tanto uma utopia de equiparação de direitos quanto um impulso de mobilização nos anos 50 e início dos 60, cujo auge, em 1963, oportunizou a extensão dos direitos sociais também a eles, proporcionando-lhes um início de cidadania. Esse impulso fez com que a sindicalização e a luta por aplicação e cumprimento dos direitos continuassem com força, mesmo durante a ditadura militar iniciada em 1964,[4] No final desta apresentação, veremos que a mobilização dos trabalhadores da cana-de-açúcar, no final dos anos 70, no tocante a certos aspectos, equipara-se – em termos de importância – à mais conhecida movimentação dos metalúrgicos de São Paulo. Metalúrgicos estes, em grande parte, formados pelos recentes migrantes do campo, que estavam à procura de seus direitos. O que contrariou as análises de um grupo importante de sociólogos de São Paulo que, até então, viam na origem rural recente do operariado um fator da pretensa fraqueza de seu movimento de classe.

4 Ver Palmeira (2013 [1979]), o primeiro a chamar a atenção para estes conflitos invisíveis à época, a partir de seu trabalho de campo na área desde 1969.

Uma pesquisa sobre o mundo das fábricas têxteis

Antes de voltar a este ponto no final da apresentação, gostaria de falar algo sobre o trabalho nas fábricas têxteis, as quais tiveram importante presença industrial até os anos 70 do século XX no Brasil. Observei que algumas grandes fábricas têxteis tinham características comuns às usinas de cana-de-açúcar, como por exemplo, a existência de vilas operárias, além de propriedades territoriais com atividades agrícolas que se destinavam ao abastecimento de seus trabalhadores, configurando, de fato, um governo local. Pareciam *plantations* na beira das cidades. Pesquisei uma das maiores dessas fábricas no Brasil, nos arredores da cidade de Recife. Ao contrário das usinas, com seus laboratórios secretos da produção de difícil visibilidade social, esta fábrica têxtil (a Companhia de Tecidos Paulista – CTP) havia deixado rastros de sua história que vazavam frequentemente para o conhecimento público. Mas só fui saber disso ao entrevistar seus operários e operárias que inseriam seus depoimentos e histórias de vida no âmbito de uma narrativa maior sobre a grandeza tanto da empresa quanto da luta reivindicativa dos trabalhadores em seus conflitos contra ela. Só, então, é que percebi que estava diante de uma história social maior, que abarcava outras dimensões que não somente a centralidade do trabalho, tal como explorado na pesquisa anterior sobre as usinas açucareiras (Leite Lopes, 1988). Em primeiro lugar, as fábricas têxteis recrutavam um enorme contingente de operárias do gênero feminino, que trabalhavam lado a lado com os operários homens. Desta forma, a densidade de trabalhadores por unidade doméstica era superior ao caso das usinas de cana-de-açúcar, cujos operários eram do gênero masculino. Interessada nas moças para trabalharem em suas seções de fiação e tecelagem, a fábrica recrutou, entre os anos 1930 e 1950, famílias de trabalhadores de toda parte, mas sobretudo das áreas semiáridas de vários estados da região. Tais famílias eram progressivamente alojadas na crescente vila operária (Alvim, 1985; 1990; 1997).

Os trabalhadores das seções de pré-fiação (predominantemente masculinas), de fiação e tecelagem (predominantemente femininas, mas com contramestres masculinos) eram pagos por produção. Os trabalhadores de outras seções (como tinturaria, manutenção, vigilância etc.) eram pagos por tempo. As discordâncias entre operários e administração da empresa quanto à transparência e à aplicação do salário por produção originaram grande parte dos conflitos ocorridos na fábrica entre os anos 1945 e 1964. Já os operários das usinas de cana-de-açúcar são pagos por tempo. Quanto aos operários na produção do açúcar, sendo vigias das máquinas e dos processos químicos na matéria-prima cujo fluxo passa diante deles, o incentivo inerente ao salário por produção não se aplica. Também são pagos por tempo os operários da manutenção. Somente na entressafra, quando a usina tem pressa nos enormes reparos aos quais o maquinário se submete nas mãos dos *artistas*, é que há uma negociação entre estes e a administração, a qual se engaja para fixar tarefas e empreitadas maiores. Apenas na parte rural do corte de cana-de-açúcar é que o salário por produção se estabeleceu cotidianamente na safra. O salário por tarefa, peça ou por produção é, em geral, um dispositivo propício ao conflito.

Os conflitos entre trabalhadores e patrões, geralmente, deixam marcas na memória. A frequência e intensidade dos conflitos são características que favorecem a constituição de uma memória coletiva. Não é por acaso que os trabalhadores da fábrica têxtil do município de Paulista, em Pernambuco, assim como também os trabalhadores rurais canavieiros deste estado e de estados vizinhos – ambos com muitos conflitos entremeados por reclamações quanto a trapaças no pagamento do salário por produção –, constituíram, cada qual a seu modo e em seu tempo específico, uma memória e um carisma de grupo de forte intensidade durante um certo período.[5] Já os operários do açúcar, com uma concepção de tempo cíclico, em que se alternam administrações sucessivas que favorecem redes de operários de confiança, e uma presença política ocultada pelo protagonismo dos trabalhadores rurais de que já foram originários, deixam pouco espaço para a construção de uma memória de grupo. Além disso, estes operários chefes de família entregam a casa da vila operária onde moram com sua família assim que se aposentam (ou que são demitidos ou transferidos); raramente há casos de filhos que também são empregados na usina, condição esta que possibilitaria que sua família pudesse permanecer morando na casa. A transmissão da profissão e da moradia na localidade se torna difícil de uma geração para outra. Já diferentemente disso, a fábrica e a vila operária da CTP, em sua grande expansão entre os anos 1930 e 1950, recrutavam famílias numerosas inteiras para que diversos de seus membros – moças ou rapazes – pudessem fornecer-lhes mão de obra. Com isto, havia com frequência vários trabalhadores por unidade familiar, que assim tinham melhores chances de manter a casa e de habitar o bairro, bem como de também contribuir para que a memória do grupo pudesse se transmitir entre gerações.

Por ser uma das maiores fábricas têxteis do Brasil, em número de trabalhadores, e por ter tido uma rede de lojas de tecidos por todo o país entre os anos 1920 e 1970, acontecimentos vinculados a esta companhia tinham uma relativa repercussão

5 Uma análise acerca da importância do salário por produção como substrato dos conflitos na produção que envolvem os trabalhadores da cana-de-açúcar e a cadeia hierárquica imediata está em Sigaud (1977).

pública. Por sua vez, tal repercussão ajudava os trabalhadores a construírem sua própria memória. Foi o caso da greve, em maio de 1932, em defesa da aplicação da lei de 8 horas de trabalho, ocorrida logo depois que a lei de sindicalização permitiu a organização do primeiro sindicato que ali se formou. Ou da importância da companhia durante a Segunda Guerra Mundial, oscilando entre o apoio à Alemanha (os proprietários, de origem sueca, eram suspeitos de ter simpatia pelo nazismo, além de muitos gerentes e chefes serem de nacionalidade alemã) e o fornecimento de uniformes para as tropas do exército brasileiro que foi lutar contra o nazifascismo na Itália. Também, o fato de as bases territoriais de suas propriedades terem formado um município próprio no início dos anos 30 conferia, de imediato, uma importância política à companhia.

A maior parte das greves e conflitos, que se intensificam entre 1945 e 1964, implica em reivindicações salariais que interferem no cálculo do salário por produção dos trabalhadores de seções em que são numerosos. Uma das reivindicações constantes – mas sempre negada – é a da transparência dos valores unitários dos salários por produção segundo cada tipo de fio ou cada tipo de pano, haja vista que apresentam diferentes dificuldades para serem produzidos.[6] Somente por meio de informações repassadas por empregados dos escritórios, aliados do sindicato, é que tal segredo, às vezes, era precariamente quebrado. Na grande greve de 1963, essa reivindicação de transparência – por meio de uma tabela exibida nos salões de cada seção – é con-

6 Além de Leite Lopes (1988) onde esse fenômeno da não transparência dos salários por produção nas fábricas têxteis pernambucanas é observado, ver também Vera Pereira(1979) que primeiramente o analisou no caso da fábrica carioca Bangu.

quistada em convenção coletiva, mas com o golpe militar de 64, o segredo se reestabelece.

Uma outra reivindicação destes trabalhadores têxteis foi a luta em torno da solicitação de desapropriação municipal de um território nas margens da cidade-vila operária, para que houvesse a edificação de um bairro fora dos domínios da empresa. Tal luta se deu entre o final dos anos 1940 e meados dos anos 50, graças à inserção de uma cláusula na Constituição estadual votada em 1947, inclusão esta por iniciativa um deputado estadual que havia sido presidente do sindicato dos trabalhadores. O item previa "a desapropriação das áreas não edificadas das sedes municipais encravadas em território particular". Esta formulação engenhosa atingia as cidades-vilas operárias de fábricas e as usinas açucareiras em diversos municípios do estado, enfraquecendo, com efeito, o governo local da empresa, baseado no monopólio territorial e do emprego. Durante os anos de lutas e negociações pela aplicação local da referida cláusula, cujas forças de oposição à companhia denominaram de "a luta pela libertação da cidade", as "áreas não edificadas" se transformaram em um território contínuo na periferia da sede municipal. No mesmo artigo da Constituição estadual de 1947, um outro parágrafo previa a desapropriação de terras na periferia destas *company towns* para a formação de um "cinturão verde" constituído por lotes de agricultura familiar. Durante as negociações ocorridas nos anos seguintes entre, por um lado, a prefeitura municipal, deputados próximos ao sindicato de trabalhadores e, por outro, a Companhia, a reivindicação referente ao item constitucional da reforma agrária pelo cinturão verde foi abandonada em benefício da concretização da desapropriação do território do bairro.

À reivindicação geral da esquerda pela reforma agrária, o deputado estadual constituinte moderado – mas temperado por suas lutas como ex-sindicalista que enfrentou os donos da CTP na primeira metade dos anos 40 – soube imprimir aos artigos que inseriu na carta estadual o conhecimento mais fino e específico sobre as relações de dominação nas *company towns*. O membro legislativo conhecia a importância que os operários mais velhos atribuíam à atividade da pequena agricultura em terrenos baldios ou periféricos da vila operária. Também conhecia a agricultura familiar nas terras da CTP mais longínquas da sede municipal, cuja produção abastecia a grande feira da cidade, compensando os baixos salários dos operários por meio de gêneros alimentícios mais baratos, com preços controlados pela administração da fábrica. O acesso à pequena agricultura foi uma prática que acompanhou os operários de origem rural, durante um certo tempo, graças à concessão por parte das gerências das usinas açucareiras e de fábricas têxteis, tal como a CTP. Alguns donos de fábrica faziam dessas concessões uma personalização do paternalismo patronal. No entanto, essas concessões se viam sempre ameaçadas pela expansão da cana-de-açúcar, no caso das usinas, e pelo receio de reivindicações de posse, por parte da CTP, no início dos anos 60.

Já no final dos anos 60 e durante os 70, a geração daqueles operários têxteis que chegaram na vila operária nos anos 40, ainda jovens, junto com suas famílias, viam-se naquele momento – ou seja, trinta anos depois – confrontados com a política de demissão dos operários estáveis, com mais de 10 anos na empresa. Com o poder patronal acrescido nos anos seguintes ao golpe militar de 1964, as empresas fizeram uma ofensiva contra os trabalhadores mais antigos, aqueles que viveram o período de crescimento do sindicalismo, dos conflitos e das greves. Antes de 1964, os trabalhadores que completassem dez anos em uma mesma empresa, tinham direito, em caso de demissão, a uma grande indenização (o último salário recebido multiplicado pelo número de anos trabalhados e multiplicado por 2). Dentre os operários estáveis, estavam muitos ativistas e delegados sindicais, pois dispunham de mais proteção para práticas de representação dentro das empresas. No final de 1966, foi instituído pelo governo federal o Fundo de Garantia do Tempo de Serviço (FGTS), mecanismo pelo qual todas as empresas eram obrigadas a contribuir para o fundo gerido pelo Estado, de onde os trabalhadores sacavam indenizações quando fossem demitidos. Passava a ser socializado aquilo que anteriormente era arcado pelas empresas individuais. O que também permitia que as empresas pudessem demitir seus operários estáveis. Estes eram pressionados para optarem pela nova legislação, abandonando, assim, suas antigas garantias. Algumas empresas em várias partes do país confinaram trabalhadores estáveis em salões quentes sem atividades, de forma de castigo, tentando fazer com que desistissem de seu estatuto anterior de estáveis. Em Pernambuco, esses locais destinados a castigo eram chamados pelos operários de "museus". Em fábricas tradicionais como as têxteis, o contingente de operários estáveis era grande. Na CTP, em Paulista, a direção da fábrica não quis mais esperar que os teimosos trabalhadores mais antigos viessem a optar pela nova lei e demitiu, de uma só vez, mais de 500 trabalhadores "estáveis". Estes entraram com processos na Justiça do Trabalho contra as demissões, bem como foram formados movimentos na expectativa das ações judiciais, com passeatas locais, coletas de doação para sustentar os demitidos etc.

Esta luta – que durou ao todo mais de 10 anos, entre levas sucessivas de reclamações e o tempo de tramitação nas diferentes esferas do judiciário – resultou em algumas vitórias para os trabalhadores. Embora a reivindicação de reincorporação ao trabalho tivesse sido negada, as indenizações foram concedidas. Com uma gigantesca dívida trabalhista, a companhia passou a incluir o valor das casas da vila operária no total das indenizações, o que fez com que a maior parte da vila operária passasse a ser de propriedade das famílias que nelas moravam.

Como já dito, nestas fábricas têxteis, a presença das mulheres na produção – e, portanto, de um número maior de trabalhadores de uma mesma unidade familiar morando em uma casa – favorecia o longo tempo de permanência das famílias na localidade, constituindo, desta forma, redes duradouras de parentesco e de vizinhança. Isto fez com que muitas famílias que mantiveram sua permanência na vila operária pudessem, afinal, usufruir da propriedade da casa, por efeito das indenizações decididas pela Justiça do Trabalho em relação às demissões indevidas. Essa medida de demissão em massa dos operários mais velhos, para que a memória de lutas não fosse transmitida às gerações seguintes, provocou efeitos inversos, em razão da visibilidade da luta de resistência e do resultado inesperado da atribuição da propriedade das casas às famílias de trabalhadores. Este caso nos leva a considerar, por um lado, as condições mais ou menos favoráveis à transmissão de uma memória entre gerações e, por outro, o uso generalizado pelos trabalhadores da Justiça do Trabalho.

Também aqui nas fábricas têxteis, tal como visto no caso das usinas açucareiras, se há um efeito de permanência que a situação de imobilização pela moradia favorece, há, também, o lado de mobilidade e saída de grande parte do contingente de trabalhadores que por lá passou. O exame das fichas de pessoal no escritório da fábrica mostrava a frequente saída de trabalhadores ocasionada por demissões ou pela desistência de lá permanecerem. Além disso, as práticas de burlar à legislação trabalhista por parte da companhia – quanto aos seus trabalhadores agrícolas, de construção civil, da vigilância, cortadores de lenha para as fornalhas da fábrica e trabalhadores domésticos da casa grande patronal – se faziam ao lado do procedimento, conforme à lei, aplicado aos trabalhadores fichados do interior da fábrica. Para os não fichados, existia a folha de pagamento paralela, chamada de *folha amarela*.

Isto mostra que a atual precarização das relações de trabalho, vista como fenômeno novo, já se encontrava presente, fazendo parte da normalidade da história do capitalismo industrial no país. Ao mesmo tempo, as possibilidades abertas pelo recurso à Justiça do Trabalho fizeram com que os trabalhadores da *folha amarela*, quando próximos do tempo de serviço que daria direito à aposentadoria, lançassem mão de testemunhas a fim de fazer validar aquele tempo que estava escondido pelo uso do trabalho clandestino por parte das companhias. Isto se deu no auge da mobilização dos trabalhadores no início dos anos 60 e ainda durante a ditadura, na medida em que a legislação do trabalho permaneceu.

Transformações mais recentes no mundo do trabalho

Este jogo entre tendências contraditórias de imobilização e de mobilidade da força de trabalho vem sendo infletido, nos últimos anos, na direção dos contratos temporários e da maior rotatividade dos trabalhadores.

Já com o fim da estabilidade dos antigos operários desde o final dos anos 60, as gerações seguintes entravam na fábrica sob a nova legislação e se submetiam a uma rotatividade maior no trabalho. O fechamento de indústrias nos anos 80, 90 e 2000 agravaram a precariedade do trabalho nas fábricas têxteis da região, com cada vez menos funcionários. A intensificação do trabalho nas unidades sobreviventes aumentou muito a produtividade, com reorganizações da produção, o que agravou as novas condições geradoras de doenças profissionais, como as Lesões por Esforços Repetitivos (LER). Das antigas epidemias de tuberculose nas fábricas têxteis dos anos 30 a 40, antes do advento da penicilina, passou-se, nos tempos atuais, às epidemias de LER nas novas fábricas. Se a perda de empregos repercute entre os trabalhadores masculinos por meio da mobilidade e da partida da casa, da família e da localidade, na procura por novos trabalhos, mesmo longínquos, já a perda de empregos femininos frequentemente se resolve na volta para o trabalho doméstico ou para a produção em domicílio. É o caso da indústria de confecção, por exemplo, de *lingerie*, em que as demissões de costureiras mais antigas de grandes fábricas podem ocasionar o seu redirecionamento para a produção em domicílio de mercadorias similares. [7]

A maior tendência à mobilidade da força de trabalho também se manifesta na agroindústria açucareira, com uma maior amplitude geográfica no que se refere às migrações por trabalho. Da antiga e tradicional migração sazonal dos camponeses e trabalhadores rurais das áreas semiáridas para a zona canavieira no interior dos estados produtores no Nordeste, processa-se agora um deslocamento territorial maior, do Nordeste para o estado de São Paulo. Como o período da safra nessas duas regiões parcialmente não coincide, uma parte dos trabalhadores

---

7 Sobre uma análise de epidemia de LER entre telefonistas nos anos 90, ver Antonaz (2001).

da cana-de-açúcar no Nordeste pode abandonar a safra local e migrar para o Sudeste (ou, mais recentemente, para o Centro-Oeste) acompanhando novos contingentes de trabalhadores provenientes de áreas camponesas de estados em que não existe a produção canavieira (tais como o Maranhão e o Piauí). Isto também pode ocorrer com operários da área industrial; estes, que se movimentavam em um mercado de trabalho regional das usinas de açúcar, agora se movimentam em um mercado inter-regional, com novas usinas criadas.[8] O padrão de "imobilização da força de trabalho através da moradia", característica da *plantation* apontada desde os trabalhos pioneiros de Sidney Mintz e Eric Wolf (1957), parece confrontar-se com uma mobilidade que aparenta contradizê-la.[9]

Outra mudança que guarda fortes laços com padrões anteriormente prevalecentes é a do aumento da terceirização dos serviços de reparos no período da safra e, principalmente, durante o *apontamento*, a grande desmontagem e remontagem das instalações industriais na entressafra. Os serviços de reparos durante a urgência da safra constituem um dos pilares da manutenção de um bom número de *artistas*, de *oficiais* da manutenção permanentemente nas usinas. O *apontamento*, que já era concedido, devido à sua urgência, tanto como empreitada

8 Mas, nesse caso, observa-se a ampliação territorial do padrão anterior de movimentação de *artistas* e *profissionistas* no mercado de trabalho anteriormente regional. Por exemplo, algumas usinas de Alagoas e de Pernambuco instalaram filiais em novas áreas do Centro-Oeste, e levaram seus operários das usinas de origem para trabalhos em que sua qualificação é necessária.

9 No entanto, tal aparência poderia ser desmentida pelo fato de que muitas destas mobilidades na área industrial são administradas pela própria empresa a que pertence o trabalhador, ou pelos chamados de algum chefe de seção, que foi transferido e que agora procede ao recrutamento de sua rede de confiança.

para certos *artistas* da casa, quanto também a empreiteiros *de fora*, pode ser objeto agora de uma terceirização mais sistemática.

Em cidades de áreas canavieiras, como as do interior de São Paulo, onde há empresas metalúrgicas voltadas para a produção de peças e de máquinas para as usinas, o apelo a firmas de fora pode ser mais comum. Mesmo assim, o fato da entressafra da cana-de-açúcar concentrar, em um mesmo período, *apontamentos* simultâneos em várias usinas, faz as empresas se precaverem e manterem *artistas* da casa para esse fim. Pode-se verificar, por contraste, como a indústria de papel, que também precisa fazer seu respectivo período de *apontamento*, pode terceirizá-lo de forma sistemática, pois ele não depende de uma entressafra das plantações de árvores, já que tais plantações são feitas de forma a fornecerem matéria-prima durante todo o ano. Com a sede de reestruturação produtiva que atacou os responsáveis pelas decisões empresariais desde o final dos anos 80, a indústria de papel, no Brasil, demitiu gerentes, engenheiros e operários de manutenção em cada unidade fabril e incentivou-os a se reagruparem sob empresas independentes que prestassem serviços durante os períodos de *apontamento* programados e agendados sucessivamente pelas fábricas. Os *artistas*, nesse caso, tornaram-se *peões de trecho*, de forma a compará-los, por meio desse termo, aos trabalhadores itinerantes de obras públicas como estradas e barragens. Já as características sazonais da cana-de-açúcar impedem tal terceirização sistemática de seu *apontamento*. Assim, as novas formas de precarização da força de trabalho guardam maiores ou menores semelhanças com formas de exploração do passado, podendo ampliar tendências já presentes anteriormente, ou mesmo fazê-lo de forma mais tímida devido aos próprios limites estabelecidos pelas especificidades das formas produtivas.

Uma outra tendência a ser observada na agroindústria açucareira segue o que vem ocorrendo em setores agroindustriais mais recentes – como na produção de soja, por exemplo – em que aumenta a presença tanto de operadores de máquinas no próprio trabalho na terra e no corte de cana, assim como daqueles que as reparam. Pode-se observar o modo como a industrialização da agricultura antevista por Kautsky (1974) na Europa do início do século XX – caracterizada pela introdução de insumos industriais na agricultura e pelo processamento industrial do produto agrícola que, por sua vez, torna-se matéria-prima – tem se radicalizado no início deste século XXI. Com isto, os trabalhadores operadores de máquinas (e os responsáveis por sua manutenção) no campo, que passam a ter uma importância maior, embora sejam pouco visíveis e mais dispersos, tornam-se mais assemelhados aos operários do açúcar, que são confinados em uma grande instalação industrial.[10]

Pesquisas em desenvolvimento sobre trabalhadores em novas áreas de agronegócio ou em áreas de construção de barragens fazem também o tema da mobilidade do trabalhador aparecer fortemente. Aqui entra em cena uma tradição de mobilidade de redes masculinas de jovens trabalhadores, que fazem da necessidade virtude e, por detrás dos aspectos de exploração do trabalho que aparecem em seus empregos temporários sucessivos, figura um certo gosto pela aventura e pelo deslocamento em busca de novos trabalhos em terras distantes (ver Guedes, 2013).

Nos trabalhos fixos e estáveis, como no caso já narrado das fábricas têxteis do século XX, de fábricas siderúrgicas como a Companhia Siderúrgica Nacional, em Volta Redonda, estado

10 Transformações dos últimos anos na agroindústria estão indicadas no prefácio da bem cuidada edição argentina de El Vapor del Diablo (Leite Lopes, 2011a).

do Rio de Janeiro, ou das redes e comunidades de operários industriais na área metropolitana de São Paulo, o trabalho, a casa e a família podem se constituir em proximidade; e são, assim, altamente prezados pelas famílias de trabalhadores. Já foi abordado aqui o caso em que tal aspecto aparece fortemente: o recrutamento de famílias camponesas com um grande número de filhas e que são cobiçadas pelas fábricas têxteis no período de sua expansão na primeira metade do século XX. Esta era uma oportunidade para que tais famílias camponesas permanecessem com seus membros familiares juntos, havendo trabalho tanto para os de gênero masculino quanto feminino. Já no caso da formação da classe operária em São Paulo, nos anos de 1950, aparece um contingente muito importante de trabalhadores migrantes, os chamados operários de origem rural da sociologia do trabalho paulista (e internacional) desta época. Muitas vezes, o trabalhador migrante vem primeiramente sozinho e, posteriormente, traz (ou não) seus grupos familiares. Essa aventura masculina inicial pode dar origem a uma carreira operária e a uma comunidade operária estável, como no caso de muitas localidades do ABC paulista, e que foi a base do movimento operário do final dos anos 70 e dos anos 80. Mas tal aventura pode dar origem também a movimentos menos fixos, como a busca de trabalho por conta própria, o pequeno comércio e a volta para as áreas de origem. Naquele momento, entre os anos 50 e 70, esses movimentos articulavam-se em uma conjuntura de forte crescimento do emprego industrial, e o centro fabril da área metropolitana de São Paulo se beneficiava das grandes migrações. Já o período mais recente de precarização do trabalho e do emprego, com auge nos anos 90 e segunda metade dos anos 2010, faz com que o trabalho por conta própria se inflacione, em decorrência da demissão de muitos operários industriais.[11]

Nos anos 2000, em países latino-americanos, as transferências de renda mínima, associadas a políticas de valorização salarial, de valorização do trabalho familiar no campo (e na cidade) e de investimentos em educação, mais ou menos articulados com a pressão de movimentos sociais concomitantes ou de períodos anteriores, surgem como importante fator de estímulo ao mercado interno, e assim contribuem para uma atenuação da precarização do trabalho e da pobreza. Estas políticas cooperaram para a reversão, no que se refere aos anos recentes, da vantagem estatística do trabalho que no Brasil se chama *sem carteira* (de trabalho) *assinada* sobre o *com carteira assinada*, um forte indicador da qualidade (ou da precarização) do trabalho. Mas, nos últimos quatro anos, a destruição de políticas sociais construídas ao longo de algo como oitenta anos faz desabar algo que poderia ser visto como um movimento ascensional, de maior duração, de extensão de direitos sociais.[12]

Transmissão da memória dos movimentos sociais entre as gerações

Por isso, gostaria de finalizar este texto dando notícia de esforços no sentido de aumentar o registro e a pesquisa sobre a memória de movimentos sociais, em um trabalho colaborativo de acadêmicos e de ativistas. Trabalho este sob a crença de que a recuperação crítica de experiências de lutas do passado contribua para a transmissão da memória entre gerações e, portanto, para um conhecimento acumulado voltado para a transformação social. A hipótese thompsoniana dos usos da experiência passa-

11 Ver Leite Lopes (2011 b), Castel (2001, cap. VIII).

12 Ver Castro Gomes & Teixeira da Silva (orgs) (2013); Cardoso (2010).

da em vistas da transformação social contemporânea alimenta este esforço (Thompson, 1968; 1998).

Primeiramente, gostaria de mencionar uma experiência de "devolução" de resultados de pesquisa em conjunto com os trabalhadores têxteis anteriormente estudados. Como vimos, o grupo dos trabalhadores têxteis tinha uma rica e muito presente história incorporada, resultado de condições favoráveis, diferentemente da história cíclica dos operários da cana-de-açúcar, com suas difíceis possibilidades de construção de uma memória e, por conseguinte, de sua transmissão.

Se já foram difíceis a penetração e a permanência prolongada nos territórios do governo local, de fato, de uma usina de açúcar, no intuito de captar e pesquisar o pensamento de seus operadores humanos, mais difícil ainda se torna a ação de retorno dos resultados de pesquisa a este grupo subalterno e dominado, submetido a uma quase-instituição total. No caso dos têxteis, ao contrário, sempre foi possível manter uma relação que se prolongou ao longo dos anos com o núcleo de confiança que nos introduziu à sua rede de trabalho e vizinhança, para que ali iniciássemos nossa pesquisa. E, por ocasião de uma permanência prolongada em Recife, como professores visitantes da Universidade Federal de Pernambuco, durante o período de três anos, eu e a colega Rosilene Alvim (1985; 1990; 1997), que havia estudado a configuração das famílias dos trabalhadores têxteis, tivemos a oportunidade de efetivar uma "devolução" de resultados ao nosso grupo pesquisado.

Ao estabelecermos um contato prolongado com uma nova geração de operários, já das novas fábricas que se instalaram nos anos 1970 no município de Paulista (PB), e que eram, nos anos 2000, diretores sindicais locais, apareceu a demanda de memória da qual eles eram portadores. Neles, transparecia a vontade de um conhecimento mais aprofundado da história da geração anterior da fábrica mais antiga, cuja vila operária se confunde com a sede municipal. A tarefa se adequava à transformação da base sindical local, em que os associados aposentados já superavam, de longe, os operários ativos. Essa geração estava interessada na realização de um documentário – trabalho este que não era de nossa especialidade – baseado na história dos antigos operários e trabalhadoras estáveis da fábrica. Logo, desafiaram-nos a mobilizarmos nossa antiga rede de pesquisados, que também era uma referência para eles, e, com base nas informações históricas acumuladas por meio de relatos orais ou provenientes de arquivos de imagens, realizarmos um filme que pudesse reforçar visualmente a memória operária local.

Essa experiência, afinal, conseguiu realizar-se, com a colaboração ativa dessas duas gerações de trabalhadores e de profissionais do cinema que reunimos (nas áreas de fotografia, montagem e finalização). O vídeo, intitulado "Tecido Memória", de 70 minutos de duração, teve importante repercussão local, e também em universidades e associações populares em outras partes do país nas quais foi exibido.[13] Mesmo filmado em várias cidades têxteis do Estado de Pernambuco, a narrativa concentrou-se na história dos trabalhadores da maior destas fábricas. Com uma extensa pesquisa de imagens, localizamos documentários históricos raros, filmados no interior da produção fabril, bem como conseguimos, nós mesmos, filmarmos no interior de uma das poucas fábricas tradicionais ainda em funcionamento, no município de Escada (PB). O trabalho realizado testemunha uma real demanda social pela memória, que é tanto maior quanto mais se manifestam os efeitos destrui-

13 Leite Lopes, Alvim e Brandão (2008). Ver comentários de Rodgers (2010).

dores da desindustrialização, do desemprego, da migração, da mobilidade e precarização do trabalho.

Paralelamente, uma equipe de pesquisadores do campesinato recebeu a incumbência, por parte de antigos dirigentes sindicais dos trabalhadores rurais, de proceder ao recolhimento e à sistematização das histórias de vida e informações de ativistas e participantes mais idosos do movimento camponês. A urgência se dava no intuito de evitar a perda da história do movimento, incorporada nos ativistas mais antigos. Com o desaparecimento das gerações que viram o início do movimento camponês nos anos 50 e 60, e que atravessaram o período da ditadura militar, entre 1964 até a redemocratização, com a Constituição de 1988, muito do conhecimento do passado do movimento perder-se-ia. Foram realizadas, entre os anos de 2003 e 2010, mesas-redondas com testemunhos de ativistas em 9 estados da federação, as quais foram registradas audiovisualmente, de modo que a participação da plateia também fosse de testemunhos complementares (ou dissidentes). Ademais, foram feitas, de forma aprofundada, entrevistas filmadas com alguns antigos ativistas; esse material vem sendo trabalhado sob a forma de um banco de dados digital na UFRJ, com acervos de movimentos sociais diversos. Materiais acumulados por pesquisadores ao longo de suas trajetórias, assim como os de ativistas e de movimentos, vão sendo progressivamente trabalhados, tais como os dos movimentos já citados anteriormente e de outros, como o da oposição sindical dos metalúrgicos de São Paulo dos anos 70 e 80, além de materiais de pesquisadores sobre a vida comunitária nas favelas do Rio de Janeiro, os quais contribuíram para a criação de alguns museus de comunidade. Alguns desses movimentos voltados para a conservação da memória foram estimulados no período em que houve uma Comissão Nacional de Memória e da Verdade sobre a repressão na ditadura e várias comissões locais, entre 2013 e 2014, que contemplaram documentação e testemunhos de indivíduos vítimas de graves violações de direitos humanos, assim como a respeito da repressão do Estado e de empresas a movimentos sociais.[14]

Estudo comparativo entre práticas sindicais e de greves entre operários industriais e trabalhadores rurais

Com o escopo de estimular o recolhimento de materiais para o arquivo digital, conseguimos aprovação de um edital de pesquisa sobre a memória de conflitos na história do Brasil. Propusemos um estudo comparativo entre as greves dos metalúrgicos de São Paulo e de sua área metropolitana no ABC paulista, por um lado, com a greve dos canavieiros do Nordeste, por outro; e, para tal, formamos equipes de pesquisadores em quatro universidades federais (uma no Nordeste, duas em São Paulo e uma no Rio de Janeiro).

O objetivo da pesquisa, intitulada "Movimentos cruzados, histórias específicas", é proceder à análise comparativa sistemática de movimentos significativos de operários e trabalhadores rurais. Situados em dois pontos geográficos distantes no interior do país, os metalúrgicos da Grande São Paulo e os canavieiros de Pernambuco e de estados vizinhos foram protagonistas de ciclos de greves na virada dos anos 70 para os 80 do século passado, ciclos estes de grande importância para o movimento mais geral de democratização e de conquista de liberdades e de direitos pelos trabalhadores.[15] O espaço a ser ocupado por uma análise comparativa sistemática dos movimentos de operários

14 Ver Carneiro e Cioccari (2011); IIEP (2014).

15 Leite Lopes, Heredia et alli (2019).

industriais e de trabalhadores rurais tem permanecido praticamente vazio nas ciências sociais brasileiras. A especialização profissional dos estudiosos do trabalho industrial, por um lado, e dos estudiosos do campesinato e dos trabalhadores rurais, por outro, tem sido um obstáculo de difícil superação, que abarca antropólogos, sociólogos e historiadores.

Esses dois ciclos de greve tiveram visibilidades muito diferenciadas na chamada "opinião pública", na mídia e nos trabalhos acadêmicos que a eles se dedicaram. No lado dos metalúrgicos, serão tomados em consideração tanto o movimento dos metalúrgicos de São Paulo, levado adiante desde meados dos anos 70 por uma oposição sindical, quanto o dos metalúrgicos do ABC, em particular, o de São Bernardo do Campo. Este último, conduzido pelo sindicato dos metalúrgicos local, é o mais famoso dos movimentos dentre os muitos que eclodiram nos anos de 1979 e 1980 e que tiveram grande repercussão política naquele momento.[16] Posteriormente, foi uma importante base de constituição da Central Única dos Trabalhadores (CUT), do Partido dos Trabalhadores (PT) e da carreira política de um futuro presidente da República. O movimento dos metalúrgicos de São Paulo, construído, em sua maior parte, por uma oposição sindical que nunca conseguiu vencer as difíceis eleições do sindicato, tornou-se, assim, menos conhecido. Recentemente, ex-integrantes desta oposição sindical empreenderam um movimento pela reconstituição da memória, o qual foi de grande amplitude dentre as iniciativas existentes deste tipo (IIEP, 2014). Já o ciclo de greve dos canavieiros de Pernambuco e de estados adjacentes é o menos conhecido dos movimentos a que nos propomos estudar; sua repercussão na mídia nacional foi a menor

16 Ver Abramo (1999).

de todos estes movimentos, devido à menor visibilidade de sua localização regional, isto é, fora do centro industrial e político do país. No entanto, sua repercussão no âmbito do movimento sindical dos trabalhadores rurais foi muito grande, contribuindo para aumentar o peso relativo desta parte do sindicalismo nas articulações para a formação das centrais sindicais que se configuravam naqueles anos. Ademais, representa também um marco tanto na deslegitimação de relações de dominação autoritárias seculares de proprietários fundiários e agroindustriais sobre seus trabalhadores, quanto no crescimento relativo de poder destes últimos.[17]

O movimento dos metalúrgicos de São Paulo tinha seu polo dinâmico no movimento de oposição sindical que se colocava contra a diretoria do sindicato herdeira da intervenção ocorrida na entidade pelo regime militar em 1964. Já o movimento de São Bernardo era dirigido pelo sindicato dos metalúrgicos local, que se renovou internamente ao longo dos anos 70. Ambos os movimentos, tal como grande parte dos sindicatos urbanos mais ativos, expressavam contradições com suas federações e eram, certamente, contrários às direções das confederações sindicais, no caso, a Confederação Nacional dos Trabalhadores Industriais. Mas uma particularidade em relação ao movimento dos canavieiros é que este foi planejado e abraçado tanto pela Federação dos Trabalhadores na Agricultura de Pernambuco (FETAPE), como pela Confederação Nacional dos Trabalhadores na Agricultura (CONTAG). Assim, para que haja um entendimento acerca das greves dos metalúrgicos em São Paulo e no ABC, bem como das greves dos canavieiros de Pernambuco, faz-se necessário compreender a história especí-

---

17 Ver Sigaud (1980), Lima (2012), Montenegro (2013).

fica das entidades sindicais que conduziram estes movimentos. Nesta direção, a presente pesquisa tem a contribuir no que concerne ao entendimento das diferenças (e eventuais similaridades) entre operários industriais, aqui representados pelos metalúrgicos, e entre trabalhadores rurais, aqui representados pelos canavieiros, quando se tem acesso à construção de uma história comparada entre esses dois setores básicos das classes trabalhadoras brasileiras.

A pesquisa inicia-se pela descrição e análise do desenrolar dos movimentos grevistas e de seu respectivo ciclo. Algumas indagações surgiram: que setores de trabalhadores no interior das respectivas categorias profissionais eram mais importantes na implementação do movimento? Quais os repertórios de ação utilizados? Com que tipos de assessorias contavam, que alianças foram estabelecidas com outros setores da população? Que formas de comunicação tinham essas categorias metalúrgicas entre si e delas com o sindicalismo de trabalhadores rurais?

Quando se analisa mais proximamente a morfologia desse ciclo de greves de setores tão diferentes como o dos metalúrgicos da Grande São Paulo e o dos canavieiros de Pernambuco e de estados adjacentes, pode-se constatar que eles apresentam ritmos similares. Ambos têm seus auges em 1979-1980, uma reação patronal nos anos que logo se seguem, tensionada por contraofensivas dos respectivos movimentos dos trabalhadores.

Lygia Sigaud, estudiosa da concepção e do uso dos direitos entre os trabalhadores rurais, propõe que se faça duas distinções na análise do ciclo de greves dos canavieiros – proposição que, por sinal, será bastante elucidativa para se pensar também as dos metalúrgicos. A distinção proposta é entre o plano ou o cenário dos *engenhos*, das empresas, por um lado, e o plano ou o palco da cidade ou da mesa de negociações, por outro. O primeiro plano seria o das lutas mais "selvagens", no interior ou no entorno dos engenhos ou fábricas (lá onde Santo Dias da Silva foi morto, em São Paulo); o segundo, nas mesas de negociação, ou no tribunal, com a presença do Estado, por meio do Tribunal Regional do Trabalho e dos representantes patronais. Uma outra distinção, ainda, é, por um lado, o do *momento da greve*, e, por outro, o *interregno* entre as greves.[18]

O *momento da greve*, que é, por si, só um marco de sazonalidade, coincide, no caso dos canavieiros, com a sazonalidade da entrada da safra de cana-de-açúcar, o que constitui um momento favorável para o desencadeamento da greve. Os usineiros e fornecedores de cana estão ávidos para moê-la e, assim, assegurar o início da produção após a entressafra. Nesse caso, há que se pensar no fato de o momento das greves – que seguem, geralmente, as datas dos dissídios coletivos, a chamada data-base das categorias sindicais – dos metalúrgicos do ABC ser em março, no início do ano. Com isto, suas lutas já podem dar o tom dos dissídios do segundo semestre, como é o caso dos metalúrgicos de São Paulo ou dos canavieiros do Nordeste. O *momento da greve* é o período da mobilização coletiva, do embate direto, da mediação do Estado, da atração da imprensa e também da chamada opinião pública.

O momento do *interregno* é o período em que os trabalhadores estão, na vida cotidiana, dentro dos estabelecimentos produtivos e onde os patrões detêm normalmente o comando das iniciativas. Esta distinção é interessante, no caso do ciclo de greves dos canavieiros, para tentar explicar o aparente paradoxo entre a conquista de normas para controlar a exploração da força de trabalho e o descumprimento destas pelo patrona-

18 Ver Sigaud (1986).

to durante o interregno. Nas normas inscritas na convenção coletiva constam não somente a tabela de tarefas e de salários correspondentes por produção, mas também as condições de trabalho, a posse das ferramentas, a medição das tarefas, a residência nos engenhos etc. Com o descumprimento por parte dos patrões, as novas greves viriam para atualizar e reafirmar as demandas e, novamente, legitimá-las perante a justiça, em um aparente trabalho de Sísifo anual. De fato, o domínio – por parte dos sindicatos de trabalhadores – do que se passa nas empresas durante o *interregno* é difícil, mas não deixa de ser objeto de lutas. Os sindicatos de canavieiros e o sistema FETAPE-CONTAG estimularam pesquisas sobre o grau de cumprimento e descumprimento das convenções pelos proprietários em seus vastos territórios; eles procuravam resistir a tais descumprimentos por meio da ação de seus delegados sindicais, da ida à Justiça do Trabalho (que aumentou durante o ciclo de greves), de denúncias públicas e, inclusive, por meio de pequenas paralizações do trabalho em engenhos ou em locais de trabalho, as quais eram chamadas de *paradeiros*.

O foco no *interregno* é interessante para se observar a continuidade do ciclo de greves entre os metalúrgicos do ABC. Os anos seguintes a 1979 e 1980 transformam-se em uma espécie de grande *interregno*, em que a luta vai se tornando internalizada nas empresas. A partir de 1981, os trabalhadores reivindicam estabilidade no emprego e protestam contra demissões. Na Mercedes-Benz de São Bernardo do Campo, chega a haver uma revolta com quebra-quebra quando 5.750 operários são demitidos. Em 1982, além das demissões e da recessão do ano anterior (não houve greve em 1981 e, mesmo assim, 41 mil trabalhadores acabaram sendo demitidos), outro desafio foi enfrentado pela diretoria do Sindicato: o processo de automação na indústria automobilística e as novas formas de gestão de empresas. Neste ano, o TRT concede um reajuste, mas as empresas se negam a pagar. Os trabalhadores promovem manifestações nos pátios e no interior das fábricas (arrastões e passeatas) e, desta forma, conseguem que seja pago quase todo o reajuste. Em 1983, com os preparativos para a campanha salarial tendo começado com bastante antecedência, por meio de cartazes, panfletos, discussões e reuniões por fábrica, é assinado um acordo coletivo. Quando as negociações começaram, os patrões mudaram de tática em relação aos anos anteriores, e, tal como ocorreu em Pernambuco em 1981, apresentaram uma proposta a contento, que contemplava as reivindicações básicas dos trabalhadores das grandes fábricas, evitando, assim, a greve na campanha salarial. Mas há uma organização de greve geral planejada, entre outros fatores, em solidariedade a trabalhadores de empresas estatais prejudicados por medidas recentes, e o sindicato dos metalúrgicos sofre intervenção do Ministério do Trabalho. Há greves isoladas em grandes empresas. Em 1984, no início do ano, a intervenção no sindicato é suspensa. Dado que as empresas estão mais experientes com as passeatas no interior de suas dependências, enchem os pátios com estoques. Os operários passam, então, a fazer operação tartaruga, sem parar completamente a produção. Em 1985, o sindicato, já com um conhecimento acerca da cadeia produtiva das empresas metalúrgicas, em decorrência das experiências anteriores de greves com operação tartaruga, lança o que seria batizada de greve "vaca brava", em que planejadamente são paradas seções estratégicas das fábricas, de forma sucessiva e imprevista, a fim de provocar o máximo de falta de insumos para outros pontos da cadeia, provocando, assim, efeitos dominó mais gerais, suscitados por greves pontuais.

Os conhecimentos adquiridos por meio da experiência das greves dos canavieiros, e transpostos de forma heurística para o entendimento da dos metalúrgicos – e vice-versa, serão praticados com mais sistematicidade no decorrer da pesquisa. O fato é que o ciclo de greves e de lutas desencadeado pelos canavieiros em 1979 e 1980 prossegue até o início dos anos 90, quando, então, ocorrem grandes transformações no setor canavieiro do Nordeste e, em particular, de Pernambuco. Com a derrocada naqueles anos da maior parte das usinas de açúcar e sem a anterior proteção do Instituto do Açúcar e do Álcool – fechado no governo do presidente Fernando Collor de Mello –, as formas de luta dos sindicatos e da FETAPE se transformam e passam a fazer concorrência com o Movimento dos Trabalhadores Rurais Sem Terra (MST), que aumentava na área, em uma onda de ocupações de terras que se tornaram improdutivas, no intuito de promover assentamento e reforma agrária. Muitas usinas se deslocam para outros estados, assim como muitos trabalhadores de várias áreas nordestinas passam a fazer a safra em São Paulo. Já os metalúrgicos, que sofrerão as transformações na organização do processo de trabalho, permanecem como categoria sindical de grande importância, por meio de novas gerações.

Para que o projeto possa compreender e avaliar a importância das greves tanto dos metalúrgicos no meio urbano-industrial quanto das dos canavieiros na transformação das relações de dominação no campo, há que se rever a história específica da formação destes dois grandes grupos de trabalhadores, no que se refere aos anos 60 para diante; trata-se da história das relações de trabalho em que estão inseridos e a história dos respectivos sindicalismos. A análise da trajetória de trabalhadores que passaram por essas greves em suas vidas de trabalho é altamente iluminadora.

Considerações finais

As lições de vida social deixadas por esta experiência secular permanecem como instrumentos para as novas classes trabalhadoras. E legam ensinamentos inesperados para a sobrevivência sob novas formas de dominação do presente e do futuro. Ou ainda, a experiência de resistência das classes trabalhadoras e suas memórias subterrâneas deixam legados para o estudo e para o respeito às profissões humildes diversificadas que proliferam no novo mundo globalizado e que Everett Hughes já acenava, nos anos 50, como alvo principal do drama social do trabalho.[19]

Se a memória coletiva é, como vimos, um instrumento para a transformação social, também certas grandes transformações estimulam uma demanda premente por uma memória objetivada e transmissível. Além disso, a memória, ela própria, transforma-se ao longo do tempo de acordo com as necessidades e as disputas do presente, podendo tornar-se, sob certas circunstâncias, um elemento de coesão, ou mesmo um campo de novos conflitos sociais.

É importante assinalar que as especificidades históricas dos grupos de trabalhadores, tal como os aqui apresentados, podem ser estratégicas para o avanço do conhecimento ao chamar a atenção para certas configurações de vontades coletivas e de imponderáveis da vida real na escala de desenvolvimentos históricos imprevistos. As ciências sociais, ao objetivar uma memória em disputa, inclusive no pensamento dos indivíduos, e conseguir formas de transmitir tal objetivação aos grupos estudados, podem participar no que tange à elaboração do mundo e, assim, contribuir para um sentimento de libertação de dominações incorporadas.

---

19 Ver Hugues (1971).

Referências Bibliográficas

ABRAMO, Laís. *O resgate da dignidade*: greve metalúrgica e subjetividade operária. Campinas: Editora da Unicamp, 1999.

ALVIM, Rosilene. *"Constituição da Família e Trabalho Industrial.* Um estudo sobre trabalhadores têxteis numa fábrica com vila operária". Tese de doutorado. Museu Nacional (PPGAS). 1985.

______. *A sedução da cidade; os operários camponeses da fábrica dos Lundgren*. Rio de Janeiro: Graphia, 1997.

______. & LEITE LOPES, José Sergio. "Famílias operárias, famílias de operárias". *Revista Brasileira de Ciências Sociais*, 14(5), p, 1-17, 1990.

ANTONAZ, Diana. *"A dor e o sentido da vida – um estudo de caso:* a nova doença das telefonistas do Rio de janeiro (1980/1998)". Tese de doutorado. PPGAS-Museu Nacional-UFRJ. 2001. Ver também artigo póstumo coescrito por Antonio Carriço: a dor e o sentido da vida: a construção social de uma doença do trabalho (homenagem a Diana Antonaz) em https://independent.academia.edu/Ant%C3%B4nioCarri%C3%A7o consultado em 14/02/2020.

CARDOSO, Adalberto. *A construção da sociedade do trabalho no Brasil; uma investigação sobre a persistência da desigualdade no Brasil.* Rio de Janeiro: Editora FGV, 2010.

CARNEIRO, Ana; CIOCCARI, Marta. *Retrato da repressão política no campo*: *Brasil 1962-1985*. Brasília: MDA, 2011.

CASTEL, Robert. *As metamorfoses da questão social; uma crônica do salário.* Petrópolos: Vozes, 1998. Cap. VIII – A nova questão social.

GOMES, Angela Castro; SILVA, Fernando Teixeira da (Orgs.). *A justiça do trabalho e sua história.* Campinas: Editora da UNICAMP, 2013.

GUEDES, André Dumans. *O Trecho, as Mães e os Papéis. Etnografia de movimentos e durações no norte de Goiás.* Rio de Janeiro: Garamond. 2013.

HUGUES, Everett. *The Sociological Eye.* Chicago: Aldine-Atherton, 1971.

IIEP/Projeto Memória da OSM-SP. *Investigação Operária: empresários, militares e pelegos contra os trabalhadores,* 2014. 204 p.

KAUTSKY, Karl. *La Questión Agraria.* Buenos Aires: Siglo XXI, 1974.

LEITE LOPES, José Sergio. *O vapor do diabo: o trabalho dos operários do açúcar.* Rio de Janeiro: Paz e Terra. 1976

______. *El vapor del diablo: el trabajo de los obreros del azúcar.* Buenos Aires: Antropofagia. 2011. Prefácio a la presente edición.

______. 1988. *A tecelagem dos conflitos de classe na "cidade das chaminés".* São Paulo-Brasília: Marco Zero/Ed. da UnB. 1988.

LEITE LOPES, Sergio; ALVIM, Rosilene e BRANDÃO, Celso. *Tecido memória.* Documentário longa metragem em DVD (70 min). Rio de Janeiro: Museu Nacional-UFRJ, 2008.

LEITE LOPES, J. S. e HEREDIA, Beatriz (orgs.) *Movimentos Cruzados, Histórias Específicas. Estudo comparativo das práticas sindicais e de greves entre metalúrgicos e canavieiros.* Rio de Janeiro: Editora UFRJ, 2019.

LEITE LOPES, J. S. e PEREIRA, José Carlos Matos. "Direitos em Construção Permanente". Vídeo curta metragem 21 min. Rio de Janeiro: Programa de Memória dos Movimentos Sociais Memov-CBAE-UFRJ, 2019.

LIMA, Maria do Socorro de Abreu e. *Construindo o sindicalismo rural*: lutas, partidos, projetos. Recife: Editora Universitária da UFPE, 2012.

MONTENEGRO, Antonio. "Trabalhadores rurais e justiça do trabalho em tempos de regime civil-militar". In Gomes e Teixeira da Silva *A Justiça do Trabalho e sua história.* Campinas: Ed da Unicamp, 2013, cap. 7, p. 303-347.

PALMEIRA, Moacir. "Conflitos de classe sob regime autoritário: o caso do Nordeste", in Leite Lopes e Cioccari, *Narrativas da Desigualdade; memórias, trajetórias, conflitos.* Rio de Janeiro: Mauad X, 2013. (1ª. Publicação em *Revista de Cultura e Política,* ano 1, n. 1, p. 41-55, agosto de 1979).

PEREIRA, Vera M. C. *O Coração da Fábrica. Estudo de caso entre operários têxteis.* Rio de Janeiro: Campus, 1979.

POLANYI, Karl. *Trade and Markets in the Early Empires.* Glencoe: The Free Press, 1957.

RODGERS, Thomas D. Resenha de Tecido Memória. *Cadernos AEL*, v. 16, n. 28, 2010, p. 235-240.

SANTOS, Wanderley Guilherme. *Cidadania e Justiça. A Política Social na Ordem Brasileira.* Rio de Janeiro: Campus, 1979.

SIGAUD, Lygia Maria. "A percepção do salário entre trabalhadores rurais" in Jaime Pinsky (ed.) *Capital e Trabalho no Campo.* São Paulo: Hucitec. 1977.

______. *Greve nos Engenhos*. Rio de Janeiro: Paz e Terra, 1980.

______. A luta de classes em dois atos: notas sobre um ciclo de greves camponesas. *Dados*, Rio de Janeiro, v. 29, n. 3, 1986.

TEIXEIRA da SILVA, Fernando. *Trabalhadores no Tribunal. Conflitos e justiça do trabalho em São Paulo no contexto do golpe de 1964*. São Paulo: Alameda Editorial, 2016.

WOLF, Eric; MINTZ, Sidney. "Haciendas and Plantations in Middle America and the Antilles". *Social and Economic Studies*, 6(3), p. 380-412, 1957.

Nos subterrâneos dos canaviais... As ruidosas pedrinhas da experiência de trabalhadores/as

Maria Aparecida de Moraes Silva
Tainá Reis

Eu sou uma boia-fria e eu vivo das plantações, plantando e colhendo os frutos da terra com as minhas próprias mãos, debaixo de sol e chuva, esteja frio ou não, trabalho domingos e feriados para ganhar mais um tostão; eu trabalho muitos anos para os ricaços, para os grandes "fazendeirão" mas eu nunca tive o gosto de conhecer o meu patrão; quando eu chego lá na roça é aquela lamentação, uns tremendo de frio, outros não têm caldeirão, outros não têm garrafão e outros vêm me pedir a lima, que tamanha judiação. Com minha mochila nas costas, com frio, toda empoeirada, eu paro e penso, é uma barbaridade. Para todos os lados que eu olho, eu só vejo cana queimada, e o povo é tanto que parece uma manada, eu amolo meu podão e começo a trabalhar, eu trabalho o dia inteiro sem ter tempo de sentar. É só na hora do almoço que eu volto para comer, mas minha boia já está fria, mas é meu jeito de viver, com uma fome de leão eu pego no caldeirão, tem só o arroz e feijão, e carne não tem não, eu olho para o meu lado e vejo meu colega triste e desconfiado, e ele diz, hoje eu não trouxe nada pois o gás tinha acabado. Coitado, eu fico pensando, ah, achei uma solução, ofereço a metade da minha comida, insisto e faço

> questão, porque só assim Jesus Cristo multiplicará o meu pão. Quando chega o dia dez todo mundo está feliz, ah, hoje é dia do pagamento e eu vou logo no mercado, se sobrar um trocado eu vou comprar roupa e calçado, (rs) coitado, ele nem sabe se o pagamento dele vem certo ou errado, quando pega no envelope e olha com atenção, dá um nó na garganta e um aperto no coração, esses errinhos malditos só vêm para o lado do patrão, e é com esses "enganinhos" que está comprando mais um caminhão. E eu vou reclamar para o feitor, ele nem me dá satisfação, e diz, se você acha que seu pagamento está errado procure o seu patrão, já fazemos tudo pelos computadores para não ter amolação. No outro dia lá na roça é aquele mexerico, meu pagamento veio errado, o meu, nem acredito, estou tão desorientada que nem em Deus eu acredito, a minha marmita está cheia, até perdi o apetite. A cana que eu corto é uma barbaridade, toda vez que o guincho pega leva uma "caminhonada" e a desculpa é sempre esta, aquela estava empendoada e essa estava deitada, por isso ficou leve, na balança não pesou nada. (Iracema, 52 anos, trabalhadora rural de Barrinha. Entrevista realizada em 2008).

I

Antes de adentrar a discussão acerca dos objetivos deste texto, vale a pena, ainda que brevemente, retomar alguns momentos da história da evolução do processo produtivo da agricultura canavieira, adotando como exemplo o estado de São Paulo. A grosso modo, elencam-se as seguintes fases:

Nas primeiras décadas do século XX, as relações de trabalho eram representadas pelo colonato, por meio do trabalho familiar, no qual o homem, chefe da família, organizava o trabalho das mulheres e crianças. Esse modelo patriarcal vigeu também nos cafezais (Silva, 1997, p. 554-557; Martins,1979). No que tange às atividades na cana, a maior participação de mulheres e crianças ocorria durante a colheita. Naquele momento, a cana era cortada crua (ou seja, sem ser queimada) e amontoada em feixes, tal como mostra a foto 1.

Foto 1

Década de 1920. Canavial da usina Amália. Nessa época, a cana não era queimada. Existia o sistema de "feixes", no qual trabalhava toda a família, inclusive as crianças. Foto de João Rachetti, cedida por um depoente em 1997.

De acordo com depoimentos colhidos por ocasião de uma pesquisa realizada em 1997 na fazenda Amália, na cidade de Santa Rosa de Viterbo (estado de São Paulo), que pertencera à família Matarazzo, o processo de trabalho na colheita era assim:

Durante a safra, os trabalhadores não tinham horário determinado para terminar a jornada, que se prolongava até à noite, principalmente, para os carreteiros, os carregadores dos feixes e os maquinistas. Os carreteiros eram aqueles que trabalhavam com carros de bois. A cana crua era cortada e lançada ao chão, amarrada em número de dez ou mais, sob a forma de feixe, com o próprio palmito, ou seja, a ponta da cana. Dessa operação participava toda a família do titular. As crianças pequenas amarravam a cana, atividade esta considerada leve. Em seguida, os carregadores, geralmente os homens, transportavam os feixes até os carros de bois. Estes, por sua vez, transportavam a mercadoria até os vagões, que possuíam gavetas para o depósito da cana. Quando todas as gavetas eram devidamente preenchidas, a carga era transportada pelas linhas férreas, que cortavam os canaviais, até a usina. Não havia depósito; toda cana que chegava era imediatamente moída. Isto impunha um ritmo acelerado e contínuo ao corte, uma vez que, após o início do funcionamento, a usina não podia parar, sob risco de perdas incalculáveis nas diferentes fases do processo de fabricação do açúcar e do álcool. Nessa operação, havia também os engatadores, aqueles que engatavam os carros de bois.

Em resumo, o processo era feito desse modo: os feixes eram levados até os carreadores e depositados nos carros de bois, que, em seguida, os transportavam até um determinado ponto, onde se encontravam os tratores. Aí, os carros de bois eram engatados nos tratores, que os conduziam até os vagões (Silva, 2008, p. 207-232). Esse processo também vigeu na Usina Tamoio, no município de Araraquara (SP), segundo relatos coletados em entrevistas com muitos/as trabalhadores/as na região central do estado e consoante a pesquisa de Caires (1993).

No decorrer das décadas de 1950 e 1960, houve uma profunda mudança nas relações de trabalho em razão da substituição das lavouras de café por cana-de-açúcar e, em alguns municípios, por laranja. Surgiram grandes empresas produtoras de açúcar e álcool, cuja produção foi subsidiada pelo Estado por meio do Programa Nacional do Álcool, o Proálcool, em 1975, durante a ditadura militar, mais especificamente, no governo de Ernesto Geisel. Nesse período, houve a expulsão maciça da população rural, mormente, colonos, parceiros, arrendatários e sitiantes, muitos dos quais se transformaram em trabalhadores assalariados temporários (boias-frias), residentes nas periferias das pequenas cidades, tendo que se deslocar diariamente para o trabalho no campo (Silva, 1999).

A partir de então, ocorreram as mudanças tecnológicas, por meio do emprego de tratores e de caminhões que transportavam a cana para as usinas, substituindo, assim, os trens e as ferrovias. Uma outra grande mudança se deu em decorrência da implantação do método das queimadas da palha de cana, realizadas antes da colheita, objetivando a elevação dos níveis de produtividade. Assim, a cana passa a ser cortada e lançada em leiras (montes) para, em seguida, ser colocada em caminhões pelos guinchos.

À medida que cresce o mercado de açúcar e álcool, utilizado como combustível para automóveis, também aumentam significativamente as áreas com essa cultura, além da demanda de força de trabalho, vinda de outras regiões do país. A partir da década de 1960 até meados da segunda década do século XXI, a grande maioria dos trabalhadores será constituída por migrantes do Vale do Jequitinhonha (MG) e de vários estados do nordeste do país.

Durante toda a década de 1980, assiste-se ao recrudescimento do processo de resistência, por meio da realização de inúmeras greves por direitos trabalhistas. Ao final dessa década, os trabalhadores conseguem adquirir direitos mínimos, tais como registro em carteira, fixação da jornada de trabalho, pagamento de horas extras e fornecimento de Equipamentos de Proteção Individual – EPIs (como bota, caneleira, luvas, chapéus e óculos) e de podões (facões), principais instrumentos dos cortadores, além de garrafões térmicos para conservar a água fria. Outra conquista importante foi a mudança em relação aos meios de transporte dos trabalhadores, os quais, até então, eram levados em caminhões, por ônibus. Vale lembrar que, à medida que tais conquistas ocorrem, as empresas vão impondo, progressivamente, o aumento dos níveis de produtividade, e, por conseguinte, os níveis de exploração e superexploração.[1] Na década de 1980, exigia-se uma média de cinco a oito toneladas de cana cortada por dia; na década seguinte, esses números passam para oito a dez; e, no século XXI, para 12 a 15.

Outro dado importante é que as formas de pagamento aos trabalhadores sempre foram por produção, além da média exigida. Caso o cortador não lograsse a média, era dispensado no final do mês. Tal medida foi a marca principal desse sistema despótico de controle, por meio do qual os trabalhadores eram selecionados e obrigados a intensificar o esforço físico, o que lhes causava, em muitos casos, o desgaste prematuro da vida útil e, em outros, a morte por excesso de esforço.[2] Nos anos de

1 Utilizamos aqui o conceito de superexloração, segundo o explicitado por Marini (2011, p. 149), que ocorre a partir de três mecanismos interligados, quais sejam: intensificação do trabalho, prolongação da jornada de trabalho e expropriação de parte do trabalho necessário ao operário para repor suas energias. O poema da trabalhadora, o qual consta como epígrafe deste texto, é um exemplo da situação de fome vivenciada pelos/as trabalhadores/as. Fome esta advinda da superexploração, traduzida na captação do mais valor e também em parte do trabalho necessário à reprodução.

2 Sobre essa temática, há uma extensa bibliografia produzida ao longo dos últimos anos pela sociologia e por outras áreas do conhecimento. Ver, dentre outros: Alves, 2006; Barbosa, 2010; Bunde, 2017; Martins, 2014; Menezes, Cover, 2015; Silva, Bueno, Melo, 2014; Reis, 2018; Laat, 2010; Guanais, 2019; Silva, Verçoza, 2019, Verçoza, 2018.

1990, aumenta o número de máquinas colhedeiras, que chegam a substituir até 120 trabalhadores.

Em 2002, surgem os carros *flex*, cujos motores são movidos tanto a etanol quanto a derivados de combustíveis fósseis. Essa invenção incrementou a produção de cana em várias regiões do Brasil, sobretudo, no estado de São Paulo. Tal incremento correspondeu à elevação da mecanização do corte da cana. Em 2007, segundo dados da Assocana, havia 919 colheitadeiras nos canaviais paulistas. Em 2014, esse montante passou para 2.856.[3] Tal processo foi acompanhado pelo recrudescimento dos níveis de superexploração, como já vinha ocorrendo antes, cujo desfecho foi a ocorrência, entre 2004 a 2008, de 23 mortes nos canaviais, por excessivo esforço, segundo apontam dados da Pastoral dos Migrantes (Faccioli, 2009). A intensificação da mecanização e dos níveis de produtividade foi marcada pela internacionalização dos capitais empregados nessa atividade econômica, além dos subsídios do Estado e dos empréstimos do BNDES. Segundo Bunde (2017, p. 163), no ano 2000, o montante desses empréstimos foi de R$ 1,8 bilhão; em 2010, passou para R$ 11,8 bilhões, portanto, um crescimento de mais de seis vezes em apenas 10 anos.

No que tange às normativas do Estado, em 2009, o governo federal firmou, entre os representantes dos trabalhadores e a UNICA (União das Indústrias Canavieiras), o Compromisso Nacional para Aperfeiçoar as Condições de Trabalho na Cana-de-açúcar, cujo objetivo era a implantação do chamado trabalho decente, em razão das denúncias de mortes ocorridas nos canaviais. Outra normativa desse período, criada em 2007 pelo governo do estado de São Paulo, foi o Protocolo Agroambiental, elaborado após um amplo debate e por pressão da sociedade civil e de movimentos ambientalistas, para a eliminação em 2017

---

3 *Boletim Assocana*, n. 183, novembro de 2015, p. 12.

da queima da palha da cana.[4] Uma das decorrências dessas normativas foi o recrudescimento do processo da mecanização do corte da cana. Segundo dados do IBGE, em 2007, a mecanização correspondia a 48%; em 2014, atinge 95%; em 2017, chegou a 98%; e, em algumas regiões, neste ano, já atingiu 100%.

De acordo com reportagem publicada na Revista Pesquisa Fapesp,[5] o uso de Tecnologias de Informação (TIs) vem transformando a agropecuária brasileira, de modo a proporcionar aumento da produtividade e melhorias na sustentabilidade ambiental. Tal uso é cada vez mais frequente entre as grandes empresas produtoras de *commodities*, como soja, milho, cana-de-açúcar, frutas cítricas, café e carnes. Segundo referida reportagem, a implantação da denominada Agricultura 4.0 consiste em informações precisas e em tempo real, obtidas por meio de sensores terrestres, *drones*, sistemas de rastreamento via satélite capazes de coletar dados referentes à produtividade, características do solo, variação climática e incidência de pragas. Tratores e máquinas agrícolas são equipados com sistemas que permitem que o monitoramento e a operação sejam feitos remotamente. A produção desse conhecimento é resultado de pesquisas da Embrapa, de várias universidades, de centros de pesquisa e também de *startups*, além do apoio concedido pela Fapesp desde 1996.[6]

No que tange à produção canavieira, a usina São Martinho, localizada no município de Pradópolis (SP), por meio da implementação de uma rede 4G, monitora os dados gerados por mais de 700 veículos agrícolas utilizados em seus 135 mil hectares. O trabalho digital é controlado por 50 funcionários.

4 Ver a respeito, Sabadin (2017).

5 Janeiro de 2020, ano 21, n. 287, p 12-29.

6 A agricultura digital recebeu apoio da Fapesp no período de 1996 a 2019. Foram financiados 275 projetos, dentre bolsas e auxílios, e 50 Pesquisas Inovativas em Pequenas Empresas (PIPEs).

> A rede, criada com o Centro de Pesquisa em telecomunicações (CPQD) de Campinas usa a tecnologia de transmissão Long Term Evolution (LTE) (...) Tratores, colheitadeiras e caminhões foram equipados com um dispositivo Terminal Inteligente veicular (TI), cuja função é capturar e transmitir as informações em dados, vídeo e voz geradas em dezenas de sensores e aparelhos de bordo instalados nos veículos (...) A interoperabilidade, ou seja, a capacidade dos diversos sistemas trocarem informações entre si, é viabilizada por uma plataforma de software livre para o IoT, a Dojot, também desenvolvida pelo CPQD (...) uma frota de 100 caminhões roda 46 mil quilômetros por dia de operação. Os veículos são monitorados em tempo real (...), (p. 15).

Em relação a outro grande grupo empresarial do setor sucroenergético, Bunde (2017) destaca a mesma ocorrência:

> Em nossa pesquisa, adotamos o conceito de fusão da exploração territorial da força de trabalho pelos grupos monopolistas no setor sucroenergético brasileiro por meio do uso da tecnologia para demonstrar, especialmente nos grupos econômicos estrangeiros, como é o caso do Grupo Raízen que, por meio do uso da tecnologia e/ou da automação, esses capitalistas padronizam o processo de exploração da mão de obra, mesmo que suas usinas estejam dispersas geograficamente umas das outras.
>
> Assim, com uso da tecnologia, o Grupo Raízen realiza a fusão da exploração territorial da força de trabalho e, a partir daí, implanta uma padronização da taxa de exploração da força de trabalho em suas 24 usinas, independentemente de sua localização geográfica, (p. 216).

Segundo dados do Censo Agropecuário (IBGE) registrados na referida reportagem, houve no Brasil um aumento significativo do número de propriedades rurais com acesso à rede de internet (+ de 1.900%), passando de 75 mil para 1,4 milhão no período de 2006 a 2017. Quanto aos dados de maquinários, o aumento também foi expressivo nesse período: os tratores passaram de 82 mil para 1,2 milhão; as semeadeiras e plantadeiras, de 318,2 mil para 357,8 mil; as adubadoras e distribuidoras de calcário, de 147,8 mil para 253,2 mil; as colheitadeiras, de 116 mil para 172,2 mil.

Apesar das informações promissoras para a produção de *commodities*, os dados da Pesquisa Nacional por Amostra de Domicílios Contínua (PNAD Contínua) revelam que, no tocante aos trabalhadores rurais, houve um declínio do número de empregados, na ordem de 1,6 milhão de pessoas, referente ao período de 2012 a 2018. E mais ainda: do total do pessoal ocupado, 23% não sabem ler e escrever; 49% possuem Ensino Fundamental; 15% têm Ensino Médio; e apenas 6% cursaram Ensino Superior. Em 2017, o número de trabalhadores empregados na agricultura era 15,1 milhões, quantidade inferior aos 15,5 milhões relativo ao ano de 1960.[7]

Esses dados testemunham a crescente desigualdade marcada pela concentração da propriedade da terra, dos capitais,[8]

7 No que se refere à agricultura familiar, os dados do IBGE revelam que, em 2017, havia 3,9 milhões de estabelecimentos, que ocupavam uma área de 80,9 milhões de hectares, cujo valor de produção era em torno de R$ 107 bilhões. Os números correspondentes das empresas rurais eram: R$ 1,2 milhão; R$ 270,4 milhões; R$ 358 bilhões. Quanto ao número de trabalhadores empregados, na agricultura familiar havia 10,1 milhões (67%) e, nas empresas, 5 milhões (33%).

8 Segundo informações das usinas, em 2008, havia no estado de São Paulo 58 grupos, com 104 unidades em operação: http://www.cidadespaulistas.com.br/prt/cnt/mp-usinas-alc-acucar.htm. (Acesso em 30 de janeiro de 2020).

da mecanização e também do acesso ao conhecimento científico e tecnológico.

A figura 1 mostra, resumidamente, as fases do processo de reestruturação produtiva ao longo dos últimos cem anos, cujos registros evidenciam uma verdadeira revolução tecnológica, passando dos carros de bois à Agricultura 4.0.

Figura 1 Principais fases do processo produtivo canavieiro em São/ Paulo

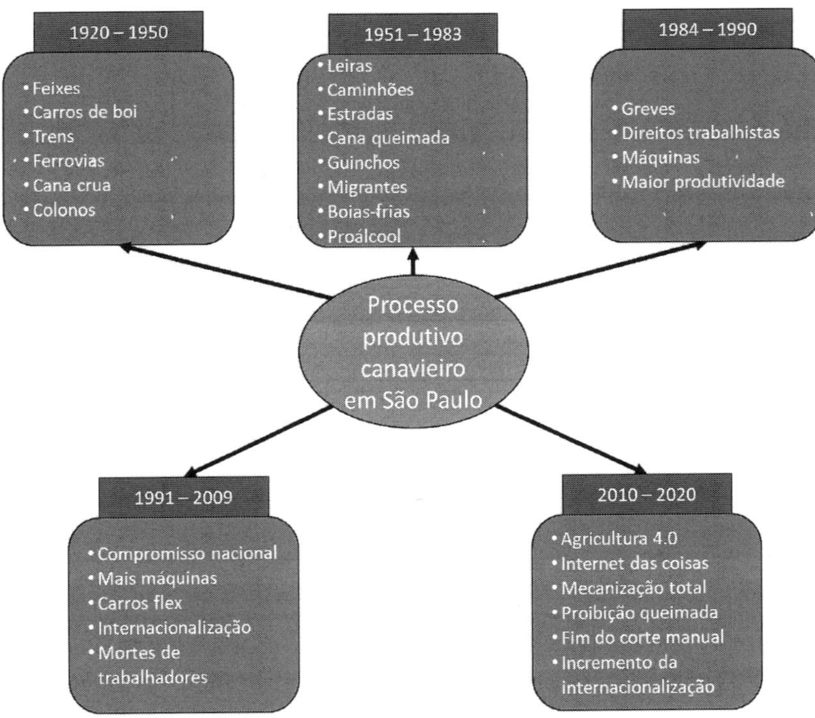

Elaboração: Maria A. Moraes Silva

Em 2019, eram 16 grupos, que possuíam 172 unidades em operação https://www.novacana.com/usinas_brasil/estados/sao-paulo. (Acesso em 30 de janeiro de 2020).

Esta análise embasa o presente texto, visando trazer à luz alguns elementos da outra face da agricultura, particularmente, do estado de São Paulo, detentor das maiores áreas de cana-de-açúcar do país (em torno de 6 milhões de hectares) e sede principal da produção do conhecimento científico voltado para essa produção, tal como verificado anteriormente. A face oculta dessa produção, como já foi revelada nos estudos referenciados supra, é a dos trabalhadores.[9]

II

Para o viajante que trafega nas estradas paulistas, a partir da cidade de Campinas, o que se vê é a imensidão do verde dos canaviais. Lindas plantações com fileiras retilíneas ocupando áreas contíguas, sem a presença de pássaros, animais ou pessoas, exceto os condutores de máquinas, tratores e caminhões, sobretudo, no período da safra, que ocorre entre os meses de março e novembro. O viajante verá também *drones* e aviões que distribuem agrotóxicos, além das gigantescas usinas que expelem fumaça durante 24 horas por dia, nas quais são produzidos, todos os anos, milhões de toneladas de cana e bilhões de litros de etanol.[10]

9 Outra mudança técnico-científica em curso diz respeito ao crescimento do controle biológico substituindo o uso de agroquímicos. Nesse sentido, a Fapesp, em parceria com a Koppert, empresa dos Países Baixos, criaram na ESALQ/USP, em Piracicaba, o Centro de Pesquisa Avançada em Controle Biológico, com investimento de R$ 40 milhões. Ver a respeito: Boletim da Agência Fapesp, de 13 de fevereiro de 2020. A reportagem ressalta a distribuição de vespas (*Trichogramma galloi*) realizada por *drones* em uma área de 2 milhões de hectares, a fim de combater a praga broca-da-cana.

10 Na safra 2016/2017, foram produzidos no estado de São Paulo 442,3 milhões de toneladas de cana-de- açúcar; na safra 2017/2018, foram produzidos 13,5 bilhões de litros de álcool. https://www.investe.sp.gov.br/setores-de-negocios/agronegocios/cana-de-acucar/ (Acesso em 06/02/2020).

Os estudos empíricos supramencionados revelam o avesso dessa produção no que tange às formas organizacionais do trabalho pautadas pelo aumento incessante dos níveis de produtividade. Em muitas ocasiões, durante a realização de nossas pesquisas, os entrevistados mencionavam que, a partir de um certo momento da jornada de trabalho, eles não sentiam mais o corpo: não tinham sede, fome, dor; sequer tinham vontade de interrompê-la para a satisfação das necessidades biológicas.

Doravante, o intento é trazer mais alguns elementos para o entendimento acerca do ato do não sentir o corpo. Para essa empreitada, recorremos aos princípios fundamentais da filosofia cartesiana, expostos no "Discurso do Método".

Ao explicar o *cogito, ergo sum* – eu penso, logo existo, Descartes (1979, p. 46-47) afirma:

> Depois, examinando com atenção o que eu era, e vendo que podia supor que não tinha corpo algum e que não havia qualquer mundo, ou qualquer lugar onde eu existisse, mas que nem por isso podia supor que não existia; e que, ao contrário, pelo fato mesmo de eu pensar em duvidar da verdade das outras coisas seguia-se muito evidente e mui certamente que eu existia (...); compreendi que era uma substância cuja essência ou natureza consiste apenas no pensar e, que para ser, não necessita de nenhum lugar, nem depende de qualquer coisa material. De sorte que esse eu, isto é, a alma, pela qual sou o que sou, é inteiramente distinta do corpo (...).

Aí se encontram as bases da filosofia essencialista e do pensamento abstrato do filósofo francês. Descartes insiste na substancialidade da alma, como puro pensamento, heterogênea à substancialidade do corpo. Na sequência de sua exposição sobre o método, o autor insiste na distinção entre corpo e intelecto, corpo e sentidos, chegando até mesmo a negar estes últimos. Mais adiante, afirma: Pois, enfim (...), nunca nos devemos deixar persuadir senão pela evidência de nossa razão e de modo algum de nossa imaginação, ou de nossos sentidos (p. 50).

Em suas reflexões, Descartes afirma que os animais não possuem a alma (intelecto) tal como os homens, ainda que o funcionamento dos corpos dos animais seja o mesmo dos homens. Trata-se de uma reconstituição imaginária do homem enquanto animal-máquina (p. 55). A dicotomia e oposição corpo e alma/intelecto ficam bem pontuadas no momento em que descreve o funcionamento dos corpos, máquinas mecânicas, semelhantes ao mecanicismo dos relógios (p. 57 e ss); razão, intelecto, alma, espírito são os homens que os possuem, não os animais.

Nessa mesma obra, especificamente na "Segunda Meditação" (p. 91-98), Descartes aprofunda mais ainda seu raciocínio sobre as diferenças entre intelecto e corpo, identificado aos sentidos (olfato, visão, tato, audição, gosto), a partir do exemplo da cera que, ao ser aquecida, tem suas propriedades (cor, gosto, odor, textura etc.) transformadas. A conclusão a que ele chega é que tais propriedades se reportam à substância material, corporal da cera, que se modifica; no entanto, o que permanece é a essência, a ideia da cera, elementos definidores do essencialismo e pensamento abstrato cartesianos.

Tais premissas são importantes para a análise do não sentir o corpo durante o desempenho da atividade laboral de corte da cana. Não sentir significa negar a substancialidade do corpo. Ao executar as tarefas repetitivas, ocorre a metamorfose do corpo em corpo/máquina, capaz de exercitar movimentos (golpes, flexões da coluna, de pernas, braços e mãos) impostos pela organização capitalista do trabalho, baseada na máxima extração do mais valor.

No tocante às atividades canavieiras, a imposição do trabalho por produção constituiu elemento fundamental para aumentar a extração do mais valor e também para proceder a uma a seleção dos melhores cortadores de cana. Paulatinamente, as formas de gestão da força de trabalho foram produzindo os homens/máquinas (os "podões de ouro"). Citamos aqui o exemplo de Valdecir da Silva Reis, que morreu ainda jovem. Chegou a cortar mais de 50 toneladas de cana/dia. Aos 34 anos, parou de trabalhar em função das dores nos braços, pernas e coluna. Faleceu aos 37 anos de idade.[11] A foto 2 é reveladora da superexploração da força de trabalho, por meio da imagem vê-se que a miserabilidade está impressa em seu corpo doente e também em suas condições de moradia.

Foto 2

Valdecir da Silva Reis em sua casa, em Engenheiro Coelho (SP) em 2008. Foto: Joel Silva. https://www1.folha.uol.com.br/fsp/dinheiro/fi2708200822.htm. Acesso em 05/01/2020.

11 Embora tenha movido ação indenizatória contra a Usina, não foi ressarcido pelos danos sofridos em função do excessivo esforço. Entrevista concedida em 2008 à primeira autora deste texto. Parte do depoimento de Valdecir se encontra registrado no vídeo Fragmentos (Silva, 2011).

Uma das explicações para a superexploração seria a maior oferta de trabalho em relação à demanda, nesta fase em que o trabalhador concorre com máquinas; no entanto, outras interpretações podem ser dadas para a compreensão dessa realidade.

É preciso não esquecer que o cortador de cana é, em geral, um camponês migrante que parte em busca de melhores condições de vida, isto é, de um projeto de ascensão social. O retorno, ou melhor, a representação de um retorno é carregada destes valores. Logo, os fracassos, as perdas, representariam uma ruptura com o ideal da partida, o que pode resultar em sanções negativas por parte do grupo. Esta poderia ser a explicação para as ações daqueles que não retornam, que desaparecem.

Um relatório da Pastoral do Migrante em Guariba (SP), em parceria com a Comissão Pastoral da Terra do Estado do Piauí, datado de 2006, obteve informações acerca de 367 domicílios familiares de trabalhadores que saíram para laborar em outros estados, em municípios considerados como aqueles que possuem os maiores índices de trabalhadores migrantes: Barras, Miguel, São Raimundo Nonato, União Esperantina e Uruçuí. A renda familiar dos entrevistados, segundo esta fonte, era inferior a um salário mínimo. Tais dados revelam que 93% dos que saem para trabalhar são homens, que se distribuem nas diferentes faixas etárias: 65,3% se concentram entre 18 e 35 anos, idade em que o trabalhador possui maior força física para trabalhos pesados. Os níveis de escolaridade são baixos: 16% são analfabetos e 45% não atingiram sequer a quarta série do Ensino Fundamental.

Esses trabalhadores, quando migram, necessitam pedir dinheiro emprestado ao "gato". A dívida contraída com esse agente pode representar o início da submissão à escravidão ou ao trabalho degradante, em decorrência da impossibilidade de saldar toda a dívida, ou ainda, de regressar aos locais de origem, distantes mais de 3000 km da região do município de Ribeirão Preto (SP), para onde se destinam, em sua maioria.[12]

No que tange ao sofrimento moral, dois depoimentos coletados pela Pastoral do Migrante de Guariba (SP) expressam o lado invisível desta forma de trabalho (Facioli, 2009):

> Tenho dez filhos lá no Maranhão e só agora (junho de 2008) é que consegui mandar dinheiro para minha família, desde que saí de casa em abril. E mandei apenas uns trocados. Penso assim, se eu saí de casa para trabalhar, eu tenho que continuar sustentando minha família (p. 42).

> Nós somos enganados, roubados, e injustiçados todos os dias com os pesos e medidas. É sofrimento no trabalho, nas privações que passamos, na saúde que vai se acabando e na desconsideração como gente (...). Estou cheio de assadura debaixo dos braços e nos pés por causa do calor e do esforço no trabalho do corte da cana (p. 29).

O/a leitor/a poderia se perguntar sobre as razões da imposição a outrem de tamanha dor e sofrimento. Seria meramente crueldade? Isto ocorre também em outras partes do mundo? Estaríamos diante de uma servidão voluntária dos tempos modernos? Por que esses trabalhadores suportam esta vassalagem?

---

12 Os dados do relatório da Pastoral revelam, ainda, que houve um crescimento expressivo do número de migrantes destes dois estados para os canaviais paulistas, no intervalo de apenas seis anos (no período de 1995 a 2001) 100 trabalhadores migraram para esta região. Em 2005-2006, este número passou para 6.000, portanto, um aumento de 6.000%, ou seja, 60 vezes.

Acreditamos que as respostas a estas questões e a muitas outras são dadas pelos próprios sujeitos desta história. A aceitação das regras, da imposição de uma média em torno de 10 toneladas de cana cortada por dia, do trabalho por produção, está associada à condição social dos trabalhadores. O primeiro depoimento revela o peso dos padrões patriarcais impostos sobre o trabalhador, quando este afirma a necessidade de sustentar sua família. A realidade dos trabalhadores é permeada pela experiência da expropriação e da alienação. Vários deles são camponeses que possuem, ainda em seus lugares de origem, pequenos lotes de terra; são parceiros, rendeiros, foreiros, posseiros, descendentes de quilombolas e até mesmo indígenas. Outros já não possuem mais suas terras e vivem nas "pontas de rua" das cidades dos estados do nordeste do país. Aos poucos foram perdendo suas terras, sendo expulsos de suas roças, de suas moradas. Vão se tornando trabalhadores *nus*, despojados de sua condição de camponeses, apenas buscando saídas; mas a única que encontram é por meio da migração forçada para os canaviais da região centro-sul ou para áreas de pecuária, em desmatamentos nos estados da região norte e centro-oeste.

Portanto, antes mesmos de serem explorados nos canaviais, já são escravos da precisão,[13] ou seja, são obrigados a sair para garantir a sobrevivência da família. Desta sorte, são compelidos a aceitar as condições lhes impostas no eito dos canaviais.

13 O termo "precisão" é frequentemente utilizado pelos migrantes quando inquiridos sobre as causas da saída de seus lugares de origem. Ver também a respeito: Moura (2006). Em 2019, foi produzido o documentário "Precisão", produzido pela Organização Internacional do Trabalho (OIT) e pelo Ministério Público do Trabalho (MPT), sobre trabalhadores do Maranhão resgatados sob condições análogas às de escravos. O vídeo está disponibilizado no Youtube. Acesso em 05 de janeiro de 2020.

Trazem em seus próprios corpos as marcas da desvalorização social: são negros, mestiços, índios, analfabetos, "nortistas", tidos como não capacitados para outros trabalhos. Valem pouco. Gradativamente, incorporam os novos hábitos impostos. Vão adestrando o corpo para o trabalho duro. Vão deixando de sentir o corpo. Vão, paulatinamente, transformando-se em corpos/máquinas. Vestem roupas molhadas nas madrugadas gélidas, passam a se acostumar ao frio, à ausência de cobertores. Confundem-se em relação ao uso do cartão de crédito. A vida longe da família, dos filhos, impõe-lhes o aprendizado de novos deslocamentos no espaço social, para os quais não estavam preparados. Desorientam-se. Alguns se rebelam, outros desistem, outros suportam, outros partem.

No entanto, antes do adestramento do corpo, há o adestramento da alma. Quando saem de seus lugares de origem, sob a condição de "escravos da precisão", já sentem o peso da prisão em seus interiores, em seus próprios fundos. A barbárie produzida no i-mundo do trabalho atinge o fundo de ser, da condição humana.

Um outro ponto que decorre destas reflexões é o referente aos padrões de masculinidade,[14] ou seja, aos papéis que devem ser desempenhados pelos homens. A figura do chefe de família, do provedor, está associada aos padrões patriarcais, os quais atravessam todas as classes sociais. Se, por um lado, tais padrões conferem poder aos homens, legitimando a dominação masculina sobre as mulheres, por outro, podem ser considerados como verdadeiros fardos. Dessa sorte, o homem é identificado como viril, destemido, capaz de enfrentar todos os perigos. É mais um dos elos destas amarras invisíveis que prendem muitos desses homens às redes do trabalho. Não se trata de desconhecimento

---

14 A respeito, ver Bourdieu (1999).

da realidade a ser vivida; ao contrário, trata-se de um verdadeiro enfrentamento, de uma provação, tanto para o próprio indivíduo quanto para o grupo ao qual pertence. É uma espécie de rito de passagem. Ao migrar em busca de salário para melhorar de vida, para sustentar sua família, o homem cumpre o papel viril de destemido e também de provedor. Assim, sua inserção no grupo é sancionada positivamente. O sofrimento e a dor são silenciados em virtude da internalização de tais valores e padrões socioculturais. A crueza de tal realidade dificilmente será captada pela ideologia que sustenta essa produção.

Nesse sentido, o objetivo deste texto é o de retirar suas máscaras, revelando aos/às leitores/as a história subterrânea, sua verdadeira face, por meio das vozes daqueles que a vivem e a sentem.

> Esses dias teve um companheiro que desmaiou na roça, teve cãibras muito fortes. Ele está bem fraco, mas quer terminar a safra para não perder o acerto final (Facioli, 2009, p. 48).

III

As duras condições de trabalho dos cortadores de cana são refletidas em acidentes de trabalho e em adoecimento dos trabalhadores. São apresentados, primeiramente, alguns dados sobre acidentes de trabalho referentes ao período de 1996 a 2002 na região de Araraquara (SP), momento de aumento da mecanização, internacionalização e surgimento dos *carros flex*. Em seguida, o processo de adoecimento dos trabalhadores, que é produzido lentamente no decorrer dos anos: os corpos vão sendo desgastados safra após safra, até que sejam completamente descartados, pois já não atendem mais às demandas exigidas de produtividade.

As informações sobre acidentes de trabalho fazem parte dos dados estatísticos elaborados a partir de documentos oficiais do Ministério da Previdência[15] e Assistência Social (Comunicação de Acidentes de Trabalho, estatísticas oficiais divulgadas pelo próprio Ministério). Na Previdência Social, a coleta de dados referiu-se aos prontuários arquivados; no total, foram observadas 11.331 CATs (Comunicações de Acidente de Trabalho), sendo que, destas, 2.914 eram sobre trabalhadores rurais (25,72%), ocorridos no período compreendido entre os anos de 1996 e 2001, referente a trabalhadores de 98 empresas.[16]

A partir dos dados coletados, verificou-se que a indústria canavieira figura nas estatísticas oficiais do país como uma das maiores causadoras de acidente de trabalho, em número de acidentes registrados. Dentre os 2914 casos, 2342 das vítimas eram homens. A idade da maioria dos acidentados estava entre 21 e 30 anos (1200 casos). A hora de ocorrência dos acidentes possui uma especificidade nesta organização do trabalho, visto que, geralmente, os acidentes ocorrem nos horários em que o trabalhador está mais cansado e, portanto, mais desconcentrado. Os horários críticos seriam no final do expediente e próximo ao horário do almoço. Mas, no caso dos trabalhadores rurais, os horá-

---

15 A agência da Previdência Social de Araraquara, que abrange como jurisdição os municípios de Américo Brasiliense, Araraquara, Boa Esperança do Sul, Gavião Peixoto, Motuca, Rincão, Santa Lúcia e Trabiju.

16 Tais informações, entretanto, são insuficientes para uma completa avaliação das reais condições de trabalho, apesar de serem as únicas fontes oficiais para descrição dos acidentes ocorridos. Isso ocorre devido à prática da subnotificação de acidentes, principalmente dos considerados "leves", que não originam em perda da capacidade laboral dos trabalhadores, dentre outros motivos apontados mais adiante.

rios críticos situam-se no período da manhã, no intervalo entre 8:00 e 10:00hs. Uma explicação possível para este fato – e que pode ser considerada a mais provável – é a de que nas primeiras horas de atividade, os trabalhadores rurais não estão concentrados, em virtude da falta de ritmo de trabalho. Esse ritmo vai se desenvolvendo ao longo da jornada e, ao fim do expediente, apesar do cansaço, o número de ocorrência é menor.

Entre os trabalhadores rurais da cana-de-açúcar, o grande causador da maioria dos acidentes é o facão utilizado para realizar o corte da cana. Apesar dos equipamentos de proteção, tais como o sapatão, caneleira e luvas, é impossível evitar que os trabalhadores se machuquem com seu instrumento de trabalho. As mãos são a parte mais afetada, seja durante o ato de cortar a cana, seja durante o processo de afiar o facão. Além do facão, outro grande causador de acidentes é a própria cana-de-açúcar, pois as folhas causam sérios danos aos olhos dos trabalhadores.

> E: O senhor já viu algum acidente de trabalho com outros amigos, companheiros do senhor?
> N: Ah, bastante, se corta muito né.
> E: Se corta, qual que foi o pior que o senhor já viu?
> N: Ah, o cara cortar o pé.
> E: Mas o sapatão não protege?
> N: Protege e desprotege, mas é o jeito que a pessoa trabalha, eu mesmo, graças a Deus mesmo, cortar eu nunca me cortei não. Cortou uma vez o bico do sapatão. É, corta o bico assim, porque tem gente que bate de todo jeito, já vi gente cortar até por baixo da sola do pé.
> N: É o jeito de trabalhar.
> E: É o jeito, tem que saber...
> N: Às vezes é o cansaço também.

N: É o jeito de bater o facão. Já está tão cansado. Isso é da vida mesmo, fazer o quê? (Entrevista com Narciso, 35 anos de idade, realizada em Barrinha em 2008).

O próprio trabalhador rural, que é o personagem principal da trama, não possui muitas opções ao interpretar seu papel. Apesar de ser o principal envolvido, é talvez o que possui menos condições de interferir sobre tal situação. A forma como é organizada a relação capital x força de trabalho na indústria sucroalcooleira não permite que as condições de trabalho ou a saúde do trabalhador possuam a mesma relevância ou importância do que a garantia de manutenção ou ampliação dos níveis de produtividade e, consequentemente, a manutenção ou ampliação das taxas de lucro.

O adoecimento tem uma face silenciosa durante o processo de trabalho. É o desgaste do corpo que ocorre safra após safra, uma dor, um incômodo que, ao longo dos anos, cria uma condição crônica e limitante. Laat (2010, p. 244) apresentou dados relevantes sobre a ergonomia do trabalho ao cortar cana: para o corte ao rés do chão, são realizadas 1.209 flexões de coluna e 442 rotações lombares. Em um dia de trabalho com produtividade de 12,9 toneladas de cana cortada, são desferidos 3.498 golpes de facão, em um total de 3.080 flexões de coluna. Nessa atividade, o trabalhador permanece em postura considerada crítica (flexão lombar) 62% do tempo, além de ser uma atividade com ciclo muito curto. A consequência são danos ao sistema osteoarticular.

E: Problema na coluna?

N: É que eu andei encostado porque eu tenho hérnia de disco e eu não aguento trabalhar muito assim, tem vez que dói muito.

> E: Você tem hérnia de disco?
> N: Tenho.
> E: Mas o senhor tinha antes de começar a trabalhar já?
> N: Não, depois que eu comecei.
> E: O braço também que tem vez...
> N: Tem o braço também né, o braço eles falam que é tendinite, um negócio desse (...). Então, chega um tempo que a pessoa não aguenta mais né, porque no dia mesmo que ele dói, eu não aguento pegar muita cana, ele fica... tenho que parar.

Além dos efeitos osteoarticulares, há também sobrecarga no coração, como evidenciado por Verçoza (2018, p. 238-244). No caso dos trabalhadores alagoanos, por meio de medições da frequência cardíaca e da carga cardiovascular, verificou-se que a maioria apresenta valores acima dos limites estabelecidos. A carga cardiovascular atingida pelos cortadores de cana chegou a 46%, em uma média de 36% do grupo analisado; o limite apontado como seguro pela literatura é 33%. A frequência cardíaca é calculada pela diferença entre os valores em repouso e durante a jornada de trabalho. De acordo com a literatura, essa diferença deve ser de, no máximo, 35 bpm (batimentos por minuto); a média dos trabalhadores foi de 48bpm. O mesmo cortador que teve 46% de carga cardiovascular, apresentou uma frequência cardíaca de 187, com a diferença de 66bpm entre o repouso e a atividade, ou seja, esse trabalhador ultrapassou excessivamente os valores indicados pelos especialistas.

Verçoza (2018) demonstrou que os trabalhadores que não ultrapassaram os valores limites da carga cardiovascular e da frequência cardíaca também foram aqueles que alcançaram menor produção no corte de cana. A partir daí, é possível inferir que há uma razão proporcional entre sobrecarga física e índices de produtividade: "Quanto mais forçava, mais ganhava", afirmou um cortador de cana mineiro (Reis, 2018). O limite do ganho é o limite próprio do corpo.[17] Essa sobrecarga física pode levar ao que chamam de canguru (em Alagoas), birôla (em São Paulo) ou canguari (no Vale do Jequitinhonha/MG), câimbras que tomam o corpo todo, bem como perda do controle dos movimentos do corpo, fazendo com que, ocasionalmente, os trabalhadores urinem, vomitem ou defequem involuntariamente.[18]

Como já demonstrado, em alguns casos, o excesso de trabalho pode levar à morte. No Brasil, os casos registrados foram de mortes por exaustão.

> No período da noite do dia 25 de outubro de 2005, a Relatoria Nacional para o Direito Humano ao Trabalho esteve no município de Guariba para ouvir a família do trabalhador Valdecir Paiva de Lima, que faleceu no dia 11 de julho de 2005. O trabalhador queixava-se de estar sentindo dores-de-cabeça, quando aproveitou o seu dia de folga e, no dia 21 de junho de 2005, procurou tratamento médico no Pronto Socorro da Sociplan de Guariba. Foi atendido pela Doutora Maria Ivani, que o encaminhou para exames de eletroencefalograma e raios X. No

17 Entretanto, nem sempre essa relação entre sobrecarga física e ganho é equivalente. Os diferentes tipos de cana (cana em pé, "pé de rolo", cana caída, plantada em terreno plano ou acidentado, crua ou queimada) requerem também graus diferentes de esforço físico, e nem sempre o ganho salarial acompanha a diversidade dos tipos de cana.

18 Esse quadro não é exclusivo do Brasil, na região canavieira Chichigalpa, da Nicarágua, onde está localizada a empresa Nicarágua Sugar State y Compañia Licorera de Nicarágua, 1383 trabalhadores morreram vítimas de insuficiência renal crônica. Essa enfermidade é provocada pelo contato direto com agrotóxicos maturadores da cana (CCOO/CONFIA/Nicarágua, 2006).

dia 22 de junho retornou para apresentar os exames, recebeu o diagnóstico de enxaqueca, tomou os remédios indicados pela médica, mas continuou apresentando o quadro de dores-de-cabeça. A médica disse que deveria continuar tomando os remédios e que não poderia fornecer-lhe um atestado só por causa de dor-de-cabeça. Tomou os remédios e continuou trabalhando na Central Energética Moreno, no município de Luiz Antônio/SP. No dia 07 de julho, após a refeição, cortou duas bandeiras de cana e imediatamente sentiu-se mal, quando foi amparado pelo sobrinho, que também trabalha no mesmo engenho. Foi levado ao hospital de Ribeirão Preto, no ônibus da Usina, passou por uma cirurgia cerebral, ficou internado durante quatro dias, mas não resistiu e faleceu. O corpo foi sepultado em Codó, no Maranhão, sendo que a Usina assumiu todas as despesas funerárias. Saía de casa para trabalhar no corte da cana às 05h20 da manhã, voltava para casa por volta das 17h. Cortava doze toneladas de cana por dia, tinha 38 anos, de cor parda, analfabeto, oriundo do município de Codó, era casado e tinha uma filha. A única fonte de renda da família era o salário do trabalhador, a empresa pagou a rescisão do contrato de trabalho e está providenciando o seguro de vida, mas não pagou indenização à família, que está morando com familiares numa casa de dois cômodos juntamente com oito pessoas, e que tem sobrevivido da ajuda de parentes. O trabalhador levava comida de casa. Segundo o sobrinho do trabalhador, no local de trabalho não há ambulância nem meios de primeiros socorros, quando algum trabalhador adoece ou se acidenta é socorrido pelo ônibus da Usina. (Plataforma DHESC/RELATORIA NACIONAL PARA O DIREITO HUMANO AO TRABALHO, 2005).

Ouçamos outras vozes:

E: E quais foram as consequências, dona Neuza, desse trabalho?
N: (...) e essa consequência da pessoa que trabalhou direto cortando cana, não teve outra renda de lugar nenhum, só cortando cana, as consequências que traz e que se esforça demais, as costas e o braço é uma coisa, é uma coisa que desgasta demais mesmo, tem gente que nessa época aqui, hoje que o sol está muito quente, tem gente que desmaia, que não aguenta, então as usinas o que fizeram, a usina da Serra, diz que eles dão soro, traz água gelada, na usina Zanin eu cheguei a alcançar água gelada que eles levavam, soro não, então a pessoa fica desnutrida, desnutre porque tem que trabalhar bastante, tem que se esforçar, tem que fazer o horário dele certinho, se esforçar, hoje eles condenam quem acaba de comer e vai já cortar cana, é quarenta e cinco minutos de almoço e quarenta e cinco na hora do café, nove horas almoça, pega nove e quarenta e cinco, mas há uns anos atrás, quem podia mais chorava menos, não tinha esse horário, esse horário tinha, mas o povo não fazia, já comia cedo dentro do ônibus, igual muitas vezes eu fiz, quando chegava nove horas estava cortando cana, passava reto até a hora que aguentasse, principalmente quando era cana bem em pé, então isso daí trouxe muita consequência, e as máquinas de cana, elas não cortam, olha a consequência maior, elas não cortam em parte de lombo, lombo quer dizer, as máquinas vem plainando a terra, vem arando, depois tem que fazer um certo lombo com uma valeta... uma vala assim, para quando chover escorrer a água ali, então esse lombo aí, é o povo que tem que cortar, são duas ruas

lá em cima desse lombo e três ruas aqui em baixo, então quando a gente vai subir para cortar aquelas duas lá em cima, fica lá em cima e três aqui em baixo, isso daí prejudica demais a coluna, todas as pessoas aqui em Ibaté que vocês entrevistarem que trabalhou na cana, muitas pessoas que estão aposentadas, já estão velhos, que trabalharam só na cana, são todas pessoas com problemas seríssimos de coluna, então o que traz a cana é um problema seríssimo.
(...)
E: A senhora sente muitas dores na coluna?
N: Sinto, na coluna, o braço, o braço prejudica muito os dedos, para lavar roupa, o meu marido comprou essa máquina, porque senão vai ficando duro, vai ficando duro porque eu não tenho mais cálcio nos nervos espinhosos, que a fisioterapeuta falou que são uns nervinhos que a gente tem debaixo da palheta aqui né, então não tem mais cálcio e quando eu fiz o exame em Ribeirão Preto, aquele exame com agulha, o médico falou que eu estava perdendo o movimento dos dedos porque eu ficava com o facão assim para cortar cana, depois para abrir a mão, eu tinha que abrir a mão, ela não abria mais, eu tinha que tirar o facão e abrir, e abrir, então é uma coisa que eu tenho que ficar fazendo fisioterapia direto porque senão vai endurecer, e aí o médico de Ribeirão Preto falou que é daí para pior, quando chegasse na menopausa seria pior ainda, que eu já estou, aí iria resultar pior ainda ele falou, porque já não tem mais cálcio e tomo remédio, mas o remédio para avaliar.
E: E você... ele sugeriu alguma cirurgia?
N: Eu cheguei até a fazer os exames aqui em Araraquara, que o meu médico estava de férias, o doutor Dagmar, então eu peguei o outro, Willian, acho que Willian chama-

> va o médico, aí eu fui pegar carta para passar na perícia, ele falou para mim, olha, dona Neuza, vamos sugerir uma cirurgia que está com o nervo preso, aí eu fiz um exame de sangue, quando eu fui levar... veio o resultado, quando eu fui para... marquei de novo a consulta, que eu fui passar com ele, aí meu médico tinha entrado de serviço, meu médico falou não, vamos ver primeiro da onde vem vindo para depois operar, vai que opera e fica pior, foi onde que ele mandou fazer esse exame que está aqui em casa, eletroneuromiografia acho que deve ser, ele falou, vamos fazer esse exame em Ribeirão Preto para ver de onde vem vindo, quando fez o exame ele achou que não adianta operar, não tem melhora, é isso aí, não adianta operar, foi onde que não operou por isso, senão tinha operado (Entrevista realizada em Guariba, com dona Neuza, 55 anos de idade, em 2008).

No que concerne às condições de trabalho, no corte de cana e em muitas outras atividades profissionais, rurais ou urbanas, tende-se a serem encerradas as pesquisas no momento em que se findam as relações de trabalho. No decorrer deste texto, foi possível compreender as duras condições às quais os cortadores de cana estão submetidos, reflexo da acumulação do capital baseada na superexploração. A convivência com dores, acidentes e machucados faz parte do cotidiano deles. O corpo é disciplinado tal como corpo-máquina. Disciplina para apenas trabalhar, engolindo a comida e depois ficando toda a jornada sem comer. Em atendimento ao enrijecimento da fiscalização e à adaptação a padrões internacionais para garantir certificações de mercado, o horário de almoço deveria ser garantido. Para que o corpo-máquina dure mais, as usinas dão o soro (energético).

Depois que esse corpo-máquina é usado e abusado como parte das engrenagens do capital, o resultado é o desgaste total. O acidente que decepa um membro, que atinge um tendão, assim como o adoecimento que imobiliza a coluna, que enfraquece o coração, são resultados das condições de trabalho no corte de cana. Uma cortadora de cana afirmou que o trabalhador é usado como se fosse a cana, pois, depois que vira o bagaço, é jogado fora. Logo após, ela corrige: o bagaço, as usinas reutilizam (cogeração de energia), o trabalhador, não. O que acontece com aqueles que, por causa do trabalho, perdem precocemente a capacidade laboral?

Reis (2018) mostrou que os descartados da cana-de-açúcar na região do Vale do Jequitinhonha não têm mais de quarenta anos. Pessoas ainda em idade laboral perdem a capacidade para o trabalho em decorrência do próprio trabalho. Há uma relação dialética entre o espaço-tempo de trabalho e o seguinte. O pós/trabalho é uma trama de sociabilidade que é estabelecida fora do espaço-tempo de trabalho, mas que é engendrada a partir dele.[19]

> O *pós/trabalho* não é apenas o período posterior ao trabalho, apesar de também sê-lo; é uma sociabilidade que está estritamente vinculada ao trabalho. Conjunto de relações que é, cronologicamente, posterior ao período de trabalho, mas, socialmente, são espaços-tempos e relações inteiramente entrelaçadas. (Reis, 2018, p. 16).

---

19 O pós/trabalho, tal como concebido, não pretende denotar uma superação do trabalho; não se usa aqui o prefixo pós como sinônimo de superação de algo anterior (como pós-verdade, pós-estruturalismo, pós-marxismo), tampouco simboliza um período posterior ao trabalho.

No pós/trabalho, trabalhadoras descartadas, tal como Dona Neuza, não podem desempenhar as tarefas domésticas que, nos atributos de gênero da sociedade patriarcal, são de responsabilidade das mulheres. Os homens têm suas identidades masculinas baseadas em padrões de virilidade e força fraturadas. Eles requerem cuidados, as mulheres, também; mas, em vez disso, são elas que cuidam. Mulheres cortadoras de cana, mesmo adoecidas, extrapolam os limites do corpo para permanecerem desempenhando o papel lhes atribuído, o de cuidadoras. Mulheres e homens têm seus cotidianos no pós/trabalho organizados a partir da condição de descartado. A coluna *trava* em muitos momentos; não há suficiência cardíaca para desempenhar atividades básicas; um membro faltando dificulta a mobilidade. As relações entre os sujeitos também são reorganizadas no pós/trabalho.

Tratamos aqui dos efeitos físicos, mas o desgaste também é mental, não e só do corpo, mas é também da alma (Weil, 1996). Selligman-Silva (1994) afirma que a difícil carga de trabalho influi na condição subjetiva dos sujeitos, por essa razão, o adoecimento psíquico entre cortadores de cana não é algo raro de ocorrer. Além disso, são frequentes os casos daqueles que regressaram para a terra de origem já tendo desenvolvido algum tipo de adicção. Esses breves elementos aqui expostos servem para que se perceba o alcance da exploração do trabalho. As consequências da superexploração permanecem após o contrato de trabalho, seja no corpo, seja nas relações e/ou na subjetividade dos descartados.

Considerações finais

Objetivamos, neste texto, retirar as camadas da produção canavieira paulista que encobrem as experiências de trabalhadoras/es. Trata-se de um processo que se assemelha à atividade de arqueólogos, de artesãos, cujos ofícios são marcados pela imersão do/a pesquisador/a na difícil tarefa de escavar, polir, escovar as pedrinhas encontradas que, pouco a pouco, vão nos guiando por veredas até então não visíveis. São fragmentos, cacos de muitas histórias, que vão adquirindo forma e sentido na medida em que *o pensamento sentido e as emoções pensadas* vão se cruzando no decorrer do processo narrativo.

Na contramão do avanço técnico-científico da atividade canavieira, as narrativas emergem e provocam rachaduras na superfície do verde cromático dos canaviais. Revelam os corpos doentes, cuja saúde e força vital foram degradadas pelo trabalho em um curto espaço de tempo. Algumas explicações desta realidade foram apontadas, das quais três se destacam, a saber: a) a condição de migrante que se situa no contexto da precisão, que nada mais é do que a vulnerabilidade; b) a superexploração decorrente da apropriação do mais valor e também de parte do trabalho necessário à reprodução; c) as relações de trabalho derivadas da transformação das pessoas em mecanismos, autômatos, reduzidas a corpos/máquinas, cuja capacidade de sentir o corpo lhes é roubada. A análise empreendida nos fez remontar ao início do século XVII, aos princípios científicos da ciência cartesiana que inaugura a era moderna. Tal como as máquinas, os corpos são vistos como coisas, que podem ser removidas, descartadas e substituídas por outros corpos/máquinas novos.

As fases da revolução tecnológica dessa atividade econômica, no espaço de apenas 100 anos, atestam as fórmulas do crescimento vertiginoso da produção, da produtividade e da acumulação dos capitais aí empregados. De 2003 a 2007, os fiscais do trabalho promoveram 3.973 autuações por irregularidades laborais ocorridas nos canaviais do estado de São Paulo.

Em decorrência das mortes por exaustão, a principal reação de representantes do governo federal foi a criação, em 2009, de normativas – como o Compromisso Nacional para aperfeiçoar as condições de trabalho na cana-de-açúcar – visando ao cumprimento dos acordos firmados internacionalmente acerca do trabalho decente na agricultura canavieira. Houve muitas manifestações do Ministério Público do Trabalho (MPT), do Ministério Público (MP) e de diversos setores da sociedade civil tanto contra os desrespeitos aos direitos humanos do trabalho quanto contra as injustiças sociais. No entanto, uma das principais preocupações do governo era em relação aos possíveis prejuízos econômicos impostos ao país pelos compradores do açúcar e do álcool.[20]

Após a assinatura do Compromisso Nacional (Comissão tripartite), composta por representantes do governo, dos trabalhadores e das empresas, houve um salto gigantesco no processo de mecanização não somente do corte manual, como também de outras fases do processo produtivo. Logo, centenas de milhares de trabalhadores/as foram demitidos e substituídos por máquinas, tratores, *drones*, aviões e pela aplicabilidade das TIs. Nos cantos, nas periferias das cidades-dormitórios da região canavieira de Ribeirão Preto, considerada a capital mundial do etanol, bem como nas pequenas cidades do Brasil profundo, origem dos migrantes, encontramos aqueles/as que outrora não sentiam os corpos. Este texto teve a intenção de retirá-los/as dos subterrâneos, e, por meio das rachaduras, escutar o ruído

20 Cf. *Folha de S. Paulo*, 27/08/2008. Disponível em: www1.folha.uol.com.br/fsp/dinheiro/fi2708200822.htm. Acesso em 05/01/2020.

sonoro das pedrinhas de suas experiências. Pedrinhas que, talvez, assombrassem o *cogito* do filósofo Descartes referente à não substancialidade do corpo.

Referências bibliográficas

ALVES, Francisco José da Costa. *Por que morrem os cortadores de cana? Saúde e Sociedade*, São Paulo, v. 15, 2006, p. 90-98.

BARBOSA, Cristiane Maria Galvão. *Avaliação cardiovascular e respiratória de trabalhadores cortadores de cana-de-açúcar no estado de S. Paulo. 2010.* Tese (Doutorado em Pneumologia), Faculdade de Medicina, USP, São Paulo, 2010.

BOURDIEU, Pierre. *A dominação masculina.* Rio de Janeiro: Bertrand Brasil, 1999.

BUNDE, Altacir. *Os impactos dos Investimentos Externos Diretos (IEDs) sobre a (re) estruturação e estrangeirização do setor sucroenergético no Brasil.* Tese (doutorado em Geografia), Universidade Federal de Goiás, 2017.

CAIRES, Ângela Cristina. *Nem tudo era doce no império do açúcar.* Dissertação de mestrado (mestrado em Sociologia), Faculdade de Filosofia, Ciências e Letras, Araraquara (SP), 1993.

DESCARTES, René. *Discurso do Método; Meditações; Objeções e respostas; As paixões da alma; Cartas.* 2ª. Edição. São Paulo: Abril Cultural, 1979. (coleção Os Pensadores).

FACIOLI, Inês. (org.). *Vozes do eito.* Guariba: Eco das Letras, 2009.

GUANAIS, Juliana Biondi. *Pagamento por produção, intensificação do trabalho e superexploração na agroindústria canavieira.* São Paulo: Outras Expressões, Fapesp, 2018.

LAAT, Erivelton Fontana. *Trabalho e risco no corte anual de cana-de-açúcar: a maratona perigosa nos canaviais.* Tese (doutorado em Engenharia de Produção). Faculdade de Engenharia, Arquitetura e Urbanismo. Universidade Metodista de Piracicaba (SP), 2010.

MARINI, Ruy Mauro. "Dialética da dependência". IN: STEDILE, João Pedro; TRSPADINI, Robert (orgs.). *Ruy Mauro Marini. Vida e obra.* São Paulo: Expressão Popular, 2011, p. 131-172.

MARTINS, José de Souza. *O cativeiro da terra.* São Paulo, Editora Ciências Humanas, 1979.

MARTINS, Rodrigo Constante (org.). *Ruralidade, trabalho e meio ambiente. Diálogos sobre sociabilidades rurais contemporâneas.* São Carlos: EdUFSCar, 2014.

MENEZES, Marilda Aparecida; COVER, Maciel. 2015. "Trabalhadores migrantes nos canaviais do estado de São Paulo: formas de resistências e movimentos espontâneos". In: RIEELA, Alberto; MASCHERONI, Paola (orgs.). *Asalariados rurales en América Latina.* Montevideo: Clacso, Doble clic, p. 213-236.

REIS, Tainá. *Ceifando a cana. Tecendo a vida. Um estudo sobre o pós/trabalho nos canaviais.* Tese (doutorado em Sociologia), Universidade Federal de São Carlos, 2018.

SABADIN, Ana Carina. *Das estratégias às justificações: uma análise da construção política do protocolo Agroambiental Paulista.* Dissertação de mestrado (mestrado em Sociologia), Universidade Federal de São Carlos, 2017.

SELIGMANN - SILVA, Edith. *Desgaste mental no trabalho dominado.* Rio de Janeiro: EdUFRJ; São Paulo: Cortez, 1994.

SILVA, Maria Aparecida de Moraes. "De colona à boia-fria". In: PRIORI, Mary del (org.). *História das Mulheres no Brasil.* São Paulo: Contexto, EdUNESP, 1997, p. 554-557.

SILVA, Maria Aparecida de Moraes. *Errantes do fim do século.* São Paulo: EdUNESP, 1999.

SILVA, Maria Aparecida de Moraes. *Fragmentos.* Vídeo, 2011. Disponível em: www.trama.ufscar.br.

SILVA, Maria Aparecida de Moraes. "Greve na fazenda". In: NEVES, Delma Pessanha; SILVA, Maria Aparecida de Moraes (orgs.). *Processos de constituição e reprodução do campesinato no Brasil.* v. 1. São Paulo: EdUNESP; Brasília: MDA, 2008, p. 207-232.

SILVA, Maria Aparecida de Moraes; DOURADO, Juliana; MELO, Beatriz Medeiros. "Quando a máquina "desfila", os corpos silenciam. Tecnologia e degradação do trabalho nos canaviais paulistas". *Contemporânea*, São Carlos, v. 4, 2014, p. 85-115.

SILVA, Maria Aparecida de Moraes; VERÇOZA, Lúcio Vasconcellos (orgs.). *Vidas talhadas no avesso da história. Estudos sobre o trabalho nos canaviais.* São Paulo: Annablume e Fapesp, 2019.

VERÇOZA, Lúcio Vasconcellos. *Os homens cangurus dos canaviais alagoanos.* Um estudo sobre trabalho e saúde. Maceió: EdUFAL; São Paulo: Fapesp, 2018.

WEIL, Simone. *A condição operária e outros estudos sobre a opressão.* São Paulo: Paz e Terra. 1996.

A velha informalidade: diferentes trajetórias contratuais entre trabalhadores de São Carlos

Natália Maximo e Melo

Introdução

Vendedor de cachorro-quente na rua, manicure, pedreiro, empregada doméstica, professor particular de música, jovem que trabalha na loja do pai, garçom aos finais de semana. Esses trabalhadores fazem parte de um universo de atividades não reconhecidas com o *status* de um "emprego" formalizado. Eles têm algo em comum: exercerem atividades não reguladas por um contrato escrito, mas mediante subordinação a um patrão, ou ainda, de forma autônoma.

O presente texto resultou de uma comunicação da autora durante a Escola de Inverno, evento organizado pelo Laboratório Misto Internacional Social Activities, Gender, Markets and Mobilities (SAGEMM), em agosto de 2018. O tema do presente texto é o trabalho informal, mais especificamente, a chamada "velha informalidade". Trata-se de uma pesquisa realizada entre os anos de 2002 a 2005, cujo objetivo foi mapear diferentes trajetórias de contratos de trabalho nas atividades informais observadas no município de São Carlos, estado de São Paulo.

Utilizamos nesta pesquisa a definição de contrato dada por Collins (2003), que entende que a força de trabalho não é como as demais mercadorias, o que, portanto, justifica a necessidade de regulação feita por meio de um contrato. O constituinte básico de todo contrato é o pagamento pelo trabalho prestado a outro. Ao pagamento, outros elementos podem ser acrescentados, tais como, por exemplo: limites de horário, tarefas e direitos. Collins considera que os constituintes de um contrato advêm, primeiramente, desta relação – e não da legislação.[1]

Contudo, antes de trazer ao leitor os resultados dessa pesquisa, inicialmente, vale tecer algumas considerações a respeito dos sentidos atribuídos ao termo informalidade.

Informalidade é um termo polissêmico, debatido em diversas áreas de conhecimento, dentre elas: a economia, a sociologia e a ciência política. Há vários estudos na sociologia que trazem um balanço de literatura sobre o tema (Portes, 1996; Cacciamali, 2001; Alves, 2001; Noronha, 2003; Dedecca; Baltar, 1997; Machado da Silva, 2002; Krein; Proni, 2010; Lima, 2013). Os estudos dos anos 1970 se vinculavam a uma preocupação com a modernização dos países periféricos[2] e agrupavam, sob o termo setor informal, atividades econômicas não tipicamente capitalistas, as quais tenderiam a ser residuais conforme os países caminhassem no sentido

1 Apesar dessa concepção não ser unanimemente aceita, principalmente quando se trata da realidade brasileira, em que a legislação trabalhista é bastante ampla em comparação à realidade europeia considerada por Collins, o que há de mais valioso na definição de contrato deste autor é a percepção da possibilidade de uma grande diversidade de contratos que vai além daqueles estabelecidos pela lei. É possível, também, a partir de tal definição, perceber que contratos não são estáticos, mas sim sofrem alterações ao longo do tempo, seja com a incorporação de novos direitos ao elemento do pagamento, seja pela retirada de direitos conquistados.

2 O termo foi utilizado, pela primeira vez, pelo antropólogo Hart, na década de 1970, em um estudo sobre o emprego urbano em Gana. Em 1972, em um relatório da Organização Internacional do Trabalho (OIT), o termo *setor informal* já aparece para descrever a estrutura de emprego no Quênia.

do desenvolvimento (racionalização do processo produtivo, industrialização, assalariamento e urbanização).

Segundo Noronha (2003), no Brasil, a definição de "informalidade" depende do que é considerado como "formalidade" ao longo do tempo. A fim de delinear o raciocínio geral em torno da informalidade, vale ressaltar que nas três primeiras décadas do século, o Brasil viveu a construção de um mercado de trabalho propriamente dito. Com a Consolidação da Legislação Trabalhista (CLT), o par conceitual *formal-informal* passa a matéria de Estado, e não só do mercado.

Entre as décadas de 1940 e 1950, a economia formal andava de mãos dadas com a produção no modelo fordista, isto é, uma produção em massa, baseada na grande indústria e no emprego subordinado, com jornada regular e duração indeterminada. Sob este contexto, a "velha informalidade" ou "informalidade pobre" (Noronha, 2003) era identificada pela existência de trabalhadores precários, tendendo a ser confundida com pobreza ou subemprego. Nessa perspectiva, o setor informal da economia correspondia a formas de produção herdadas do passado e a pequenas empresas de tipo familiar. Ou seja, trata-se de um universo de atividades econômicas vistas como não modernas, típicas de economias em transição, que deixaram de ser predominantemente agrárias e tradicionais para se tornarem urbanas e industrializadas[3] (Noronha, 2003).

3 No Brasil, um estudo que traçou a construção dos direitos trabalhistas ao longo da história foi realizado por Wanderley Guilherme dos Santos (1979). Quando a carteira de trabalho foi instituída, na década de 1940, uma série de direitos foram posteriormente criados. Segundo este mesmo autor, tal processo histórico consolida no Brasil uma tradição de direitos trabalhistas entendidos como direitos sociais. Santos chamou este fato de "cidadania regulada". Até a década de 1970, o Brasil tinha a maior parte da sua população vivendo na zona rural, onde

A partir dos anos 1970, os estudos passam a analisar o setor informal no âmbito da economia capitalista. Essa "informalidade neoclássica", segundo Noronha (2003), não é mais compreendida como atividades pré-capitalistas, mas sim como resultado das próprias forças do mercado.[4] Ou seja, a informalidade é o modo como este responde aos efeitos negativos do excesso de normas e de legislação que regulam as relações de trabalho.[5]

Por fim, nas décadas de 1980 e 1990, como resultado de profundas transformações no processo produtivo – em que o

---

o trabalho, em geral, não era regulamentado. Considerando também o contingente de trabalhadores domésticos – o qual é formado majoritariamente por mulheres –, assim como as várias atividades urbanas que não se adequaram à legislação vigente, tais como vendedores autônomos, feirantes, pintores, engraxates, descarregador de caminhão, pedreiros etc., todos esses trabalhadores ficaram fora da "cidadania regulada", compondo a "velha informalidade" que, de fato, não deixou de existir no país.

4 Nos primeiros debates acerca de informalidade iniciados a partir dos anos 1970 no Brasil (Oliveira, 1972; Kowarick, 1975; Cacciamali, 1983), a economia informal era pensada na dualidade formal-informal, moderno-tradicional. Segundo Cacciamali (1983), a informalidade se caracteriza por não se enquadrar nos moldes tipicamente capitalistas de racionalidade – por exemplo, o produtor é também o proprietário – e pela presença de vínculos pessoais e utilização de mão de obra familiar. Oliveira (1972), ao contrário, entende que a informalidade não é o oposto do desenvolvimento capitalista, pois, para ele, há uma intrínseca vinculação entre a informalidade e a acumulação do capital como característica na economia capitalista brasileira.

5 Portes (1996), em um levantamento da literatura especializada, demonstra várias definições para o termo informalidade. Dentre elas, é interessante destacar as dadas pela Organização Internacional do Trabalho (OIT), pelo *Programa Regional del Empleo para América Latina y el Caribe da ONU (PREALC-ONU) e pelo economista peruano Hernando De Soto*. Tanto a OIT quanto a PREALC levam em conta variáveis econômicas como produtividade e capacidade de acumulação; já o economista De Soto entende que as atividades informais estão à margem da (excessiva) regulação do Estado e considera que a economia informal é o espaço da competição e do livre mercado.

modelo de organização empresarial deixa de ser o de grande empresa fordista e tende a estruturas empresariais enxutas e flexíveis, com utilização de novas tecnologias –, surgem novos modelos de contrato de trabalho. Dentre eles, os contratos temporários ou por jornada parcial, a terceirização e a prestação de serviço. Juntamente a essas transformações, há também o aumento dos trabalhos informais e do desemprego.[6]

Entre os anos 2002 a 2005, que corresponde ao período de realização da pesquisa, a taxa de informalidade variou entre 51,8% a 49,2%, tendo início, então, um período de queda que foi até 2015, quando chegou a 37,596.[7] Em 1998, o então presidente Fernando Henrique Cardoso regulamentou a terceirização. Este também foi um período em que era debatida a defesa de uma Reforma Trabalhista. E em 2003, o governo de Luiz Inácio Lula da Silva lança o Fórum Nacional do Trabalho, a fim de discutir reformas em vários âmbitos do trabalho.

6 Dados da Pesquisa Nacional por Amostra de Domicílio (PNAD), referentes ao período que vai de 1993 a 2013, mostram que: em 1993, do total da população ocupada, 62% eram trabalhadores informais; em 2004, cai para 59%; e, em 2013, o setor informal abarcava 48,5% dos trabalhadores. Vale ressaltar que, na década de 1990, o país viveu um aumento do desemprego. Em 1993, este era de 6,8%, ao passo que, em 1999, chegou a 10,4%. Já nos anos 2000, houve uma leve redução do desemprego, passando de 9,4% em 2003 para 9,1% em 2009. Outra característica dos anos 1990 diz respeito ao crescimento da informalidade no setor de serviços, enquanto que, no setor agrícola, houve queda, e no industrial, não houve variação significativa. Apesar da sequência de diminuição dos índices de informalidade, os dados mostram que o perfil do mercado de trabalho brasileiro é ser composto por um alto contingente de trabalhadores informais (Vasconcelos; Targino, 2015).

7 Veja as seguintes notícias: DW. *Informalidade, a cara da crise no Brasil.* 2016. Disponível em: https://www.dw.com/pt-br/informalidade-a-cara-da-crise-no-brasil/a-37604603.

Uma "nova informalidade" (Lima, 2013) se manifesta não só como resultado de mudanças na legislação, mas também sob novas formas de ocupações e atividades econômicas. Com isso, noções de "empreendedorismo" passam a ressignificar as atividades informais; é o caso, por exemplo, das vendas diretas (de empresas como Avon, Tupperware etc.), do prestador de serviço e de pequenos empresários. A noção de "empreendedor" passa a ser a chave para a explicação do sucesso ou do fracasso do indivíduo no mercado de trabalho.

A informalidade, chamada por Machado da Silva (2002) de "guarda-chuva conceitual", nomeia desde o indivíduo que realiza um trabalho manual, até os profissionais de nível superior, de setores de inovação tecnológica e informática, ou ainda, empreendimentos dos mais variados matizes, indo da micro e pequena empresa às franquias, *start-ups, home-officers* ou *coworkings.*[8]

Após essa breve contextualização acerca dos principais sentidos para o termo informalidade na literatura especializada, a seguir, há a exposição dos objetivos e do contexto em que a pesquisa foi realizada.

O contexto da pesquisa e descrição da amostra

A pesquisa foi realizada entre 2002 e 2005, período em que se tem a retomada do crescimento econômico e uma queda do desemprego no país,[9] o que proporcionou uma reconfiguração da distribuição das ocupações entre os setores produtivos.

São Carlos, localizada no interior de São Paulo, contava, em 2005, com 192.998 habitantes.[10] O município, que tem origem

8 Sobre esses temas, ver: Rangel (2019), Perdigão (2016), Zanon (2015), Pina (2018), Oliveira (2017) e Pires (2014).

9 Não foi possível encontrar dados no IBGE que detalhem o setor informal da cidade de São Carlos no que se refere ao período de realização da pesquisa.

10 Já em 2018, quando da escrita deste texto, a cidade tinha uma população estimada em 249.415 habitantes.

na economia cafeeira do século XIX, após a crise do café ocorrida nos anos 1930, iniciou um processo de industrialização, com uma marcante quantidade de pequenas empresas manufatureiras vinculadas a famílias de imigrantes (Truzzi, 2000). Dentre elas, fábricas de móveis, de tijolos, de sabão, têxtil, adubo etc. Algumas findam-se no tempo e outras vêm a crescer e se tornar referências no mercado local. Algumas indústrias tradicionais de São Carlos foram incorporadas a conglomerados internacionais; além disso, houve diversificação do comércio e de serviços.[11]

Esse processo de industrialização de São Carlos corresponde a dinâmicas mais amplas de industrialização ocorridas no Brasil, em que a indústria nacional vai associar-se, a partir da década de 1970, ao capital internacional.[12] Contudo, não de-

11 A atual indústria Faber-Castell surgiu originalmente da fábrica de lápis Fehr, de iniciativa de um imigrante italiano em 1926. Na década de 1930, a fábrica se funde à empresa Faber, de Campinas, e poucos anos depois se une à empresa alemã, adquirindo o nome Faber-Castell. A cidade vai acolher, nas décadas de 1940 e 50, empresas de maior tecnologia, tais como: a Conservas Hero, a Cooperativa de Laticínios, a Tapetes São Carlos e a Toalhas São Carlos, esta última ainda em funcionamento. A Fábrica de motores de geladeira, a Clímax, pertencente às Indústrias Pereira Lopes, surge em 1947. Já em 1982, a Clímax se funde a outra empresa de Curitiba e passa a se chamar Prosdócimo, sendo que em 1995 houve a sua incorporação ao conglomerado sueco Electrolux. Em 1960, as Indústrias Pereira Lopes também instalam no município a Companhia Brasileira de Tratores (CBT), que foi uma das maiores no ramo na América Latina. Em 1969, as Indústrias Pereira Lopes se licenciam com a empresa norte-americana Tecumseh e, em 1973, instala a fábrica de compressores chamada SICOM - controlada pela Tecumseh do Brasil.

12 A partir da década de 1950, e já contando com conhecimento e tecnologia da Escola de Engenharia da USP, fundada em 1948, também vem para o interior empresas ligadas à Engenharia, tais como: o grupo Bandeirantes (1957), a Engemasa (1976) e a Opto Eletrônica (1985). A partir dos anos 1990, há a chegada da Volkswagen e da oficina de manutenção da TAM (desde 2016, LATAM), assim como de um *Shopping Center*, marcando a modernização do comércio e a entrada de grandes redes de lojas e supermercados localizados em centros comerciais, por exemplo, o Supermercado Extra, Savegnago, Carrefour, dentre outras

saparece uma considerável quantidade de empresas locais, de característica familiar, principalmente no comércio.

Relatar esse breve percurso da história econômica de São Carlos visa mostrar, minimamente, o perfil de desenvolvimento da cidade, além de favorecer a compreensão do contexto sob o qual a informalidade é vivenciada em São Carlos.

Os objetivos da pesquisa realizada foram: a) caracterizar trabalhadores informais, considerando aspectos como escolaridade, faixa etária e o contexto familiar em que se inserem; e b) compreender a trajetória individual de trabalho, sobretudo no que concerne às passagens de contratos formais para informais.

Diante de tais objetivos, as técnicas de pesquisa seguiram as seguintes etapas:

Primeiramente, um questionário foi aplicado em todos os bairros da cidade de São Carlos, tendo por objetivo obter informações quantitativas acerca do padrão contratual das famílias. Essa etapa teve caráter exploratório, de modo que, a partir dela, foi possível identificar e listar um total de 20 tipos contratuais, tanto informais quanto formais (incluindo o de servidor público estatutário).[13] Para o estabelecimento desses tipos contratuais,

---

redes de vestiário (Lojas Pernambucanas, Hering etc.) e de eletrodomésticos e eletrônicos (Casas Bahia, Lojas Americanas, Kalunga, Magazine Luiza) presentes no centro da cidade. Para dar um exemplo recente acerca dos vínculos das empresas com o capital internacional, a Tecumseh é vendida, em 2015, por 123 milhões de dólares para a Mueller Industries e Atlas Holding. Veja reportagem do *site* São Carlos Agora: www.saocarlosagora.com.br/cidade/tecumseh-e-vendida-por-us-123-milhoes/66135.

13 É relevante informar que a pesquisa foi realizada antes de entrar em vigor a figura jurídica do Microempreendedor Individual (MEI), o que se deu em 2008. Trabalhos recentes sobre as transformações no mundo do trabalho informal apontam que esse tipo contratual abarca uma infinidade de atividades comerciais e de serviço (Hirata, 2010; Rangel, 2019; Pina, 2018; Oliveira, 2017), reconfigurando assim, parte do que se considerava a velha informalidade, como por exemplo, os camelôs.

foi considerada a combinação de critérios de presença/ausência de: remuneração, vínculo de subordinação e algum registro, mesmo que não seja na forma da Lei Trabalhista. Os assalariados são trabalhadores sob subordinação, mas sem contrato, são empregados, como por exemplo, vendedores em um negócio alheio. Já os autônomos e os por conta própria não são subordinados a patrão, mas estes últimos podem ter outros trabalhadores subordinados a si, como por exemplo, os pedreiros. Os autônomos são aqueles que trabalham sós, em geral, prestadores de serviço, como por exemplo, manicure ou eletricista. Os autônomos e aqueles por conta própria podem ter algum registro em nível municipal ou como contribuintes da Previdência.

A pesquisa foi realizada em um período de mudanças no mercado de trabalho brasileiro, sobretudo, de melhoria na taxa de ocupação, redução de desemprego e um pequeno aumento na formalidade.[14] Embora, não se tenha estabelecido critérios de amostragem probabilística (por essa razão, não é possível garantir representatividade da amostra), estes questionários resul-

14 Segundo artigo de Leone e Baltar (2014), consta no Censo Demográfico de 2000 que, de um total de 64,5 milhões de pessoas ocupadas no país (de 15 anos de idade ou mais), 43 milhões eram assalariadas (sendo que 38,1 milhões trabalhavam em estabelecimentos e outros 4,9 em negócios de família). Dos que trabalhavam em estabelecimentos, 27,6 milhões tinham contratos formais (72,4% do total). Dos 4,9 milhões que trabalhavam no serviço doméstico, apenas 1,5 milhão tinha carteira de trabalho assinada (30,6% do total). A partir de 2004, há uma melhora nos índices de emprego formal no país. Segundo Leon e Baltar (2014): "Entre 2000 e 2010, os Censos Demográficos indicam que o emprego formal em estabelecimento dedicado a realizar atividade econômica aumentou no ritmo anual de 4,8% enquanto o emprego sem carteira de trabalho aumentou 1,0% ao ano. O ritmo de crescimento do emprego total em estabelecimento (3,7%) foi bem maior do que o do número total de pessoas ocupadas (2,8%) e a população ocupada cresceu bem mais do que a população economicamente ativa (2,0%), fazendo diminuir a taxa de desemprego de 15% para 7,5%". (Leone; Baltar, 2014, p. 5).

taram em um número expressivo de 2733 indivíduos.[15] Destes, encontramos 1388 (50,7%) que trabalhavam, dentre os quais, 969 (62,8%) eram trabalhadores formais e 419 (30,2%) informais. Já entre os formais, 720 eram celetistas (74%) e 127 (13%) trabalhavam por conta própria registrados. Dentre os informais, prevalecem os que são autônomos - isto é, sem relação de subordinação e sem contrato -, os quais contabilizam 183 indivíduos (43,6%), seguidos dos assalariados informais para empresas ou famílias, que somam um total de 140 indivíduos (33,4%), e, por fim, encontram-se os trabalhadores não assalariados em negócio de família, sendo estes 51 indivíduos (12,1%).

Esta primeira etapa exploratória da pesquisa serviu para embasar a segunda: a das entrevistas estruturadas.

Nesta amostra selecionada de trabalhadores informais, tem-se: pedreiro, eletricista, empregada doméstica, professor informal (de música, inglês etc.), camelôs, vendedores em comércio de família, cabeleireira, manicure, aqueles que atuam por conta própria, com empreendimento próprio, e empregados informais em empresas.

Nas entrevistas, pessoas com diferentes tipos contratuais responderam a uma mesma sequência de perguntas abertas. De um total de 98 entrevistas realizadas pelo grupo de estudos, 20 delas foram feitas por mim,[16] será precisamente a partir desse

15 Encontramos nessa amostra não trabalhadores, dentre eles: 320 (11,7%) cuidam da casa ("do lar"); 540 (19,7%) são estudantes; 103 (3,7%) se disseram desempregados; e 382 (13,9%) foram agrupados como inativos (aposentados, crianças abaixo de sete anos e deficientes). Além disso, do total de indivíduos da amostra, 360 (37%) têm uma segunda atividade e, destes, 324 (83,3%) exercem uma atividade informal ou "bico". No âmbito dessas atividades informais, 114 são trabalhos informais por conta própria, 36 são assalariados informais e 32 são trabalhos em negócios de família.

16 A equipe de pesquisadores entrevistadores era formado por: Igor Ortega, Carina Fagiani, Ana Paula Mondadore, Talipa Serpa, Karen Artur e José Elias Domingos.

conjunto de entrevistas que selecionarei as trajetórias contratuais a serem analisadas.[17]

Os dados foram aqui organizados por critérios de escolaridade, faixa etária e posição na família (o que leva em conta geração e também sexo).[18] Levando em consideração apenas pessoas maiores de idade e aptas para o trabalho, o perfil dos entrevistados foi dividido em 2 faixas etárias. A primeira delas vai de 18 a 24 anos, por ser a faixa de idade em que se tem por expectativa a finalização da fase de estudos (Ensino Médio ou Superior concluídos nesse período) e ingresso no mercado de trabalho; ou seja, os jovens são aqui considerados como trabalhadores iniciantes, isto é, pessoas com maiores probabilidades de transição contratual.

Entre eles, verifica-se uma tendência aos maiores níveis de escolaridade. Tal fato reflete não apenas uma propensão de aumento da escolarização da população brasileira, mas também, uma característica de transição no perfil dos trabalhadores informais desde os anos 1990 e 2000, em que se tem camadas de maior escolaridade trabalhando informalmente. Dentre os 6 jovens entrevistados por mim: 2 cursam uma graduação; 1 faz curso técnico; 1 frequenta o Ensino Médio, na modalidade Ensino

---

17 A amostra foi construída por acessibilidade, ou seja, por aquelas pessoas encontradas em campo e que se dispuseram a responder. Não houve a intenção de proceder a uma análise de gênero ou étnica; sendo assim, o questionário não continha perguntas específicas sobre questões de gênero no trabalho, tampouco identificava os entrevistados segundo cor/raça.

18 Essa organização dos dados se mostrou importante para captar a intersecção de fatores da trajetória de vida que influem na relação com o trabalho. A própria constituição de um grupo familiar é fator condicionante da entrada do indivíduo no mercado de trabalho, pois exige provimento (total ou parcial) de um coletivo, o que, por sua vez, pode envolver o trabalho de vários membros da família (cônjuge, filhos e outros). De outro lado, temos que a escolaridade pode ser um fator que influencia as oportunidades de trabalho e de escolha individual.

de Jovens e Adultos (EJA); e 2 não concluíram o Ensino Médio e não estão estudando atualmente.

Em relação a esta faixa adulta, percebe-se que as pessoas acima de 40 anos apresentam os menores níveis de escolaridade, não tendo sequer completado o Ensino Fundamental. Dos 14 adultos, 7 não concluíram o Ensino Fundamental, 3 têm o Ensino Médio completo, outros 3 não finalizaram os estudos de nível médio, e apenas 1 frequenta curso de nível superior.

Supõe-se ser esta a fase de vida de busca por estabilização (ou ascensão) profissional, na qual a transição contratual teria significados diferentes daqueles da faixa etária anterior. Por estes motivos, a análise de trajetórias individuais está direcionada a esse grupo, como veremos a seguir.

Significados dos contratos de trabalho nas trajetórias individuais

Para o recorte a ser analisado, foram selecionadas 5 trajetórias de trabalhadores informais, sendo estes três homens e duas mulheres, todos pertencentes à faixa etária maior de 25 anos. O objetivo central é compreender, a partir dessas trajetórias de vida, como se dá a passagem de um contrato formal para informal. A intenção aqui não é alcançar qualquer generalização com base nesses casos; estes foram escolhidos por trazerem motivações explícitas para a busca pela informalidade. A qualidade das narrativas e a diversidade de situações foram relevantes para a seleção dos casos a serem analisados.

Tabela 1: Dados dos entrevistados quanto à escolaridade e à posição de trabalho na família

Nome (idade)	Escolaridade	Posição na família
Renata (26) massagista	Cursando nível superior	Mora com a mãe e o irmão. A mãe é dona de uma padaria, na qual o irmão mais velho trabalha contratado. Renata trabalha para pagar a faculdade de fisioterapia. A família paga uma empregada doméstica.
Valter (36) relojoeiro	Ensino Fundamental incompleto (6º ano)	Empreendimento informal, oferece seus serviços em uma lojinha montada na garagem. Mora com o pai, que é aposentado, com a esposa, que é empregada doméstica registrada e com 3 filhos pequenos, estudantes.
Wellington (40) Pintor	Ensino Fundamental incompleto (4º ano)	Mora com a esposa, mas não quis falar sobre sua família.
César (40) Vendedor ambulante	Ensino Fundamental incompleto (4º ano)	Mora com a esposa e com dois filhos pequenos, que estudam. A esposa é empregada doméstica.
Bianca (41) manicure	Ensino Fundamental incompleto (6º ano)	Mora sozinha, é separada, tem 2 filhos adultos, já casados. Atende suas clientes em casa, vende cosméticos por catálogo e, eventualmente, faz "bico" como guardete (vigilante) em eventos.

Fonte: elaborado pela autora

Na sequência, serão apresentados 5 relatos de trajetórias de trabalho que atravessam contratos formais e informais. Em tais trajetórias, há transições entre trabalhos rurais e urbanos, migração, questões de saúde e problemas trabalhistas que marcam a passagem por diferentes tipos de contrato. Essas transições contratuais serão analisadas ao fim de cada relato dos entrevistados.

Experiências de trabalho e trajetórias de contratos na informalidade

César, Valter e Bianca têm origem rural. Os três começaram a trabalhar ainda na infância, já iniciando a vida em trabalhos informais.

César faz parte do contingente populacional migrante que veio ao interior paulista nas décadas de 1980 para trabalhar na grande indústria agrícola do sudeste; para isso, ele deixou a pequena propriedade familiar. Valter também migrou do trabalho rural enquanto adolescente para ir em busca do trabalho urbano no comércio; sua transição para o trabalho formal está vinculada a sua mudança para a cidade.

Bianca, assim como César e Valter, é de uma geração que vivenciou a migração do campo para a cidade e começou a trabalhar ainda na infância; sua migração se deve à viuvez e à busca por apoio de parentes, a fim de poder conciliar o trabalho e a criação dos filhos.

Wellington não teve experiência em trabalho rural, mas também migrou. Ele viveu em Minas Gerais, onde trabalhou em frigorífico e em indústria de móveis antes de se mudar para São Paulo. Ele migrou devido ao desemprego, o que fez com que ele buscasse se integrar em atividades por indicação de parentes. A partir de então, vivenciou o trabalho informal como pedreiro e pintor.

Renata, a mais jovem entre os entrevistados, tem a primeira experiência de trabalho vinculada a seu estudo universitário. O estágio, que se iniciou de modo formalizado, foi finalizado sob a informalidade. Para uma jovem trabalhadora, o trabalho informal foi o que lhe permitiu conciliar estudo e trabalho, sendo, para ela, uma forma de adquirir conhecimento e experiência, assim como de ingressar no mercado de trabalho.

A seguir, há a descrição das trajetórias destes 5 trabalhadores supramencionados e, na sequência, serão discutidos os principais aspectos dessa velha informalidade.

César (camelô), 40 anos

César conta que começou a trabalhar ainda na infância, na roça do tio, quando morava na Bahia. Quando jovem, veio para o interior de São Paulo para trabalhar nas culturas de cana-de-açúcar e de laranja. Primeiramente, morou em Ibaté, cidade vizinha ao município de São Carlos; nesta época, trabalhou em usina de cana. Na década de 1990, mudou-se para São Carlos com a perspectiva de conseguir um terreno para construir sua casa em um bairro periférico.

Nesse período inicial, César passou por vários trabalhos. Foi pedreiro (tanto autônomo como contratado por obra). Afirma ter sofrido muito trabalhando nas empresas e, então, percebeu que, pelo mesmo pagamento, poderia fazer algo para si, por isso, decidiu ser autônomo.

Ele aponta que a grande desvantagem de não trabalhar sob registro para uma firma é não ter férias; além disso, quando adoece, tem que se ausentar do trabalho e, por conseguinte, não obtém dinheiro. Por isso, optou por trabalhar em algo que não fosse prejudicial à sua saúde.

César se tornou camelô. Inicialmente, ele montava uma banquinha no centro da cidade. Nessa época, não era permitido fixar uma barraca na calçada, pois os lojistas reclamariam para a polícia, alegando comércio ilegal em frente às lojas. Alguns anos depois, César se candidatou a uma vaga no camelódromo da cidade e foi sorteado para ocupar um box. Dessa forma, conseguiu obter uma regulamentação junto à fiscalização da Prefeitura e, assim, pôde se fixar e diversificar o oferecimento de seus produtos.

César busca melhorar o atendimento aos clientes, fazer promoções e diversificar sua clientela. Para ele, essa é uma forma de profissionalizar seu serviço. Não pensa mais em buscar um emprego assalariado em empresa, mas sim em investir em um comércio próprio.

César faz parte da população migrante que veio ao interior paulista nas décadas de 1980 e início dos 1990 para trabalhar na grande indústria agrícola. Deixou a propriedade familiar para buscar melhores condições de trabalho no sudeste. O seu relato evidencia em sua trajetória a vivência de diferentes contratos informais, do rural para o urbano, do agrário ao comercial, do subordinado ao autônomo.

Foram os contratos temporários na lavoura que o fizeram sentir no corpo o peso da atividade braçal e subordinada, motivo pelo qual buscou o trabalho informal autônomo no comércio popular urbano. Neste, sofreu tanto em decorrência da irregularidade dos rendimentos quanto da fluidez da fronteira entre o legal e o ilegal, quando sofria com as denúncias que os lojistas faziam à polícia; o trabalho informal, por se localizar em frente a lojas, acabava se tornando caso de polícia.

Valter (relojoeiro), 36 anos

Valter começou a trabalhar ainda quando criança na colheita de algodão, juntamente com os pais, na região de São Carlos. Com 18 ou 19 anos, foi trabalhar como relojoeiro em uma empresa no centro da cidade, porém, teve problemas de saúde devido à utilização de metanol para limpar relógios. Um dia, Valter desmaiou durante o trabalho, depois deste acontecimento, foi demitido. Não procurou advogado, apesar de ter recebido conselho de várias pessoas para que acionasse a Justiça do Trabalho, pois havia sofrido por insalubridade. Na época, pensou que não valeria a pena, pois poderia ficar "sujo" junto a outras empresas da cidade.

Continuou a trabalhar como relojoeiro em casa, de forma autônoma. Depois de muito tempo, Valter abriu uma banquinha na garagem para atender o público. Procurou, então, registrar-se como autônomo e passou a pagar ISS (imposto de prestador de serviço) para a prefeitura. Porém, na época desta entrevista, já havia 2 anos que Valter não mais pagava ISS, portanto, tinha receio de que alguma fiscalização o impedisse de trabalhar. Afirmou ter vontade de procurar emprego em firma, pois, sendo registrado em carteira, gostaria de ter plano de saúde para os filhos.

Tal como ocorrido com César, o trabalho também é sentido no corpo por Valter, mas, para este, como doença, sendo esta a razão para deixar o trabalho formal. Valter tinha consciência de que foi demitido injustamente, de que havia adoecido em decorrência do trabalho, provavelmente, em um ambiente insalubre. Já César não aponta que a saúde tenha sido um motivo para sua transição para outro tipo de contrato, mas demonstra manter a preocupação com essa questão, pois é o que efetivamente determina seus rendimentos: a disponibilidade para poder trabalhar.

Questões de saúde ocasionadas pelo trabalho aparecem na trajetória de todos os homens entrevistados. Nos casos de Valter e de Wellington, doenças em decorrência do trabalho marcaram a guinada em suas trajetórias de vida. A seguir, Wellington relata um problema de lesão provocada pelo trabalho na indústria, motivo pelo qual migrou para São Carlos.

Wellington (pintor), 40 anos

Wellington é originário de Minas Gerais. Na juventude, trabalhou formalmente em um frigorífico e também em várias fábricas de móveis em sua cidade natal. Porém, lesionou a coluna e termi-

nou por pedir demissão. Na fábrica de móveis, tolerou muitos meses de atraso de seu salário, logo depois, a fábrica decretou falência. A empresa não depositou devidamente o FGTS dos funcionários, de modo que todos tiveram que entrar na Justiça do Trabalho. Wellington recebeu, em pagamento pelos direitos trabalhistas, 42 camas, as quais teve que vender para reverter em dinheiro.

Depois disso, mudou-se para São Carlos para tentar a vida. Inicialmente, trabalhou como pedreiro, contudo, o serviço era pesado para quem já se encontrava lesionado. Passou a trabalhar, então, como pintor, mediante contratos com construtoras. Wellington explica que, quando pega uma obra/empreita, contrata informalmente ajudantes que são pagos por jornada de trabalho (diária). Caso haja atraso na entrega da obra, explica ele, é preciso pagar multa para a construtora. Para ter mais controle, prefere contratar ajudantes entre pessoas já conhecidas (outros pintores em quem confia ou pessoas da igreja que ele frequenta).

Mas nem sempre é Wellington quem contrata; algumas vezes, ele trabalha como ajudante para um tio, que também é pintor. Quando o serviço a ser feito é apenas de acabamento, então, trabalha por jornada, pois não compensaria firmar um contrato por empreitada.

Ele não tem perspectiva de trabalhar com carteira de trabalho para uma firma. Afirma ele que compensa pegar obras com bons pagadores e "firmas sérias".

Uma questão que surge nos relatos de Valter e de Wellington, mas também nos dos demais trabalhadores, é a vivência de injustiças trabalhistas.

Wellington experienciou o trabalho formal na indústria e, assim como Valter, sofreu injustiça sem ter recorrido à Justiça do Trabalho. A falência da empresa deixou vários desempregados na cidade; talvez esta tenha sido a motivação para migrar buscando iniciar uma nova trajetória de trabalho sob contratos informais. Do trabalho na indústria, agora Wellington se torna prestador de serviço; inicialmente como pedreiro e, depois, como pintor.

Ao contrário de César e de Valter (e de Renata, como veremos mais adiante), os quais passaram de um tipo de contrato a outro, Wellington vivencia concomitantemente vários tipos de contrato, seja o contrato formal, seja o informal; tanto em um quanto em outro caso, por obra, subordinando ajudantes, ou, em trabalho autônomo.

Na falta de lei, um critério importante para firmar contratos informais com subordinação é a confiança, tanto com as firmas (boas pagadoras) quanto com os subordinados, os ajudantes.

Bianca (manicure e guardete) 41 anos

Bianca nasceu no oeste do estado de São Paulo. Com 11 anos, começou a trabalhar como ajudante de cozinha e também como atendente em farmácia. Casou-se logo aos 15 anos; seu marido trabalhava na lavoura.

Ainda muito jovem, ficou viúva, com dois filhos pequenos; depois disso, Bianca mudou-se para São Carlos para viver próxima dos parentes. Então, começou a trabalhar na venda de frutas, na feira. Na sequência, conseguiu trabalho registrado, na linha de produção da Tecumseh (grande empresa), na qual permaneceu por 6 anos, quando optou por sair em decorrência de ter sofrido assédio sexual.

Logo após, decidiu fazer curso de segurança patrimonial, tornando-se vigilante na Fábrica de Lápis. Contudo, como o serviço passou a ser terceirizado, ela foi demitida e recontratada via empresa de terceirização. Durante alguns anos, Bianca trabalhou como vigilante terceirizada em várias empresas da cidade, mas o campo de trabalho foi se restringindo. Ela percebeu que as empre-

sas preferiam as mulheres mais jovens. Um empresário que lhe contratou, comentou certa vez: "ah, até que você está inteira para a sua idade".

Por isso, Bianca decidiu mudar de ocupação principal e deixar o trabalho de vigilante para complementar sua renda; logo, este se tornou um "bico", um trabalho esporádico.

Bianca fez, então, um curso para ser manicure. Inicialmente, trabalhou em salão de cabeleireira mediante um acordo informal, por meio do qual ela usaria o espaço do salão e pagaria à proprietária deste uma comissão pela reserva do local e de utensílios.

Mas esse acordo firmado não foi compensador para Bianca, pois, quando uma cliente cancelava de última hora o atendimento, ela continuava tendo que pagar à proprietária a comissão pela reserva do salão no horário definido. Desde então, Bianca prefere atender na casa das clientes ou em sua própria residência.

Devido a sua idade, Bianca não acredita que volte a trabalhar registrada em alguma empresa. Para complementar a renda que obtém como manicure, ela vende produtos por meio de catálogos.

Sua trajetória de trabalho tem início no comércio urbano (feira), posteriormente, Bianca passa pela indústria e chega à área de prestação de serviço. Inicialmente, ela trabalha formalmente para empresas, contudo, vivencia no fim da década de 1990 o início das terceirizações das atividades-meio, e se vê, então, impelida a buscar outra alternativa de trabalho.

É interessante notar que Bianca, após ter sofrido assédio sexual, decide se profissionalizar na área de segurança patrimonial, uma profissão marcadamente masculina. Entretanto, quando a possibilidade de manter essa atividade como seu meio de vida se esgota, ela se volta para uma atividade tipicamente feminina: a de manicure.

Bianca experiencia o envelhecimento (ou, ao menos, a alegação da idade) como empecilho para a sua reinserção como vigilante no mercado de trabalho. Enquanto os homens percebem-se como corpos no mercado de trabalho por meio das categorias saúde-doença, Bianca percebe o conflito entre as noções de juventude-envelhecimento.

Bianca tem em comum com Wellington o fato de combinar diferentes contratos informais em seu dia a dia. Um deles é sua relação com a dona do salão de cabeleireiro, com quem firmou um acordo estabelecendo uma comissão por reserva do espaço e de utensílios de manicure. Surge, assim, um tipo de subordinação financeira, mesmo não havendo uma relação de mando-obediência. Tal acordo pode ser combinado com o trabalho autônomo como manicure, com os "bicos" como vigilante e com a venda de produtos por catálogo. Portanto, comércio e prestação de serviço (seja ou não de forma subordinada) se misturam na trajetória de Bianca.

Renata (massagista), 26 anos

Enquanto ainda cursava fisioterapia, Renata começou a trabalhar em uma clínica de estética mediante um contrato de estágio. Ela explica que, apesar de ser estagiária, trabalhava tanto quanto as demais esteticistas, porém, sem receber o mesmo salário e respectivos direitos trabalhistas, tais como férias e FGTS.

Depois do fim do contrato de 6 meses de estágio, Renata continuou trabalhando informalmente na clínica por mais alguns meses, recebendo a mesma remuneração que ganhava no estágio. Até então, ela tinha a perspectiva de ser contratada pela clínica assim que terminasse o curso de fisioterapia e, por isso, permaneceu na empresa.

Ela relata que tinha amizade com todas as funcionárias da clínica, com exceção da supervisora, que gostava de "pisar nas pessoas". Essa mesma supervisora tentou fazer com que Renata fosse demitida. Porém, explica Renata, a dona da clínica não a dispensou, pois financeiramente não era compensador para a empresá-

ria, que teria dito à supervisora: "eu não vou mandar a Renata embora porque está difícil achar estagiária, e eu não quero contratar uma pessoa para (ter que) pagar todos os encargos".

Renata foi quem decidiu deixar o trabalho na clínica assim que percebeu que não seria efetivamente contratada. Além disso, afirmou que já havia adquirido conhecimento e experiência necessários à profissão.

Passou, então, a trabalhar por conta própria atendendo em seu próprio domicílio. Depois de terminar a faculdade, pretende abrir sua própria clínica de estética.

Tanto Bianca quanto Renata se dedicam a profissões tradicionalmente femininas (ligadas à estética) e ambas negaram a subordinação a empresas. Renata ressalta que só aceitou trabalhar informalmente, de modo subordinado, porque via na empresa a possibilidade de, posteriormente, ser contratada de maneira formal. Ao ter sua expectativa frustrada, ela se nega a se subordinar e passa a fazer novos planos de carreira: no presente, como autônoma; e, no futuro, como empresária de sua própria clínica.

Renata sofre uma injustiça e, assim como Wellington e Valter, não procura a Justiça do Trabalho. A solução encontrada por ela, assim como pelos trabalhadores diante de um conflito trabalhista, é dar fim ao contrato formal e ingressar de forma autônoma no mercado de trabalho informal.

Trajetórias inconclusas

As mais recentes pesquisas sociológicas têm apontado transformações para uma "nova informalidade" (Lima, 2013; Lima, Júnior, 2018), que surge a partir de novas ocupações e de setores econômicos inovadores – o que é, muitas vezes, colocado sob o guarda-chuva da noção de "empreendedorismo". Entretanto, a chamada "velha informalidade" está longe de ser expressão de um

Brasil arcaico, tampouco pode ser interpretada como o sucesso da iniciativa individual de um "empreendedor". Como já mencionado anteriormente, a informalidade é constitutiva do mercado de trabalho brasileiro que apresenta alta taxa de trabalhadores informais, ultrapassando os 30% da população ocupada.

Além disso, os trabalhos informais são respostas a crises econômicas e à desregulamentação de direitos. De 2017 para 2018, em um momento de crise econômica e também de aprovação de uma Reforma Trabalhista pelo governo do então presidente Michel Temer, a taxa de desocupação caiu de 12,5% para 11,8%; em contrapartida, a informalidade voltou a crescer e chegou a 41,4%, a maior desde 2012.[19]

Entretanto, nenhuma metodologia estatística conseguiria dimensionar todos os tipos de contratos e como estes são combinados no dia a dia dos trabalhadores. Esta é precisamente a contribuição desta pesquisa.

Ao observar as 5 trajetórias de trabalhadores na cidade de São Carlos, notamos que, dentre os principais motivos para a mudança de tipo de contrato, estão: processos de migração (campo/ cidade, cidade/cidade), mudança de setor econômico (agrário/ industrial/ comercial/ serviços), além de outras questões vinculadas a famílias e ao estudo. Contudo, há um relevante fator que se faz presente em todos os relatos: as injustiças trabalhistas. Estas tanto afetam o corpo (acidente de trabalho, insa-

19 UOL. *Informalidade cresce e atinge 37,3 milhões de trabalhadores em 2017.* 05/12/2018. Disponível em: https://economia.uol.com.br/empregos-e-carreiras/noticias/redacao/2018/12/05/ibge-trabalhadores--informalidade-brasil-2017.htm.
AGÊNCIA BRASIL. *Informalidade no mercado de trabalho é recorde diz IBGE.* 31/10/2019. Disponível em: http://agenciabrasil.ebc.com.br/economia/noticia/2019-10/informalidade-no-mercado-de-trabalho--e-recorde-aponta-ibge.

lubridade, assédio sexual) quanto afetam as condições sociais e financeira dos indivíduos (subordinação, exploração, desvantagem ou incertezas financeiras).

Nesse sentido, a informalidade como resposta para injustiças nos faz questionar o quanto uma reforma trabalhista que enfraquece a Justiça do Trabalho no Brasil pode legitimar injustiças no trabalho e fora dele. A reforma de 2017, por exemplo, reduz o acesso à Justiça, uma vez que estabelece que, caso o trabalhador perca o processo, ele deverá pagar todas as custas, inclusive a parte do empregador.

Diante disso, defendemos que a informalidade precisa ser pensada e pesquisada como um espaço social que faz margem com as esferas econômicas e da Justiça. A partir de então, é preciso investigar como elas se (re)produzem nas trajetórias de vida e de trabalho das pessoas.

Referências bibliográficas

ABRAMO, Laís; MONTERO, Cecília. A sociologia do Trabalho na América Latina: paradigmas Teóricos e Paradigmas produtivos. *BIB*, Rio de Janeiro, n. 40, 2° semestre 1995, p. 65-83.

ALVES, Maria Aparecida. *"Setor informal" ou trabalho informal?: uma abordagem crítica sobre o conceito de informalidade*. 2001. 157p. Dissertação (Mestrado Sociologia) - Universidade Estadual de Campinas, Instituto de Filosofia e Ciências Humanas, Campinas, SP. Disponível em: <http://www.repositorio.unicamp.br/handle/REPOSIP/279284>. Acesso em: 29 jul. 2018.

CACCIAMALI, M. C. *Setor informal urbano e formas de participação na produção*. Tese (Doutorado em Economia). Universidade de São Paulo: São Paulo, 1983, 172f.

______. Padrão de acumulação e processo de informalidade na América Latina contemporânea: Brasil e México. *Pesquisa & Debate*, São Paulo, v. 2, n. 1, p. 5-42, 2001. Disponível em: https://revistas.pucsp.br/rpe/article/download/12004/8697. Acesso em 14 de janeiro de 2020.

CASTRO, Nadya Araújo; LEITE, Márcia de Paula. A sociologia do trabalho industrial no Brasil: desafios e interpretações. *BIB*, Rio de janeiro, n. 37, 1. semestre 1994, p. 39-59.

DAL ROSSO, Sadi (org.). *A regulação social do trabalho*. Brasília: Paralelo 15, 280ª ed. 2003.

DEDECCA, C. S.; BALTAR, P. E. Mercado de trabalho e informalidade nos anos 90 (set./dez. 1997). *Estudos Econômicos*, São Paulo, v. 27, n. especial, p. 65-84.

HIRATA, D. v. *Sobreviver na Adversidade: entre o mercado e a vida*. Tese (Doutorado em Sociologia). 367 f. Universidade de São Paulo, São Paulo. 2010.

INTERNATIONAL LABOR ORGANIZATION. *Employment, Incomes and Equality: A Strategy for Increasing Productive Employment in Kenya*. (1972). Geneva: ILO. Disponível em: < http://www.ilo.org/public/libdoc/ilo/1972/72B09_608_engl.pdf >. Acesso em: 15 jan. 2015. KOWARICK, Lucio. *Capitalismo e marginalidade na América Latina*. Rio de Janeiro: Paz e Terra, 1975.

KREIN, J. D.; PRONI, M. W. *Economia informal*: aspectos conceituais e teóricos. Brasília: OIT-Brasil (Trabalho decente no Brasil; Documento de trabalho, n. 4), 2010.

LEONE, E.; BALTAR, P. *O emprego assalariado nos anos 2000: mudanças de composição e de renda por idade e sexo*. (Trabalho apresentado no XIX Encontro Nacional de Estudos populacionais). São Pedro: ABEP. 2014. Disponível em: http://www.abep.org.br/~abeporgb/publicacoes/index.php/anais/article/download/2263/2218. Acesso em: 20 de janeiro de 2020.

LIMA, J. C.; SOARES, M. J. B. *Trabalho Flexível e o novo informal. Cad. CRH*, v. 15, n. 37, 2002.

LIMA, Jacob Carlos. A Nova Informalidade. In: IVO, Anete Brito Leal. (coord.). *Dicionário temático Desenvolvimento e Questão Social:* 81 problemáticas contemporâneas. São Paulo: Annablume, 2013. p. 330-336.

LIMA, Jacob Carlos; JUNIOR, Angelo Martins. Mobilidades diferenciadas e ilegalidades institucionalizadas. *Tempo Social*, Revista de Sociologia da USP, São Paulo, v. 30, n. 1, p. 31-51, 2018.

MACHADO, L. A. Da informalidade à empregabilidade (reorganizando a dominação no mundo do trabalho). *Cadernos CRH*, v. 15, n. 37, p. 81-109, Salvador, 2002.

NORONHA, E. G. *Entre a lei e a arbitrariedade: mercados e relações de trabalho no Brasil*. São Paulo: LTr. 2000.

______. "Informal" Ilegal, Injusto: percepções do mercado de trabalho no Brasil. *Revista Brasileira de Ciências Sociais*. Nov. 2003 v. 20, nº 53.

______. A contribuição das Abordagens Institucionais - normativas nos estudos do Trabalho. *BIB*, Rio de Janeiro, n. 47, 1.semestre de 1999, p. 5-32.

OLIVEIRA, D. R. *Do fim do trabalho ao trabalho sem fim: o trabalho e a vida dos trabalhadores digitais em Home Office*. Tese (Doutorado Sociologia), UFSCar, São Carlos, 2017. Disponível em: https://repositorio.ufscar.br/handle/ufscar/10792. Acesso em: 14 de janeiro de 2020.

OLIVEIRA, F. M. C. *A economia brasileira: crítica à razão dualista*. Disponível em:https://edisciplinas.usp.br/pluginfile.php/2195645/mod_resource/content/0/10%20Cr%C3%ADtica%20a%20Raz%C3%A30%20Dualista%20a_economia_brasileira.pdf. Acesso em 10 de outubro de 2019.

PAMPLONA, J. B.; ROMEIRO, M. do Carmo. Desvendando o setor informal: relatos de uma experiência brasileira. *Revista da ABET*, v. 2, n. 2, 2002.

PERO, v. *Emprego sem carteira nas microempresas cariocas*. Rio de Janeiro: VI Encontro Nacional de Estudos do Trabalho, ABET, 1999.

PERDIGÃO, T. *A construção de um controle negociado: o trabalho dos auxiliares de fiscalização da Prefeitura de Belo Horizonte*. Dissertação (Mestrado em Sociologia). UFSCar, São Carlos, 2016. Disponível em: https://repositorio.ufscar.br/handle/ufscar/7750. Acesso em 14 de janeiro de 2020.

PINA, M. R. M. *Work hard, party harder: o trabalho dos DJs no lazer noturno paulistano*. Tese (doutorado em Sociologia). UFSCar, São Carlos, 2018.

PIRES, A. S. *Fábricas recuperadas e os trabalhadores: a autogestão entre a teoria e a prática*. (tese de doutorado). São Carlos: UFSCar. 2014. Disponível em: https://repositorio.ufscar.br/handle/ufscar/6686. Acesso em 14 de janeiro de 2020.

PORTES, A. (1996), "The informal economy and its paradoxes", *in* N. Smelser e R. Swedberg (eds.), *The handbook of economic sociology*, Princeton; Princeton University Press, p. 403-425.

RAMOS, Lauro. "*A Evolução da Informalidade no Brasil Metropolitano: 1991-2001*". Texto para Discussão nº 914, IPEA, Rio de Janeiro, novembro de 2002.

RANGEL, F. *A empresarização do comércio popular em São Paulo: trabalho, empreendedorismo e formalização excludente*. Tese (doutorado em Sociologia), UFSCar, São Carlos, 2019. Disponível em: https://repositorio.ufscar.br/handle/ufscar/12099. Acesso em: 14 de janeiro de 2020.

SANTOS, Wanderley Guilherme dos. "*Cidadania e Justiça – a política social na ordem brasileira*". Rio de Janeiro. Editora Campus Ltda: 1979.

A. S. VASCONCELOS; I. TARGINO. A informalidade no mercado de trabalho brasileiro: 1993-2013. *Revista ABET*, v. 4, n. 1, *p. 141-161, jan./jun. 2015*. Disponível em: https://periodicos.ufpb.br/ojs2/index.php/abet/article/view/25705/13881. Acesso em: 14 de janeiro de 2020.

WANDERLEY, F. Pequenos negócios, industrialização local e redes de relações econômicas: uma revisão bibliográfica em sociologia econômica. *BIB*, Rio de Janeiro, n. 48, 2º semestre de 1999, p. 15-49.

ZANON, B. V. B. *Rede, coworking e emancipação intangível: um olhar sobre a flexibilidade, biopolítica e subjetividade a partir da reestruturação produtiva*. (dissertação de mestrado). Uberlândia: UFU, 2015. Disponível em: https://repositorio.ufu.br/bitstream/123456789/12905/1/RedeCoworkingEmancipacao.pdf. Acesso em: 10 de outubro de 2019.

A gestão neoliberal do comércio de rua: um estudo comparado de duas metrópoles brasileiras

Felipe Rangel
Tarcísio Perdigão Araújo Filho

Introdução

A proposta deste artigo surgiu de um desentendimento, no sentido proposto por Rancière (1996), como uma situação de palavra em que um dos interlocutores entende e, simultaneamente, não entende o que o outro diz. No caso, esse desentendimento se deu em torno da noção de "comércio popular". Mais especificamente no que se refere à análise do trabalho nesse universo. Durante algum tempo, os autores deste texto debateram suas pesquisas[1] sobre as transformações do trabalho no comércio popular – frente às tentativas de regulação e confinamento do comércio de rua em galerias e shoppings – e parte importante dos resultados apontava para situações relativamente distintas.

De um lado, a partir de pesquisa na cidade de Belo Horizonte, Araújo Filho (2018; 2019a; 2021) tem analisado práticas e trajetórias sociolaborais dos toreros, vendedores ambulantes que, reiteradamente, ficam de fora destes processos de formalização e mantêm-se trabalhando nas ruas, à revelia da fis-

1 Pesquisas realizadas com financiamento da Fundação de Amparo à Pesquisa do Estado de São Paulo (FAPESP). Processos número 15/12742-7 e 2017/02638-3.

calização. Parte importante do argumento aponta para aspectos de resistência à lógica da regulação.

Quase em contraste, Rangel (2017; 2021) observou, a partir do contexto empírico da cidade de São Paulo, situações de adequação dos comerciantes a processos semelhantes de formalização do comércio popular, analisados sob a ideia de "empresarização" desses mercados. Ainda que, também sob este contexto, fossem verificadas as desigualdades e exclusões produzidas por essas formalizações, ao mesmo tempo mostrou-se generalizada a incorporação de um discurso empreendedor e de responsabilização individual por parte dos sujeitos de pesquisa.

Contudo, ficou cada vez mais evidente que a divergência nos resultados das pesquisas devia-se menos a diferenças analíticas do que, obviamente, aos distintos recortes de estudo e, em certa medida, às variações regionais. Foi preciso, então, "desomogeneizar" (Crossa, 2016) o que tratávamos sob o termo "comércio popular". De fato, o universo do comércio popular é constituído por uma gama de atividades que, diferentes entre si, encontram-se conectadas e contribuem para o funcionamento desses mercados. Cada uma das diferentes atividades decorre de formas específicas de inserção e de engajamento e podem ser realizadas por perfis distintos de trabalhadores, o que certamente dificulta tentativas de generalização sobre os sentidos atribuídos ao trabalho, seja entre os que resistem aos processos de formalização, seja entre os que aderem.

Entretanto, se cada contexto apresenta especificidades no que diz respeito à categorização das atividades, suas consequências têm oferecido pistas importantes tanto sobre a ressignificação desse trabalho quanto sobre o lugar que os mercados populares passaram a ocupar enquanto uma nova fronteira de investimentos. Nesse sentido, a partir do confronto entre essas distintas formas de engajamento no comércio popular, é possível delinear processos semelhantes que atravessam as estratégias público-privadas de controle e/ou disputa por esses mercados.

A partir de tal conjuntura, buscamos, neste texto, elaborar reflexões sobre as lógicas operantes em torno dos mecanismos contemporâneos de formalização da atividade de comércio de rua, com base em duas experiências de pesquisas realizadas em grandes centros urbanos brasileiros: São Paulo e Belo Horizonte. Embora se trate de dois contextos distintos de trabalho de campo, no tocante ao objeto e ao contexto urbano, as pesquisas dialogam entre si e oferecem elementos que se complementam. Para além de um esforço de comparação entre as duas realidades, interessa-nos, sobretudo, discutir os processos transversais de gestão do comércio popular que, sob a hegemonia da "racionalidade neoliberal" (Dardot; Laval, 2016), têm objetivado generalizar o modelo da empresa nesses mercados.

A generalização do modelo empresarial para a gestão dos mercados populares urbanos – aspecto transversal das estratégias de reordenamento do comércio informal tanto em São Paulo quanto em Belo Horizonte – fica evidenciada na ampliação dos negócios do Grupo UAI, que conecta os dois campos de pesquisa. Este grupo empresarial iniciou sua atuação com a criação de shoppings populares em Belo Horizonte e tem interferido fortemente na política municipal de confinamento do comércio de rua nesta localidade; atualmente, replicou o mesmo modelo de negócio para outras cidades do Brasil, inclusive São Paulo. A expansão desse modelo aponta para um novo repertório de ações sobre o ordenamento do comércio popular, cujo recurso de conversão do trabalho informal em "empreendedorismo popular" merece ser devidamente explorado.

Os achados das pesquisas serão examinados neste texto a partir de três observações em comum, a saber: (1) os mecanismos contemporâneos de formalização são atrelados às operações de expulsão de vendedores de rua de seus locais de trabalho; (2) eles se concretizam principalmente por meio da transferência para os chamados shoppings populares – espaços fechados, administrados geralmente por empresas privadas que, em parceria com o poder público, são geridas para este fim específico; e, por último, (3) constata-se que o nicho de mercado dos shoppings populares, representado em nossas pesquisas pelo escalonamento dos negócios do grupo UAI, aponta para um processo mais amplo de investimento em "economias populares" como nova estratégia de acumulação.

1. Sobre os processos de formalização do comércio popular: a forma shopping

Em grandes cidades do Brasil, o comércio popular, especialmente aquele que se desenvolve nas ruas, foi historicamente percebido pelo Estado – e por grande parte da população – por meio da representação comum dos aspectos da insegurança, risco e desordem dos espaços. Nos últimos anos, o poder público, em parceria com operadores do mercado, tem colocado em marcha estratégias no sentido de formalizar essas atividades, buscando legitimar tais ações justamente a partir dessa representação, que enfatiza os supostos riscos e efeitos negativos que decorreriam do comércio ambulante e dos mercados populares de rua. Temos assistido, então, à mobilização de grandes investimentos para a "modernização" dos mercados populares e para a "captura" do comércio ambulante, o que tem gerado impactos tanto sobre o trabalho quanto sobre as possibilidades de renda daqueles que ganham a vida nesses circuitos comerciais.

Os discursos que orientam as ações sobre os mercados populares partem de diferentes questões (propostas de revitalização urbana, segurança pública, combate à informalidade) que convergem no mesmo ponto: a necessidade de ordenar essas atividades comerciais de modo a controlar determinados "ilegalismos", no sentido proposto por Foucault (2010), verificados nessas atividades. Ao mesmo tempo – e este é o elemento novo nesses processos –, são identificadas as possibilidades de ganho político e econômico naquilo que antes era visto quase exclusivamente sob o prisma da precariedade.

Logo, a partir da chancela estatal a determinadas formas de exercício dessas atividades e do crescente interesse empresarial em sua gestão, é possível argumentar que não se trata mais de enquadrar o comércio popular apenas como um problema urbano, fiscal e trabalhista, mas de enxergar nesses mercados possibilidades de investimento e lucro. Como veremos, tal aspecto fica evidente pela aproximação entre os shoppings populares e as gestões municipais para coproduzirem programas de ordenamento urbano.

Isso demonstra o reconhecimento de que estamos diante de um universo com uma circulação substantiva de riqueza. E isso não se restringe apenas à distribuição e escoamento de produtos em si, de origem variada e indiscernível – que podem ser resultado de contrabando, de trabalho escravo ou tão "legais" quanto em qualquer grande empresa capitalista "formal". A riqueza produzida ali também está consequentemente relacionada a toda a rede de produção e serviços especializados nas zonas de "turismo comercial" – como os centros de São Paulo e de Belo Horizonte – que movimentam circuitos de pessoas e mercadorias, serviços de transporte, hotéis, restaurantes, mercados financeiros e imobiliários etc.

Assim, nos últimos anos, pudemos observar a multiplicação de shoppings populares em todas as regiões do Brasil, como demonstram pesquisas que registram empreendimentos do tipo em Belo Horizonte (Lima, 2011; Araújo Filho, 2021), São Paulo (Freire da Silva, 2014; Rangel, 2021), Porto Alegre (Kopper, 2015a), no polo do agreste pernambucano (Vêras de Oliveira, 2013; SÁ, 2018; Rangel, 2020), entre outros locais. Este tampouco é um fenômeno verificado apenas no Brasil. Um conjunto de estudos tem apontado estratégias de reordenamento dos espaços de mercado associados ao consumo popular em diversos países, como na Argentina (Kopper, 2015b), México (Crossa, 2016), Equador (Bromley, 2002), Peru (Bromley; Mackie, 2009), Gana (Spire; Choplin, 2017) e também em países mais desenvolvidos, como demonstram Gonzales e Waley (2013), no caso de cidades inglesas.

Os shoppings populares são grandes espaços segmentados em lojas e boxes adaptados para a exposição e armazenamento das mercadorias a serem comercializadas. Esses novos empreendimentos são, em geral, resultado do investimento de grupos privados que, com o apoio do poder público, trazem a promessa de modernização do comércio popular, o que, supostamente, resultaria em benefícios coletivos. Tal como argumenta Araújo Filho (2018), o "abrigamento" de vendedores ambulantes nos shoppings tem se operado discursivamente como método de inserção social pelo mercado, o que, supostamente, melhoraria as condições de trabalho de sujeitos percebidos como excluídos do assalariamento. Isso se daria por meio da conversão à "fantasmagórica" – tendo em vista a complexidade de definição precisa – condição de "trabalhador formal" ou de dono de um "negócio formal".

Vale ressaltar que a transferência de ambulantes para espaços fechados não é o único modo possível de regularização de suas atividades, ou mesmo de formalização destas. Inclusive, nas cidades de Belo Horizonte e São Paulo, existem ainda outros instrumentos institucionais previstos para o reconhecimento e acomodação do comércio de rua, como a distribuição de licenças, permissões temporárias, organização de feiras e "camelódromos" etc. Entretanto, o que se observa é a hegemonização da "alternativa" da inserção em shoppings populares.

A justificativa para a construção desses empreendimentos combina limpeza urbana com a administração das atividades comerciais. Na prática, isso se dá por meio de alguma medida de formalização sob o pretexto de integração dos sujeitos à economia formal e de melhoria das condições de trabalho para aqueles que melhor se adaptam ao modelo de atividade empresarial e aos shoppings como local de trabalho. Ao mesmo tempo, observamos que isso tem se viabilizado em função da potencialidade de exploração econômica para proprietários, investidores e administradores desses centros comerciais.

A esses empreendimentos é associada a expectativa de atender demandas do poder público, de parte dos consumidores e de segmentos da sociedade quanto à segurança e organização dos espaços e reverter a representação histórica do comércio popular urbano como ambiente de sujeira, pobreza e precariedade das transações e dos produtos, de modo a poder oferecer mercadorias, serviços e atendimento de qualidade. Nesse processo, não apenas os consumidores e investidores seriam recompensados com esse negócio rentável, mas também os próprios trabalhadores, agora tratados como empreendedores, comerciantes ou mesmo "lojistas".[2]

2 É importante destacar que mercadorias ilegais continuam a ser comercializadas em determinados shoppings e galerias comerciais. Como observa Araújo Filho (2019), os shoppings populares podem aparecer como extensões dos mercados, das sociabilidades e dos circuitos da rua, mas agora cada vez mais mobilizados pelos circuitos econômicos hegemônicos, no sentido dado por Ribeiro (2010).

No que concerne a estas expectativas, estão subjacentes discursos morais e políticos que legitimam ou deslegitimam estratégias e formas de trabalho, de maneira diferencial. Nesse sentido, a conversão dos camelôs em microempreendedores que alugam espaços nos shoppings supostamente implicaria em redução das atividades criminais no comércio – principalmente em razão da maior possibilidade de controle sobre os produtos falsificados – e em mudanças estéticas nesses mercados, associados à pobreza e à desordem.

É importante observar, porém, que os efeitos desses processos de regulação dos mercados populares não se verificam da mesma forma para todos os trabalhadores, visto que, como já mencionado, esse universo é composto por diferentes formas de engajamento. No esforço de compreender os efeitos das formalizações desses mercados, faz-se necessário, então, "desomogeneizar" (Crossa, 2016) o comércio popular, de modo a observar os impactos e significados distintos desses processos para a consolidação de diferentes categorias de trabalhadores. Posteriormente, será possível discutir o que existe de transversal nessas diferentes experiências de trabalho.

2. Desomogeneizando o comércio popular: os efeitos das regulações sobre toreros e comerciantes

Dentre outras possíveis, uma forma de desagregar analiticamente as atividades de comércio popular – e de uma maneira pertinente aos objetivos deste texto – é partir das distinções entre as formas de trabalho tal como estas são enunciadas pelos agentes cotidianamente nos campos de pesquisa. Assim, destacaremos duas formas substancialmente distintas de engajamento no comércio popular, quais sejam: os *toreros* de Belo Horizonte e os *comerciantes* de São Paulo.

2.1. Os toreros de Belo Horizonte

Em meio ao heterogêneo universo do comércio popular, os toreros definem-se, relacionalmente, pela persistência do trabalho em espaços públicos, ainda que não possuam licenças ou salvaguardas legais de qualquer tipo. Isso significa que, além de poderem ser caracterizados como trabalhadores "ambulantes" e "informais", são enquadrados prioritariamente como contraventores; representam, sobretudo, a ameaça à modernização, e, a partir deste mote, são mantidos como alvos dos dispositivos de controle. Este caráter está inscrito no próprio significado do termo que os nomeia e os diferencia. De forma análoga às variações da gíria local, como "vender na tora" ou "torar", a "tora" diz respeito à atuação permanentemente resistente destes trabalhadores frente às medidas de disciplinamento e regulação vigentes, tais como os recentes esforços de formalização via transferência para shoppings populares.

No cotidiano dos trabalhos de rua em Belo Horizonte, o termo torero é próprio da sociabilidade da rua, sendo utilizado tanto pelos agentes de controle (como identificação de público alvo), como pelos próprios sujeitos (como afirmação de identidade). Do ponto de vista dos agentes que operacionalizam a fiscalização nas ruas, toreros são aqueles que "dão mais trabalho", que "não respeitam as regras" (Araújo Filho, 2016); já sob a ótica dos próprios vendedores, os toreros são os ambulantes mais persistentes, de características "guerreiras", isto é, dotados de disposições e de conhecimentos necessários para continuar se virando nas ruas (Araújo Filho, 2018; 2021).

Toda estratégia comercial dos toreros e a "escolha" da rua como local de trabalho são atravessadas, portanto, por sua condição inerente como público alvo da fiscalização. A mobilidade é uma característica importante, primeiramente, no que diz respeito à necessidade de mudança (às vezes, frenética) de pontos de venda (praças, calçadas, semáforos, estações de ônibus etc.), o que está relacionado também ao tipo de mercadoria circunstancialmente escolhida para ser comercializada (frutas, panos de chão, acessórios eletrônicos de baixo custo, bebidas, cigarros etc.).

Apesar de os toreros agirem principalmente sozinhos – ou, como dizem, "cada um no seu corre" –, as estratégias de "tora" são postas em prática de modo dependente das redes estabelecidas, principalmente com vizinhos, amigos e familiares. Em grande medida, isso orienta os caminhos de inserção e permanência de cada trabalhador nos mercados, conferindo determinados contatos com fornecedores, mercadorias, parceiros, esquemas de colaboração e proteção. Cada modo de engajamento designa certos conhecimentos "da rua", sobre como circular pela cidade e interagir com outros vendedores, estabelecer preços, mudar o tipo de mercadorias, conseguir clientes e bons fornecedores, lidar com agentes de fiscalização e de segurança pública, mesmo em momentos em que são surpreendidos pelo recrudescimento do controle pelo poder público.

O comércio de rua se consolidou historicamente como uma saída frequente para trabalhadores pobres, o que finalmente alimenta a massa flutuante (mas sempre presente) de trabalhadores nas ruas de Belo Horizonte, assim como em outras grandes cidades. Mesmo na ilegalidade, "na rua", o dinheiro circula e, assim, conformam-se a força de trabalho, clientela, mercados.[3] Embora seja uma atividade arriscada, em razão da grande com-

3 Estimativas apontam que os cigarros clandestinos chegaram a representar, nos últimos anos, 57% do montante de cigarros consumidos no Brasil (ETCO, 2018). Parte importante desse montante depende da mão de obra do enorme contingente de ambulantes nas cidades para que possa ser distribuído aos consumidores finais.

petitividade e do risco de autuações e apreensões de mercadoria, a rentabilidade da tora é rápida, normalmente diária. Este é um fator importante que explica a atratividade da rua para homens e mulheres pobres desempregado(a)s, "desalentado(a)s", imigrantes, egresso(a)s do sistema prisional ou mal- empregado(a) s, isto é, aqueles que fazem dupla jornada para complementação de renda.

A análise das trajetórias de vida, recuperadas por meio de pesquisa com esses trabalhadores (Araújo Filho, 2021), indica que a tora pode ser significada, enfim, tanto como uma alternativa passageira, intermitente, ou mesmo vivida de forma permanente, estendendo-se nas trajetórias como uma carreira.

Desde 2017,[4] foi inaugurada uma nova tentativa de disciplinamento do comércio ambulante em Belo Horizonte, a partir de uma política de formalização dos trabalhadores via transferência para shoppings populares.[5] Tais medidas foram fruto de articulações entre agentes públicos e privados diretamente interessados na "requalificação urbana", formando uma espécie de força-tarefa, que incluía tanto o braço repressivo – polícias e agência de fiscalização –, quanto atores privados incumbidos de lucrar com a "solução". A regularização dos ambulantes expulsos de seus locais de trabalho foi, então, atrelada à adesão aos shoppings populares,[6] cujos administradores/proprietários recebem

4 Marca o início da gestão do prefeito Alexandre Kalil (PDS – Partido Social Democrático).

5 Este projeto se institucionalizou com a aprovação praticamente unânime, na Câmara Municipal, de uma Parceria Público-Privada proposta pelo poder executivo, a qual foi estabelecida por meio da Operação Urbana Simplificada do Plano de Inclusão Produtiva de Camelôs do Hipercentro (Belo Horizonte, 2017).

6 A saber, o subsídio da Operação Urbana de 2017 funciona como uma espécie de financiamento. O Grupo Uai oferece, aos ambulantes cadastrados pela prefeitura, espaços (boxes) em seus shoppings a valores de

subsídios públicos como contrapartida por oferecer uma "oportunidade" aos vendedores informais.

A força repressiva e fiscalizatória estatal é um instrumento fundamental para o funcionamento da Operação Urbana. Ao sufocar a atuação dos ambulantes persistentes nas ruas, a fiscalização se torna, assim, o principal "incentivo" à formalização e à movimentação do business dos shoppings. Em Belo Horizonte, a intensificação das ações de fiscalização a partir de 2017 foi uma demanda do próprio Grupo UAI, que, sistematicamente, cobrava resultados da Prefeitura como parte do acordo estabelecido.

Sem necessariamente perceberem a transferência para os espaços fechados como uma oportunidade, os vendedores que cederam à formalização se tornaram inquilinos e passaram a ser denominados como "empreendedores", sendo responsabilizados individualmente pela manutenção de seus negócios e seus boxes. Esta responsabilização persiste inclusive se a movimentação do shopping popular não oferecer condições comerciais suficientes para a sobrevivência dos negócios, como tem se demonstrado, mesmo após quatro anos de consolidação, desde o início da Operação Urbana. O resultado foi que a maioria dos ambulantes escolheu não se mudar para os shoppings e continuaram com o trabalho nas ruas, persistindo como podem; além disso, grande

aluguel reduzidos em um terço do valor original do que seria uma referência de um "valor de mercado". Durante um prazo de cinco anos, os dois terços restantes dos aluguéis são custeados igualmente pela prefeitura e pelos comerciantes que assumem os boxes. Inicialmente, a prefeitura arcou com 95% do valor e, o comerciante, 5%. A proporção dos valores irá se invertendo de tal forma que, no fim do prazo de cinco anos, o comerciante passará a custear 100% do aluguel. O valor mensal, que começa com apenas R$ 30,00, ao final, aumentará até mais ou menos R$ 1.670,00, segundo previsões iniciais. O subsídio público é feito por meio de títulos de potencial construtivo que, após transferidos, podem ser comercializados e especulados no mercado imobiliário.

parte dos que ocupam os boxes ainda precisaram recorrer ao comércio nas ruas, vivendo uma dupla jornada de vendas.

Por outro lado, a desistência em relação ao box concedido significa, em grande medida, o retorno definitivo à intranquila vida de torero. Mesmo sob tais condições, muitos ainda mantêm os boxes, seja para utilizá-los como depósito de estoque, seja porque apostam em uma melhoria das vendas e/ou em uma futura valorização dos boxes no mercado paralelo de sublocação e venda.

É preciso levar em consideração, por isso, que a pressão sobre os toreros não provoca, a princípio, desistência da atividade, mas parece acionar formas cada vez mais inventivas de viração, mobilizando recursos variados, sejam lícitos ou não. Diante de cada configuração, as estratégias de circulação se adequam e se readéquam incessantemente, de forma que a tora se afirma, assim, como um elemento constante na história da cidade. Tal como já percebem os toreros mais antigos, "a tora sempre existiu e nunca vai acabar".

2.2. Os comerciantes nos mercados populares em São Paulo

Durante os primeiros anos da multiplicação dos shoppings em São Paulo, no final dos anos 2000, verificou-se o aumento da demanda no mercado imobiliário em relação aos prédios comerciais, resultante, principalmente, da procura de alternativas pelos ambulantes expulsos das ruas (Freire da Silva, 2014). No entanto, isso não significa que o comércio de rua tenha diminuído, mas que a intensificação do seu combate denota o processo de legitimação estatal de um outro modelo de comércio popular, caracterizado pelo protagonismo da iniciativa privada tanto na gestão dos prédios comerciais quanto na conversão de vendedores de rua em microempreendedores.

Assim, diferentemente do que foi observado em Belo Horizonte, na pesquisa realizada em São Paulo (Rangel, 2021), foi verificado outro movimento resultante dos processos contemporâneos de regulação do comércio popular e de repressão ao comércio de rua, a saber: a entrada massiva de pessoas nessas atividades sem que haja uma trajetória anterior no comércio popular. Isso denota os efeitos provocados, sobre o perfil dos comerciantes, pela transformação física do comércio e pela força do discurso sobre formalização e empreendedorismo que acompanha os projetos de ordenamento desses mercados. Na medida em que oferece possibilidades de positivação dessas atividades sob o modelo empresarial, a reconfiguração do comércio popular – via confinamento nos shoppings, por exemplo – tem atraído pessoas que vieram inclusive de outras ocupações, muitas vezes, saindo de empregos formais, e que se engajaram no comércio popular em razão das expectativas de melhores rendimentos, em um movimento concomitante à expulsão de trabalhadores menos adaptados a esse modelo.

Esse novo perfil de trabalhadores – representado pela figura do comerciante[7] – dispõe de maior capital para investimento, maior escolaridade, um forte discurso empreendedor e, sobretudo, parece estar mais adequado objetiva e subjetivamente ao novo modelo idealizado para a gestão dos mercados populares. Comerciante, enquanto categoria mobilizada nos discursos dos interlocutores da pesquisa realizada no comércio popular do centro de São Paulo (Rangel, 2021), tem a ver, inicialmente, com

7 Optamos por utilizar aqui o termo "comerciante" dada a frequência que o termo aparece nas autodenominações no campo de pesquisa. No entanto, vale registrar que estes também podem se autodenominar das mais diferentes formas: comerciante, empreendedor, empresário, microempresário, vendedor.

o esforço de diferenciação em relação àqueles vendedores que, em uma perspectiva mais distante, são facilmente retratados como "camelôs".[8] No entanto, não se trata apenas de distinção simbólica, visto que, através das novas formas de regulação e reconfigurações dos espaços de comércio, mudanças objetivas podem ser verificadas, o que conduz a novas formas concretas de experienciar o trabalho nesses mercados.

Assim, a hegemonização da categoria comerciante representa a face mais contemporânea do comércio popular. Não porque não existia anteriormente, mas pelo protagonismo que tem adquirido nesses mercados, tanto em termos de uma atividade que se mostra mais atraente para diferentes perfis de trabalhadores, quanto pelo relativo incentivo que tem recebido de instituições públicas e privadas. Esses "empreendedores populares", que trabalham em boxes localizados em centros comerciais populares, representam a categoria "integrável" no modelo de comércio popular idealizado por parcerias entre poder público e operadores de mercado.

Essa categoria trabalha com uma estrutura melhor e maior estabilidade, assim como conta com maior confiança por parte dos compradores. Dada a fixidez territorial do seu negócio e a manutenção de determinados segmentos de mercadoria, estes podem estabelecer redes relativamente estáveis de clientes, o que chega a garantir certa previsibilidade dos rendimentos a médio prazo. Além disso, em alguns espaços confinados de comércio (em shoppings, galerias ou em feiras populares), os "pontos" são tratados como uma quase propriedade dos comerciantes, podendo ser vendidos ou alugados, seja através de trâmites legais

8 O termo "camelô", em São Paulo, adquire sentido semelhante ao termo torero, utilizado mais frequentemente no comércio de rua de Belo Horizonte.

ou de acordos informais, ambos arriscados em termos da segurança na transação realizada, dado o frágil suporte jurídico.

Ser proprietário ou mesmo locatário de um desses boxes é um signo de capital e de status em relação à figura do camelô ou do torero. Muitos dos comerciantes possuem "empresa aberta", geralmente sob a figura de pessoa jurídica, como Microempreendedor Individual (MEI),[9] mas não é esta "forma" que os define. De fato, comerciante tende a ser sinônimo de trabalhador autônomo no comércio, ainda que a formalização efetiva não seja determinante para a posição social que o distingue do camelô. A principal diferença se daria então pela estrutura do negócio e pelo forte "discurso empreendedor", que tornam mais concreta a possibilidade de serem tratados sob a forma da empresa capitalista (Rangel, 2021).

Pode-se afirmar, portanto, que os processos de "modernização" do comércio popular, ao mesmo tempo em que marginalizam grandes contingentes de trabalhadores, também tornam plausível o exercício da atividade para outros. A formalização, ainda que parcial, surge como a chancela institucional de um novo perfil de trabalhador do comércio popular. Trata-se do comerciante que não admite mais ser confundido com o camelô e com outras terminologias a este associadas, como torero. Ainda que os processos de formalização mantenham determinados

9 O MEI é uma figura jurídica criada por meio da Lei Complementar 128/2008 (Brasil, 2008). A principal intenção manifesta para a criação do programa foi desenvolver uma alternativa menos burocrática para que trabalhadores informais de variados segmentos viessem a regularizar suas atividades. Na prática, o MEI aparece como uma forma relativamente barata e pouco burocrática de abrir a própria empresa. Após se formalizarem como MEI, os trabalhadores podem ampliar seu acesso a créditos bancários e acessar benefícios sociais, tais como auxílio-doença, aposentadoria por idade ou por invalidez, salário-maternidade, pensão e auxílio-reclusão.

ilegalismos fundamentais para o funcionamento da atividade, apontam para o caráter mais moderno e empresarial que se quer imprimir ao comércio popular. O que não se encerra na figura jurídico-institucional, mas demanda um novo tipo de "modo de vida", outra formar de se engajar e de experienciar esse trabalho.

Ao tratar sobre o que denominou de "burocratização neoliberal", Hibou (2013, p. 15) chama a atenção para a instrumentalização das agências sociais como um dos motores dos processos de racionalização, tais como compreendemos a formalização no comércio popular:

> Uma análise minuciosa de certos formalismos – ou de dispositivos e práticas que utilizam técnicas e linguagens – evidenciam os processos de padronização, normalização e dominação, mas mostra ao mesmo tempo que a criatividade e a inventividade também estão presentes. Estes conformam margens de manobra que são uma das portas de entrada para a análise da dialética do controle e liberdade, da despolitização e da responsabilização, da ambivalência dos processos de subjetivação e de mobilização dos diversos imaginários. (tradução livre)[10]

Nesse sentido, a oposição entre os toreros – elementos não integráveis nos projetos de administração do comércio popular

10 L'analyse minutieuse de certaines formalités – ou de dispositifs et de pratiques œuvrant à travers des techniques et des langages – met certes en évidence des processus de standardisation, de normalisation et de domination, mais montre simultanément que la créativité et l'inventivité y sont tout aussi présentes. Celles-ci ouvrent des marges de manœuvre qui sont l'une des portes d'entrée pour analyser les dialectiques du contrôle et de la liberté, de la dépolitisation et de la responsabilisation, et l'ambivalence des processus de subjectivation et de mobilisation de divers imaginaires.

urbano – e os comerciantes – figuras representativas das estratégias de ressignificação do trabalhador informal em empreendedor autônomo – aparece como elemento-chave dos processos contemporâneos de conversão de economias informais (associadas à ideia de pobreza e precariedade) em espaços de investimento e produção de riqueza.

3. Comércio informal e empreendedorismo popular como modelo de acumulação

Em setembro de 2015, na sede da Organização das Nações Unidas (ONU), em Nova Iorque, durante a Semana Global da Central Única das Favelas (CUFA), o empresário Elias Tergilene discursou em defesa do empreendedorismo social como estratégia para geração de renda e para "emancipação social através do trabalho". A ideia de "empreendedorismo social" apareceu associada ao incentivo ao comportamento empreendedor em áreas de "vulnerabilidade social" e na "base da pirâmide brasileira". A proposta apontava para um modelo de desenvolvimento econômico e social cujo foco está em "capacitar, educar, formalizar, bancarizar, informatizar e incentivar os pequenos empreendedores locais informais, para que cresçam e desenvolvam o território gerando renda e mais postos de trabalho" (Fundação Doimo, 2015).

Importa recuperar esse episódio visto que o conteúdo do discurso do empresário não se refere apenas a proposições. Mais do que isso, traduz o sentido das estratégias contemporâneas de inclusão via mercado já em curso, e cujos investimentos privados em atividades associadas à economia informal é uma de suas expressões. Tergilene é, atualmente, uma das principais figuras que animam propostas e estratégias voltadas ao incentivo do chamado "empreendedorismo popular". Sua própria trajetória é propagandeada como um caso de sucesso que atesta o método de ascensão individual via empreendedorismo, já que ele mesmo teria vindo "de baixo", tendo começado sua vida de trabalho como vendedor de esterco.

O "ex-camelô", como costuma se definir, é sócio-fundador da rede UAI Shopping, pertencente ao Grupo UAI e especializada em investimentos no setor do comércio popular e também responsável pela gestão de uma rede de shoppings populares com empreendimentos em Belo Horizonte - MG (cidade de origem da empresa), São Paulo - SP, Manaus - AM, Feira de Santana - BA e Toritama - PE; todas cidades com histórico de intensa atividade de comércio popular.

Considerando isso, pode-se estabelecer homologias entre essas intervenções no comércio popular e aquilo que Roy (2010) assinala como uma tendência mundial de conversão de economias informais ("shadow economies"), associadas a espaços de pobreza, em espaços de empresa e lucro, um processo sempre complexo e de construção fragmentada. A autora analisa esse movimento por meio da disseminação mundial dos projetos de microfinança, que, em decorrência da expansão do microcrédito e das possibilidades de empréstimos aos mais pobres, tem visado à redução da pobreza e à ampliação das oportunidades de crescimento econômico embasado em lógicas de "autoajuda", empreendedorismo e empoderamento (Roy, 2010).

Roy discute a conexão dessa nova lógica econômica e social, centrada nas camadas socioeconômicas inferiores (bottom billion capitalism), com o paradigma neoliberal de desenvolvimento. No entanto, mais do que simplesmente o desmonte das funções sociais do Estado e um "fundamentalismo de mercado", o que a autora observa nesse movimento é o caráter construtivista do neoliberalismo, identificado como uma euforia em "criar bens humanitários que salvam vidas". Isso se daria por meio da conversão de economias informais em finanças que circulam globalmente e da transformação de "sujeitos em risco" em "empreendedores que aceitam os riscos" (Roy, 2012). Esse movimento parece, então, estar vinculado ao deslocamento de um modelo de inserção social pautado na ampliação dos direitos para outro paradigma de justiça social marcado pelo "consenso das oportunidades" de competição no mercado (Maranhão, 2018). É precisamente a partir deste viés consensual e globalizado, em torno da nova gramática do desenvolvimento social (Lautier, 2010), que se embasam as ações de combate ao comércio ambulante e a propagação do "empreendedorismo social" do Grupo UAI.

Haja vista o papel que empresários porta-vozes e "operadores" importantes do empreendedorismo social, tal como Tergilene, assumem junto às prefeituras de várias regiões do Brasil, estes podem ser compreendidos como típicos "experts da pobreza" contemporâneos. O conhecimento legitimado que se produz sobre a pobreza – sua concepção, seu comportamento, seu futuro – diz respeito a um dos pilares para a mercantilização dos espaços e formas de vida das populações pobres, ou o avanço do que Roy (2010) denominou de poverty capital. Para a autora, esse conhecimento "expert", mais do que ser anunciado como inovador, é entendido como correto, legítimo, indubitável.

Essa lógica possibilita, portanto, que modelos de negócios como o do Grupo UAI sejam difundidos como tecnologia de solução urbana, ainda que, geralmente, não entreguem bons resultados em termos de inserção dos sujeitos no mercado de trabalho ou melhora reconhecida em suas condições laborais. No entanto, este discurso encontra terreno fértil na necessidade (politicamente construída) de solucionar simultaneamente problemas sociais de forma apaziguadora, "inovadora" e lucrativa. O seguinte trecho da fala de Tergilene expressa isso:

> A metodologia que criamos consiste em fazer a emancipação social através do trabalho e do empreendedorismo em áreas de vulnerabilidade social. (...) Precisamos dar um novo passo rumo à independência ao assistencialismo. Esse passo se chama empreendedorismo social na base da sociedade brasileira. (Fundação Doimo, 2015)

A metodologia a que Tergilene se refere evoca um tipo de leitura do "social" que deflagra um paradigma contemporâneo e de caráter universalista de "boa governança" (Hibou, 2013), de modo a sobrepujar o debate político. Trata-se de visões e lógicas que convergem com as transformações mais gerais na cultura do trabalho, como expressão de uma "racionalidade neoliberal" (Laval; Dardot, 2009). Por essa razão, encontra efetividade se replicando não apenas através de processos verticalizados e impositivos, mas também de forma subjetiva, como pode ser verificado na figura do comerciante.

É importante destacar que, se por um lado, essas estratégias de ordenamento dos mercados populares aparecem como simples procedimentos técnicos de formalização, normalizados pelo jogo do mercado, por outro, elas não se operam efetivamente sem o recurso da repressão. No caso da cidade de São Paulo, Freire da Silva (2014) já destacou parte desse processo ao analisar o crescimento da demanda por espaços nos shoppings populares, associando esse movimento ao recrudescimento da repressão ao comércio de rua, o que fez convergir investimentos privados e produção violenta da ordem urbana. Hirata (2014) também discutiu essas mudanças apontando a tendência de formalização das atividades de comércio informal sob novos ordenamentos, que respondem concomitantemente tanto ao enquadramento via empreendedorismo quanto a estratégias de controle "militar-securitário" dos espaços da cidade. Situação semelhante tem sido observada por Araújo Filho (2016; 2019b) a partir do contexto empírico de Belo Horizonte, em que ações de "limpeza" urbana, cada vez mais militarizadas, associam-se a propostas de combate ao trabalho informal dos toreros e identificam no confinamento do comércio uma medida para a captura conjunta desses problemas.

Desse modo, pode-se refletir sobre a instrumentalização do comércio popular como uma nova fronteira de investimentos sob os termos da "acumulação por espoliação" (Harvey, 2005), tendo em vista as ações articuladas do Estado e dos investidores privados, que produzem conjuntamente situações, em tese, díspares, como incentivo ao empreendedorismo e repressão violenta. Essas ações articuladas, ainda que nem sempre planejadas, mobilizam estratégias identificadas com formas de "acumulação primitiva", como a privatização e a expropriação dos meios de vida de populações específicas, sempre com o apoio jurídico por parte do Estado.

Verifica-se, então, que as intervenções dos grupos privados na gestão dos mercados populares se fundamentam nas racionalidades contemporâneas do capitalismo, na potência ordenadora do Estado, mas também nos interesses de parcelas da população e dos próprios sujeitos situados, em suas preocupações particulares. Trata-se de uma relação de dominação resultante de uma "constelação de interesses", tal como ressaltado por Hibou (2013), a partir de uma perspectiva weberiana. Isso se verifica nas expectativas e demandas de parte da sociedade em matéria de segurança, facilidades comerciais e nos anseios de "limpeza" urbana. Acerca desse aspecto, são evidentes as demandas que legitimam os projetos de ordenamento do comércio popular em diversas cidades do Brasil. Basta considerar o conjunto de notícias que retratam o comércio popular como carente de segurança e como espaços que favorecem a comercialização de mercadorias ilegais e o trabalho superexplorado. A partir dessas concepções, qualquer intervenção que produza uma sensação de ordem é justificada e legitimada.

4. Considerações finais

Se é fato que tanto toreros quanto comerciantes estão engajados nas mesmas cadeias de produção e circulação de mercadorias que animam os mercados populares urbanos, também é verdade que as diferenças nos modos de exercício e estatuto formal das atividades – nas perspectivas desses trabalhadores, e mesmo no perfil social dos sujeitos – fazem constituir formas de trabalho concretamente distintas. Observamos, então, um processo de reordenamento do comércio popular, por meio da triagem das atividades e sujeitos que devem ser reprimidos e daquilo que deve ser incentivado e integrado no novo modelo de mercado.

Sustentados na imagem de um negócio capitalista que assume uma função pública por meio da qual "todo o mundo sai ganhando", os shoppings populares têm se multiplicado pelo Brasil, especialmente em cidades em que o comércio de rua é identificado como um relevante problema urbano. Lendo a contrapelo, quando o comércio popular é elaborado desta forma, significa que há enorme concentração de atividades econômicas, grande volume de força de trabalho envolvida e intensa circulação de riqueza; são justamente nesses espaços "problemáticos" que os shoppings populares aparecem como solução.

Trata-se de uma estratégia hegemônica, em primeiro lugar, pois remete a uma construção de legibilidade sobre a questão do comércio ambulante que compreende seu dimensionamento como problema urbano e sintoma de crise; e deflagra a formatação de um modo correspondente e específico de enfrentamento. Por enfrentamento compreende-se tanto a dimensão da repressão das formas/práticas indesejadas, quanto a dimensão da instrumentalização/captação positiva dos informais em empreendedores. De um ponto de vista operacional, fiscalização e repressão aos ambulantes, bem como o crescimento do mercado de shoppings populares, funcionam como frentes complementares de políticas que pretendem promover, a um só tempo, o ordenamento do espaço público e da força de trabalho nas cidades. Desse modo, toreros e comerciantes figuram como lados de uma mesma moeda.

Em outro nível de análise, o advento dos shoppings populares representa contemporaneamente a normalização da informalidade pela chave do empreendedorismo (Machado da Silva, 2002), que já foi entendido no passado exclusivamente como medida de sobrevivência, ou como efeito do desemprego. Ao passo que o assalariamento se esfacela enquanto horizonte para a sonhada "integração social", estas atividades são ressignificadas, perante o contexto neoliberal. Contingentemente, rearticulam-se os processos de marginalização a partir da reconfiguração do prisma acerca do que se considera trabalho legítimo ou ilegítimo.

O controle sobre ambulantes obedece a uma dinâmica, ao mesmo tempo, militarizada e negociada, tal como observado no caso de Belo Horizonte (Araújo Filho, 2016). Isto é, ainda que submetidos a orientações "de cima", o formato e a efetividade das ações de controle são dependentes das interações entre o grupo de fiscalizadores e de fiscalizados. O dispositivo de formalização mediado pela repressão aprofunda os efeitos classificatórios, empurrando os toreros ainda mais para as margens, ao estreitar os crivos discricionários (e morais) que conformam os públicos-

-alvo. Isso se observa na medida em que os toreros são identificados, primariamente, como malandros, vagabundos, bandidos – e não como trabalhadores. Desta forma, a regulação fiscal ou de "posturas" encontra uma interface mais evidente com a ordem de atribuições da segurança pública.

O combate ao comércio informal, em sua operação concreta, está mais associado à administração das práticas e funcionalização dos mercados do que à sua erradicação. Em última instância, estes mecanismos produzem a imagem do "desvio", para onde se concentra o peso moral de uma atividade marginalizada e ainda estigmatizada, servindo de subterfúgio para ações de controle que se autolegitimam e se sobrepõem. Trata-se de um movimento constante de reequilíbrio das redes de interdependência (Elias, 1994) a partir de formas insurgentes de "inclusão" e exclusão que, por sua vez, não superam a informalidade ou seu caráter ambíguo.

Vale apontar ainda que o combate ao comércio ambulante suscita e sustenta outros mercados além do nicho dos shoppings populares, entre eles: a expansão da força de trabalho para a fiscalização (tanto o aumento do efetivo de funcionários terceirizados, quanto o maior desígnio de guardas e policiais para a função); e o mercado imobiliário, seja pela frente da valorização dos terrenos "requalificados" e/ou próximos aos shoppings populares (tomando como exemplo o bairro do Brás, no centro de São Paulo), seja pela comercialização dos títulos de potencial construtivo utilizados, os quais são transferidos como contrapartida aos proprietários dos shoppings populares em Belo Horizonte.

Referências bibliográficas

ARAÚJO FILHO, Tarcísio P. "Burocratas do nível de rua: uma análise interacionista sobre a atuação dos burocratas na linha de frente do Estado". *Àskesis*, São Carlos, nº 1, v. 3, 2014, p. 45-57.

______. *A construção de um controle negociado*: o trabalho dos auxiliares de fiscalização da Prefeitura de Belo Horizonte. Dissertação (Mestrado em Sociologia). Universidade Federal de São Carlos - UFSCar, São Carlos, 2016.

______. "Os toreros em Belo Horizonte: construindo caminhos na contramão das ruas da cidade". *Cadernos CERU* (USP), nº 2, v. 29, 2018, p. 361-388.

______. State and life strategies: the case of street vendors in Belo Horizonte (Brazil). In *37th International Labor Process Conference*, Viena, 2019a (no prelo).

______. A terceirização do controle: uma análise sobre a fiscalização do comércio ambulante, entre trabalho e gênero. *Contemporânea. Revista de Sociologia da UFSCar,* v. 9, n. 3, p. 847-872, 2019b.

______. *Viver na tora*: trabalho ambulante e estratégias de vida nas encruzilhadas da gestão contemporânea do comércio popular. Tese (Doutorado em Sociologia). UFSCar, São Carlos, 2021.

BELO HORIZONTE. *Lei nº 11.074,* de 5 de outubro de 2017. Institui a Operação Urbana Simplificada do Plano de Inclusão Produtiva de Camelôs do Hipercentro e dá outras providências. Disponível em: https://leismunicipais.com.br/a/mg/b/belo-horizonte/lei-ordinaria/2017/1108/11074/lei-ordinaria-n-11074-2017-institui-a-operacao-urbana-

-simplificada-do-plano-de-inclusao-produtiva-de-camelos-do-hipercentro-e-da-outras-providencias Acesso em: 19 out. de 2021.

BRASIL. *Lei complementar nº 128*, de 19 de dezembro de 2008. Altera a Lei Complementar no 123, de 14 de dezembro de 2006, altera as Leis nos 8. 212, de 24 de julho de 1991, 8. 213, de 24 de julho de 1991, 10.406, de 10 de janeiro de 2002 – Código Civil, 8.029, de 12 de abril de 1990, e dá outras providências. Disponível em: https://legislacao.presidencia.gov.br/atos/?tipo=LCP&numero=128&ano=2008 &ato=75eoXSq5UNRpWTo5e Acesso em: 19 out. de 2021.

BROMLEY, Rosemary. Informal Commerce: expansion and exclusion in the historic center of the Latin American city. *International Journal of Urban and Regional Research*. n. 22, v. 2, p. 245–263, 2002.

BROMLEY, Rosemary; MACKIE, Peter. "Displacement and the New Spaces for Informal Trade in the Latin American City Centre". *Urban Studies*. n. 46, v. 7, p. 1485–1506, 2009.

CROSSA, Veronica. Reading for Difference on the Street: De-homogenising street vending in Mexico City. *Urban Studies*, n. 53, v. 2, p. 1-15, 2016.

DARDOT, Pierre; LAVAL, Christian. *A Nova Razão do Mundo:* Ensaio sobre a sociedade neoliberal. São Paulo: Editora Boitempo, 2016.

ELIAS, Norbert. *A sociedade dos indivíduos*. Rio de Janeiro: Jorge Zahar, 1994.

FOUCAULT, Michel. *Vigiar e Punir*: nascimento da prisão. Petrópolis: Vozes, 2010.

FREIRE DA SILVA, Carlos. *Das calçadas às galerias:* mercados populares do centro de São Paulo. Tese (Doutorado em Sociologia) - Universidade de São Paulo, São Paulo, 2014.

FUNDAÇÃO DOIMO. *Fala de Elias Tergilene no Seminário Pobreza Urbana e Desenvolvimento no Brasil* (Plenária da ONU), *Youtube,* 2 de out. de 2015. Disponível em: https://www.youtube.com/watch?v=TBy-1sJJfKE&ab_channel=Funda%C3%A7%C3%A3oDoimo Acesso em: 19 out. de 2021.

GONZÁLES, Sara; WALEY, Paul. *Traditional Retail Markets*: The New Gentrification Frontier?. *Antipode.* n. 5, v. 4, p. 965-983, 2013.

HARVEY, David. *O novo imperialismo.* São Paulo: Edições Loyola, 2005.

HIBOU, Béatrice. La bureaucratisation néolibérale, ou la domination et le redéploiement de l'État dans le monde contemporain. In: HIBOU, Béatrice (Org.). *La bureaucratisation néolibérale.* Paris: La Découverte, 2013, p. 7-20.

HIRATA, Daniel. Street commerce as a problem. *Vibrant*, n. 1, v. 11, p. 96-117, 2014.

INSTITUTO BRASILEIRO DE ÉTICA CONCORRENCIAL. Produto ilegal atinge 57% do mercado de cigarros. *ETCO*, 2018. Disponível em: https://www.etco.org.br/noticias/mercado-ilegal-de-cigarros-chega-a-54-e-bate-recorde-no-brasil/. Acesso em: 06 ago. de 2021.

KOPPER, Moisés. "De camelôs a lojistas: a transição do mercado de rua para um shopping em Porto Alegre". *Caderno CRH*, n. 75, v. 28, p. 591-605, 2015a.

______. Dos mercados ilegais às políticas econômicas não hegemônicas de valor: olhares cruzados entre Porto Alegre e Buenos Aires na produção de objetos e sujeitos camelôs. *Revista de Antropologia*, n. 58, v. 2, p. 235-262, 2015b.

LAUTIER, Bruno. Qui ne dit mot consent – qui consent ne dit mot. *Économie et institutions*, v. 14, p. 41-68, 2010.

LIMA, Lívia de S. *Nas teias do ilegalismo*: o shopping popular Oiapoque. Dissertação (Mestrado em Sociologia), FAFICH – UFMG, Belo Horizonte, 2011.

MACHADO DA SILVA, Luis Antônio. Da informalidade à empregabilidade: reorganizando a denominação do mundo do trabalho. *Caderno CRH*, n. 37, v. 15, p. 81-109, 2002.

MARANHÃO, Tatiana. *O Consenso das oportunidades*: Banco Mundial e PNUD no combate à pobreza. 1ª Edição. São Paulo: Alameda Editorial, 2018.

RANCIÈRE, Jacques. *O desentendimento*. São Paulo: Editora 34, 1996.

RIBEIRO, Gustavo Lins. A globalização popular e o sistema mundial não hegemônico. *Revista Brasileira de Ciências Sociais*. n. 74, v. 25, p. 21-38, 2010.

RANGEL, Felipe. Novas experiências, outros significados: repensando o trabalho no comércio popular. *Revista Colombiana de Sociología*, n. 40, v. 2, p. 67-85, 2017.

RANGEL, Felipe. *A empresarização dos mercados populares:* trabalho e formalização excludente. Belo Horizonte: Fino Traço, 2021.

______. Das feiras aos shoppings: contrastes e aproximações entre o comércio popular de São Paulo e do Agreste Pernambucano. In:

LIMA, Jacob. (org.) *O trabalho em territórios periféricos*: estudos em três setores produtivos. São Paulo: Annablume, 2020.

ROY, Ananya. *Poverty Capital*: Microfinance and the Making of Development. New York: Routledge, 2010.

______. Subjects of Risk: Technologies of Gender in the Making of Millennial Modernity. *Public Culture,* n. 24, v. 1, p. 105-108, 2012.

SÁ, Márcio. *Filhos das feiras*: uma composição do campo de negócios agreste. Recife: Fundação Joaquim Nabuco, Editora Massangana, 2018.

SPIRE, Amandine; CHOPLIN, Armelle. Street Vendors Facing Urban Beautification in Accra (Ghana): Eviction, Relocation and Formalization. *Articulo - Journal of Urban Research,* Articulo - Revue de Sciences Humaines asbl, 2017.

UAI SHOPPING. *Uai Shopping.* Disponível em http://www.uaishopping.com.br/site/grupo-uai/ Acesso em: 04 fev. de 2019.

VÉRAS DE OLIVEIRA, Roberto. O Polo de Confecções do Agreste de Pernambuco: elementos para uma visão panorâmica. In: VÉRAS DE OLIVEIRA, Roberto; SANTANA, Marco Aurélio (Orgs.). *Trabalho em territórios produtivos reconfigurados no Brasil.* João Pessoa: Editora da UFPB, p. 233-278, 2013.

Concepções da pobreza e políticas de transferência de renda

Carlos Alberto Bello

Há um conjunto muito amplo e diversificado de pesquisas que discutem os fundamentos, as características e os resultados das políticas públicas contra a pobreza. O presente artigo se propõe a discutir como a fundamentação das variadas propostas de políticas de transferência de renda aos pobres poderia estar articulada a diversas concepções da pobreza. Tais articulações permitem analisar mais detidamente as diferenças entre tais políticas e as possibilidades de conexões entre elas, tendo em mente produzir uma perspectiva analítica para a América Latina, e, mais especificamente, para o Brasil, em um contexto em que tais políticas se difundiram amplamente ao mesmo tempo em que houve predomínio de governos de centro-esquerda na região. Cumpre salientar que há concepções que não estão vinculadas diretamente a um tipo de política, mas parece possível articulá-las logicamente com certas espécies de políticas contra a pobreza.

Dentre tais políticas, é possível definir previamente um conjunto cujo objetivo central é modificar a inserção dos pobres no mercado, bem como outro grupo cujo objetivo maior seria realizar transformações em modos de funcionamento do mercado, para que então os pobres pudessem melhor sua situação. As políticas de inserção partem do pressuposto de que não é necessário realizar mudanças substantivas no mercado a fim de criar condições para a superação da pobreza, pois se trataria de propiciar novas condições aos pobres para que eles pudessem mudar de situação.

As políticas de transformações do mercado pressupõem ações mais abrangentes sobre este e também sobre a sociedade, na medida em que postulam que a pobreza se reproduz em função dos mecanismos do mercado e de outros aspectos institucionais relativos ao mercado de trabalho e à provisão de serviços públicos. Enquanto faz pouco sentido supor que medidas dessa espécie sejam incorporadas às políticas de inserção supracitadas, nestas últimas há ações que podem estar presentes em políticas pautadas por aquelas transformações, tais como por exemplo, as transferências de renda.

As concepções da pobreza podem ser classificadas em três grupos: aquelas de caráter mais estrutural tendem a adotar o postulado exposto supra sobre a reprodução da pobreza. Podem não estar articuladas fundamentalmente a políticas de transferência de renda aos pobres porque sua preocupação principal está direcionada à redução das desigualdades sociais de um modo geral, o que engloba – mas não particulariza – a pobreza como questão a ser enfrentada; há também as concepções que vinculam a pobreza a conjuntos variados de carências locais, as quais não são consideradas essencialmente resultantes da operação dos mecanismos de mercado. Auxiliar os pobres a superar tais carências pode se dar por meio de diversas combinações de medidas públicas e de mudanças na atuação dos pobres; e o terceiro grupo de concepções da pobreza se pauta pelo pressuposto de que esta tem como causa essencial a falta de estímulos adequados para que os pobres alcancem uma satisfatória inserção socioeconômica. Consideram haver no mercado oportunidades que os pobres podem efetivamente aproveitar se estiverem capacitados para tanto, o que pode depender, de modo variado, de comprometimentos anteriormente não assumidos pelos pobres.

Cabe iniciar mencionando que há uma série de concepções da pobreza que não estão conectadas diretamente a alguma espécie de política contra a pobreza. Esta desconexão decorre do fato de que tais concepções têm como objetivo discutir como a pobreza está inserida na dinâmica das relações entre as classes sociais, de modo que a pobreza, em si, não constitui o eixo central da discussão.

Exército de reserva é um conceito marxiano exposto na obra O Capital (Marx, 1979) que qualifica as formas de existência da superpopulação relativa sob o capitalismo, enquanto população supérflua face às necessidades de reprodução do capital. Trata-se de uma caracterização da pobreza como fenômeno estrutural e recorrente, resultante dos processos de concentração e centralização do capital, sistematicamente impulsionados pela busca pelo aumento da mais valia relativa. Nesse sentido permanente, para Marx, a única solução plausível seria a abolição do capitalismo, face à sua lógica que tenderia a expandir o exército de reserva a tal ponto – como o *Manifesto Comunista* evidencia – que tenderia a situar a maior parte da população sob a condição de pauperismo, a qual, senão em circunstâncias muito especiais, não faz parte sequer do exército de reserva do qual o capitalismo se serve para rebaixar os salários e/ou condições de trabalho dos proletários.

Nesse sentido, Marx, no *Manifesto*, é levado a concluir que o capitalismo tornar-se-ia insustentável social, econômica, política e ideologicamente. Em *O Capital*, Marx não chegou a conectar a discussão do exército de reserva com a superação do capitalismo, embora a conclusão do *Manifesto* não seja, de modo algum, uma dedução inconsistente frente aos efeitos decorrentes dos processos de concentração e centralização analisados em *O Capital*.

Entretanto, é possível tomar essa análise como fundamento a fim de pensar políticas sociais, mesmo sem pressupor a abolição do capitalismo. Em uma perspectiva que remete à constituição de Estados de bem-estar social de caráter universalista (Esping-Andersen, 1991), em que políticas abrangentes de pleno emprego e de seguro desemprego estariam articuladas a outras políticas de garantia de direitos sociais (saúde e educação, dentre outras), haveria condições para limitar significativamente os efeitos dos referidos processos. Nos países que adotaram essa perspectiva de bem-estar social, não há evidências de que a pobreza tenha continuado a existir, apesar da permanência de desigualdades entre capital e trabalho. Nesse contexto, tornam-se residuais ou muito limitadas as políticas voltadas especificamente à eliminação da pobreza, uma vez que a hipótese subjacente é a plena inserção em um mercado de trabalho cujo piso salarial está situado acima da condição de pobreza. Na conjuntura contemporânea, em que muitos não acreditam na possibilidade de ser alcançada uma condição de pleno emprego, em função da caracterização da pobreza como resultado oriundo da reprodução do sistema capitalista, políticas abrangentes de renda mínima seriam compatíveis com a análise ora desenvolvida, certamente, sem a necessidade de os beneficiários assumirem algum compromisso como contrapartida ao recebimento do auxílio.

Um conceito desenvolvido mais recentemente é o de subproletariado, definido exclusivamente a partir de um corte de renda (seriam todos aqueles que ganham abaixo de um salário mínimo, mais metade dos que recebem entre um e dois salários mínimos) e utilizado em função da avaliação de que esse contingente de trabalhadores teria passado a ser o principal responsável pela eleição dos presidentes do Brasil desde 2006 até 2016 (período conhecido como lulismo), uma vez que sobre esse subproletariado teriam impactado significativamente o aumento do salário mínimo, dos beneficiários do programa Bolsa Família (BF) e do crédito consignado (Singer, 2009). As informações evidenciam que houve grande redução da pobreza até 2013, tendo como medida a linha de pobreza vigente sob o BF. Na medida em que esse conceito é puramente descritivo, sem remissão detalhada aos processos responsáveis pela reprodução da pobreza, torna-se difícil estabelecer com alguma precisão que espécie de política contra a pobreza poderia alcançar especificamente o subproletariado. Isto porque diversas ações estatais podem resultar em um aumento da renda desse segmento, desde as mencionadas políticas mais abrangentes, no tocante ao exército de reserva, até mesmo as medidas praticadas sob o lulismo, essencialmente aquelas citadas logo acima. Como o subproletariado é uma espécie de segmento social cujo nível de renda é típico de países subdesenvolvidos, notadamente da América Latina, é possível supor que também poderiam estar em pauta ações voltadas ao aumento da formalização no mercado de trabalho, além de medidas destinadas ao aumento das atividades geradoras de maior valor agregado (um dos eixos das políticas de desenvolvimento mais discutidos até os anos 1970). Na linha de Celso Furtado (2000), o subproletariado seria a mais característica expressão da heterogeneidade social que expressaria o subdesenvolvimento latino-americano.

Outro conceito de difusão recente é o de precariado. Parte-se aqui da definição de Guy Standing (2013), ou seja, pessoas desprovidas das sete formas de garantia relacionadas ao trabalho (não incluindo direitos sociais relacionados à saúde e educação, por exemplo) perseguidas por partidos de centro-esquerda e por sindicatos após a Segunda Guerra Mundial, conformando o que ficou conhecida como cidadania industrial. Nesse sentido, ser precarizado significa levar "(...) uma existência precarizada, de viver no presente, sem uma identidade segura ou um senso de desenvolvimento, alcançado por meio do trabalho e do estilo de vida." (Standing, 2013, p. 37). Standing discute as características desse segmento enquanto classe diferente do assalariado, o qual dispõe de boa parte das garantias citadas pelo autor, e também como posição de status desvalorizado inclusive frente às atividades artesanais de médio status.

Sob essa chave interpretativa, parece imediata a associação desse conceito às políticas públicas vigentes no período de predomínio dos Estados de bem-estar social universalistas, apesar da não inclusão dos direitos sociais dentre as garantias mencionadas por Standing. Como as análises contemporâneas consideram pouco plausível um retorno ao citado conjunto de políticas públicas, o autor parece sugerir a possibilidade de reconfiguração de um novo acordo social entre capital e trabalho, baseado em um conjunto de medidas semelhantes àquelas analisadas quando foram discutidos os Estados de bem-estar social de caráter universalista, com menor ênfase aqui nos direitos sociais e com maior preocupação no tocante à revalorização do status profissional do trabalho.

É um consenso que a pobreza possui um caráter multidimensional, ou seja, não se refere apenas à ausência de renda monetária para custear as despesas necessárias à subsistência. Uma conceituação que buscou estabelecer uma definição mais precisa nessa direção foi a elaborada por Yazbek (2009), que articulou à carência de renda tanto a exclusão dos serviços públicos quanto a subalternidade na vida social, entendida como falta de condições para participar ativamente do ambiente de trabalho e da vida pública de um modo geral.

Este caminho analítico permite discutir a regulação estatal dos serviços públicos enquanto potencial fonte de pobreza, notadamente por meio da exclusão de direitos sociais ou do financiamento adequado para tornar efetivos os direitos dos pobres. Para necessidades como saúde, educação e moradia, tornar os pobres mais dependentes de fornecedores privados agrava uma pobreza que poderia ser menor em função de uma melhor atuação estatal como provedora ou reguladora dos serviços. Subalternidade é uma dimensão essencialmente social, simbólica, cultural e/ou institucional que, no mínimo, inibe, e, no máximo, inviabiliza, uma atuação mais livre e qualificada dos pobres na sociedade. Além da opressão nos ambientes de trabalho, preconceitos e discriminações sociais diversas podem contribuir para a reprodução da pobreza, desde aspectos associados à classe até aqueles referentes a origens regionais (nordestinos, por exemplo), passando pelos aspectos étnico-raciais, de gênero e de orientação sexual.

Nesse sentido, esta caracterização da pobreza coloca em discussão um conjunto ainda amplo de políticas sociais de caráter estrutural, desde aquelas discutidas quanto ao mercado de trabalho até ações afirmativas, passando também por uma rediscussão da regulação de serviços públicos privatizados ou estatais. Trata-se de transformações de longo prazo que exigem essencialmente mudanças nas relações entre a sociedade e os pobres de um modo geral.

Outro conceito recentemente utilizado para caracterizar a pobreza é a noção de ralé, associada por Souza (2011) à avaliação de que os pobres teriam um habitus precário, inferior ao habitus primário vigente para aqueles inseridos na lógica meritocrática da vida social. Souza, ao caracterizar o habitus precário como um conjunto de valores e de condutas transferidos na infância por meio de práticas afetivas não reflexivas, sugere que sua transformação em habitus primário não só supõe grandes períodos de tempo (ao menos uma geração para que uma nova sociabilização familiar resulte em práticas derivadas de um novo habitus) como também ações públicas que extrapolem em muito as transferências de renda, por exemplo. Estas poderiam fazer parte da estratégia de mudança de habitus, mas somente se articuladas com medidas voltadas principalmente aos adultos, com o sentido de valorizar a formação escolar e a qualificação para o trabalho, buscando, desse modo, fazer com que os pobres incorporem valores como disciplina, autocontrole e cálculo prospectivo, essenciais para que possam se integrar a uma vida social pautada pela dimensão meritocrática.

Cabe ressaltar aqui que os adultos deveriam constituir o foco das medidas, pois somente assim poderiam influenciar crianças e adolescentes na direção da mudança de habitus, uma vez que este se (re) produz por meio dos exemplos familiares e dos estímulos afetivos. Uma mudança dessa espécie também sugere a necessidade de que transferências de renda não tenham prazo de duração nem condicionalidades a serem exigidas dos beneficiários, uma vez que a contrapartida que estes poderiam dar dependeria de mudanças de valores, não de atitudes ou de condutas deliberadamente assumidas pelos indivíduos, já que o habitus precário teria sido incorporado por eles de modo pré-reflexivo.

As cinco concepções da pobreza de caráter mais estruturais aqui analisadas – exército de reserva, subproletariado, precariado, pobreza multidimensional e ralé – suscitam políticas de transformações do mercado e de aspectos institucionais relativos ao mercado de trabalho, enquanto as duas últimas sugerem, adicionalmente, ações afirmativas, aumento da provisão de serviços públicos e de ações formativas de caráter pedagógico e cultural, visando à mudança de habitus.

Passemos a discutir agora outra série de concepções da pobreza, vinculadas a carências locais. As ideias de Amartya Sen (Sen, 2000; Uga, 2011) têm sido bastante discutidas nos últimos vinte anos, mostrando-se muito relevantes para o debate acerca da pobreza e das políticas a ela voltadas. Sen foi um dos principais estudiosos a contribuir para a consolidação da visão de que a pobreza é um fenômeno multidimensional, ou seja, não restrito à insuficiência de renda, tendo colaborado também para a criação do Índice de Desenvolvimento Humano (IDH) utilizado amplamente pela ONU, composto por indicadores de renda, saúde e educação da população de cada país ou região. Assim, o acesso a serviços públicos, bem como a condições dignas de saúde e educação ao menos, também seria necessário para deixar a situação de pobreza.

Sen, ao proceder à avaliação de que o principal fator responsável pela reprodução da pobreza seria a ausência de capacidades de funcionamento, sem as quais ficaria impossível exercer a liberdade de optar como realizar a inserção na sociedade, sugere que os pobres devem ter acesso a melhores condições de vida, embora ele não sugira explicitamente um conjunto de políticas contra a pobreza, inclusive porque sua definição implica considerar as especificidades locais de cada condição de pobreza existente.

Diferentemente das concepções da pobreza vistas até o momento, Sen não parte de fatores estruturais reprodutores da pobreza, o que fica evidente em sua hipótese de que os pobres podem vir a ter uma ampla liberdade de escolha. Nesse sentido, mesmo partindo dos limites colocados pela inexorabilidade da globalização, o autor avalia que há oportunidades disponíveis para a inserção dos pobres, expressando, assim, uma visão otimista e favorável à liberdade de mercado. Entretanto, à diferença de boa parte dos autores liberais e neoliberais, Sen deixa claro que há necessidade de um amplo espectro de ações voltadas aos pobres. Dado que o autor não chega a formular propriamente um conjunto articulado de políticas voltadas aos pobres, torna-se uma tarefa especulativa avaliar quais medidas seriam sugeridas, embora não seja muito arriscado postular que Sen fosse favorável a transferências de renda e, talvez, a algumas medidas de fortalecimento da cidadania (para fomentar a capacidade de exercer a liberdade), passando por medidas vinculadas à qualificação para o mercado de trabalho. Não parece ser provável que Sen apoiasse reformas sociais mais amplas, tais como aquelas discutidas até aqui, ou exigências de contrapartidas por parte dos beneficiários, embora sobre esse ponto o autor tenha deixado poucas pistas do que pensava a respeito.

A mais antiga caracterização da pobreza, vinda, pelo menos, do século XVIII, foi constituída e reformulada simultaneamente com a implantação de ações públicas pautada pelo governo moral dos pobres, expressão empregada por Lautier (2014). Tal caracterização os define como um segmento muito diferenciado do corpo social sobre o qual os segmentos dominantes da sociedade dirigem um olhar ou pautado pela moral da compaixão e da caridade, para aqueles merecedores de ajuda, ou da punição e repressão, para os pobres que representem ameaça real ou virtual, para empregarmos os termos de Ivo (2008), referindo-se à conceituação de Georg Simmel. Essas espécies de juízos morais não sinalizavam em direção a um conjunto minimamente articulado de políticas públicas, não ao menos até os anos 1930, quando avanços das lutas sociais revelaram a necessidade de uma política mais estruturada para fazer face às propostas de partidos e de movimentos de esquerda.

Assim, em princípio, havia a filantropia privada para os pobres julgados dignos de ajuda, e havia a polícia para os potencialmente infratores. Na América Latina, onde a pobreza sempre teve dimensões muito maiores do que nos países centrais, as ações supracitadas também existiam. Mesmo sem haver uma política abrangente, ocorriam arranjos específicos orientados por finalidades clientelísticas dos grupos políticos.

Acerca dos tempos atuais, nos quais nenhuma nação minimamente integrada no mundo deixa de ter uma política contra a pobreza, Lautier (2014) postula que há um governo moral dos pobres, retomando, assim, um olhar pautado pela moral da compaixão ou da caridade para aqueles tidos como merecedores de ajuda. Cabe ressaltar que Lautier pontua que a moral que orienta este tipo de política não é compartilhada como tal pelos beneficiários, que não repudiam a assistência porque pragmaticamente não estão em condição de recusá-la. Como salientam Simmel e Lautier, esta espécie de política não tem por objetivo atenuar significativamente a pobreza, mas sim evitar situações mais extremas que poderiam provocar muitas ações violentas na sociedade, inclusive de caráter político. Dado que esta política depende do julgamento prévio do filantropo ou do Estado e não prevê em contrapartida atividades específicas dos pobres, não está em pauta exigir condicionalidades para que os beneficiários tenham acesso a transferências de renda.

Assim, ao avaliar que o principal fator responsável pela reprodução da pobreza seria a ausência de capacidades de funcionamento, sem as quais não seria possível exercer a liberdade de escolher como realizar a inserção na sociedade, Sen não parte de fatores estruturais reprodutores da pobreza. Para as análises de

Simmel e de Lautier sobre o governo moral dos pobres, não há como considerar os citados fatores, pois se trata de ações limitadas a evitar males maiores à sociedade.

Outra caracterização, esta originada em meados do século XX, atribui a pobreza à falta de capital humano (Schultz, 1971), a qual poderia ser superada por meio de ações públicas voltadas ao aumento da instrução e da qualificação da mão de obra. Cabe ressaltar que tais ações públicas não visam somente aos mais pobres, uma vez que também buscam incrementar a produtividade da força de trabalho já dotada de alguma qualificação. É evidente que esta avaliação supõe haver oportunidades disponíveis para a inserção dos pobres, reconhecendo, portanto, a existência de deficiências do sistema educacional e/ou de formação de mão de obra; nesse sentido, atua sobre falhas do mercado e/ou do Estado, quando este já estiver atuando nessa direção. Até os anos 1980, o foco dessa espécie de política estava centrado nos adultos, não só em razão dos objetivos de aumentar a produtividade a fim de sustentar o pleno emprego (políticas keynesianas então vigentes), mas também para eliminar a pobreza, face aos desígnios de aumentar o bem-estar social nos países centrais.

Na América Latina, a preocupação com a pobreza surge de modo sistemático apenas nos anos 1990, contexto em que se espraia uma nova política voltada à formação de capital humano focada em crianças e adolescentes. Uma vez que seu objetivo é propiciar a ruptura do ciclo intergeracional da pobreza, como é o caso do Programa Bolsa Família e da grande maioria dos programas contra a pobreza implantados na América Latina (Lavinas, 2013), houve a opção por assegurar a busca desse objetivo por meio da necessidade de os beneficiários comprovarem a frequência escolar e a vacinação dos filhos, a fim de poderem continuar recebendo as transferências de renda.

A partir dos anos 1980, boa parte dos países centrais começou a implantar programas apoiados em uma outra caracterização da pobreza, nomeada aqui como carência de capacidade empreendedora. O programa Renda Mínima de Inserção (RMI) da França se insere nessa categoria, já que o beneficiário deve elaborar uma espécie de projeto voltado a esta reinserção satisfatória na economia, dispondo da colaboração de assistente social para tanto. Mesmo que tal reinserção não seja objeto de cobrança em curto espaço de tempo, cabe salientar, acompanhando Castel (1998), que obrigar um cidadão pobre que perdeu suas referências de mercado de trabalho (situação muito comum face aos processos recentes de natureza tecnológica e socioeconômica – globalização e desregulamentação do trabalho – que expandiram o desemprego e o subemprego pelo mundo afora) a elaborar e a tentar levar a cabo um projeto de reinserção tende a produzir nele sentimentos como humilhação e vergonha.

Uma das mais recentes concepções da pobreza foi impulsionada pelo Banco Mundial, a denominada Social Risk Management – SRM (Holzmann; Jorgensen, 2000; Lavinas, 2013), que pressupõe que os pobres não possuem capacidade de gerenciar riscos em um mundo tão complexo e globalizado, derivando desse diagnóstico uma variante das políticas de fomento ao capital humano, porém, sob uma chave mais vinculada ao empreendedorismo – ajudar o beneficiário a desenvolver sua própria empresa ou a gerenciar sua carreira como empreendedor de si mesmo (como exposto em Dardot e Laval, 2016).

Treinar e capacitar pobres para que possam ter condições de avaliar custos e benefícios das oportunidades disponíveis seria uma alternativa que Castel certamente avaliaria ser injusta para com os beneficiários. Otimista quanto às oportunidades de mercado, algo relativamente comum às políticas de transferência de renda aos pobres implantadas nas últimas décadas, a SRM sugere atividades de capacitação para novos empreendedores, sem deixar claro se haveria necessidade de maior qualificação profissional ou de instrução formal ou mesmo outra espécie de condicionalidade para fazer jus a uma transferência de renda. Aliás, essa política parece ser mais restritiva em termos de seleção dos beneficiários, uma vez que estas visariam apenas àqueles nomeados como criticamente pobres. Mesmo sem menção ao nível de renda correspondente, fica explicitada a preocupação de evitar auxílios que pudessem produzir acomodação em pobres que, supostamente, já se encontrariam em condições de andar com suas próprias pernas.

Esta espécie de política parece ser aquela que mais tende a resultar em culpar os pobres por sua condição, em razão da intensidade das exigências impostas sobre seus ombros.

Cabe realizar uma síntese da discussão conceitual e buscar aplicar esse arcabouço teórico para analisar os programas de transferência de renda, em especial, no que concerne ao caso brasileiro. Pelo exposto supra, é possível avaliar que há uma incompatibilidade teórica entre as concepções da pobreza de caráter estrutural e aquelas pautadas pela carência de capacidade empreendedora, na medida em que, para estas últimas, seria suficiente viabilizar condições para que os pobres pudessem aproveitar as oportunidades existentes a fim de caminharem no sentido da superação da pobreza. Por outro lado, as primeiras concepções tornam imperativas as transformações estruturais no sentido de poder bloquear a reprodução da pobreza.

É precisamente esse imperativo que é recusado pelas concepções vinculadas à carência de capacidade empreendedora, por estas pressuporem haver oportunidades adequadas disponíveis na sociedade, de modo que transformações estruturais seriam mais do que desnecessárias; seriam indesejáveis, pois alterariam os parâmetros de mercado que tenderiam a propiciar o mais estável caminho para a superação da pobreza.

As concepções da pobreza referentes a carências locais se diferenciam quanto à sua incompatibilidade com os dois primeiros grupos de concepções analisados acima. As concepções antigas assentadas na filantropia privada consideram a pobreza como um fenômeno não só local, mas como individual ou familiar, sendo, portanto, incompatíveis com as concepções da pobreza estrutural. As visões mais contemporâneas remetem também à carência de capacidade empreendedora, abordada logo acima.

As concepções da pobreza referentes a carências de capacidades de funcionamento (Sen, 2000) também revelariam a incompatibilidade supracitada, uma vez que Sen (2000) não considera viável realizar transformações estruturais para a superação da pobreza, pois seu programa de desenvolvimento com liberdade e sua descrença na construção de pactos sociais amplos tornam muito difícil imaginar que ele pudesse assumir uma posição favorável a uma ação transformadora.

As concepções da pobreza atribuídas à falta de capital humano, no atual mundo tecnologicamente avançado e globalizado, estarão sempre entre os entraves à superação da pobreza, de modo aliado ou não a outros fatores estruturais ou a outras carências individuais. Nesse sentido, deixariam de ser incompatíveis com as concepções estruturais, pois não estaria pressuposta a existência de oportunidades adequadas aos pobres. Por sua definição, esta caracterização não se opõe e tampouco se alinha às concepções relativas à carência de capacidade empreendedora, inclusive porque não incorpora o pressuposto de que cabe aos pobres sair da condição em que se encontram, de modo que suas políticas de natureza típica de inserção poderiam ser acompanhadas de políticas de transformação do mercado.

Assim, o fato de os Programas de Transferência de Renda (PTR) serem adotados pelos governos de centro-esquerda não implica em contradição política ou ideológica; de fato, não houve críticas contundentes a tais programas pelos segmentos de esquerda que apoiaram tais governos, notadamente, se levarmos em consideração as críticas que tais segmentos fizeram quanto à ausência de mudanças substanciais nas políticas macroeconômicas.

Analisemos a partir de agora como se deu a implantação dos PTR no Brasil. Aqui, tal como em diversos países da América Latina, também predominaram entre os anos 1930 e 1980 as políticas de industrialização, nas quais a pobreza estava associada ao escasso desenvolvimento das forças produtivas, de modo que restava implícita a adoção de uma política de transformação do mercado. Embora boa parte do debate acerca desse período tenha demonstrado que a superação da heterogeneidade social dependia também de outras iniciativas estatais (como a reforma agrária, por exemplo), é necessário ressaltar o fato de que a pobreza não era objeto de políticas específicas porque se assumia que ela seria superada por meio do aprofundamento da industrialização e daquelas iniciativas.

Na medida em que tais políticas – e boa parte destas iniciativas – deixaram de orientar os governos da região a partir dos anos 1980, as perspectivas de superação da pobreza e de melhoria das condições de vida das classes trabalhadoras estiveram associadas principalmente aos efeitos que, supostamente, seriam produzidos pelas reformas liberalizantes dominantes desde essa década. Entretanto, face às crises econômicas ocorridas nos anos 1990, órgãos multilaterais como por exemplo, o Banco Mundial e o Banco Interamericano de Desenvolvimento, passaram a colocar a pobreza como tema fundamental para a região, modificando a ênfase anterior exclusiva nas reformas liberalizantes. Os Programas de Transferência de Renda (PTR) adotados na América Latina têm sido elogiados por esses órgãos, salientando o fato de eles atingirem seu público alvo, apontarem para a ruptura do ciclo intergeracional da pobreza e não implicarem despesas muito onerosas para os orçamentos públicos.

Como grande parte dos países passaram a ser governados por partidos situados à esquerda no espectro político, seria razoável esperar iniciativas de mudança face à perspectiva que combinava reformas liberalizantes com políticas sociais centradas na pobreza. Estas não são incompatíveis com políticas de transformação no funcionamento do mercado, mas seriam incompatíveis com as PTR se as razões principais para manter tais programas fossem as virtudes apontadas pelos supracitados órgãos, tais como não onerar demasiadamente os orçamentos públicos e ter como objetivo central a ruptura do ciclo intergeracional da pobreza.

Cabe salientar que este objetivo, explicitado claramente no programa Bolsa Família (PBF) e na maioria dos programas adotados na América Latina, significa abrir mão da perspectiva de superar a pobreza em um prazo inferior a uma geração, já que, assumidamente, não proporciona condições para que os adultos possam mudar sua inserção no mercado e na sociedade. Isto não quer dizer que não haviam programas de formação ou de requalificação de mão de obra, mas sim que eles não possuíam abrangência suficiente para projetarem um impacto significativo sobre a pobreza. De todo modo, é bastante discutível a suposição implícita de que a presença de crianças e adolescentes saudáveis na escola já seria o suficiente para romper o citado ciclo intergeracional.

Face ao exposto, cabe indagar que indicações existem de que os governos de esquerda buscaram, de alguma maneira, se diferenciar frente aos modelos de PTC sugeridos por tais órgãos, o que requer uma contextualização que aqui só é possível fazer para o caso brasileiro. Como expôs Singer (2009), o aumento do salário mínimo, dos beneficiários do programa Bolsa Família (BF) e do crédito consignado foram fatores importantes de redução nos indicadores de pobreza, além do contexto de crescimento econômico entre 2004 e 2011. Do ponto de vista dos conceitos aqui utilizados, talvez se pudesse afirmar que o aumento do salário mínimo seria uma medida de caráter estrutural. Embora não se possa desenvolver aqui, de forma mais aprofundada, esta questão, a evolução dos indicadores de repartição da renda entre capital e trabalho a favor deste último não foi tão expressiva ao ponto de sugerir uma transformação e não apenas uma mudança significativa, mas incremental. Aliás, não houve análises no sentido de que o aumento desse piso salarial implicasse em elevação da renda dos trabalhadores situados em faixas superiores de renda.

No entanto, se agregarmos às medidas citadas acima os impactos do aumento do salário mínimo sobre as aposentadorias, pensões e benefícios para pobres idosos ou deficientes, pode-se afirmar que este conjunto possibilitou aos pobres uma inserção no mercado cujo alcance foi muito superior a uma política compensatória voltada apenas a atenuar a pobreza extrema.

Ao rearticular esta hipótese com o quadro histórico mais geral, vimos que a história de lutas frente ao subdesenvolvimento e à heterogeneidade social foi pautada pelo foco na industrialização, não sinalizando na direção de políticas específicas contra a pobreza e pouco se aproximando da busca por uma política social universalista sob os moldes da socialdemocracia europeia, uma vez que os problemas da América Latina tornavam virtualmente inviável um grande crescimento da ação social do Estado, exceto se houvesse uma mudança na ordem social. De 1980 para cá, as crises econômicas (dívida externa, inflação e recessão) mudaram o eixo da política na região, na qual ainda não havia se obtido a integração da maioria dos trabalhadores ao mercado de trabalho formal ou a um conjunto básico de direitos sociais (saúde, educação, aposentadoria, moradia).

Sob esse contexto, a combinação de trajetórias de longa duração com a conjuntura das décadas recentes torna, em boa medida, compreensível a ausência de formulações que pudessem se contrapor às orientações oriundas dos órgãos multilaterais quanto à questão da pobreza. Entretanto, a chegada ao poder de governos de esquerda propiciou oportunidades para inovações políticas. Especificamente em relação ao caso brasileiro, a maior intensidade das políticas de inserção discutidas há pouco pode ser considerada uma inovação, porém, com que potencial para apontar para a superação da pobreza? Ao não inscrever o PBF na legislação, o que o tornaria um direito universal, e ao não ter sido oportunizado um contexto que propiciasse a mobilização social na direção daquela superação, é possível avaliar que a maior intensidade da ação estatal não sinalizaria para a superação da pobreza.

Cabe ressaltar que, do ponto de vista do debate público acerca da desigualdade social e da pobreza, os governos do período do lulismo não se dedicaram intensamente a buscar suporte social para a continuidade das suas políticas, sugerindo que os próprios efeitos produzidos por elas se mostrariam suficientes para angariar apoios no sentido de torná-las resistentes a mudanças. Considerando as limitações dessas políticas, bem como a manutenção das políticas macroeconômicas e sociais afinadas ao ideário neoliberal (nas sociais, ressalte-se a ausência de iniciativa para coibir a elevada rotatividade do trabalho), a combinação dessas políticas neoliberais, de um lado, e de inserção intensa no mercado, de outro, não teria como um dos seus objetivos centrais obter apoios das classes populares, sem que estas ameaçassem produzir maiores resistências, ou oposições por parte dos segmentos empresariais, em sua grande maioria refratária ao lulismo?

A adoção de políticas de inserção e a contenção de políticas de transformação reduziriam os atritos do governo com os segmentos burgueses, pois deste modo, evitariam, respectivamente, aumento dos gastos públicos e incrementos dos custos empresariais, além de permitirem buscar nova base de apoio eleitoral – os mais pobres. Se esta combinação fizer sentido enquanto conciliação de demandas potencialmente antagônicas, a resultante não tende a favorecer os segmentos empresariais, na medida em que na estrutura socioeconômica tem permanecido uma fragilidade dos interesses ligados às classes populares? Isto porque é possível avaliar que, durante o período entre 2004 e 2011, o aumento do emprego formal não foi suficiente para evitar que 95% dos empregos gerados tenham sido de rendimentos inferiores a dois salários mínimos, e que o aumento do número de greves refletisse pautas bastante modestas – ganhos de salário real inferiores a 2%.

A partir de 2012, a grande maioria do empresariado passou a se opor frontalmente ao lulismo (Singer, 2016) e se unificou para avançar em pautas como a reforma trabalhista e a reforma da previdência. Nesse contexto de crise, mesmo antes das eleições de 2018, já seria possível avaliar que não eram muito promissoras as perspectivas sinalizadas pelo lulismo na direção da superação da pobreza e do avanço dos direitos sociais dos trabalhadores em geral, haja vista a contundente reforma da previdência realizada em 2017 sob o governo Temer, vice da presidenta Dilma Rousseff, impedida em 2016.

O governo Bolsonaro, especialmente o próprio presidente, tem expressado algumas contradições quando trata do tema. Muito recentemente (16 de agosto de 2019), o presidente foi muito contundente, referindo-se à Dilma Rousseff, presidente da República à época:

> Eu lembro que, num debate de 2014, uma candidata bateu no peito e disse que "no nosso governo, 50 milhões de pessoas vivem do Bolsa Família". Obviamente, muita gente humilde necessitava até disso daí. Mas outra parte, não. Porque não era também estimulada a sair desse tipo de condução coercitiva, vamos por assim dizer (...) para esses que até há pouco dominavam o país, era importante que pessoas pobres e sem estudo formal tivessem em uma das mãos o título de eleitor e, na outra, o cartão de um programa assistencial.[1]

Entretanto, esta visão ideologicamente crítica do programa Bolsa Família, exacerbada pelo seu suposto uso clientelista pelos governos do PT, não predominou no programa de sua campanha eleitoral de 2018, na qual ele escreveu: "Vamos deixar claro: nossa meta é garantir, a cada brasileiro, uma renda igual ou superior ao que é atualmente pago pelo Bolsa Família".[2]

---

1 Vide https://noticias.uol.com.br/politica/ultimas-noticias/2019/08/16/bolsonaro-compara-bolsa-familia-a-tipo-de-conducao-coercitiva-do-pt.htm, 16/08/2019.

2 Vide https://oglobo.globo.com/brasil/bolsonaro-defende-bolsa-familia-para-todos-os-brasileiros-22977355, 14/08/2018.

Na mesma linha, o presidente Bolsonaro afirmou, em abril de 2019, voltando a criticar o PT, agora por não propor o décimo-terceiro, e deixando implícita a crítica à suposta tolerância dos governos anteriores com as alegadas fraudes ocorridas no programa:

> Vou adiantar um item aqui que é o décimo-terceiro do Bolsa Família. Lá atrás o PT negou no Senado o projeto que tratava desse assunto então nós resolvemos aqui pelo Executivo e o décimo-terceiro do Bolsa Família será anunciado na semana, para atingir diretamente os mais necessitados. (...) De onde virá o recurso? Do combate à fraude. Porque existe muita fraude então continua esse trabalho cansativo porque tem que pegar um a um fazer cruzamento, mas está dando resultado e o décimo-terceiro está garantido para o pessoal do Bolsa Família no final do ano. [3]

Articulando essas declarações e ações contraditórias com as análises sob o lulismo, é possível que o atual presidente Jair Bolsonaro esteja conscientemente fazendo discursos diferentes para públicos diferenciados. Para os beneficiários do programa Bolsa Família, cuja votação no candidato Fernando Haddad foi bastante expressiva (especialmente no Nordeste), o presidente afirma que vai manter os benefícios e até expandi-los, ao criar o décimo-terceiro; já para as classes médias e para boa parte dos trabalhadores, criticar o programa tende a render votos porque alude à suposta meritocracia vigente na sociedade, a qual garantiria justiça aos dedicados e competentes.

Ao considerar a reforma da previdência recentemente aprovada e a criação da carteira verde-amarela, que retiraria di-

3 https://oglobo.globo.com/brasil/bolsonaro-anuncia-decimo-terceiro-do-bolsa-familia-para-fim-do-ano-23574442, 05/04/2019.

reitos dos trabalhadores, à exceção daqueles previstos constitucionalmente, é mais plausível avaliar que o presidente se incline pessoalmente muito mais pelo ideário meritocrático. Se acreditar que há outros meios para obter votos dos mais pobres, provavelmente restringirá o programa Bolsa Família.

Neste momento (janeiro de 2020), a área política do governo está sinalizando na direção oposta, ao propor reformular o programa no sentido de aumentar os benefícios, embora com um novo viés meritocrático, qual seja: pagar bônus aos alunos com boas notas (superiores a sete) e aos jovens que fizerem cursos profissionalizantes, além de aumentar o benefício no caso dos recém-nascidos. Considerando que, atualmente, o programa auxilia 13,5 milhões de famílias, a um custo de R$ 30 bilhões, e que o aumento dos benefícios (incluindo o décimo-terceiro) implicaria um aumento de R$ 7 bilhões, parece que o interesse eleitoral está predominando, apesar das resistências do Ministro da Economia, Paulo Guedes.

Referências bibliográficas

CASTEL, R. *As Metamorfoses da Questão Social*: uma crônica do salário. Petrópolis: Vozes, 1998.

DARDOT, P. & LAVAL, C. A *Nova Razão do Mundo*. São Paulo: Boitempo Editorial, 2016.

ESPING-ANDERSEN, G. As três economias políticas do Welfare State. *Lua Nova*, São Paulo, nº 24, 1991, p; 85-116.

FURTADO, C. T*eoria e política do desenvolvimento econômico*, 10ª ed. Rio de Janeiro, Paz e Terra, 2000.

HOLZMANN, R.; JØRGENSEN, S. (2000): "Social Risk Management: A New Conceptual Framework for Social Protection, and Beyond". *World Bank Social Protection*

Discussion Paper 0006, at http://tinyurl.com/HJWB2000 (last access 19/06/2013).

IVO, A. *Viver por um fio: pobreza e política social.* São Paulo: Annablume, 2008.

LAUTIER, B. "O governo moral dos pobres e a despolitização das políticas públicas na América Latina". *Cadernos CRH,* v. 27, n. 72, p. 463-477, 2014.

LAVINAS, L. "Latin America: Anti-Poverty Schemes Instead of Social Protection", *desiguALdades.net Working Paper Series* 51, Berlin: desigualdades.net *International Research Network on Interdependent Inequalities in Latin America*, 2013.

MARX, K. *O capital*: Crítica da Economia Política. Rio de Janeiro: Civilização Brasileira, 1979, Livro I, cap. XXIII.

SCHULTZ, Theodore W. *O Capital Humano*: Investimentos em Educação e Pesquisa. Rio de Janeiro: Zahar Editores, 1971.

SEN, A. *Desenvolvimento como liberdade.* São Paulo: Cia das Letras, 2000.

SINGER, A. "Raízes sociais e ideológicas do lulismo". *Novos Estudos* Cebrap, nº 86 (nov.), 2009, p. 83-102.

SINGER, A. "A (falta de) base política para o ensaio desenvolvimentista". In: SINGER, A.; LOUREIRO, I. *Contradições do lulismo:* a que ponto chegamos? Ed. Boitempo, São Paulo, 2016.

SOUZA, J. *A ralé brasileira*: quem é e como vive. Belo Horizonte: Ed. UFMG, 2011.

STANDING, G. *O precariado:* a nova classe perigosa. Belo Horizonte: Autêntica Editora, 2013.

UGA, v. D. *A questão social como pobreza*: crítica à conceituação neoliberal. Curitiba: Appris, 2011.

YAZBEK, M. *Classes subalternas e assistência social.* São Paulo: Cortez, 2009.

PARTE II
Destituição de direitos e de territórios: a gestão das desigualdades

Da desconstrução à destruição dos direitos sociais: o Brasil pós 2016

Amélia Cohn

A Constituição de 1988 marca o início do ciclo da cidadania social no país. A partir dos direitos nela inscritos, tem início uma série de políticas e programas sociais, bem como a construção de um aparato institucional para dar suporte à implantação de ações estatais que respondessem aos ditames legais dos direitos sociais então aclamados na Constituição Cidadã. E, de fato, sobretudo a partir de meados da década de 90, as políticas sociais ganham destaque nos governos que se sucederam, apesar de suas ênfases e orientações distintas.

Desde a política de controle da inflação, por meio do Plano Real, em 1994 - também uma política essencialmente econômica - até políticas e programas sociais de combate à pobreza e de satisfação de necessidades sociais básicas de grupos sociais específicos, com demandas particulares, o Brasil, a partir de então, passou a vivenciar um conjunto de ações, ou melhor, conjuntos de ações, dadas a sua diversidade e pequena articulação entre si, que, em princípio, tinham como orientação a construção de uma rede de proteção social moldada por um modelo de Estado de Bem-Estar Social desenhado na Carta Magna.

No entanto, essas iniciativas sempre foram crivadas por uma propriedade do DNA das políticas sociais brasileiras, qual seja: o desenvolvimento social concebido ou como subproduto do desenvolvimento econômico – que por meio da sua dinâmica possibilitaria a inserção social dos que estão à margem da sociedade, isto é, do mercado – ou como objeto de políticas e programas sociais que, por representarem "gastos" orçamentários, devem ser realizados com certa parcimônia, e, sobretudo, por não se configurarem como acesso a direitos sociais, e, sob esta condição, passíveis de serem reivindicados junto ao Estado.

Daí a importância da conquista dos direitos sociais consagrados no texto constitucional de 1988. A partir de então, tem-se a base legal para a reivindicação da satisfação das necessidades básicas essenciais condizentes com uma vida social digna enquanto direitos – e, portanto, como dever do Estado – e não enquanto assistencialismo estatal ou benemerência humanitária. Um novo ciclo de políticas sociais tem, então, início, embora já no começo dos anos 90 seja dado sinal de que a lógica que sempre orientou tais políticas não seria abandonada: a permanente resistência a toda e qualquer tentativa de se instituírem políticas sociais de cunho acentuadamente distributivo; isto fica evidente quando o então presidente Fernando Collor de Mello (1990-1992) veta a repartição, tal como prevista na constituição, dos recursos da seguridade social entre previdência, saúde e assistência social. Assim, ocorre, de fato, o esquartejamento da concepção da seguridade social no Brasil, ficando as áreas de saúde e de assistência social dependentes de recursos orçamentários.

Isso significa que, apesar dos princípios e orientações constitucionais traduzirem um pacto pela democracia civil, política e social, por certo conservador, a área social continuava a ser crivada por outro traço do seu DNA: a distinção entre áreas gastadoras e áreas arrecadadoras. A previdência social é, certamente, de cunho arrecadador, dadas suas fontes de financiamento e o fato de que seus custos sociais são repassados para os preços finais dos produtos, não representando, assim, gastos nem para o Estado (haja vista ela ser contributiva), nem para os empregadores, vale aqui dizer, a burguesia; já as áreas de saúde, assistência social e educação configuram-se como essencialmente gastadoras, que oneram o orçamento estatal.

Esse traço da divisão entre áreas gastadoras e arrecadadoras da história política brasileira é crônico, e, na prática, divide os ministérios entre as áreas econômicas e as sociais. Área social contributiva sempre vinculada à área econômica (previdência social); as demais, a ministérios ou a secretarias no âmbito de ministérios da área social. Por exemplo, inicialmente, nos anos 1930, a previdência social era vinculada ao Ministério de Indústria e Comércio, exatamente quando a arrecadação previdenciária configurava-se como estratégica para investimentos em setores da economia impulsionadores do processo de industrialização da economia do país. Já a partir de 2019, com a reforma ministerial realizada pelo governo do recém-empossado presidente Jair Messias Bolsonaro, a previdência social é realocada no Ministério da Economia, ficando, assim, estreitamente vinculada aos ditames da política econômica daquela instância. No entremeio, os exemplos são vários. Dentre eles, inúmeras tentativas até se chegar à reforma previdenciária (com o objetivo maior de privatizá-la) aprovada em dezembro de 2019, que destitui direitos e cria obstáculos para o acesso a pensões e aposentadorias, seguindo o modelo chileno dos anos 70, já mundialmente constatado como falido. Nessa reforma, conforme ditam os moldes neoliberais mais radicais, adotou-se o objetivo – ainda não alcançado, mas que está no horizonte – de que os recursos previdenciários dos fundos de pensão fossem destinados à especulação financeira e à amortização da dívida pública, vale dizer, ao pagamento dos juros.

Há que se constatar, por exemplo, que já em 2015, o ex-presidente do Banco Central e membro do Instituto Millenium, afirmava e repetia, em várias palestras e intervenções, algumas variações sobre a frase então proferida em entrevista: "a democracia não cabe no orçamento do Estado" (Cohn, 2015; Rossi, 2018). Aqui, entenda-se por democracia as políticas sociais; portanto, gastos sociais não podem ter lugar nos programas de governo. Mas não só: dentre os gastos sociais, a previdência social, no que concerne ao pagamento de aposentadorias e pensões, por ser a segunda maior arrecadação do Estado, é sempre eleita como o alvo nuclear das investidas que visam às reformas tidas como necessárias segundo a cartilha dos ajustes neoliberais. Não há que se descuidar do fato de que países como o Brasil desenvolveram-se na condição de economias de capitalismo tardio (periférico), portanto, às margens do mundo capitalista. E que, nos tempos atuais da globalização, com a financeirização econômica e do processo de acumulação, vivenciam as bárbaras transformações sociais do capitalismo selvagem de forma simultânea aos centros econômicos, tornando-nos até, literalmente, o aterro do lixo global.

Capitalismo selvagem não só em razão das transformações e da agudização do processo de acumulação, de destruição do modelo de sociedade assalariada e de solidariedade social e de lutas sociais que a acompanha, mas também porque, tal como aponta Fagnani (2013), a política deixou de tutelar a economia, e a sociedade perdeu a capacidade de conter o ímpeto desagregador do mercado; a partir do que a esfera pública tende a ser sistematicamente esvaziada, em nome da eficiência do mercado e da incapacidade do Estado.

E, assim, o Estado vai progressivamente se submetendo aos interesses dos mercados globais, havendo, portanto, o esquartejamento do financiamento da seguridade social, sob a defesa da tese de que a previdência social brasileira é deficitária, porque o critério contábil, ao contrário do que reza a constituição de 1988, considera exclusivamente as suas receitas próprias, desconhecendo a diversidade das fontes de financiamento lá prevista.

Na atualidade, até por conta dos avanços que a área social e as conquistas dos direitos sociais experimentaram a partir de 1988, o debate central em torno das políticas sociais e da justiça social no Brasil envolve frentes de luta que vão além daquelas centrais, até recentemente vigentes: políticas universais versus políticas focalizadas; o estatal versus o privado.

A partir do início dos anos 90, em que pesem os diferentes perfis dos governos, começaram a ser implementadas no país medidas que correspondiam à construção de uma rede de proteção social com perfil semelhante à existente nos Estados de Bem-Estar Social dos países europeus, inspiradores da Constituição Cidadã. No entanto, as políticas sociais correspondentes foram marcadas por dois traços que prevaleceram durante todo o período, até 2016, quando ocorreu o golpe parlamentar, com o impedimento da presidenta Dilma Rousseff: o primeiro traço tem relação com o constrangimento do financiamento da área social definido pelas políticas econômicas adotadas, que penalizavam a área social, mesmo no período do presidente Lula da Silva (2003-2010), quando foi dada prioridade ao social; o segundo é referente à presença política e econômica – forte na área social – do setor privado de serviços, ou das operadoras setoriais, tais como seguros e planos de saúde. Isto diz respeito à privatização dos setores prestadores de serviços sociais.

No entanto, há um outro processo de privatização, igualmente presente nesse período, que é concernente à privatização da administração dos serviços públicos estatais: o Estado contratando organizações sociais públicas de direito privado. Com tais ações, mina-se a lógica da gestão pública pela racionalidade privada orientando a gestão estatal, uma vez que essas organizações sociais são contratadas mediante definição de cumprimento de metas por um preço fixo, imprimindo seletividade de procedimentos e clientela. Nesse sentido, fica distorcida a natureza da prestação de serviços e concessão de benefícios, corrompendo-se a concepção republicana de acesso a direitos sociais que lhe é inerente.

Neste caso, não se trata, portanto, da disputa de narrativas entre o público e o privado, mas sim do conteúdo social da gestão impresso às políticas sociais, para além da discussão e disputa em torno do Estado mínimo ou do Estado do tamanho necessário para se fazer frente às necessidades sociais da coletividade. Por outro lado, existe também, paralela e articulada com aquela, a disputa narrativa entre políticas universais e políticas focalizadas, que expressa interesses financeiros e econômicos concretos. Na versão cinicamente classista das nossas elites: mercado para aqueles portadores de mérito (renda), e Estado para os pobres, porém, "ensinando sempre a pescar, jamais dando a vara", no intuito de não os acomodar, obviamente. Há, logo, a defesa da redução da atuação do Estado na área social para os extremamente pobres, pois os programas sociais para esses segmentos são vistos, sob a ótica da elite, como assistencialismo ou dádiva, porque os beneficiários são concebidos como não merecedores, porque acomodados e facilmente viciáveis em serem eternamente dependentes do Estado.

No caso brasileiro, essa concepção de que os pobres assim o são porque não buscam sua sobrevivência no mercado é agravada em decorrência da herança histórica caracterizada pelo fenômeno da cidadania regulada, conceito de Wanderley Guilherme dos Santos, que cravou na concepção e representação social da cidadania no país não a universalidade, mas o acesso aos direitos (contributivos) vinculados ao mercado. Daí na agenda da construção dos direitos sociais pós 1988 os direitos trabalhistas e sociais serem facilmente julgados como privilégios, em particular no tocante aos trabalhadores do setor público. Desconsidera-se que os contratos sociais conquistados historicamente no país por distintas categorias de assalariados representam exatamente isso: contratos sociais que, para serem redefinidos, necessitam de novos contratos sociais – e não de imposições oriundas dos ditames econômicos neoliberais, em um contexto em que o neoliberalismo nada mais é do que a configuração assumida pelo capitalismo em sua forma atual, exatamente a abdicação da política ao econômico.

No interregno entre 1988 e 2016, apesar das restrições impostas pela ordem econômica global, as quais aqui repercutem de forma contundente, constatam-se avanços muito significativos na constituição dos direitos sociais, tanto em termos de cobertura quanto de acesso a serviços sociais. Discorde-se ou não das linhas adotadas pelos distintos governos, destacam-se nesse período: desde o Plano Real, no governo de Itamar Franco (1992-1994); o Programa Comunidade Solidária, o Bolsa-Escola, o Bolsa-Alimentação e o Auxílio-Gás, nos governos de Fernando Henrique Cardoso (1995-2002); o Programa Bolsa Família, os programas na área da educação, como o Fundeb (Fundo de Manutenção e Desenvolvimento da Educação Básica e de Valorização dos Profissionais de Educação), os programas na área da agricultura familiar, e fundamental, a política de aumento real do salário mínimo, nos governos de Lula da Silva (2003-2010); até, dentre outros, o PMM (Programa Mais Médicos), nos governos de Dilma Rousseff (2011-2016). Nesse percurso, é preciso mencionar a montagem do SUS (Sistema Único de Saúde) e do SUAS (Sistema Único de Assistência Social), além da criação do Sistema Nacional de Participação Social (SNPS), de 2014, que dispõe as diretrizes gerais para o incentivo e a conformação de instâncias da gestão pública como espaços da sociedade organizada para a definição e acompanhamento da gestão pública, em todos os níveis de governo.

Dessa forma, a contrapelo da tendência global, com idas e vindas, com contradições e paradoxos, o país experimentou no período pós 1988 até 2016, quando ocorreu o golpe parlamentar que destituiu uma presidenta democraticamente eleita, um processo de avanços muito significativos na construção de uma rede de proteção social no país, com ênfase na orientação da inclusão social, sobretudo a partir dos governos de Lula da Silva, inclusão social via mercado. No entanto, conforme alertava Florestan Fernandes em várias de suas análises, sem uma sociedade democrática dificilmente se tem um Estado democrático, por mais ampla que seja a participação social.

Nesse sentido, não basta – embora seja pré-condição essencial – o reconhecimento dos direitos cidadãos na letra constitucional: eles têm que ser conquistados diuturnamente, em especial na realidade brasileira, marcada por um Estado autocrático em sua essência, e um modelo autocrático-burguês de transformação capitalista (Fernandes, 1975, p. 289-366). As conquistas da cidadania são constitutivas da construção de sujeitos sociais enquanto cidadãos, portadores de direitos; logo, ela traz consigo um componente essencialmente político de participação social enquanto sujeitos portadores de direitos sociais reconhecidos como legítimos – e não como sujeitos que lutam por ter acesso a serviços concebidos meramente como bens de consumo e a benefícios como privilégios ou dádivas por parte do Estado.

Neste ponto, o que se ressalta é que a cidadania, para a construção de uma sociedade mais justa e que seja capaz de consolidar os direitos sociais que foram sendo constituídos sobretudo a partir de 1988, demanda que a sociedade seja capaz de se organizar e de inovar as formas de representação social de suas demandas e necessidades, para além das instituições políticas de representação social já existentes. Ressalta-se, ainda, que a integração social promovida em período mais recente, de forma mais acentuada a partir de 2003, por mais meritória que tenha sido, haja visto que, efetivamente, retirou da condição da pobreza extrema largas parcelas da população, é marcada também por um traço conservador, dado que foi realizada via consumo, por meio de políticas distributivas, e não redistributivas.

Por outro lado, para a consolidação da cidadania enquanto prática política e construção de novas identidades sociais, faz-se necessário o reforço do papel do Estado, seja como agente de investimento na área de infraestrutura e em setores estratégicos para o desenvolvimento e crescimento econômicos, pois, sem a retomada do crescimento econômico, não poderão existir políticas sociais que alavanquem o próprio crescimento econômico, seja enquanto promotor e regulador das políticas na área social, segundo os princípios e valores que regem – ou deveriam reger – a rede de proteção social do país, de modo a promover justiça social. E isso implica não só a construção de sistemas institucionais setoriais e interssetoriais na área social, como a formação (e não mera capacitação técnica asséptica) dos recursos humanos envolvidos, sujeitos fundamentais no processo de construção de identidades cidadãs. Em resumo, ao lado de promover e produzir a gerência da rede de proteção social, tem-se que induzir a sua gestão de forma a imprimir conteúdo social e político à sua implementação.

Apesar das limitações que se possa apontar acerca das políticas sociais do período em questão, os avanços, como já afirmado, foram muito significativos, em todas as áreas. Talvez o principal deles tenha sido a capilaridade social da rede de proteção social, que teve tímido início nos anos 90, mas que foi radicalizada a partir de 2003. A rede de serviços, a partir de então, espraiou-se pelo território nacional, tendo passado a fazer busca ativa da sua clientela – até então sem acesso à rede e inacessíveis aos serviços, porque invisíveis – e implementado uma outra racionalidade de gestão como matriz de orientação, embora de forma não equânime em todas as áreas, por óbvio. De um lado, promoveu-se a unificação dos cadastros dos segmentos sociais vulneráveis e da população pobre, até então restritos a cada benefício concedido: construiu-se um cadastro único, o CadÚnico, que atualmente abarca 80 milhões de brasileiros, e que pode – e deve – ser de uso comum a todas as áreas sociais. De outro, inoculou-se uma outra orientação ao conteúdo da gestão das políticas e programas sociais, que até então, porque dirigidos aos pobres, jamais lhes atribuíam o benefício da dúvida: o exemplo já foi dado – o não cumprimento de condicionalidades significaria, de imediato, segundo os preceitos neoliberais, cortes do benefício, penalidade extrema para aqueles que até mesmo o acesso a documentos é difícil. Assim, ao contrário do que prevalece em regimes autoritários, a técnica não substituiu a política, mas assumiu o seu papel: instrumento para a boa gestão das políticas públicas na acepção suprarreferida.

Mas existe ainda um outro aspecto que se faz necessário apontar: na área social, desde os anos da transição democrática, experimentou-se uma prática inédita que consistiu em profissionais e lideranças progressistas do setor promoverem tanto mudanças nas políticas sociais quanto a construção de uma nova organização institucional setorial (sobretudo nas áreas de educação, saúde e assistência social) a partir do interior do aparelho do Estado, ação que vinha sendo adotada por essas lideranças setoriais. E essa experiência histórica foi retomada com força no período iniciado em 2003, quando a proposta consistia em fortalecer a esfera pública, bem como formular e implementar projetos ambiciosos de transformação social, em particular, de combate à fome e à pobreza. Os programas Fome Zero e Bolsa Família ganham destaque no cenário em decorrência de sua novidade e impacto imediato no combate à pobreza. No entanto, os programas Agentes Comunitários de Saúde, Saúde da Família e Mais Médicos (outro que ganhou destaque, mas se dava articulado à Estratégia Saúde da Família) radicalizam a promoção de ações na área social, conjuntamente com a rede de Assistência Social, o SUAS (Sistema Único de Assistência Social), inspirado no SUS e criado em 2005. De 2003 a 2016, de fato, a Constituição Cidadã foi lida e seguida, a participação social foi incentivada, até que, em 2014, foi constituído o Sistema Nacional de Participação Social, tendo sido extinto em 2019, por meio de decreto expedido por Jair Bolsonaro.

Assim, a primeira década e meia deste século pode ser caracterizada, na área social, por avanços radicais (se comparados ao passado) nas políticas sociais – sobretudo, naquelas de combate à pobreza –, na construção de espaços institucionais de participação social, e da sua importância econômica na superação da crise global de 2008, via promoção do mercado interno de consumo, em que pese a relevância dos altos preços internacionais das commodities que garantiram superávit econômico.

Porém, internamente, a política econômica pautou-se não em mudanças estruturais da economia, mas no desenvolvimento do mercado interno, promovido pelas políticas sociais de transferência de renda, via programas sociais e via aumento real do salário mínimo – esta última sim, medida mais distributiva e de maior impacto no combate às desigualdades sociais.

No entanto, detecta-se nesse período um movimento político pendular no modo de governar paradoxal, denominado por Singer (2012) de "lulismo": ênfase nas políticas distributivas de cunho social, mas relativo distanciamento das bases sociais populares. O que significa, retomando a meada, avanços nas conquistas sociais, contudo, muito mais como acesso a renda por meio de benefícios e cobertura de serviços, do que enquanto conquistas que se traduzem em construção de novas identidades sociais como sujeitos portadores de direitos, provenientes da situação de exclusão social e do mercado. Não por acaso, o mesmo autor intitula – em obra mais recente (Singer, 2018), que aborda o período governado por Dilma Rousseff – de "o lulismo em crise".

De fato, como demonstra o autor, o período de Dilma Rousseff, em termos econômicos, dá uma guinada para a matriz neoliberal, e aumenta o distanciamento entre Estado (seu governo) e sociedade, sendo-lhe mesmo frequentemente hostil, muito embora desse sequência às políticas sociais no sentido que vinham sendo implementadas desde o primeiro mandato de Lula. No entanto, seu modo mais tecnocrático e duro de governar – afinal, nunca frequentou a escola política de liderança sindical, a escola política de Lula de como governar – não desvirtuou o conteúdo das políticas sociais que vinham sendo implementadas, e até institucionalizou um sistema, a participação social.

O que o golpe midiático parlamentar de 2016 acabou revelando, nesta dimensão da construção da cidadania vinculada à prática da política, inclusive na gestão do Estado, foi exatamente a falta de politização dos pobres da sociedade, que na eleição de 2014 votaram na continuidade dos governos que apostaram nas políticas sociais anticíclicas e de combate à pobreza, mas não foram capazes de resistir, a partir de 2016, ao desmanche das instituições democráticas levado a cabo pela farsa do impedimento da presidente, e que resultou no que Santos denomina de "democracia impedida" (Santos, 2017). Mas a aprovação expressiva dos governos de Lula e mesmo de Dilma Rousseff não se traduziu em uma mobilização política em massa a favor da democracia, e sobretudo exigindo a continuidade das políticas de proteção social que vinham sendo implementadas.

Assim, embora em 2015 pipocassem expressivas e muito bem organizadas mobilizações e manifestações sociais de setores distintos da sociedade (ressalto aqui o lindo movimento dos estudantes secundaristas de um colégio estadual de São Paulo, e que contaram, inclusive, com o apoio dos pais e da população em sua resistência à força policial de intimidação), das mulheres, da população negra, dos sem teto e dos indígenas, em sua resistência em defesa das florestas e de seus territórios, não se logrou unificá-las e associá-las a movimentos sociais já mais estruturados, como o MST, e muito menos a instâncias de participação e representação social capazes de, mais organicamente, resistirem ao golpe.

A sociedade, os recém-incluídos na sociedade via políticas estatais, revelaram-se politicamente desestruturados diante da avalanche voraz das classes dominantes e da força do efeito da ideologização conservadora promovida pela evangelização que tem como foco, sobretudo, os pobres e os excluídos. Alerta

Santos, na obra supracitada, que em um golpe de Estado, toma-se o poder, mas, em seguida, tem-se que conquistar a sociedade. A onda política conservadora radicalmente neoliberal tornou-se um tsunami que conquistou grandes segmentos da sociedade (para além da adesão de primeira hora das elites e da classe média) e, com ela, vem à tona uma combinação perversa, pois a esse conservadorismo neoliberal radical na política associa-se a emergência de um traço profundamente conservador da sociedade, até então adormecido, mas componente genético de uma sociedade de gênese escravocrata que até os dias de hoje não superou suas origens.

Abre-se, então, um novo ciclo em 2016, em que as mudanças, como é característico no Brasil, não se dão sob a forma de ruptura, pois aparentemente as instituições estão funcionando segundo as regras definidas na Constituição de 1988 para a República Federativa do Brasil. No entanto, essa ruptura "transada", isto é, sem a quebra das normas e da composição das elites dominantes do país, é radical. Por meio de um golpe traiçoeiro, o vice-presidente Michel Temer assume o poder, e, com ele, o controle absoluto dos setores financeiros e, no Congresso Nacional, a bancada BBB (Bala, Bíblia e Boi). No entanto, em que pese a radicalidade da política econômica nos termos estritos exigidos por um ajuste fiscal que não pesasse sobre os grupos econômicos hegemônicos, capital financeiro e agronegócio, nesse período de 2016-2018, na área social, sobretudo, as medidas adotadas caracterizaram-se pela desconstrução daquela rede de proteção social que, desde os anos 1990, vinha sendo construída.

Por que desconstrução? Porque foram dois anos em que a carcaça das instituições e dos programas sociais continuaram aparentemente iguais, enquanto era alterado seu conteúdo. O ato com maior visibilidade e maiores consequências sociais nefastas praticado com sucesso foi o que resultou na EC 95/16, que corta radicalmente os gastos na área da saúde e educação (EC do Teto dos Gastos, ou da Morte, como denominada na área da saúde), congelando-os por 20 anos. A EC foi efetuada sem ter como base qualquer estudo demográfico sobre a curva da demanda nesse período para ambas as áreas, mas fundamentada na convicção (instrumento jurídico em voga para proferir sentenças judiciais). Ainda que com menor visibilidade na agenda pública, também havia a reforma trabalhista, retirando direitos histórica e duramente conquistados pelos trabalhadores. Substitui-se o enxugamento da atuação do Estado e a precarização do trabalho no setor privado pelo eufemismo dos "colaboradores" em lugar dos trabalhadores assalariados, o desemprego pelo do "empreendedorismo", e a gerência da administração estatal pública pelas organizações sociais que, por sua vez, contratam "colaboradores".

Isso acontece na área da saúde, na área da educação (em todos os níveis de governo), e nas demais áreas sociais. Paralela e articuladamente desidratam-se os programas e as políticas sociais que implicam transferência de renda, sejam aquelas relativas a direitos sociais, tais como as previdenciárias, seja o PBF, que não se configura como um direito. Em prol do equilíbrio fiscal e em nome da cultivada crença da irracionalidade, corrupção e ineficiência dos governos anteriores, desconhece-se, por exemplo, que o PBF era, até então, reconhecido internacionalmente como o programa de transferência condicionada de renda mais bem focalizado em seu público alvo e de mais baixo custo administrativo. Passa-se a praticar na lista dos beneficiários o assim chamado "pente fino", o mesmo ocorrendo na previdência social, desconhecendo-se com isso que estes, uma vez excluídos do sistema, são condenados à miséria e à mais radical exclusão social. Desconsiderando-se, inclusive, que a política de aumento real do salário mínimo e seu impacto sobre o valor das prestações do BPC e das aposentadorias rearranjaram as formas de sobrevivência familiar, transformando os idosos e os deficientes em esteio das famílias dos segmentos pobres e miseráveis da sociedade. É quando a técnica se subverte em política: deixa de ser um instrumento em nome dos valores republicanos que devem reger a democracia, para se transformar em um instrumento de ação a favor do capital e dos rentistas.

A partir de 2016, fica explícito na agenda pública que aquilo que os interesses privados estavam conseguindo no varejo, agora ganham no atacado, sem concessões. A capilaridade dos programas e políticas sociais, de ferramenta de inclusão social via políticas sociais norteadas para serem inclusivas, converte-se, em nome da "racionalidade" e de se imprimir "eficiência" à ação do Estado, em prol do equilíbrio fiscal, em um instrumento de restrição de direitos daqueles da base da pirâmide, enquanto se reforçam e aumentam os direitos daqueles que ocupam o seu ápice. Sufoca-se o Estado, não somente com o teto dos recursos, mas com a desvalorização salarial e da qualificação dos seus recursos humanos, aqueles que ainda são funcionários públicos. Desvaloriza-se o ensino superior, a ciência e a tecnologia. Sempre se utilizando do mesmo instrumento, qual seja: o sufocamento das fontes de financiamento. No discurso radicaliza-se o mantra de que o que é estatal caracteriza-se por ser perdulário, caro, ineficiente e gastador, cabendo ao mercado a eficiência na prestação dos serviços e na alocação dos recursos. Ignorando-se, evidentemente, que na experiência capitalista, e, no Brasil, de forma mais acentuada ainda, a produção da extrema desigualdade social lhe é própria.

Assim, a partir do golpe parlamentar de 2016, opta-se por uma relação excludente entre política que beneficia o capital ou aquela que aplica recursos no social, a favor da primeira. A questão da pobreza e da desigualdade social desaparece da agenda governamental, com um elemento novo: se durante a vigência do modelo desenvolvimentista (cujas interpretações por parte de distintas escolas de pensamento sobre o Brasil atual tendem a concordar que foi um ciclo que se encerrou naquele ano) o social ou vinha a reboque do econômico, ou, por vezes, traduzia-se em um elemento importante para o próprio desenvolvimento econômico, a partir de então, deixa de existir um projeto para o país, seja enquanto nação, seja enquanto identidade nacional. O projeto e a política do poder dominante e hegemônico deixam de formular e defender quaisquer propostas de transformação social, prevalecendo os interesses econômicos financistas e do agronegócio, desconhecendo-se, ou até mesmo reafirmando, a própria força desagregadora do mercado.

Pobreza e desigualdade social passam a fazer parte natural da realidade social brasileira, e a partir de 2019, frisa-se por meio de palavras e ações que são as "anomalias" nos comportamentos sociais o grande problema social. Passa-se a crivar a sociedade entre os "homens e mulheres de bem" e os demais, que corporificam o pecado e as mazelas sociais existentes. Culpabilizam os doentes, os portadores de HIV/AIDS, os quais "custam dinheiro de todos nós", para se reproduzir as palavras proferidas pelo atual chefe da nação. Radicalizam-se os preconceitos sociais e a aporofobia, incentiva-se a violência. Se entre 2016 e 2018, aparentemente, o aparato da rede social continua em ação, embora asfixiado pela falta de recursos decorrente da aprovação da EC 95/2016, a partir de 2019, concentram-se os esforços para sua destruição.

Assim, a partir de 2019, com o governo de Jair Messias Bolsonaro, não se trata mais da desconstrução da rede de proteção social no país, versão mais elegante, por assim dizer, da negação das políticas sociais pelo mandatário anterior. Trata-se agora da sua destruição radical e completa. Não bastassem os cortes orçamentários e a pressão econômica sobre estados e municípios por parte do governo federal, atualmente são escolhidos para ocupar as pastas vitais da área social absolutos analfabetos nas respectivas áreas que assumem, dito assim em respeito à elegância em um texto desta natureza. Há exceções, raras por certo, mas que logo abdicam da gestão técnica em nome da dimensão política ditada pelo chefe maior. No entanto, a equipe comunga algo em comum: o favorecimento do capital em detrimento do social, do privado em detrimento do público (do público estatal nem há que se mencionar), e a pretensa e obsessiva busca da eficiência e racionalidade do Estado, leia-se, ditada pelo ajuste e equilíbrio fiscal feitos a favor do capital e contra os pobres.

Ao preconceito – contra mulheres, negros, indígenas, população LGBTQ+ – associa-se a aversão a qualquer política em defesa do meio ambiente ou de políticas de desenvolvimento sustentável. Ganham espaço privilegiado a meritocracia, por parte das elites, obviamente, e a naturalização da precarização das condições de trabalho (a denominada "uberização" do trabalho, que atinge atualmente até profissões classicamente liberais, como a dos médicos) e, em particular, dos "desalentados" (IBGE) e desempregados.

Quanto ao preconceito social, expresso pelos mandantes atuais, bastam algumas afirmações para exemplificar do que se trata. Do Presidente da República: "vão morrer como baratas" (referindo-se a pobres negros naturalizados como criminosos); "sou o presidente motosserra"; "nem para reprodutor servem" (referindo-

-se a quilombolas); "todo mundo gostaria de passar a tarde com um príncipe. Principalmente vocês mulheres"; "ideologia de gênero é coisa do capeta"; "enquanto for presidente, nenhum centímetro de terra para os índios"; e, recentemente, "com certeza o índio mudou, está evoluindo, cada vez mais o índio é um ser humano igual a nós". Do ministro da Educação, Abraham Weintraub: "o Brasil só tem lugar para os melhores". Do ministro da Justiça, Sergio Moro: "homens agridem mulheres porque se sentem intimidados". Da ministra da Mulher, Família e Direitos Humanos, Damares Alves: "menina veste rosa e menino veste azul".

Com discurso violento, autoritário e exaltante da força das armas de fogo, paulatinamente o conteúdo democrático das gestões anteriores desde de 1988 vai sendo corroído, a esfera pública vai sendo esvaziada, de forma a submeter a sociedade a ações e decisões governamentais aleatórias, que respondem aos interesses dos mercados globais. Evidencia-se um grau aflitivo de esvaziamento dos movimentos sociais, cada vez mais pulverizados entre demandas particulares, no sentido de específicas, com baixa capacidade de articularem-se horizontalmente em uma frente política afirmativa de uma nova proposta de retomada democrática.

Mais que nunca, o chefe do executivo monopoliza as decisões, sem projeto para a sociedade, muito menos para a área social. Nem sequer o discurso de políticas focalizadas para os miseráveis faz presença na agenda do governo. O Brasil volta ao Mapa da Fome. Dados apontam que a desigualdade de renda nos últimos anos vem aumentando, tendo sido 2019 o quinto ano consecutivo da alta dessa desigualdade: enquanto a extrema pobreza aumenta 67% nos últimos 5 anos, e a renda da metade mais pobre dos brasileiros diminui 19%, a renda dos 1% mais ricos aumenta 10% (PNAD Contínua/IBGE). Na área da educação, a proposta é acabar com o ensino público, aniquilar as universidades públicas e o sistema de desenvolvimento científico e tecnológico público (este que foi o responsável pela descoberta da zika e que atualmente (março de 2020) desvendou de modo mais célere o sequenciamento do genoma do Covid-19; ironicamente, dado o contexto político, em uma universidade pública, com pesquisa financiada com recursos públicos, e tendo a equipe sido liderada por duas mulheres negras). Na área da saúde, a crônica falta de investimento setorial far-se-á sentir agora de forma aguda durante a pandemia de coronavírus: faltarão UTIs e leitos (públicos e privados), o que já se evidencia em um momento em que ainda nem foi atingido o ápice da curva de incidência; evidencia-se já a falta de material e até de EPI para os profissionais de saúde; e faltará retaguarda hospitalar para dar conta da demanda que crescerá de forma exponencial.

No entanto, diante da crise sanitária, o Gabinete de Crise criado recentemente não é liderado pelo ministro da Saúde, médico de formação, mas por um militar. O governo repassará para o SUS metade dos recursos que irá transferir para o fortalecimento do setor privado da saúde para que este ajude a enfrentar a crise. Nesse sentido, reforça-se a privatização do setor que, até o momento, tende a transferir aqueles com diagnóstico positivo para Covid-19 para o setor público (SUS), declarando não ter condições apropriadas para seu acolhimento.

O mais drástico e cruel, no entanto, talvez esteja ocorrendo com a previdência social e o PBF. Algo que já havia sido extinto – a fila de espera para a concessão do benefício da previdência social – voltou a existir. Calcula-se em 1,2 milhões os trabalhadores que estão na fila de espera para a concessão do benefício, sem data de despacho. Na área rural, após a reforma da previdência social, não são mais os sindicatos rurais os responsáveis pelo encaminhamento da papelada necessária, mas agora é o próprio trabalhador rural quem tem que encaminhá-la, tendo como exigência o registro do imóvel rural cadastrado no INCRA, ou autodeclaração ratificada por entidades públicas credenciadas e por outros órgãos públicos, ou comprovante por notas fiscais das vendas pelo período de 15 anos. No último ano, aumentou em 5,7% os indeferimentos de todos os benefícios previdenciários, e só em 2019, aumentaram para 31%. Para se ter a magnitude da violência que isso representa, 32% das famílias rurais dispõem somente dessa fonte de renda (Sibahi, 2020).

A restrição na concessão das prestações da previdência social em razão do aumento dos obstáculos burocráticos para pleiteá-las e da demora na análise dos pedidos, dado o sucateamento que o órgão público sofreu no período mais recente, não é somente um ato sádico do atual governo com sua aporofobia. Com esse mecanismo, perverso e inumano, libera-se recurso para conceder a propalada promessa da campanha eleitoral de pagamento do 130 do Bolsa Família. No entanto, este também é objeto de restrições na sua concessão, em nome da correção dos "desvios" detectados pela nova "onda moralizadora contra a corrupção". Até meados de março de 2020, contabiliza-se que foram concedidas 158.452 novas bolsas, e que, no mesmo período, 330 mil famílias se emanciparam, desligando-se do programa. Dado surpreendente nessa conjuntura de forte recessão econômica e de precarização do trabalho. Mas, mais espantoso ainda é que, das famílias que ingressaram no programa em janeiro de 2020, somente 3% delas residem na região nordeste, que, coincidentemente, no segundo turno das últimas eleições, deram 67,3% dos votos ao candidato oponente do atual presidente. Para além da barbaridade do fato em si, já que aquela região concentra o maior grau de pobreza da sociedade brasileira, ele também revela que, apesar de todos os esforços e medidas de aprimoramento da consistência dos dados cadastrais do público alvo do PBF – empenho este manifestado desde sua criação, em 2003, a fim de que o PBF não resvalasse na tradição clientelista e patrimonialista das práticas habituais das políticas sociais brasileiras –, agora, claramente ele está regido por ditames de interesse político, seja para captação de votos, seja por revanchismo político.

Se pobreza e desigualdade social foram totalmente excluídas da pauta governamental, dando lugar à obsessão por reformas privatizantes e internacionalizantes da economia brasileira, radicalizando-se o Estado mínimo, tampouco espanta que, em 2019, o governo Bolsonaro tenha assinado decreto anulando aquele da criação do Sistema Nacional de Participação Social, e que tenha reduzido – de 2593 para 23 – o número de conselhos de participação social, mais uma vez em nome da necessária redução do gasto público. Assim, a gestão da coisa pública deixa de ser pública, passa a ser apropriada por um governante no estilo "État c'est moi - et mon fils", com sua equipe vassala.

A tragédia social, fruto do desgoverno atual, já vinha sendo evidenciada pelas informações e análises dos "malfadados cientistas" que insistem em acompanhar indicadores sociais e econômicos, dado que os religiosos "perderam a ciência para os cientistas"; mas o impacto social de fundo – sobre o qual indicadores sociais e econômicos, mesmo que positivos, não terão efeito imediato – é que junto com a destruição da rede de proteção social do país, em uma conjuntura de grave crise econômica – fruto da circunstância global, mas, internamente, também provocada pelas medidas econômicas que vêm sendo adotadas – castra-se também a possibilidade de se construir no país, sobretudo por parte dos segmentos sociais subalternos, mas não só, qualquer projeto de futuro, individual e coletivo.

Como aponta Santos (2017), não se tem mais um governo de coalizão, mas um governo de defesa de interesses imediatos, sem projeto de futuro. Em termos coletivos, resta a esperança da capacidade de reconstrução de novas formas de se fazer política para além das instituições de representação conhecidas na ordem democrática, e que sejam capazes de promover a identidade de novos sujeitos sociais, novas formas de sociabilidade de solidariedade social (para o que a experiência da pandemia de Covid-19 certamente contribuirá); no entanto, isto demandará tempo histórico, esforços de gerações.

Mas como afirmou Henfil, se as frutas, as flores e as folhas deixarem de existir, "valeu a intenção da semente". E a semente que o Brasil vinha plantando e cultivando desde a época da resistência à ditadura, ou seja, de uma sociedade mais justa, democrática e igualitária, foi e continuará sendo cultivada com todo o vigor. A luta será árdua, pois se vive sob um regime fascista de carcaça democrática, e a pandemia de Covid-19 trará consigo a crueldade da desigualdade social e da injustiça social vigente no mundo e, especialmente, no Brasil. Aqui, foram as elites que contaminaram a sociedade, mas a morte (tal como a doença) não é democrática, é também determinada pelo mercado, sobretudo quando se trata de epidemias e pandemias. Bastam as evidências de que o Brasil vai na contramão de todos os outros países: responde à pandemia – uma "gripezinha", segundo o mandatário – com políticas que reforçam não só a concentração de renda, mas também os interesses do capital em detrimento da defesa da sobrevivência dos trabalhadores, dos pobres e dos vulneráveis, bem como o setor privado da saúde, com o dobro do valor no repasse de recursos em comparação com o do setor público.

Mas aí contamos com o SUS, grande aliado no combate à pandemia de Covid-19! Um sistema público, universal, de extensa capilaridade social, e que vem demonstrando, ao sobreviver aos sucessivos ataques desferidos contra ele, grande capacidade de resistência, constituindo-se como propriedade da sociedade – e não de governos. Porque, bem ou mal, o SUS foi apropriado pela sociedade, tal como a rede de proteção social dos países desenvolvidos, e que lá foi fator fundamental na defesa contra o desmonte dessa rede e contra os ataques privatistas direcionados a ela.

Que brotem e floresçam as sementes!

Referências bibliográficas

COHN, Amélia. Palestra proferida. Enfrentamento do Neoliberalismo e Constituição de uma Hegemonia Latino Americana pelo Direito Universal à Saúde. *Conselho Nacional de Saúde*. Brasília. 29/11/2015.

FAGNANI, Eduardo. "Neoliberalismo e 'mal-estar' contemporâneo". *Teoria e Debate*. São Paulo. Edição 194. 8/10/2013. Disponível: http//: www.teoriaedebate.org.br/2013/10/08/neoliberalismo-e-mal-estar-contemporaneo/. Acesso: 10/03/2020.

FERNANDES, Florestan. *A Revolução Burguesa no Brasil*: Ensaio de interpretação sociológica. Rio de Janeiro. Zahar Editores. 1975.

FRANÇA, Alvaro Solon de. *ANFIP*: http://previdencia.anfip.org.br/a-previdencia-social-e-a-economia-dos-municipios-alvaro-solon-de-franca/. Acesso: 10/03/2020.

ROSSI, Pedro. *Plataforma Política Social*. 2018. Ano 7. http/plataformapoliticasocial.com.br/tag/revista/. Acesso: 08/03/2020.

SANTOS, Wanderley Guilherme dos. *A Democracia Impedida* – o Brasil no século XXI. Rio de Janeiro: FGV Editora, 2017.

SIBAHI, Pedro. *Repórter Brasil*. Correiocidadania.com.br/2-uncategorised/14094-g-vern-nega-aposentadoria-a-260-mil-trabalhadores-rurais-emp2019-recorde-da-decada reporterbr.org.br 19/03/2020. Agência digital. Acesso: 21/03/2020.

SINGER, André. *Os sentidos do lulismo*. São Paulo: Companhia das Letras. 2012.

SINGER, André. *O lulismo em crise*: um quebra-cabeça do período Dilma (2001-2016). São Paulo: Companhia das Letras, 2018.

Saúde e Cidadania: da conquista do SUS à sua precarização

Aurea Maria Zöllner Ianni

Introdução

É inegável reconhecer o limiar da precarização do Sistema Único de Saúde brasileiro (SUS). Também é inegável que se deva reconhecer que a população vem se manifestando contra essa precarização, ao fazer denúncias e queixas acerca das filas intermináveis, das longas esperas por consultas e tratamentos, e da qualidade da assistência oferecida. Porém, no atual contexto de extermínio das políticas sociais no Brasil, é curioso que hão haja, por parte dessa mesma população, uma manifestação coletiva contra este desmonte.

Por que em um país como o Brasil, de tradição patrimonialista, clientelista, atravessado por golpes e ditaduras militares em sua breve história republicana, uma política pública como a da saúde pôde se constituir, consolidar-se e permanecer por 30 anos, e, paradoxalmente, situar-se no limiar da precarização?

Há um vasto debate tanto sobre a força destrutiva do neoliberalismo, contemporâneo à própria emergência do SUS nos idos dos anos 1980, quanto sobre seu papel devastador na dissolução, no esvaziamento e na liquidação das políticas e direitos sociais, conduzindo-o à precarização.

O enfoque aqui, entretanto, será outro; levemente desviante dessa abordagem que predomina. O argumento é que, para além do projeto neoliberal e sua consecução, houve – por dentro do projeto político-científico-institucional do SUS – a abertura a dinâmicas e processos que conduziram, em alguma medida, a uma precarização.

Admite-se aqui a voracidade neoliberal, discute-se porém uma dada dimensão da precarização do SUS, sob outro aspecto.

O que vem a ser precário? É algo difícil, incerto, inconsistente, insustentável, débil; também pode significar escasso, raro, insuficiente, minguado (Ferreira, s/d, p. 1126). Aqui se problematizará, com base na etimologia do termo, sobre o que teria ficado inconsistente ou insustentável no próprio projeto político do SUS e no de sua implementação, debilitando-o. Ou seja, procura-se abordar e problematizar as dimensões mais propriamente endógenas ao sistema, intrínsecas a ele e a seus atores.

O pressuposto é que, inserido no contexto de um país de periferia do capitalismo, e tendo por horizonte os marcos do bem-estar social (o do direito à saúde), o projeto do SUS nasce sob pensamento e ação política de forte matriz crítica, tendo, entretanto, perdido essa força (auto)crítica porque dele desapareceu a interpretação sobre o capitalismo, implicando naquilo que Fraser (2019, p. 6) comenta, com relação à sua afinidade teórica que "(a autodenominada) teoria crítica tornou-se uma asa-esquerda do liberalismo".[1]

Com base nesses pressupostos serão problematizados alguns aspectos do projeto político-científico que subjaz ao SUS, bem como a sua relação com a estrutura do capitalismo como

---

1 Ainda que o debate entre Fraser e Jaeggi (2019), em obra conjunta, verse sobre suas perspectivas identificadas com a teoria crítica, acredita-se que é possível expandir vários dos argumentos das autoras para além desta matriz teórica como o campo do pensamento crítico em saúde no Brasil.

forma social, especificamente considerada aqui a formação social brasileira, tendo por foco a distribuição de bens e serviços de saúde.

A produção social da saúde e a formação social brasileira

Entre os anos de 1960 e 1970, constituiu-se no Brasil um campo científico e político de Saúde Coletiva, estruturado em torno de um pensamento sanitário crítico e de dois movimentos de expressão institucional e da sociedade civil: o Movimento da Reforma Sanitária Brasileira e a Associação Brasileira de Pós-Graduação em Saúde Coletiva, criada em 1979 (Ianni, 2015; Paim, 2007).

Esse campo desenvolveu uma reflexão crítica sobre o objeto saúde e a dimensão da produção social da saúde-doença, formulando o conceito-síntese da determinação social do processo saúde-doença, que se tornou um grande balizador de análises teóricas, ações práticas e também de formulação e implementação de políticas públicas para o setor sanitário brasileiro. Tal conceito estava ancorado nos marcos do materialismo histórico dialético, de matriz marxista, tendo possibilitado, à época, problematizar a concepção de saúde-doença articulada às desigualdades sociais e em saúde no Brasil, considerado aquele contexto histórico-social, como também estabelecer uma crítica ao modelo biomédico hegemônico e à estrutura da assistência à saúde (Donnangelo; Pereira, 1976).

Considerando a extrema desigualdade social então existente na realidade brasileira, esse pensamento reconhecia a espoliação das classes trabalhadoras, a maioria do "povo" brasileiro, no contexto da periferia do capitalismo sob domínio das classes e elites brasileiras associadas ao projeto de desenvolvimento econômico da ditadura militar, instaurada com o golpe de 1964. O pressuposto do enfrentamento da desigualdade social – e o papel da saúde nisso –, ancorava-se em dois eixos analíticos importantes: um deles, o da formação social brasileira; e o outro, o das lutas sociais no Brasil dos anos de 1970-1980. Havia, ainda, um terceiro eixo analítico relevante no campo, que era o da crítica ao modelo biomédico e à sua expressão nas ações e políticas de saúde, que aqui, entretanto, não será abordado, considerando-se a opção pela discussão a ser desenvolvida.

Retomando os dois primeiros eixos analíticos, aquele que se referia à formação social brasileira considerava que, no contexto dos países periféricos, "subdesenvolvidos", "do sul", tal como os da América Latina, a nação e os estados nacionais haviam sido constituídos pela expansão de um domínio político não representado, necessariamente, pela supremacia de uma classe social. Esses países haviam construído sistemas de poder sem correspondência estreita com relações e formas de produção econômicas próprias, endógenas aos países, porque ancoradas, sobretudo, nas relações mercantis para acumulação do capital internacional em uma vinculação estreita – e estrita – à dependência dessa dinâmica exógena. Como resultado, edificaram-se Estados nacionais em que não predominou a categoria modelar de classe social sobre as demais formas do estabelecimento e organização das forças políticas, resultando em uma configuração de estrutura de classes sociais "nestas sociedades (que) será sumamente complexa e heterogênea" (Teixeira, 1992, p. 42); fenômeno que se expressou tanto no âmbito das classes dominantes como no das classes dominadas. Disto decorreu, na América Latina, o predomínio de Estados cujos aparatos político-institucionais são delineados pela frágil explicitação das diferenças entre os interesses – e conflitos – de/das classes. Desta maneira, não só o político passou sempre pelo Estado, como também os interesses econômicos foram enfrentados como lutas políticas, necessariamente. Daí o fato de democracia e cidadania, nesses países, configurarem, potencialmente, como importante mediação à fragmentação das classes na estrutura social. E, sob esta perspectiva, a saúde como direito social significava cunhar nesse Estado os interesses das classes populares, subalternas.

Esse eixo analítico supraexplicitado articulou-se ao segundo, o da luta social nos anos de 1970-1980, profundamente marcado pelo ideário da redemocratização. Mais especificamente, aquela luta social contra a profunda desigualdade existente no cenário urbano brasileiro e em defesa do provimento de políticas e serviços sociais. O crescimento demográfico e a intensa urbanização da população brasileira ocorrida entre os anos de 1950-1960, decorrentes da migração do sertão nordestino em razão das secas e da extrema pobreza, bem como o boom desenvolvimentista da indústria nacional nos polos urbano-industriais do Sudeste, posteriormente acrescidos da lógica de crescimento socioeconômico concentrado, mediante a espoliação das classes trabalhadoras e adotado pelos governos militares a partir dos anos de 1960, tornaram-se o estopim de uma onda de movimentos sociais urbanos, especificamente nas periferias das grandes metrópoles brasileiras, que pleiteavam o acesso a serviços públicos, dentre eles os movimentos populares de saúde.

Essa população urbanizada, vivendo sob condições precárias e sem qualquer tipo de serviços, não encontrava, na saúde, qualquer chance de acesso. Acrescentava-se a esse cenário o fato de que a assistência à saúde naquele período era ainda predominantemente ofertada pela estrutura previdenciária, mediante contrato de trabalho e registro em carteira profissional, o que por certo deixava a descoberto todo um segmento da população não contratualizada, bem como toda a população trabalhadora rural.

Nesse cenário, destacaram-se os movimentos populares de saúde. A ideia que subjaz ao projeto do SUS, portanto, concebeu a saúde como uma estruturante necessária ao desenvolvimento socioeconômico mais igualitário, e se traduziu na máxima de que saúde é desenvolvimento (Cohn, 2009; Cohn; Nunes; Jacobi; Karsh, 1991).

Articularam-se, então, essas duas perspectivas de análise: a da conformação de classes na sociedade brasileira; e a da emergência dos movimentos sociais por serviços públicos, dentre eles, os de saúde. Tal articulação se estabeleceu em torno da compreensão de que a demanda por serviços públicos (moradia, água, escola, serviço de saúde, transporte, pavimentação de ruas etc.) se caracterizava como demanda social não propriamente classista, mas sociocomunitária, locorregional, popular etc., ainda que vinculada à dimensão da espoliação das classes trabalhadoras. O direito social à saúde aparece, nesse contexto, como um componente importante para o enfrentamento das desigualdades sociais.

Foi dessa síntese que resultou a dimensão da universalidade do SUS, expressa em uma das hipóteses explicativas que Sonia Fleury Teixeira (1995) formula sobre a articulação entre a questão democrática, o direito social e a reforma sanitária:

> a incorporação de demandas sanitárias por meio de um conjunto de dispositivos legais e institucionais, configurando distintas cidadanias é, ao mesmo tempo que resultante da correlação de forças existentes, um elemento ativo na conformação de identidades políticas e sociais, isto é, no desenvolvimento subsequente da luta política (Teixeira, 1995, p. 29).

Nesta perspectiva analítica do projeto da reforma sanitária brasileira, a questão – e o conceito – de vulnerabilidade não aparece, visto que a premissa da espoliação e da exclusão de vastos segmentos da população, no que tangia ao acesso a serviços de saúde, era, do ponto de vista desses formuladores, uma questão social estrutural decorrente da formação histórica socioeconômica do país e de sua configuração de classes.

É sabido que a questão social como tal aparece no século XIX quando se coloca o problema do lugar que poderiam ocupar, na sociedade industrial, as franjas mais dessocializadas dos pobres, dos trabalhadores. A pobreza deixava de ser vista como desleixo, preguiça, incapacidade, uma questão para beneficência das ordens religiosas ou de simples exclusão/estigma social, para ser compreendida como constitutiva das condições objetivas da vida e reprodução das classes trabalhadoras, que só dispunham de sua força de trabalho como recurso para a vida. "A resposta a essa questão foi o conjunto de dispositivos montados para promover sua integração. Não obstante, antes dessa 'invenção do social', o social não existia" (Castel, 2004, p. 20).

A formulação teórico-política do campo da Saúde Coletiva e da Reforma Sanitária sobre o papel que o direito à saúde poderia desempenhar na questão social no Brasil dos anos de 1960-1980, anos de amadurecimento desse campo político-científico, especificamente quanto à desigualdade e à espoliação das classes populares, correspondeu, portanto, à análise das condições objetivas de vida da população e aos marcos teóricos estruturados em torno da questão social no contexto do capitalismo.

A saúde como mercadoria

O direito de acesso gratuito à saúde, com a universalidade do sistema, encontra-se chancelado na Constituição de 1988. Tal direito ancora-se, como se buscou discutir, na análise sobre a sociedade brasileira de então, em que foram articuladas a questão da desigualdade social e a do acesso a serviços de saúde.

Não foi à toa que após a promulgação do SUS, as subsequentes Normas Operacionais Básicas, editadas ao longo dos anos de 1990, tenham sido exaustivamente dedicadas às questões de ampliação e de normatização da cobertura dos serviços, bem como à atribuição de responsabilidades entre os entes federativos, marcadamente os municípios; tratava-se de construir e expandir o sistema por todo o território nacional.

Ao retomar aqui o paradoxo da consolidação e precarização do SUS estabelecido por dentro do seu próprio desenvolvimento, ou seja, um paradoxo construído por dentro do próprio campo sanitário que lhe deu bases e sustentação, apresentam-se algumas questões relativas à articulação que se estabeleceu entre acesso e distribuição dos serviços – com vistas a dirimir as desigualdades sociais e em saúde – e o incremento do capitalismo.

Esse impasse, ou paradoxo, que se apresenta atualmente de: mais SUS = mais precarização, a problematização que aqui se propõe, pode ter sido claramente prenunciado por Singer, Campos e Oliveira (1978). Os autores, ao avaliarem a origem dos sistemas e serviços de saúde em diferentes países, reconheceram a sua unidade social historicamente constituída com relação ao mundo ocidental, e nele, o Brasil. Ao compará-los a demais ramos da produção material, afirmavam que os serviços de saúde apresentam uma característica específica, ainda que imaterial, e que na relação produção-consumo, os serviços de saúde manifestam uma "ambiguidade básica, que se exprime na proporcionalidade inversa" (Singer; Campos; Oliveira, 1978, p. 11).

> Se os SS visam "produzir" saúde, ou seja, fazer com que a saúde da população seja preservada mediante a eliminação da morbidade, o montante de sua atividade tende a ser um indicador inverso do grau em que este objeto está sendo atingido. Quanto mais saudável for a população, isto é, quanto menor a morbidade, tanto menor será sua necessidade de recorrer aos SS (Singer; Campos; Oliveira, 1978, p. 12).

Como, então, manter a equação propugnada pelo projeto do SUS, o da expansão dos bens e serviços, sem enfrentar corajosamente essa contradição? Ou, nos termos de Singer, Campos e Oliveira, sem enfrentar tal proporcionalidade inversa? Mais acesso e distribuição de bens e serviços de saúde corresponderiam efetivamente a mais saúde? Não seria isto, tal como alguns dos autores do campo da Saúde Coletiva já reconheciam na gênese do campo, a instauração – via SUS – do mercado? Se sim, que crítica foi estabelecida e em que dimensão?

Schraiber e Mendes-Gonçalves (1996) tematizaram as necessidades de saúde e a organização dos serviços de saúde. Para tais autores, essas necessidades caracterizam esses serviços por meio da demanda ativa dos usuários em busca de uma intervenção em saúde, o que representa um consumo por parte dos serviços. A origem dessa demanda é o carecimento, "esse indivíduo que se sente doente, ou em sofrimento, enxerga a saída: assume que há correção desejável para o seu problema e que existem meios para isso" (Schraiber; Mendes-Gonçalves, 1996, p. 29). O resultado das intervenções sobre esse carecimento é reconhecido, então, como "necessidade de saúde", o que torna as próprias intervenções em necessidades autoproduzidas. Ou seja, a instauração dos serviços de saúde (programas, modelos tecnoassistenciais, produtos, bens, equipamentos, procedimentos clínicoassistenciais etc.) não é apenas forma de produzir e distribuir serviços de saúde em resposta às necessidades das populações e usuários, "mas, imediatamente, contexto instaurador de necessidades" (Schraiber; Mendes-Gonçalves, 1996, p. 30), reflexivamente, portanto. E, nesse sentido, contexto instaurador de produção e distribuição de mais e outros serviços.

Fenômeno que também pode ser interpretado como uma etapa necessária de realização da mercadoria – a sua reprodução sob a forma de necessidade social. Os serviços de saúde instaurando outras e novas necessidades que encontram no usuário o seu consumidor; o usuário como o elo necessário de realização dessa mercadoria – a assistência à saúde. Em síntese, a mediação reflexiva dos serviços de saúde na conformação do capitalismo como forma social.

Há, entretanto, o imbricamento de significados nesse mercado de objetos – bens e serviços: os significados da proteção da saúde e da vida. Significados imateriais e altamente subjetivados. Daí a intensiva, extensiva e crescente incorporação tecnocientífica na cadeia produtiva do que se convencionou chamar de saúde, por meio dos instrumentos, equipamentos, procedimentos e processos de trabalho em saúde-doença (exames diagnósticos e rastreamentos clínicos realizados em demasia, de forma invasiva e/ou até mesmo mutiladora ou sob sofrimento, a sobrecarga de medicamentos "preventivos" e de "controle", com intercorrências residuais nos organismos etc.), todo e carregando outras e novas mercadorias, incertezas e riscos, em uma intensa divisão do trabalho com altíssima especialização.

Neste sentido, o campo dos serviços públicos de saúde, como o SUS, constitui uma estrutura "instauradora de necessidades" e, por decorrência, produtora de incertezas, riscos e, sobretudo, de mais mercado – por meio da circulação e consumo das mercadorias –, que atua sobre/com os indivíduos sem ter neles a sua origem necessária, atribuindo-lhes, muitas vezes, necessidades que lhes são estrangeiras.

O neoliberalismo só exacerbará este processo, redefinindo-o no contexto da sociedade informacional, virtual, globalizada, acelerada, financeirizada. Exames clínicos brasileiros já são lidos e interpretados no exterior, a engenharia genética já produz vida, os seguros saúde já funcionam segundo os interesses de bancos e financeiras, telecirurgias são realizadas por meio de empresas médicas e serviços globais.

> No sistema produtor de mercadorias da modernidade, ao contrário, a lógica da necessidade foi invertida: à medida que as forças produtivas, mediante a industrialização e penetração das ciências, rompem a coação e a prisão da "primeira natureza", passam a ser presas numa coação social secundária, inconscientemente produzida. A forma de reprodução social da mercadoria torna-se uma "segunda natureza", cuja necessidade apresenta-se aos indivíduos igualmente insensível e exigente como a da "primeira natureza", apesar da sua origem puramente social (Kurz, 1992, p. 25).

Esta questão, tão evidente no que concerne à produção, circulação e consumo das mercadorias em geral, torna-se muito especial e extremamente complexa quando se refere ao objeto saúde. O espectro da doença, vastamente compreendida e percebida pelas pessoas como fenômeno biológico, e não social, coloca usuários, cidadãos, grupos e populações, sempre, na condição de uma "primeira natureza", em que cura e reabilitação expressariam tal condição, a de um retorno à natureza biológica do corpo normal. É extremamente difícil e complexo que pessoas compreendam a sua saúde – e a manipulação desta – como objeto de segunda natureza, espaço de reprodução social do mercado.

Problematizando a saúde como questão social atual

A formulação do direito à saúde balizada fundamentalmente pelo acesso a serviços de saúde ancorou-se no pressuposto do direito social, principalmente em sua dimensão positiva do atendimento às necessidades de saúde: mais acesso = mais saúde (e vice-versa).

Predominou, ainda, no pensamento sanitário, uma concepção positiva de desenvolvimento como estratégia necessária e estruturante para o atendimento às necessidades de saúde da população, e que se traduziu também no direito de acesso a serviços de saúde. Ou seja, tratou-se de uma lógica extremamente positiva quanto à intencionalidade e à assertividade de que o direito social seria garantido por meio do acesso a serviços e bens.

É importantíssimo mencionar, entretanto, que não houve, mesmo na gênese do campo, qualquer ingenuidade acerca do atravessamento da forma capitalista na produção social da saúde. A 8ª Conferência Nacional de Saúde, realizada em 1986, reconhecia que a saúde é resultado das formas de organização social da produção, ainda que enfatizasse as lutas populares cotidianas.

Havia, inclusive, o reconhecimento de que a saúde é um "espaço específico de circulação de mercadorias e de sua produção (empresas, equipamentos e medicamentos)", bem como "um espaço de hegemonia de classe, através da produção das políticas sociais que têm a ver com a produção social" (Arouca, 1982, s/p.).

Fica evidente que o campo político-científico que formulava esse pensamento sanitário e estruturava o projeto político social do SUS tinha clareza em relação ao fio da navalha no qual caminhava: o limiar, a contradição, esse paradoxo político e socioeconômico – do direito social com mercadorização –, prenunciando o impasse da dificuldade em potencial, da incerteza, inconsistência, insustentabilidade do sistema, enfim, da sua precarização.

Por que, então, este tipo de análise foi abandonada? Ou subsumida. Inúmeros fatores estiveram envolvidos.

O esforço de construção e implementação do sistema nacional como política pública requereu outros conhecimentos e habilidades predominantemente de gestão e administração pública, em várias e diferentes dimensões – econômico-financeira, tecnocientífica, de formação de recursos humanos, estrutura federativa etc. – que não só ampliaram o escopo do campo em termos demográficos quanto de especialidades profissionais e dimensões geográficas loconacionais.

A urgência em implantar o SUS também capturou tempos outros, de reflexão, de autocrítica etc., de muitos desses intelectuais orgânicos profundamente comprometidos com a execução e o êxito dessa política.

Houve, ainda, o esforço em consolidar institucionalmente o campo científico da Saúde Coletiva, idealizando programas de pós-graduação, oportunizando estruturas de pesquisa e seu financiamento, a criação de campo editorial científico específico para a área, até então inexistente.

E, ainda, no contexto de redemocratização e da consolidação democrática dos anos que se seguiram ao fim da ditadura militar, houve a absorção de vastos segmentos democráticos da sociedade civil brasileira para integrarem ativamente essa "reconstrução" democrática institucional do Estado brasileiro, com grande ênfase e otimismo, sobretudo no tocante às possibilidades da consolidação dos direitos sociais.

Por fim, há a questão vastamente reconhecida e discutida no campo sobre as implicações da presença do público e do privado que se estabeleceu desde os primórdios do SUS, com vistas à viabilização de um sistema único universal, e que se traduziu na articulação do sistema de serviços público-estatais, gratuitos, com o sistema suplementar privado, pago, mediante significativo custeio público-estatal (Sestelo; Souza; Bahia, 2010). Essa articulação decorreu do diagnóstico sobre a incapacidade de a estrutura de serviços público-estatais, então instalada, conseguir atender à população brasileira em sua totalidade, tal como preconizado pelo SUS, requerendo-se, desse modo, uma complementariedade via setor privado.

Nesse complexo contexto de implementação da política, é fato que houve um importante abandono – ou, no mínimo, um constrangimento – da reflexão crítica estrutural que o campo realizara sobre o objeto saúde, o direito social e a configuração dos serviços no contexto da sociedade brasileira.

Os 30 anos que se seguiram à consolidação do SUS foram de perdas, mas de conquistas também. Sem dúvida, uma das mais importantes na história do país: a estruturação e consolidação de um sistema nacional de saúde gratuito, com base nos princípios da universalidade, da equidade e da integralidade. O paradoxo, entretanto, é que, de fato, abriu-se um importante flanco para a realização do capital e de seus notáveis processos de reprodução e circulação, sem que a crítica radical se mantivesse presente. Obviamente, algumas vozes, aqui e ali, buscaram expressar a perspectiva original, porém, a própria exponencial ampliação do campo científico-político e organizativo que envolveu a estruturação do SUS acabou por isolá-las. A extrema habilidade de capilarização produtiva e societária da qual o capital é portador viabilizou-se crescentemente por meio da produção e do consumo dos bens e serviços de saúde. E ainda que esta dimensão não fosse do desconhecimento ou ignorada pelos atores e segmentos do campo, acabou por se transformar em uma grande força propulsora do sistema, e, por decorrência, na ênfase do acesso como direito e atendimento às necessidades de saúde, por meio da universalização do sistema único. O otimismo do contexto democrático sob a perspectiva da melhoria das condições de vida da população mediante o acesso à saúde inspirou o crescimento da produção material, via SUS, que não se deu sem o aumento simultâneo da produção do valor (Jappe, 2019).

Nesse sentido, e em certa medida, a perspectiva do desenvolvimento econômico como eixo central para a ampliação do acesso a serviços, a fim de atender às necessidades de saúde da população, suplantou a perspectiva original – mais propriamente política – da dimensão da saúde como eixo de desenvolvimento social. Dialogando com Jappe (2019), o campo acabou por priorizar, se não se limitar a "pedir uma outra distribuição dos frutos deste modo de produção" (Jappe, 2019, p. 17-18).

Refletindo acerca dos desafios em torno da situação de saúde da população brasileira à época, e sobre a agenda sociossanitária dela decorrente, é fato que o campo conseguiu dar respostas importantes e promissoras no âmbito das políticas públicas implementadas pré e pós SUS, ao criar diversos programas assistenciais, ao desenvolver ações pontuais e estratégicas, ao realizar diagnósticos epidemiológicos consistentes, ao ampliar a cobertura de serviços etc. Nessa longa trajetória, foram implementadas, inclusive, algumas políticas setoriais importantíssimas visando à transformação do modelo tecnoassistencial, as quais tiveram por substrato o enfrentamento do modelo clínico biomédico hegemônico altamente especializado que dá sustentação a essa lógica mercadológica. O Programa de Saúde da Família, a partir de 1987, e o Programa Mais Médicos, em 2013, são exemplos disso: ambos são voltados para a atenção primária, o primeiro nível assistencial e extremamente resolutivo; ambos são focados na atuação médica generalista não especializada e ancorados em Agentes Comunitários de Saúde, privilegiando, assim, a vida cotidiana do cidadão e o contato direto com as pessoas e comunidades. Além disso, o Mais Médicos, fruto de um acordo bilateral com Cuba, buscou levar os serviços assistenciais a áreas "carentes", "distantes", para as quais a corporação médica brasileira sempre se recusou a ir, golpeando, desta forma, o monopólio que essa corporação mantém sobre a assistência público-privada no país.

Entretanto, focado na operacionalidade da gestão, o campo relegou a decisão política acerca do quê, como e em que condições incorporar bens e serviços, objetos de consumo, mercadorias tecnocientíficas.

Importante apontar um aspecto que não será aqui aprofundado, mas que não pode, entretanto, ser secundarizado: a questão do desenvolvimento como crescimento econômico. Pelo fato de ela estabelecer uma aproximação entre questões bastante diferentes – tal como afirma Veiga, "a mais frequente (delas) é tratar o desenvolvimento como sinônimo de crescimento econômico" (Veiga, 2006, p. 17) –, essa questão precisa ser reposta pelo campo da Saúde Coletiva, especialmente após os anos de 1990, quando o PNUD (Programa das Nações Unidas para o Desenvolvimento) lança o IDH (Índice de Desenvolvimento Humano) (Altvater, 1995; Gadrey; Jany-Catrice, 2006; Viveret, 2006). Desde então, torna-se evidente que não é possível usar exclusivamente a opulência econômica na aferição do desenvolvimento, o que representou um salto qualitativo com relação às primeiras décadas do século XX – em especial, até meados dos anos 1960 –, quando ainda se pensava no desenvolvimento como crescimento econômico. Dos anos de 1990 em diante, ficou nítido que crescimento econômico não se traduz, necessariamente, em melhoria das condições de vida e de saúde das populações e em proteção da vida.

Manter, portanto, a aproximação entre desenvolvimento e crescimento econômico no centro do debate das políticas públicas, sob a perspectiva da melhoria das condições de vida e saúde das populações traduzidas em acesso, subsume e restringe o debate a duas das disciplinas da Economia, a macroeconomia e a microeconomia (Veiga, 2006), deslocando-o do cerne da questão muito mais complexa que é a do desenvolvimento e os seus desafios no contexto das sociedades contemporâneas.

O campo da Saúde Coletiva precisa retomar esse debate presente em sua gênese e refletir (auto)criticamente, sob o preço de permanecer refém do paradoxo do desenvolvimento e capilarização do capital, sem contribuir, de fato, para a melhoria da situação de saúde e do bem-estar da população brasileira.

Veiga (2006), ao discutir a contribuição dada por Celso Furtado, retoma a máxima deste autor, a de que atingir o desenvolvimento só será possível pela caracterização de um projeto social subjacente.

Nestas circunstâncias, mais do que nunca, torna-se necessária, para além da (auto)crítica que o campo da Saúde Coletiva possa fazer sobre si, a retomada da discussão do projeto social subjacente, considerando o cenário global e o contexto do Brasil contemporâneo. Nesse sentido, a tétrade direito social x acesso x necessidades de saúde x desenvolvimento tal como conduzida pelo campo nas últimas décadas, arrefeceu a crítica – teórica e prática, política e científica – anteriormente formulada, tendo sido implementada principalmente em sua dimensão mais propriamente economicista.

A secundarizarização, no debate, da evidente dimensão mercantil intrínseca à saúde, obscurecida pela diversificação das ações prático-políticas e pela incorporação e distribuição de bens, produtos e serviços por todo o sistema, contribuiu para uma dimensão político-econômica devastadora das próprias bases do SUS, da Reforma Sanitária Brasileira e do pensamento crítico do campo da Saúde Coletiva. Resultando, desse modo, em uma ampliação, em âmbito nacional e em níveis diferenciados, da assistência da base estratificada da sociedade brasileira, sempre associada à ampliação do mercado, da produção e da reprodução do consumo sob a lógica do capital. Produziu-se assim o paradoxo intrínseco ao sistema e à política social: o direito à saúde e o vasto mercado consolidado em âmbito nacional.

Importante é destacar que esse paradoxo não se expressa de forma a-histórica e/ou particular ao Brasil. Exaustivos estudos sociológicos e das ciências políticas vêm demonstrando as consequências paradoxais do desenvolvimento das políticas sociais nas sociedades industriais capitalistas no século XX (Beck, 2006; Rosanvallon, 1981; Dardot; Laval, 2016), estejam tais estudos em diálogo direto ou não com o ideário do neoliberalismo. Daí a acurácia e pertinência da incômoda proposição de Beck nos anos de 1980, pouco antes da queda do muro de Berlim, de que a destruição da sociedade industrial capitalista ocorreria pelos seus próprios êxitos.

Breves considerações finais

No contexto da atual conjuntura brasileira, mais especificamente, depois de 2016, com o golpe parlamentar sobre o governo de Dilma Rousseff, seguido da eleição do governo Jair Bolsonaro, em 2018, tem havido um intencional e profundo corte de investimentos nas áreas e políticas sociais, ocorrido simultaneamente à introdução agressiva de alternativas privatizadoras.

A denominada PEC "do fim do mundo", a PEC 241 do teto orçamentário, sancionada em 2016, ainda sob o governo golpista de Michel Temer, constrange totalmente os gastos públicos, impactando gravemente o sistema de saúde. Para além das reações por parte dos profissionais e intelectuais do campo e daqueles atuantes nas áreas das políticas sociais – como abaixo-assinados, cartas de denúncia pública, manifestos etc. –, não houve reação alguma. Onde estiveram, ou estão, os setores da população brasileira que utilizam, precisam e usufruem de vários dos serviços do sistema de saúde? Como reagiram os setores carentes, "excluídos", que estiveram presentes na origem do Movimento da Reforma Sanitária nas periferias das metrópoles brasileiras?

Não é impossível arriscar, inclusive, que predomina no âmbito dos segmentos populares a ideia de que a expansão mercadológica dos serviços, se accessível, ou seja, se dentro das possibilidades econômico-financeiras particulares dos potenciais usuários (ou seja, correspondendo às diferentes estratificações de renda e de poder aquisitivo da população), pode ser bem-vinda porque significaria maior eficiência e resolutividade. O que, em certa medida, dialoga com o ideário de mais acesso = mais saúde.

Nesse cenário, descortina-se uma longa e exaustiva tarefa de desliberalização do pensamento, práticas e políticas sociais, em específico, a de saúde, no âmbito da sociedade brasileira. Esta tarefa não é pouca nem pequena, visto que envolve, como se pretendeu problematizar, uma retomada crítica do campo político-científico atualmente consolidado que – e isto pode ser assustador – formou gerações de profissionais, de intelectuais, de usuários etc., todos sob essa perspectiva, tendo de certa maneira contribuído para a conformação de uma "forma-sujeito" mercantil (Jappe, 2019, p. 15).

O êxito da realização e consolidação do SUS não ficou imune à dinâmica liberalizante do capital. O crescimento da produção material na forma da distribuição de bens e serviços de saúde produziu o crescimento do valor – constitutivo da produção capitalista (Sestelo; Souza; Bahia, 2014) –, o que fez crescer, por consequência, o próprio campo da saúde.

Também é necessário recolocar a questão sobre a formação social brasileira e sua expressão na saúde, a fim de se pensar o Brasil mediante os desafios contemporâneos.

Esta questão pode indicar o que viria a ser uma agenda de pesquisa sobre velhas, novas e híbridas estratificações contemporâneas, especificamente em um país como o Brasil. O que vem a ser a questão social no mundo contemporâneo?

O convite é ao enfrentamento desse desafio empírico-teórico e do que isto pode vir a ser, se o objetivo é o futuro comum, das outras e novas gerações.

Referências bibliográficas

AROUCA, Antônio Sergio. "Salud en la transición" – Ponencia realizada en el *II Seminario Latinoamericano de Medicina Social*. Manágua: Nicarágua, 1982.

ALTVATER, Elmar. *O preço da riqueza*. Pilhagem ambiental e a não (des)ordem Mundial. 1ª edição. São Paulo: Editora UNESP, 1995.

BECK, Ulrich. *La sociedad del riesgo*: hacia una nueva modernidad. 1ª edición. Barcelona-Buenos Aires-Ciudad del México: Paidós. 2006.

CASTEL, Robert. Prólogo, In: CASTEL, Robert. *Las metamorfosis de la cuestión social*. Una crónica del salariado. 1ª edición. 1ª reimpresión. Buenos Aires-Barcelona-México: Paidós. 2004, p. 13-26.

COHN, Amélia. Saúde e desenvolvimento social. *Saúde e Sociedade*, São Paulo, v. 18, supl. 2, p. 41-47, jun., 2009.

COHN, Amélia; NUNES, Edison; JACOBI, Pedro Roberto; KARSCH, Ursula Margarida Simon. *A Saúde como direito e como serviço.* 1ª edição. São Paulo: Cortez Editora-CEDEC, 1991.

DARDOT, Pierre; LAVAL, Christian. *A nova razão do mundo.* Ensaio sobre a sociedade neoliberal. 1ª edição. São Paulo: Boitempo Editorial, 2016.

DONNANGELO, Maria Cecília Ferro & PEREIRA, Luiz. *Saúde e sociedade.* São Paulo: Duas Cidades, 1976.

FERREIRA, Aurélio Buarque de Holanda. *Novo Dicionário da Língua Portuguesa.* 1ª edição (15ª impressão). Verbete precário. Rio de Janeiro: Editora Nova Fronteira. s/d. p. 1126.

FRASER, Nancy & JAEGGI, Rachel. Capitalism. *A conversation in critical theory.* 2º edition. Medford: USA, 2019.

GADREY, Jean; JANY-CATRICE, Florence. *Os novos indicadores de riqueza.* 1ª edição. São Paulo: Editora Senac. 2006.

IANNI, Aurea Maria Zöllner. O campo temático das ciências sociais em saúde no Brasil. *Tempo Social,* São Paulo, jun. 2015, v. 27, n. 1, p. 13-32.

JAPPE, Anselm. *A sociedade autofágica.* Capitalismo, desmesura e autodestruição. 1ª edição. Lisboa: Portugal, 2019.

KURZ, Robert. *O colapso da modernização.* Da derrota do socialismo de caserna à crise da economia mundial. 1ª edição. Rio de Janeiro: Editora Paz e Terra, 1992.

PAIM, Jairnilson Silva. *Reforma sanitária brasileira*: contribuição para compreensão crítica. Salvador: EdUFBA; Rio de Janeiro: FIOCRUZ, 2007.

ROSANVALLON, Pierre. *La crise de L'Etat-providence.* 1ª édition. Paris: Éditions du Seuil, 1981.

SCHRAIBER, Lilia Blima; MENDES-GONÇALVES, Ricardo Bruno. Necessidades de Saúde e Atenção Primária. In SCHRAIBER, Lilia Blima, NEMES, Maria Inês Baptistella e MENDES-GONÇALVES, Ricardo Bruno (orgs.). *Saúde do adulto*. Programas e ações na Unidade Básica. 1 ª edição. São Paulo: Editora Hucitec. 1996. p. 29-47.

SESTELO, José Antônio de Freitas; SOUZA, Luis Eugênio Portela Fernandes de; BAHIA, Lígia. Saúde suplementar no Brasil: revisão crítica da literatura de 2000 a 2010. *Saúde e Debate*, São Paulo, Set 2014, v. 38, n. 102, p.607-623.

SINGER, Paul; CAMPOS, Oswaldo; OLIVEIRA, Elizabeth M. de. Prevenir e curar. *O controle social através dos serviços de saúde*. 1ª edição. Rio de Janeiro: Forense-Universitária. 1978.

TEIXEIRA, Sonia M. Fleury. *Estado y crisis:* una perspectiva Latinoamericana. 1ª edição. Ciudad del Mexico: Mexico. 1992. p. 19-49.

TEIXEIRA, Sonia M. Fleury. Reflexões Teóricas sobre Democracia e Reforma Sanitária. In: TEIXEIRA, Sonia Fleury (org.). *Reforma Sanitária em busca de uma teoria*. 2ª edição. São Paulo: Cortez Editora. 1995. p. 17-46.

VEIGA, José Eli da. *Meio Ambiente & Desenvolvimento*. 1ª edição. São Paulo: Editora Senac, 2006.

VIVERET, Pierre. *Reconsiderar a riqueza*. Brasília: Editora da Universidade de Brasília. 1ª edição. 2006.

Privatização e concentração urbana das clínicas médica populares: financeirização do acesso à saúde na periferia da metrópole

Ricardo de Lima Jurca

> Bem na entrada da favela de Heliópolis, entre uma agência bancária e uma loja de departamentos, desponta uma clínica médica que só realiza consultas particulares. Não vale convênio, tampouco cartão do SUS. Quem passa ali, estranha. Muitos moradores custam a ter coragem de entrar. Só perdem o medo na medida em que o boca a boca se espalha ou quando leem um cartaz bem à frente do portão que informa, em linguagem clara e direta, o valor das consultas: R$ 40 para clínico geral e R$ 60 para qualquer uma das dez especialidades oferecidas, que pode ser dividido em duas parcelas. "Quem disse que essa população não pode ir ao médico particular?", questiona o criador do Dr. Consulta, Thomaz Srougi.[1] Ele se refere ao seu público alvo: gente sem plano de saúde e cansada das filas dos postos públicos. O perfil exato dos moradores da maior favela da cidade (O Estado de S. Paulo, 22 de julho de 2012).

1 Iniciou a carreira no mercado financeiro e na Ambev. Fundou a empresa dr.consulta. MBA e MPP pela University of Chicago, GMP Harvard Business School, e é um Kauffman Fellows. Biografia tirada do painel Summit Saúde Brasil, organizado pelo jornal *O Estado de S. Paulo* sob o título: Novos modelos de negócio, em 07 de outubro de 2016.

Essa matéria de capa, em um jornal de domingo, ilustrava simultaneamente o grau de relevância e algumas dificuldades enfrentadas no estudo contemporâneo da relação entre o público e o privado na área da saúde, em São Paulo. Relevância pois, com base na observação, assinalava-se ali a centralidade do tema entre a população de São Paulo, especificamente na Região Metropolitana da cidade. Mais do que as deficiências do sistema de saúde brasileiro, tais como as filas dos postos públicos, a matéria evidencia a inauguração da clínica médica em bairro periférico de São Paulo. Entretanto, ao olhar com um pouco mais de calma para o número de especialidades oferecidas e para o baixo custo das consultas, a forma de enunciar o fenômeno da abertura de uma clínica médica na favela mostra como esses conceitos devem ser valorados em um contexto popular.

A "favela" seria, então, constitutiva da associação entre "gente sem plano de saúde" e "cansada das filas dos postos de saúde", evidentemente construída a partir de um senso comum. A reportagem não chega lá, mas o leitor atento ao tema codifica. São os territórios urbanos periféricos que capturam as tramas vitais do comércio popular, ao inventar recursos onde não há, ao repor serviços diante do despojo e ao criar modos de vida que excedem as fronteiras do capital.

Identifica-se, neste processo, o fenômeno da privatização e concentração da atividade das clínicas médicas populares como reconfigurações da trajetória de acesso aos serviços. Esse setor gira em torno de um conjunto de atores privados oriundos principalmente do comércio varejista.[2] Atualmente, o acesso a esses

2 A cervejaria AMBEV, empresa de produção de bebidas, no caso do proprietário da rede de clínicas dr.consulta; indústria têxtil, no caso de uma rede de clínicas estabelecidas na zona sul de São Paulo; e da rede Marabraz de lojas de móveis, no caso do dono das clínicas Fares.

estabelecimentos está redesenhando as condições de acesso à saúde na cidade de São Paulo, posicionando a periferia no centro de uma rede composta por muitos atores informais. O que a matéria coloca em evidência, portanto, é a correlação direta entre o empresariamento médico, o comércio e as classes populares.

O surgimento desse sistema privado de saúde levou o mapa de saúde do país a se concentrar novamente em suas principais capitais. Em oposição aos princípios iniciais da infraestrutura de saúde pública, estabelecidos de maneira favorável à excelência de seus profissionais e à sua justa distribuição em todo o território nacional, está setor privado, que vem superando o público, tornando-se difícil alcançar um maior número de estabelecimento.

Segundo dados do Cadastro Nacional de Estabelecimentos de Saúde (CNES), entre 2005 e 2013, o número de estabelecimentos públicos e privados cadastrados em todos os segmentos aumentou em termos absolutos (120,5%), mas esse aumento se deu de forma bastante desigual. No âmbito do setor privado, o aumento foi de 179,4%, ao passo que no setor público foi de 42,3%. Como resultado, houve aumento proporcional dos estabelecimentos privados no período, que passaram a representar 72% do total de estabelecimentos em 2013. Esse mesmo resultado pode ser observado quanto à divisão dos estabelecimentos nos dois ramos do Direito, com aumento mais acentuado dos estabelecimentos sob a égide do Direito Privado (Viana; Miranda; Silva, 2015).

Por trás desses grandes fluxos, formam-se caminhos de atendimento compostos por trajetórias individuais complexas e diversas para os moradores das periferias de São Paulo, deixando em aberto uma paisagem em que produção de direitos e a inclusão social se realizam por meio da mediação financeira e do consumo.

A principal hipótese é que esses novos acessos à saúde – termo que geralmente designa o progresso dos pacientes entre os atores da cadeia médica, por sua diversidade e complexidade nesse contexto – tornam-se uma realidade material devido às reconfigurações impostas pela privatização. Ao se traduzirem em jornadas urbanas reais, elas descobrem múltiplas tramas urbanas que conseguem combinar uma temporalidade de acessos velozes e versáteis. Mobilidades, acomodações e medicamentos foram dispersos devido às transformações provocadas pela privatização e, portanto, causam um problema central no que diz respeito à experiência urbana vivida pelos pacientes.

O contexto brasileiro: da excelência pública à privatização do setor médico

Primeiramente, é necessário abordar o contexto geral do surgimento de policlínicas privadas no Brasil, a fim de entender o que motiva a sua implantação urbana e o seu funcionamento. Um olhar atento deve ser direcionado aos cortes iminentes nas verbas e do Estado, especialmente aquelas das quais dependem os serviços públicos. Em termos gerais, cortes no volume de gastos públicos e, portanto, na atividade estatal, parecem reforçar a posição de mercado no contexto da saúde, fortalecendo mecanismos privados para ajudar os pobres e, ao mesmo tempo, sobrecarregando o sistema de saúde.

O Sistema Único de Saúde (SUS) é, desde os anos da redemocratização, uma instituição de ponta à disposição de todos os cidadãos. Se a constituição contemporânea recorda que é um compromisso do Estado, é sua estrutura territorial que lhe confere a sua força.[3]

3 O SUS (Sistema Único de Saúde) é, nos termos da lei, um conjunto de ações e serviços de saúde, prestados por órgãos e instituições públicos,

Com o treinamento dos profissionais, o sistema de saúde gira em volta de uma forte rede territorial, classificando estabelecimentos locais em torno de centros hospitalares nas maiores cidades, Centros Regionais e serviços de saúde em áreas rurais. O cartão do Sistema Único de Saúde cobre, portanto, todo o território nacional, garantindo um atendimento mínimo a toda a população. Se esse sistema continuou e floresceu até a década de 2020, em particular graças ao financiamento por meio da socialização do custo dos cuidados e da crescente importância dos médicos de família, prenunciou também uma liberalização do setor.

Foi com as aquisições e associações empresariais, já em 1989, que as cartas ficaram particularmente confusas. Influenciada por uma casta emergente de médicos ricos, a legislação abriu os portões da liberalização do setor. Os médicos, autorizados a atuar tanto no setor público quanto no privado, também trabalharam na elaboração de especificações que permitiam a criação de hospitais com capital exclusivamente privado de organização de cooperativas de crédito e *holdings* (Bahia *et al.*, 2016).

Ao mesmo tempo, uma nova oferta de expansão territorial, com aumento de clientelas e de associação de empresas pioneiras (medicina de grupo, cooperativas e autogestões), também está se tornando uma encruzilhada para investidores nacionais e internacionais; ao se adicionar capitais e legislação mais flexíveis, esses fatores atraem também pacientes com muitos recursos.

Construídas por um influxo de capital público e privado, as policlínicas estão intrinsecamente sujeitas a imperativos de lucratividade, a curto prazo. Já não se trata de garantir uma cobertura territorial igualitária, mas de ser o mais próximo e acessível

federais, estaduais e municipais, administração direta e indireta e por fundações mantidas pelo poder público.

possível da demanda por resoluções; nesse sentido, os projetos assumiram uma escala significativa.[4]

As clínicas médicas privadas giram, então, em torno de fundos estrangeiros e nacionais, uma força lobista que permite influenciar o desenvolvimento de espaços específicos a seu favor. Atualmente, a maioria dos estabelecimentos está concentrada na cidade de São Paulo e em sua Região Metropolitana. A capital apresenta um modelo a ser distinguido, que se desenvolve como patrimônio de suas próprias práticas e configurações urbanas. Em 2020, São Paulo passou a abrigar a maior parte do polo industrial privado de saúde do país.

A busca por novos espaços levou as clínicas para todas as regiões da capital, em especial, para os bairros a leste e sul, mas principalmente para Região Metropolitana e centro. Esses distritos emergem a partir do desejo dos governos de desenvolver espaços de consumo dedicado a atividades populares de baixo custo e voltados para as classes populares, atraindo, assim, instituições bancárias, imobiliárias e de alta tecnologia.

Sociologicamente próximas desses círculos de negócios e encontrando fortes semelhanças em relação a seu funcionamento, as clínicas rapidamente aderiram a esses projetos. De modo muito vinculado a infraestruturas urbanas do varejo brasileiro, centros populares de compras, empresas, hospitais e metrôs são outros exemplos de localidades especiais em que foram implantados esses centros médicos, o que confirma seu desejo de se posicionar nesse paradigma voltado para o mercado popular internacional.

Embora conectados às redes da globalização, esses espaços constituem enclaves urbanos reais, cercados por espaços de

4 A rede de clínicas Fares obteve aportes milionários do Banco Nacional de Desenvolvimento Social (BNDES), investindo dezenas de milhões de dólares em equipamentos avançados (Koike, 2017).

atendimentos públicos e inteiramente dedicados a uma classe popular produtiva específica. A atmosfera urbana não é afetada; as clínicas são acessíveis e os serviços atuais oferecem especialidades a preços populares para a média da população.

Sob a mais pura tradição empresarial da cidade, as policlínicas se desenvolveram principalmente de acordo com as oportunidades do crescimento do comércio popular. Muito amplamente baseada em uma lógica financeira a partir do capital estrangeiro, a oferta médica concentra-se quase que exclusivamente no centro expandido da capital, caminho de atendimento em vias urbanas.

Uma lógica comum: financeirização popular e Estado à margem

Esse modelo se encontra em conformidade com a proximidade do setor de serviços. Além da entrada nos territórios periféricos, toda a estruturação do ambiente do comércio popular é inspirada por ele. As clínicas mais recentes são desenvolvidas de acordo com uma lógica de baixo custo e de rendimento máximo.

Observa-se aqui o projeto do grupo dr.consulta®, a policlínica amplamente financiada por fundos estrangeiros. Era verão de 2011 e as noites em São Paulo estavam novamente mais quentes do que nunca. Thomaz Srougi, cofundador e sócio da empresa dr.consulta, deitava-se desperto na cama ouvindo o zunir do ventilador. Sonolento, ele lembrava-se do início dos anos 2000, quando havia participado de um encontro de ex-alunos em Harvard, no qual fora apresentado o caso de uma empresa prestadora de serviços de saúde associados a serviços farmacêuticos (Chu & Garcia-Cuellar, 2007). Thomaz pensou sobre seu desejo de criar no Brasil um modelo de negócio similar para a prestação de saúde. O empreendedorismo com potencial de inovação é repleto de desafios, pede abordagens interdisciplinares e, sobretudo, dá a oportunidade de se criar um projeto que possa ter impacto disruptivo.

A história do dr.consulta passou pelos olhos de Thomaz: sua fundação, em abril de 2011; a ideia de erigir uma visão fortemente voltada para a criação de impacto; a constituição de uma empresa que oferecesse serviços de saúde com qualidade a preços acessíveis para comunidades desfavorecidas no Brasil; as dificuldades para a construção do negócio; o apoio que receberia da *family, friends and fools*; todo o trabalho prático envolvido na gestão e no crescimento da empresa; o sucesso em, finalmente, encontrar investidores de *Venture Capital* (Boch; Rotondaro; Meynhardt, 2014).

Esse projeto representa a direção escolhida pelo setor alternativo aos tradicionais planos de saúde. Construídas em torno de plataformas técnicas, principalmente de alta Tecnologia de Informação, as policlínica dessa rede se adaptam às características do comércio popular, com baixo custo e práticas de rentabilidade de muito curto prazo no setor privado. Um diretor me relatou o seguinte: "Não precisamos modificar a estrutura do prédio, como sala de reuniões, um quarto ou estacionamento, isso não paga nada comparado a uma sala de exames e consultas! Embora surjam dificuldades de gerenciamento nesse cenário, os projetos continuam fluindo nessa direção, devido à expansão do setor popular de atendimento médico. Serviços com contornos informais". Esses serviços, particularmente aqueles relacionados à mobilidade e acomodação dos pacientes, são terceirizados e deixados a cargo de várias pequenas estruturas, como laboratórios parceiros que entram no ramo popular dos negócios na saúde.

A crença de que o acesso aos recursos básicos de cuidados à saúde deve estar disponível para todos, independentemente da posição social, constitui a palavra de ordem do fundo de investimento da dr.consulta, o Health St. Gallen Fund (HSG).[5]

Os recursos disponíveis para serem alocados em negócios sociais no Brasil são da ordem de 200 milhões de dólares. Vinte e oito investidores estão em operação no país. A maioria (26%) dos negócios sociais estão na América Latina e Caribe. Os maiores investidores são *family offices* e milionários, que estão em primeiro lugar; em segundo, bancos de desenvolvimento; em terceiro, bancos e outras instituições financeiras; e em quarto estão fundos de pensão e seguradoras. O objetivo é fornecer capital estrangeiro na forma de dívida para grupos empresariais que estejam em fase de crescimento e expansão na área social.

No caso do fundo HSG, o foco é em mulheres e crianças, promovendo o acesso privado à atenção primária na base da pirâmide socioeconômica em mercados emergentes. Além de capital, o fundo também fornece sua participação com conhecimento e experiência. Sempre que possível, prefere realizar um coinvestimento. Todos os investimentos são cuidadosamente selecionados com base em um catálogo fixo de critérios, que garante que seus investimentos a longo prazo sigam uma abordagem de linha dupla, que procura obter retornos financeiros sem, entretanto, comprometer sua "missão social" (Boch; Rotondaro; Meynhardt, 2014).

---

5 Esta proposta foi apresentada no âmbito do seminário "Investimento de impacto - Redefinindo o significado de retorno", na Universidade de St. Gallen, em 2015. Os critérios de elegibilidade do dr.consulta para investimentos foram:
- Modelo de negócios sustentável comprovado;
- Tratamento justo de clientes;
- Impacto social significativo;
- Capacidade e integridade do proprietário e gestão;
- Necessidade real de financiamento (Kimakowitz; Lucena, 2015).

De acordo com um estudo realizado pela Aspen Network of Development Entrepreneurs (ANDE, 2014), 63% dos potenciais investidores desejam investir no setor de saúde. Esta indústria é rentável e pode ter um alto impacto social, evitando automedicação entre os brasileiros. As famílias brasileiras gastam grande parte (74%) de seus orçamentos de saúde em produtos farmacêuticos, em vez de procurar pareceres médicos. Além disso, existe uma crescente diferença entre o fornecimento de cuidados de saúde em áreas urbanas e rurais.

Em teoria, os clientes-alvo das clínicas médicas populares cobrem todos os estratos sociais no Brasil em razão do inevitável mercado de cuidados de saúde. No entanto, a demanda atual deriva de clientes com um perfil de renda entre R$ 1.085,00 a R$ 7.475,00, o que inclui a classe de renda média (65%) e a parte inferior da pirâmide (35%). Os custos de uma consulta variam entre R$ 65,00 a 80,00 (US$ 20,00 - 30,00) e podem ser pagos em duas parcelas, em caso de restrições financeiras dos clientes, o que é especialmente importante para clientes pertencentes à base da pirâmide econômica (ANDE, 2014).

Segundo a pesquisa, o investimento compete com instituições públicas que oferecem serviços similares gratuitamente. A este respeito, especialmente a base da pirâmide econômica enfrenta uma relação de "perde-e-ganha" entre o pagamento rápido, confiável, e serviços médicos sem pagamento de consultas, ou seja, em serviços públicos de saúde. Além desta parceria com o fundo suíço HSG,[6] a rede dr.consulta de clínicas particulares possui outros fundos de investimento estrangeiros, como o ar-

6 O Fundo HSG investiu – ao lado da LGT Venture Philantropy e da Kaszek Ventures – nos planos de expansão do dr.consulta, ao financiar 3 clínicas. U$ 750.000,00 é a quantia para obter uma clínica totalmente operacional (Boch; Rotondaro; Meynhardt, 2014).

gentino Kazek Ventures e o austríaco LGT, que, juntos, somam um total de US$ 95 milhões (quase R$ 400 milhões, pelo câmbio atual) em investimento na empresa; e também estabeleceu parcerias com o banco americano JP Morgan e o banco Votorantim, visando à expansão dos negócios.

De acordo com um estudo de Bain & Company (Leme; Martins; Hornberger, 2014, p. 7), o investimento em sua fase inicial pode ser solicitado para se solicitar um financiamento na faixa de U$ 1 a U$ 10 milhões. Passados dois anos do investimento do fundo HSG, segundo reportagem de Fernando Scheller para o jornal *O Estado de S. Paulo*, em 26 outubro 2017, a empresa recebeu aportes de R$ 300 milhões.[7] A empresa ocupou parte do espaço perdido pelos planos de saúde durante a crise, e, aos poucos, começou a atrair também a classe média.

O modelo comercial da empresa contrasta fortemente com outros prestadores de cuidados de saúde privados, que trabalham com planos de rede e companhias de seguros para pagar seus serviços. A cobertura, em média, custa aos brasileiros R$ 390,00 por mês, por prêmios que normalmente compram acesso a um clínico geral no plano de saúde. Taxas adicionais para exames fora do local, trabalho de laboratório ou visitas a especialistas podem aumentar o valor para mais de R$ 645,00 cada.

"O sistema de saúde privado do Brasil é projetado para maximizar coleções de companhias de seguros de saúde. No entanto, apenas 25% do país pode pagar um seguro de saúde privado, de modo que a maioria dos brasileiros se volta para a

7 A sustentabilidade financeira do negócio é reafirmada por relevantes inspeções de recursos financeiros e administrativos. Os altos custos iniciais incorrem na fase de crescimento rápido do investimento, assim como da necessidade de financiamento real dada (Kimakowitz; Lucena, 2015, p. 15).

saúde pública. Ao contrário das clínicas populares, que ganham dinheiro com um alto volume de pagamentos de baixo custo, o sistema público do país é financiado por meio de receita fiscal federal, estadual e municipal. No entanto, os municípios mais pobres têm escassez de financiamento, então suas clínicas têm ferramentas médicas escassas, condições insalubres e instalações superlotadas", afirma Thomaz Srougi, fundador e CEO da empresa dr.consulta, em reportagem para a *Revista Veja*, em novembro em 2014.

A grande arquitetura do acesso aos serviços de baixo custo mencionado por Srougi começa com a criação do crédito consignado, em 2003, que vai vincular acesso prioritário a linhas de crédito com taxas de juros menos extorsivas para funcionários públicos e assalariados formalizados. Em 2004, isso é estendido aos aposentados e pensionistas. Em paralelo, também ainda em 2004, foi regulamentado o Programa Bolsa Família, que vem, já com atraso, expandir a incorporação ao mercado de milhões de famílias cujo grau de destituição não apenas restringia oportunidades, mas ameaçava sua existência e sua dignidade. Assim, pouco a pouco, ampliam-se mecanismos de acesso ao crédito de consumo também aos beneficiários do grande programa nacional de combate à pobreza, a fim de incentivar um modelo de consumo que vem, finalmente, aquecer o mercado doméstico, dobrando as vendas no varejo entre 2003-2014.

O aprofundamento desse processo pode ser identificado na expansão da financeirização popular, por parte de empresas de cartões pré-pagos que direcionam ações financeiras do mercado para áreas de saúde, estética, educação e lazer às famílias de menor renda, constituindo, desse modo, uma precária rede de sujeitos endividados, por meio do acesso ao crédito com taxas de juros relativamente mais baixas e a prazos maiores.

De modo recorrente, já em 2016, foram surgindo nas narrativas pessoais e familiares, às quais tivemos acesso ao longo da pesquisa, indícios que os setores populares buscavam estratégias de acesso a serviços de saúde mediante a compra de um cartão pré-pago em uma dessas clínicas privadas; na prática, eles desconheciam qual a real cobertura a que teriam direito em caso de necessidade.

Pelo menos 8 milhões de brasileiros já são usuários de cartões pré-pagos para atendimento em clínicas médicas populares, segundo levantamento feito pelo jornal *O Estado de S. Paulo*. Para fins de comparação, o número ultrapassa a quantidade de clientes das duas maiores operadoras de planos de saúde do país juntas (Koike, 2018).

Se as pesquisas urbanas documentam, há mais de uma década, os efeitos espaciais da liberalização dos serviços urbanos na periferia da cidade de São Paulo (aqui será abordado o fenômeno da fragmentação espacial, desigualdades espaciais etc.), elas se concentram nas principais tendências, serviços de rede pública ou mesmo habitação. No entanto, no presente texto, ao focar o acesso à saúde, são questionados os efeitos dessas mudanças na experiência urbana dos comércios populares. Essas economias já não podem mais ser consideradas como marginais, dada a capacidade de relação íntima com a heterogeneidade metropolitana, que articula diferentes repertórios de emprego e de proteção, até o comércio ilegal. Isto, em um *continuum* que, em termos neoliberais, organiza-se de modo segmentado, revelando o dilema das cidades sobre a simultânea visibilização e invisibilização da função produtiva dessas economias (Gago, 2018)

Compreender essa experiência urbana de modo mais próximo possível, traz a pesquisa para o método multiescalar em dois sentidos, porque toca aqui em um assunto difícil, o da doença, o corpo e estar em frente ao comércio da cidade;

mas também é sensível, pois esses dados serão expressos menos pelos números do que pelas histórias de vida, experiências e representações pessoais.

Escalas, lugares, redes nos territórios periféricos

Recentemente, com a crise social, política e econômica que atinge o Brasil, especialmente desde 2015, constatou-se uma ruptura do equilíbrio sustentado nas mediações negociadas socialmente, características do passado recente. Essa descontinuidade precisa ser investigada, compreendida e registrada em termos sociológicos. Algumas das questões abordadas a esse respeito giram em torno de como as reconfigurações de políticas públicas no atual contexto pós-governo Lula tendem a fortalecer ou enfraquecer a capacidade de contestação dos grupos sociais analisados, principalmente no tocante a casos associados a reivindicações nos setores da saúde.

O roteiro da entrevista realizada com esses personagens continha perguntas sobre suas vidas e trajetórias, além de quatro tipos de perguntas, quais sejam:

- Como eles perceberam os resultados de mudanças recentes no comércio popular da periferia, a fim de poder captar os significados das experiências diárias dos moradores;
- Seu relacionamento com outros agentes comunitários, com o propósito de saber mais sobre os relacionamentos entre associações locais, governo e mercado, no que concerne à prestação de serviços de saúde;
- Quais recursos estavam disponíveis para eles, no intuito de conhecer melhor os recursos econômicos ou repertórios fornecidos por sua rede de inter-relações sociais, para conceder acesso a serviços de saúde públicos ou privados;

• Como eles se relacionaram com a expansão das clínicas populares na favela, incluindo prestadores de serviços de saúde, com o escopo de se ter uma noção acerca das qualificações, definições e valores morais atribuídos a clínicas, policlínicas e laboratórios de saúde nos últimos anos.

Para desenvolver entendimentos precisos e contextualizados sobre a vida interna dos grupos sociais, foram utilizadas técnicas de observação participante e entrevistas para explorar os casos selecionados. Ao examinar a relação existente entre a estrutura das relações dos indivíduos, as dimensões das principais mudanças no comércio popular, as relações com associações sociais e a expansão das clínicas médicas populares na favela, procuramos, neste estudo, analisar a inserção das clínicas médicas populares nas redes sociais dos habitantes de dois bairros periféricos da zona leste e sul da cidade de São Paulo.

Assim, a primeira fase da pesquisa revelou que as redes sociais mais densas e centralizadas eram muito locais, com variabilidade de sociabilidade, mas baseadas principalmente nas relações de vizinhança e família.

Em uma segunda fase, a partir da análise das práticas e discursos de uma forma de inserção dos usuários do sistema público na saúde privada, por meio das quatro dimensões supradestacadas, foi possível revelar a natureza da relação entre os usuários, líderes de associações e profissionais de saúde da atenção primária com as clínicas médicas populares.

Nesse sentido, é possível apostar que a descrição das escalas, lugares e redes no território periférico possa conduzir ao entendimento das linhas de força social, econômicas e políticas inseridas na produção dos meios a partir dos quais os atores sociais seguem construindo ou descontruindo sua legitimidade – pois trata-se de um processo duplo. O método serve, portanto, como parâmetro na definição de quais territórios, grupos sociais e trajetórias individuais e familiares serão mais ou menos acompanhados, ao mesmo tempo em que constitui e interconecta um labirinto institucional que extrapola o âmbito local.

A dimensão das mudanças do comércio popular na periferia

Paulo, líder comunitário, menciona o circuito econômico mundial em que o seu bairro está inserido: "Essa é uma questão que, por causa da crise brasileira e mundial, é difícil as pessoas terem dinheiro assim para... mas essa visão de que a favela, a comunidade, as pessoas não têm dinheiro, isso é o passado. Se você estiver andando por aqui, verá a situação, o número de carros e a qualidade das casas, digamos, de classe média. A favela é um centro; é uma mina. Para quem tem dinheiro para investir aqui, vai dar certo. Tudo o que abriu aqui deu certo, não fecha; não há razão para isso. Há muitas pessoas aqui. Existem mais de duzentas mil pessoas que moram no interior e estão dispostas a gastar dinheiro. Portanto, é um lugar que atrai atenção. Na entrada do bairro, todas as casas se tornaram lojas. Desse lado não havia loja há cinco anos. Não havia nada aqui. Então, você vê que agora existem essas lojas da marca Marisa, Casas Bahia, Magazine Luiza, banco. Então está em ascensão". (Entrevista em 15 de junho de 2016).

É por meio desses tipos de interações que sua vida cotidiana, práticas de consumo, formas de sociabilidade e de expressão são reconfiguradas. As várias realizações sociais no bairro parecem considerá-lo um possível modelo de favela, no entanto, por trás desse aparente desenvolvimento, questões sociais essenciais ainda se encontram presentes no mesmo espaço.

A dimensão do relacionamento entre a clínica popular e as associações sociais

Em meados do segundo semestre de 2016, o Brasil vivenciava um cenário político, econômico e social turbulento. A transformação da política local também sofreu mudanças: Adão, líder de uma associação que luta pela regulação fundiária em Heliópolis, comenta: "nós estamos criando agora o MAIO. O MAIO é o Movimento das Associações Independentes Organizadas. Nós vamos nos reunir sem ser nessa semana, na próxima. Nós estávamos com o projeto de levar oftalmologistas na comunidade em parceria com a clínica dr. alegria".

Em uma das suas ações para candidato a vereador pelo PHS (Partido Humanista da Solidariedade), Adão foi responsável por espalhar faixas de consultas médicas a R$ 65,00 (sessenta e cinco reais), em parceria com Eduardo, o diretor da clínica médica popular local, sendo que 5% do valor pago pelas consultas iria para a entidade do próprio Adão. Algumas vezes, enquanto este pesquisador acompanhava Adão nas caminhadas pelas ruas de uma favela da zona sul de São Paulo, era comum ouvir a solicitação de consultas e de exames por parte dos moradores que se queixavam da necessidade de tratamento para a saúde.

O diretor da clínica comenta a respeito da parceria com as associações, de seu apoio ao candidato a vereador por Heliópolis e da parceria com a associação: "Porque você sabe que, na última eleição, o pessoal da associação local não conseguiu eleger ninguém, né? A minha parceria com a associação de Adão está no barateamento de qualquer consulta particular, por R$ 65,00. Se eu conseguir 100 consultas oftalmológicas particulares, posso doar 100 óculos. (...) Óculos populares que custam no mercado R$ 300,00, eu consigo por R$ 150,00. (...) Mas o que eu tenho que focar e deixar claro para eles é que a empresa é responsável pela ação social", afirma Eduardo, diretor da clínica Dr. alegria.

Em um bairro da zona leste da capital, além das faixas de consultas e exames espalhadas na quadra poliesportiva local, a associação possui uma parceria com a empresa Prev Fácil Aposentadorias, atuando em consultorias e assessorias previdenciárias. A cada morador de um dos setores mais precários do bairro que consegue o direito ao Benefício de Prestação Continuada (BPC) ou à aposentadoria rural – que atualmente está na faixa de um salário mínimo R$ 998,00 – por meio da consultoria, a empresa faz uma doação para a associação. A associação ainda tenta estabelecer uma parceria com uma rede de clínicas médicas denominada Cartão Cristão, que atua somente na zona leste de São Paulo, no intuito de auxiliar a população a custear, de forma mais acessível, laudos médicos que chegam a valores de R$ 500,00.

A dimensão das relações entre a clínica popular e os profissionais de saúde da atenção primária

Os agentes e os profissionais da Unidade Básica de Saúde têm a função de conectar os usuários aos serviços públicos, residindo na comunidade em que trabalham. Os recursos de informação usados na rede de vínculos sociais para acesso a sistemas públicos ou privados de serviços tinham nos agentes comunitários de saúde os seus principais informantes da rede. Maria, uma Agente Comunitária de Saúde, comentou sobre uma avaliação de preço que fez para uma paciente do sistema público local de saúde, que precisava de uma ultrassonografia: "Fiz a avaliação porque tenho contatos. Liguei e encontrei (exames com preços) de R$ 100 a R$ 78,00 (na clínica privada de saúde Dr.consulta, para usuários de baixa renda)" (Entrevista em 10 de março de

2016). A ACS Maria nomeou os laboratórios privados que ela avaliou: Lavoisier, dr.consulta e Ghelfond Diagnósticos. Outra paciente conseguiu encontrar preços de consulta de R$ 80,00 no Hospital Ipiranga, e de R$ 30,00 no município vizinho de São Caetano do Sul, região metropolitana de São Paulo. Jeane, agente da família da saúde, relata seu orçamento para exames médicos em clínicas privadas para poder continuar o tratamento no sistema público. Ela acredita: "Que clínicas privadas para usuários de baixa renda acabem ajudando a unidade de saúde local (UBS). É comum ter pacientes aguardando uma consulta (no sistema público de saúde) com um resultado do exame do Dr.consulta (já em seu poder). Clínicas de baixo custo permitem a continuidade do tratamento na Unidade Básica de Saúde. É por isso que a Unidade de Saúde (geralmente) agenda a consulta para uma data muito distante, ou, às vezes, marca uma consulta e, se o resultado do exame não estiver pronto, é necessário reagendar e leva mais tempo" (Entrevista em 22 de junho de 2016).

Esses elementos, apresentados de forma resumida, apontam para uma ampliação significativa da margem de ação de repertórios públicos e privados presente por meio de cruzamentos que acabam privatizando, capturando regimes morais e de demanda, reconfigurando o que constitui uma das principais características das formas de governo dos anos 2000 (Georges & Santos, 2016).

No fundo, trata-se menos da primazia do estado social sobre a sociedade, e mais sobre a desestabilização protetiva que vai se consolidando como sistema coprodutor do mercado. Quando se observam as facetas do Estado produtor, provedor e/ou regulador, e de como está sendo criado um sistema híbrido de proteção social, verifica-se o estabelecimento de direitos, semidireitos ou quase direitos (Cohn, 2009).

A dimensão da expansão do mercado de clínicas populares com os beneficiários de programas sociais

Cleide, cuidadora, comenta sobre clínicas de baixo custo na favela: "Na comunidade, as pessoas estão envelhecendo; eles estão se aposentando e recebem pensão todo mês, bem na hora. Eles não pagarão aluguel porque já são residentes há muito tempo. Então, o que eles tiveram que gastar para construir sua casinha, passaram a construir, trabalhar e agora estão aposentados. Quero dizer, se é um aposentado, é uma pensão, mas se é um casal, há duas pensões que estão na conta no dia certo. E como ele recebe sua pensão todo mês, o que ele fará, cuide de sua saúde. Se ele tem esse lugar (clínica) perto de sua residência, para que ele nem precise pegar um ônibus, ele (aposentado) vai sozinho. Então é muito bom para ele. Para o grupo que vem e administra essas clínicas, é bom para eles. O único ponto negativo é que tira a responsabilidade do Estado de cumprir o que era sua obrigação" (Entrevista em 2 de março de 2016).

Nos arredores de São Paulo, é bastante comum ver descontos especiais disponíveis para aposentados, pensionistas, maiores de 60 anos e pacientes do SUS, além de o custo dos exames médicos ser dividido em até dez vezes, no máximo, em clínicas médicas populares. Em uma rápida visita de campo, foi possível observar que, nesses territórios, os clientes em potencial dessas clínicas eram homens e mulheres idosos com mais de 60 anos de idade, provedores das famílias que usavam o Benefício da Prestação Continuada (BPC).[8]

Outra entrevistada, Alaíde, comerciante, relatou que seu último conjunto de exames médicos foi pago em seis parcelas. "Paguei R$ 238,00 pela última parcela. O médico diz: 'Eu vejo

8 R$ 1.045,00 é o valor do benefício.

um pequeno local aqui'. Você fica desesperado. Você paga os R$ 90,00 pela consulta e fica preocupado e paga mais pelos testes para ver qual é o local. Eu fui a outra clínica e o médico tirou essa paranoia da minha cabeça. Eu avisei um amigo, que foi avisado por um médico, também do dr.consulta, e que se recusou a fazer os exames e a pagar ainda mais" (Entrevista em 11 de fevereiro de 2016). Alaíde possuía um plano de saúde privado, mas atualmente ela busca alternativas fora do sistema de saúde suplementar. Ela toma remédio há seis anos: "Não consigo parar porque sofro recaídas" (Entrevista em 11 de fevereiro de 2016).

Fabiana, gerente da Unidade Básica de Saúde, faz um relato sobre o projeto Corujão da Saúde, principal programa de saúde da atual administração da Prefeitura de São Paulo (2017-2020): "Todo mundo me diz que as coisas não mudaram muito, exceto o fato de a fila de revisão de imagens ter diminuído consideravelmente. As especialidades permanecem com a mesma fila. A UBS encaminha os usuários principalmente para o Hospital Municipal Médico Arthur Ribeiro de Saboya (público), Hospital Alemão Oswaldo Cruz (particular) e para o centro especializado Arthur Gianotti, em Ipiranga (público), e para algumas clínicas particulares" (Entrevista em 30 de março de 2017). O Projeto Corujão foi implantado em hospitais da rede pública e filantrópica, além de hospitais e clínicas privadas em acordado com a Secretaria Municipal de Saúde. A iniciativa visou zerar, em 90 dias, a fila de 485.300 exames.[9]

9 Os principais tipos de estabelecimentos deste projeto são o setor privado de saúde com fins lucrativos, os complementares (hospitais gerais, hospitais especializados e unidades de apoio a diagnósticos e terapias) e os suplementares (clínicas isoladas, centros médicos especializados, policlínicas). Particularmente na zona sul, os segmentos privados de saúde, de maneira muito complexa, apreendem a gestão de meandros de financiamento e mecanismos que permitem dar continuidade aos

Kelen, costureira, passou por todos os exames de imagem, transvaginal, exame de Papanicolaou e de abdome em uma clínica privada. Ela descobriu que tinha pedras na vesícula biliar. Em razão disso, suas despesas com saúde aumentaram e acabou por ficar endividada: "O lado ruim da unidade (UBS) é que ela nos manda para muito longe. A renda da minha família é pouco superior a R$ 2.000,00". (Entrevista em 17 de junho de 2016). Ela mostrou sua ficha de registro do SUS e afirmou que sem ela não seria capaz de obter exames na clínica privada pelos preços oferecidos aos usuários de baixa renda.

Ana, vendedora ambulante, conta: "Uma vizinha estava reclamando do atraso na consulta aqui. Eu disse que parece que o dr.consulta não é muito caro, sessenta (R$ 60,00). Então ela foi e parecia que ela já estava fazendo a mamografia. Então ela pagou cem reais (R$ 100,00) para fazer. Aí ela foi lá buscar o resultado do exame e levou ao médico". (Entrevista em 22 de abril de 2016). Ela fala sobre as novas alternativas de acesso quando perguntada sobre as clínicas médicas populares em Heliópolis: "Eu usei isso, usei uma vez e, portanto, conheço pessoas assim, aquelas em particular das quais você está falando. Ajudou muito, ajudou muito, porque, embora sejamos de classe baixa, os mais pobres, leva muito tempo para esperar por um especialista. Então você faz um pequeno sacrifício e o usa... eles aceitam pagamentos parcelados com cartão de crédito. Na verdade, acho que está aumentando porque já existe um novo perto da avenida". (Entrevista em 22 de abril de 2016).

processos de privatização da saúde no estado de São Paulo. "O número de estabelecimentos passou de 52,5% do total em 2005 para 68,6% em 2013". (Viana; Miranda; Silva, 2015, p. 14).

Considerações finais

Usualmente, o viés economicista para a análise do mercado assistencial de saúde induz a acentuar na análise do sistema privado apenas em relação aos aspectos da demanda. Em contraste, costuma-se sublinhar na avaliação do SUS a ampliação da oferta como determinante da extensão de acesso e coberturas. Isso pode ser exemplificado com estudos baseados em informações de inquéritos populacionais que procuram discutir resultados como, por exemplo, aumento do uso de serviços de saúde com as possíveis associações à existência de unidades de saúde da família (Viacava, 2010).

Enquanto a subtração das alterações da oferta, nas análises sobre privatização dos esquemas assistenciais de pré-pagamento e dos serviços de saúde, cede passagem para associações lineares com o poder de consumo dos indivíduos e famílias, as afirmações do tipo "o mercado privado de assistência à saúde cresce porque a renda dos indivíduos e famílias aumenta" conotam um elevado desprezo pelo cruzamento de políticas voltadas para estabelecer a produção, comercialização e financeirização do serviços.

A mediação financeira toma como dispositivo predileto o endividamento massivo, que se veicula, muitas vezes, por meio dos próprios subsídios sociais que o Estado entrega aos chamados "setores vulneráveis", permitindo a bancarização compulsiva daqueles que se supõem "excluídos", financeirizando, assim, os próprios direitos sociais. Em muitos lugares da América Latina, o consumo de bens duráveis e baratos – principal destino do crédito – foi o motor do endividamento da última década, promovendo a cidadania para o consumo: uma reformulação já não associada à vinculação de direitos ao trabalho assalariado, mas à inclusão bancária (Lavinas, 2017; Gago, 2018).

Durante o governo Lula, especialmente no seu segundo mandato, ocorreram transformações estruturais no mercado de saúde suportadas pela capitalização e participação de fundos de investimentos públicos e privados. Foi possível destacar o aparato político-produtivo para explicar as fontes espaciais que daí resultam e, inversamente, como esses determinantes espaciais destacam esses fenômenos. A pluralidade de repertórios públicos e privados é um exemplo, por meio de cruzamentos que acabam privatizando e reconfigurando o que constitui uma das principais características das formas de governo entre o estado e o mercado (Rizek, 2016). O quadro apresentado é ainda muito preliminar, e uma compreensão mais geral acerca das transformações em curso na direção da expansão de rede privada, que reduz o SUS a uma espécie de resseguro das operações privadas nas últimas décadas, necessitaria de uma análise estrutural mais aprofundada.

Nessa relação entre Estado, empresários e indivíduos, há, portanto, toda a complexidade do modelo neoliberal (Dardot & Laval, 2016), bem como sua inserção finalmente em uma longa tradição capitalista e paternalista da abordagem das questões. Fundamentalmente espacial, a questão médica traz consigo um conjunto de problemas relacionados à prática do comércio popular na cidade e como esses dois mundos interagem. Primeiramente, concentrando-se onde a demanda permite rentabilidade máxima competindo com os serviços da atenção básica; e, posteriormente, relegando vários serviços fora dos seus muros de volta ao SUS, visto que as policlínicas deixam todo um campo econômico e social nas mãos de redes informais.

É possível identificar, também, neste processo, o fenômeno da emergência das clínicas de baixo custo como estratégia de penetração nos nichos de lideranças da comunidade para capturarem esse mercado que se articula com novos modos de privatização. De forma precária, consultas e exames circulam em faixas na periferia; o que se ressalta aqui é a "eficiência" da saúde como mercadoria política. Segundo Misse (1997), a definição de mercadoria política é: toda a mercadoria que combine custos e recursos políticos (expropriados ou não do Estado) para produzir um valor de troca político ou econômico. O caso das clínicas médicas populares na periferia de São Paulo destaca os efeitos da privatização em um contexto mal regulado. Este é um dos desafios atuais para a permanência do SUS e de seus princípios e diretrizes constitucionais após o "golpe burocrático-parlamentar" de 2016 (Cohn, 2018).

Finalmente, se este pesquisador tivesse que esboçar um vínculo sobre os pontos supracitados, mas também, dessa maneira, capturar a experiência dos indivíduos no intuito de entender o fenômeno da privatização e financeirização do acesso à saúde, a nuance estaria nos grupos sociais estudados, pois parece que a rede de clínicas médicas populares lida com uma base de pacientes dignos de crédito, ou seja, que possuem contratos flexíveis de trabalho, mas que por meio do trabalho informal (muitas vezes, tendo que vender o corpo e a alma para acessar o atendimento, que é caro) tem a garantia privada do acesso às clínicas médicas populares.

Essa é uma das faces da condição histórica que o indivíduo periférico tem atualmente, a de ter que viver sob mil trajetórias distintas dentro do sistema de saúde, a de ter de lidar – de uma ou de outra maneira, e sempre de novo – com e contra as contradições sistêmicas. Esse setor da saúde possui uma característica fundamental que é a de estar intimamente vinculado à economia do varejo, que representa uma parcela muito grande do PIB brasileiro; e, portanto, aqui novamente, revela-se um jogo institucional profundo de fortes vínculos com o aparato estatal à margem.

Referências bibliográficas

ANDE; LGT VP; QUINTESSA PARTNERS. *Mapping the Impact Investing Sector in Brazil*: Summary of findings. S.l., 2014.

BAHIA, Ligia; SCHEFFER, Mario; TAVARES, Leandro Reis; BRAGA, Iale Falleiros. Das empresas médicas às seguradoras internacionais: mudanças no regime de acumulação e repercussões sobre o sistema de saúde no Brasil. *Cad. Saúde Pública,* Rio de Janeiro, 32 Sup. 2, 2016.

BALMANT, Ocimara. Médicos do Sírio e do Einstein abrem clínica particular em Heliópolis. *O Estado de S. Paulo*, São Paulo, 22 jul. 2012. Notícias.

CHU, Michael; GARCIA-CUELLAR, Regina. Farmacia Similares. Private and Public Health Care for the Base of the Pyramid in Mexico. *Harvard Business School*. N2-307-092, 2007.

COHN, Amélia. Saúde e Desenvolvimento Social. *Saúde e Sociedade*, São Paulo, v. 18, supl. 2, p. 41-47, 2009.

COHN, Amélia. Caminhos da reforma sanitária, revisitado. *Estud. av*. v. 32 n. 93 São Paulo maio/ago. (225-241). 2018.

DARDOT, Pierre; LAVAL, Christian. *A nova razão do mundo:* Ensaio sobre a sociedade neoliberal. São Paulo: Boitempo, 2016.

GAGO, Verônica. *A razão neoliberal*: economias barrocas e pragmática popular. São Paulo: Elefante, 2018.

GEORGES, Isabel Pauline Hildegard; SANTOS, Iummi. Garcia. *As 'novas' políticas sociais brasileiras na saúde e na assistência*: produção local do serviço e relações de gênero. Belo Horizonte: Fino Traço, 2016.

KIMAKOWITZ, E.; LUCENA, L. (Org.). *Collection of Course Papers from Impact Investing*: Redefining the Meaning of Return, St. Gallen, 2015.

KOIKE, Beth. Clínica Fares planeja investir em expansão. *Valor Econômico*, São Paulo, 13 de novembro de 2017.

KOIKE, Beth. Um cartão pré-pago só para gastos com saúde. Empresas. *Valor Econômico*, São Paulo, 28 de setembro de 2018.

LAVINAS, Lena. *The Takeover of Social Policy by Financialization*: The Brazilian Paradox. Nova York: Palgrave Macmillan, 2017.

LEME, A.; MARTINS, F.; HORNBERGER, K. *The state of impact investing in Latin America*. Bain & Company, 2014.

BOCH, J.; ROTONDARO, A.; MEYNHARDT, T. Dr. Consulta - The Entrepreneurial Challenges of Impact Investing in Healthcare for the Base of the Pyramid in Brazil. *Impact Investing*, 2014.

MISSE, Michel. As ligações perigosas: mercado informal ilegal, narcotráfico e violência no Rio. *Contemporaneidade e Educação*, Salvador, v. 1, n. 2, p. 93-116, 1997.

RIZEK, Cibele Saliba. Faces do lulismo: políticas de cultura e cotidiano na periferia de São Paulo. In: SINGER, A.; LOUREIRO, I. *As contradições do lulismo*: a que ponto chegamos? (Org.) São Paulo: Boitempo. p. 185-219, 2016.

SCHELLER, Fernando. Com aportes de R$300 milhões, Dr. Consulta prepara forte expansão. *O Estado de S. Paulo*, Economia & Negócios, São Paulo, 26 out. 2017.

VIACAVA, Francisco. Acesso e uso de serviços de saúde pelos brasileiros. *Radis*: Rio de Janeiro, n. 96, p. 12-19, ago. 2010.

VIANA, Ana Luiza D'Ávila; MIRANDA, Alcides Silva; SILVA, Hudson Pacífico. *Segmentos institucionais de gestão em saúde:* descrição, tendências e cenários prospectivos. Rio de Janeiro: Fundação Oswaldo Cruz, 2015.

"O mistério é profundo, acho bom ficar ligado": música gospel, estética e política nas periferias urbanas do Rio de Janeiro

Carly Machado
Sthefanye Paz
Frederico de Assis

Os estudos sobre periferias urbanas brasileiras possuem uma longa tradição teórica, metodológica e temática. Autores clássicos das Ciências Sociais brasileiras, em todos os seus campos, participaram da produção de conhecimentos sobre a vida nas periferias, construindo, assim, uma sólida agenda de pesquisa. Pretendemos, neste capítulo, contribuir com o já consistente debate acerca da relação entre religião e periferias urbanas,[1] particularmente assumindo para o desenvolvimento das questões aqui tratadas a relação entre práticas pentecostais e a vida nas periferias urbanas da cidade do Rio de Janeiro.

Nesse sentido, trataremos neste capítulo das articulações micropolíticas entre música gospel, cultura e política nas periferias urbanas do Rio de Janeiro. Nos últimos anos no Brasil, o processo de fabricação das fronteiras entre o religioso e o secular passou por modulações muito específicas, o que se deve principalmente ao aumento da presença pública de práticas evangélicas na vida cotidiana, principalmente nas periferias urbanas do país. Tal como sugerido por Birman (2012; 2019), é indispensá-

1 Sobre o tema da religião nas periferias urbanas brasileiras, ver: Mafra e Almeida (2009); Almeida e D'Andrea (2004); Cunha (2008 e 2014); Birman (2009); Birman e Machado (2012), dentre outros.

vel uma análise do arranjo entre o "religioso" e o "secular" nos dispositivos de gestão da vida nas periferias no Rio de Janeiro. Ainda, segundo a autora, a cidade constitui-se como elemento indispensável nesta reflexão, bem como as formas de construção do "problema da violência" sob estes contextos, em sua articulação com práticas religiosas e seculares, ponto central da relação entre a religião, o político e o urbano. Neste trabalho, dedicamos especial atenção aos modos de produção do religioso e do secular (Asad, 1993 e 2003) nessas periferias, por meio da circulação de melodias, ritmos, vozes e corpos, e na maneira como essa circulação opera nas trajetórias de vida das pessoas e em suas carreiras profissionais e políticas.

Nossa ênfase da relação entre música gospel e periferias urbanas coaduna-se com a abordagem sugerida por Birgit Meyer (2019) para o campo de estudos de religião, que enfatiza a relevância dos estudos sobre práticas religiosas tendo como foco as relações entre religião, mídia, estética e sensorialidade. O campo das "mediações" (o corpo, os objetos, as tecnologias) operam, na perspectiva de Meyer (2019), na formação de comunidades, na formulação e transformação do religioso e em suas fronteiras com o secular, e também na configuração da presença do religioso no espaço público. Interessa a Meyer a fabricação das "formações estéticas" de grupos e práticas religiosas, entendendo a dimensão estética como aquilo que se dá no e com o corpo, as sensações e as sensorialidades. Meyer refere-se a Rancière (2005) e seus debates sobre "política e estética", e à "partilha do sensível", enfatizando a importância de os estudos de religião assumirem também essa agenda em suas pesquisas.

Neste capítulo, em particular, seguimos a trilha de pesquisadores que têm dado ênfase à *dimensão sonora* no campo das formações estéticas dos diversos contextos religiosos.

Destacamos aqui o trabalho de Charles Hirschkind (2006), cujo título é *The Ethical Soundscape: cassette sermon and the Islamic counterpublic*, um estudo que marca o campo de debates sobre paisagens sonoras, religião e espaço público. Há mais de uma década, acompanhamos e compartilhamos o trabalho de Martijn Oosterbaan sobre a paisagem sonora das favelas cariocas que se dá a partir de suas pesquisas sobre pentecostalismo no Rio de Janeiro. Sua obra é, certamente, uma influência forte no que começamos a formular sobre música gospel e periferias urbanas no presente momento. Em especial, seu livro *Transmitting the spirit: religious conversion, media, and urban violence in Brazil* (2017) reúne análises singulares e fundamentais para se pensar o tema aqui sugerido para reflexão.

Ao mapear alguns dos nossos principais interlocutores no campo de pesquisas sobre música gospel e política na cidade, destacamos a tese de Raquel Sant'Ana (2017), sob o título *A Nação cujo Deus é o Senhor: a imaginação de uma coletividade 'evangélica' a partir da Marcha para Jesus*. Enquanto o trabalho de Oosterbaan analisa ricamente a paisagem sonora (e a música gospel) no cotidiano da vida na favela, Sant'Ana centra-se nas questões que articulam música gospel, poder, economia e política no Brasil contemporâneo. Em todos os autores aqui citados, o jogo de escalas entre micro e macropolítica se faz presente sempre, e esta é outra inspiração que extraímos de seus trabalhos.

Adicionamos, por fim, a este campo introdutório de referências, o debate sobre a dimensão estética na análise de práticas políticas e de governança. Estas pesquisas dizem respeito à produção de afetos, sensibilidades e sensorialidades que participam da experiência imersiva da política. Destacamos aqui dois trabalhos recentes que nos estimulam a refletir sobre este tema de forma especialmente imaginativa: *The Popular Culture of Illegality:*

Crime and the Politics of Aesthetics in Urban Jamaica (2012), de Rivke Jaffe; e *Batman returns: Brazilian conflicts and the popular culture of sovereignty* (2015), de Martijn Oosterbaan. A agenda de pesquisas mobilizada por estes autores sugere uma atenção especial também ao corpo, aos objetos, às práticas artísticas e à "cultura pop" no âmbito de questões acerca da política e das produções de governos de populações nas periferias, sua legitimidade e também sua contestação.

Para atingir os objetivos deste estudo, a saber, reflexões sobre as articulações micropolíticas entre música gospel, cultura e política nas periferias urbanas do Rio de Janeiro, concentraremos nossa análise em três trajetórias que apontam para diferentes carreiras políticas e religiosas. Mesmo incorrendo no risco de não apresentar um argumento homogêneo, acreditamos que essas trajetórias heterogêneas podem oferecer uma visão mais ampla desse campo, e não forçam qualquer tentativa de oferecer uma explicação "fácil" para este processo complexo.

As trajetórias políticas e religiosas objeto de nossa análise neste trabalho são as de três músicos que dedicaram anos de sua carreira ao segmento gospel: Waguinho, Flordelis e Tonzão. Mas o que esses três têm em comum? Todos eles vêm das periferias do Rio de Janeiro e escolheram ritmos/gêneros populares brasileiros para suas carreiras evangélicas: Waguinho foi, por muitos anos, um cantor de samba "secular", mas que, após sua conversão, optou por cantar samba gospel; Flordelis é uma pastora pentecostal com uma história única de vida e que frequentemente canta uma versão evangélica do forró; Tonzão fazia parte de um grupo de funk como dançarino e, após sua conversão, tornou-se um cantor de funk gospel por mais de 5 anos. Em 2018, Tonzão abandonou a carreira gospel e voltou ao campo musical do funk secular, alegando à época que havia deixado a carreira do funk gospel, mas não sua experiência em ser evangélico. Alguns meses depois, Tonzão retomou a carreira de funk gospel, na qual se encontra até o presente momento.

O que estas três trajetórias pessoais demonstram, ao se pensar particularmente em suas carreiras políticas, são possibilidades muito diversas da relação entre o pentecostalismo e o campo político das periferias urbanas do Rio de Janeiro atualmente.

Algumas iniciativas religiosas são bem conhecidas no Brasil por produzirem organização política nacional e integrada, como é o caso da Igreja Universal do Reino de Deus e de alguns grupos da Igreja Assembleia de Deus, cujas estruturas eclesiásticas também formam ou se relacionam com estruturas coesas de partidos políticos. Outros projetos não compartilham essa mesma forma de organização vertical, de cima para baixo, haja vista que investem em práticas políticas regionais, com ações limitadas a áreas menores e mais demarcadas. Muitas dessas iniciativas regionais se autodenominam "Ministérios", sendo esse tema um dos nossos interesses de pesquisa atualmente.[2] Os "Ministérios" pentecostais não integram formalmente unidades nacionais nem operam de modo completamente independente; em geral, articulam redes regionais, guiadas pela geopolítica específica de cada Ministério, integrando grupos nacionais e internacionais por meio de articulações mais ou menos estáveis. Isso lhes dá uma combinação bastante peculiar de seu nível de autonomia teológica, política e econômica, e de seus compromissos com seus pares. O que é indiscutível, porém, é que, se por

---

2 As pesquisas aqui apresentadas foram desenvolvidas no âmbito do projeto de pesquisa "Ministérios evangélicos e periferias fluminenses: religião, mídia, política e cultura no cotidiano das cidades da Região Metropolitana do Rio de Janeiro" (Bolsa Produtividade – Nível 2 – CNPq – Coordenação: Carly Machado).

um lado, há uma discussão pública sobre uma "crise" da política representativa no Brasil, por outro, alguns grupos evangélicos parecem estar passando por um período de fortalecimento de suas práticas representativas e participativas.

Waguinho, Flordelis e Tonzão construíram suas carreiras como parte deste tipo de organização política e religiosa: eles se juntaram a ministérios pentecostais muito ativos nos últimos 15 anos, que fortaleceram sua posição política não como parte de uma instituição coesa nacional, mas por meio de grupos voláteis, também seguindo seus fluxos. Talvez arriscando já começar com uma conclusão, notamos em nossos trabalhos de campo que enquanto grupos nacionais evangélicos (e seus partidos políticos) tendem a apresentar como candidatos seus líderes eclesiásticos (pastores e bispos), os ministérios pentecostais aumentam o número de cantores gospel como candidatos formais a cargos eletivos e também a outras formas de ações políticas.

Mas qual seria a diferença entre Waguinho, Flordelis e Tonzão? O modo específico de suas ações políticas. Waguinho, após concorrer a diferentes cargos eletivos (vereador, prefeito e senador), o primeiro cargo político formalmente exercido por ele foi o de Secretário de Cultura de uma cidade na região metropolitana do Rio de Janeiro. Assim, ele atuou no campo das políticas culturais, ingressando no poder executivo municipal; Flordelis foi eleita deputada federal em 2018 pelo Rio de Janeiro, e sua atuação se dá no poder legislativo federal, tendo como foco a temática da mulher e da família; Tonzão não se encontra formalmente envolvido em nenhum partido político, mas, eventualmente, ele próprio se denomina um "ativista social", empenhado em discutir os direitos das pessoas das favelas do Rio de Janeiro e também em propor um debate público sobre questões raciais. Passemos agora aos casos específicos.

Waguinho: "fidelidade ao samba" e políticas culturais

Nascido em uma favela no Rio de Janeiro, e com uma história familiar intrinsecamente ligada ao samba, Waguinho iniciou sua carreira profissional em um grupo de samba chamado "Os Morenos" (o qual foi bastante bem-sucedido nos anos 90), além disso, por muitos anos foi também parte da equipe de compositores de uma famosa escola de samba da cidade. Após um evento de uso abusivo de drogas, Waguinho se converteu à Assembleia de Deus dos Últimos Dias (ADUD) e passou alguns meses em sua "casa de recuperação", o Instituto Vida Renovada (IVR). Gradualmente, após ingressar na referida igreja, Waguinho começou sua carreira no samba gospel.[3]

A Assembleia de Deus dos Últimos Dias (ADUD) teve papel fundamental nas relações entre pentecostalismo, crime, política e periferias urbanas no Rio de Janeiro (Birman e Machado, 2012; Machado, 2014). As práticas dessa igreja, situada na Baixada Fluminense (RJ), centravam-se em delegacias, presídios e bailes funk; dessa relação emergiu um pentecostalismo que não apenas atuava politicamente na cidade, mas falava em "alvará espiritual" e praticava exorcismos dando tiros com a Bíblia em "demônios/bandidos" que traziam às suas incorporações o gesto de armas nas mãos. As orações feitas nessa igreja indicavam os territórios a serem abençoados por meio dos números das delegacias da região metropolitana do Rio de Janeiro. Os testemunhos dados pelos "ex-bandidos"[4] traziam para dentro da

3 A pesquisa sobre Waguinho é realizada em colaboração com o pesquisador Frederico Felipe de Souza Assis, bolsista de Iniciação Científica do projeto "Ministérios evangélicos e periferias fluminenses: religião, mídia, política e cultura no cotidiano das cidades da Região Metropolitana do Rio de Janeiro".

4 Sobre o tema dos testemunhos no campo evangélico, ver: Côrtes (2017) e Teixeira (2016).

igreja cenas urbanas de perseguição, morte, tiroteio e tortura. As narrativas formuladas nesses testemunhos combinavam glórias a Deus com muito sangue, adrenalina, viração, funk, sexo "errado" e drogas, porque, sem isso tudo, não era possível explicar a mudança de vida que se expressava naquelas almas – e corpos.

No período de mais de uma década, enquanto foi membro da Assembleia de Deus dos Últimos Dias (ADUD), Waguinho fazia parte de quase todas as atividades: lançou vários CDs de música gospel; foi o testemunho vivo da eficácia de sua casa de recuperação (Instituto de Vida Renovada); costumava participar e até dirigir cultos nas prisões; além disso, seus contatos com a cena musical "secular" facilitaram as práticas ao ar livre da igreja – como por exemplo, a estratégia de interromper festas funk em favelas – assim como também aumentou a visibilidade deste Ministério na mídia.

O samba gospel de Waguinho tornou-se parte do cotidiano desta igreja. Sua música não apenas compunha o conjunto das práticas ao ar livre, visando à evangelização, mas também fazia parte da experiência de louvor da igreja, isto é, era completamente enredado a ela. Nas pesquisas de Oosterbaan (2017) sobre o Carnaval gospel no Rio de Janeiro, o samba gospel aparece sobretudo em sua dimensão "estratégica", ou seja, como um convite à conversão religiosa. Na formulação dos organizadores dos blocos evangélicos, seus objetivos proselitistas estão claramente apresentados: o samba se torna um meio para alcançar almas ainda não convertidas. Já no samba gospel de Waguinho é possível encontrar dois elementos combinados: a eficácia proselitista do samba gospel performatizado fora do espaço da igreja, seja nas ruas ou no interior das prisões, mas também a experiência do samba gospel como prática de louvor dentro da igreja. Contudo, vale aqui destacar que estamos falando de estilos diferentes de samba: os blocos de carnaval executam *sambas enredo*, ao som de uma bateria com algumas dezenas de componentes; já Waguinho faz um samba mais melodioso, romântico, que conseguiu deslizar – mesmo que com dificuldades – para o dia a dia dos louvores na igreja.

Mas se Waguinho levou o samba para a igreja, esta trouxe a política para sua vida. Como membro da Assembleia de Deus dos Últimos Dias – ADUD, Waguinho desenvolveu novas habilidades, principalmente sua liderança e conhecimento político. Durante seu tempo na ADUD, foi candidato a diferentes cargos eletivos, e em sua melhor campanha (a de senador) obteve mais de 1 milhão de votos. A despeito desses votos não terem sido suficientes para elegê-lo, foram uma prova bastante expressiva de suas conquistas políticas naquele momento.[5] Poucos anos depois, Waguinho teve sua primeira oportunidade de ocupar um cargo público. Isto porque o prefeito eleito da cidade em que está localizada esta igreja – São João de Meriti, município da Baixada Fluminense, parte da região metropolitana do Rio de Janeiro – convidou Waguinho para assumir o cargo de Secretário Municipal de Cultura. Alguns meses após sua indicação, Waguinho deixou a ADUD e ingressou na Assembleia de Deus "Vitória em Cristo" (ADVEC), cujo líder é o pastor Silas Malafaia. Essa mudança apontava, naquele momento, para a consolidação das duas carreiras – a artística e a política – emaranhadas de Waguinho, já que Silas Malafaia é uma figura-chave em ambos os campos.

5 A ADUD enfrentou um grande escândalo durante os últimos 5 anos em que Waguinho fez parte de sua comunidade. O pastor Marcos Pereira, seu líder e presidente, foi acusado de inúmeros crimes e, finalmente, foi condenado à prisão (ver Machado, 2017). Alguns meses após a saída do pastor da cadeia, e de sua escolha para um cargo público, Waguinho transferiu-se para a ADVEC.

Antes mesmo de fazer parte do governo da cidade de São João de Meriti, Waguinho já mobilizava uma certa reorganização das fronteiras entre religião e cultura, enquanto ainda fazia parte da ADUD. Os eventos públicos desta igreja, realizados nas ruas daquele município, embora sendo claramente uma iniciativa evangélica, faziam parte de sua agenda cultural. Para viabilizar a realização dos maiores eventos públicos organizados pela ADUD (especialmente o aniversário de seu pastor, todo dia 29 de novembro), as ruas no entorno do templo eram fechadas pela prefeitura.

Para além das "barraquinhas" de venda da igreja (que são poucas), os próprios comerciantes da cidade organizavam outros pontos de venda de comida de rua e de bebida, o que fazia com que estes eventos fossem verdadeiras "quermesses" evangélicas. Os moradores da cidade participavam regularmente destes *shows*, independentemente de seu compromisso religioso com uma igreja evangélica. Durante estas celebrações, o público entoava músicas gospel populares, conhecidas pela população em geral; muitos iam aos eventos para ver ao vivo cantores gospel mais famosos, assim como alguns artistas seculares que faziam participações especiais nestas ocasiões festivas, na maioria das vezes, levados por Waguinho.

Os projetos de Waguinho como Secretário de Cultura de São João de Meriti, em nossa perspectiva, guardaram uma importante continuidade com estes eventos que ele dirigiu por mais de 10 anos naquela cidade. Sua principal modulação sempre foi reduzir a ideia de uma separação cultural entre o que é feito no campo evangélico e o que está acontecendo fora da igreja, enfatizando – e formulando – elementos de continuidade e de conexão.

A "fidelidade" de Waguinho ao samba também tem sido um elemento central de sua vida e carreira, de modo que essa continuidade moldou uma trajetória muito específica. A relação de Waguinho com o samba é um aspecto essencial de sua carreira gospel: do "Samba Adorador", nome de um de seus CDs, Waguinho passou para o "Som Brasileiro", focado em suas maneiras de conectar a referência evangélica à cultura musical brasileira.

A seguir, um trecho de uma de suas canções:

> O meu pandeiro eu vou tocar
> Eu sou do Rio de Janeiro
> Quero louvar, louvar a Deus com um som bem brasileiro
> Eu tô vivendo uma boa, eu encontrei um bom caminho
> Tô caminhando com Jesus e não ando mais sozinho
>
> Eu entreguei todo o meu coração
> Para aquele que me amou primeiro
> Agora eu faço a minha adoração
> Para um amor que é verdadeiro
>
> Pro homem parecia impossível acontecer
> Mas para Deus todas as coisas são possíveis.[6]

A posição de Waguinho na política e na cultura não pode ser entendida apenas por meio de seu compromisso religioso: se ele é evangélico há quase 20 anos, ele é cantor de samba há quase 30 anos. E um fluxo não interrompeu o outro, apesar de se afetarem mutuamente. Seu papel como mediador dessa relação entre samba e pentecostalismo não pode ser desconsiderado, a fim de podermos compreender sua presença no campo das políticas

---

6 Waguinho – Som Brasileiro. Disponível em: https://www.youtube.com/watch?v=4mKnXJChcdI. Acesso em: 19 de maio de 2020.

culturais em São João de Meriti (cidade em que os evangélicos são mais de 50% da população).

Outro aspecto importante para entender a música de Waguinho é vivenciar sua sonoridade. O *link* apresentado na nota de rodapé após a letra da canção é um convite ao leitor para ouvir o "Som Brasileiro". O samba de Waguinho é feito por ótimos instrumentistas, a batida rítmica é bem balanceada e leve, e sua voz conduz a melodia de modo suave e envolvente. Esse som do samba de Waguinho, bem como a qualidade musical de suas produções, são elementos fundamentais para se entender por que e como Waguinho chegou em lugares, corpos e ouvidos evangélicos como poucos sambistas *gospel* conseguiram chegar. Além disso, sua música também circula na direção do secular, ao ser ouvida, compartilhada e divulgada por mediadores externos ao campo religioso, ao menos do campo institucional das igrejas; sambistas seculares também ouvem e tocam o samba gospel de Waguinho.

Waguinho desligou-se da Secretaria de Cultura de São João de Meriti antes do final do mandato do prefeito eleito à época. Atualmente, ainda vinculado à ADVEC de Silas Malafaia, Waguinho vem trabalhando na ampliação do alcance de sua carreira gospel: passou a fazer parte do *casting* de uma gravadora mais consolidada; seu trabalho está acessível nas plataformas digitais de *streaming* (Deezer); e também organiza e participa de eventos públicos e apresentações em diferentes igrejas. Desde sua saída da Secretaria de Cultura, Waguinho tem focado suas atividades em sua carreira musical, sem se apresentar como candidato a cargos públicos.

A trajetória de Waguinho, assim como as dos demais cantores aqui apresentados, evidenciam o caráter dinâmico e instável de seus percursos pessoais. No caso de Waguinho, após sua conversão, as mudanças se deram no âmbito do próprio campo evangélico. Até o momento, ele não vivenciou um período fora da igreja. Outra característica de Waguinho é sua fidelidade às instituições e aos seus líderes. Ele vincula-se a um ministério e a este se dedica, sempre apoiando publicamente seu pastor, mesmo em momentos difíceis, como no caso da ADUD. Outro aspecto já destacado é sua contínua relação com o samba, tanto em sua carreira gospel, como em seu contato com os sambistas do "mundo secular".

No entanto, neste momento, Waguinho encontra-se rompido com o campo da política formal. Depois de anos trocando de partido e se candidatando a diferentes cargos públicos, está há algum tempo fora da cena pública nestes termos. Apesar de esporadicamente realizar postagens em suas redes sociais declarando apoio ao posicionamento político de seu pastor, Silas Malafaia, Waguinho é, atualmente, sobretudo um cantor de samba gospel, e a marca de sua atuação partidária está cada vez menos presente. Enquanto a tendência atual é a entrada de cantores gospel em carreiras políticas, o movimento de Waguinho está sendo o de se afastar deste domínio.

A variação e a variedade destas trajetórias estão sendo aqui intencionalmente analisadas por constituírem um dos aspectos centrais da discussão desenvolvida neste capítulo: evidenciar o caráter dinâmico e instável destes percursos pessoais, a fim de percebermos seus pontos de inflexão, as circunstâncias das mudanças de trajeto e a ação daqueles que operam as passagens em cada contexto. Vale destacar, ainda, o papel de mediador destes sujeitos das periferias ao construírem passagens entre campos, mundos, territórios, fronteiras estéticas, sensoriais e religiosas. Ao acompanhar apenas alguns deles, tenho aprendido que estas "passagens", pensadas a partir do pentecostalismo, são atualmente um enorme campo de investigação, pois, ao mesmo tempo em que as conhecemos pouco, sua fabricação – e o refazer-se das fronteiras que se movem com elas – está a todo vapor.

Flordelis: performances de um "povo barulhento" disposto a ocupar a arena política

Flordelis era uma mulher pobre, moradora de uma favela na cidade do Rio de Janeiro. Em um dado momento de sua vida, demandou ao Estado brasileiro a adoção de mais de 30 crianças. Esta história bastante incomum não apenas a tornou "famosa" na imprensa, mas todas as controvérsias com as quais ela lidou a partir deste processo peculiar de adoção a projetaram na mídia (em reportagens e programas de TV) e se tornaram o enredo para um filme sobre sua vida.[7] Depois de algum tempo, Flordelis se tornou cantora gospel, e em torno de seu projeto musical foi consolidado o "Ministério Flordelis", no município de São Gonçalo, onde está localizado. O Ministério vai além de um projeto de música gospel e se expande para várias atividades socialmente relevantes nessa cidade. A sua sede é denominada "Cidade do Fogo".

> Eu sou canela de fogo, reteté de Jeová
> Estou nadando no azeite, não consigo parar
> Tô envolvido na glória, tô envolvido no manto
> Estou andando em brasas, eu não estou suportando

7 *Flordelis: Basta uma palavra para mudar* (2009). Direção: Marco Antônio Ferraz, Anderson Corrêa. Com Reynaldo Gianecchini, Deborah Secco, Fernanda lima, Cauã Reymond e Leticia Sabatella. Disponível em: https://www.youtube.com/watch?v=4mKnXJChcdI. Acesso em: 19 de maio de 2020.

O rolo está descendo enchendo este lugar
Tem labaredas de fogo em todo, em todo lugar

É labareda de fogo
É fogo santo, fogo puro
É por isso que eu não mudo
Não paro de adorar

Jesus entrou aqui, não veio para brincar
Veio para decidir, histórias vão mudar
Deus vai entrar na tua vida, vai restaurar o teu lar
Sabe aquela enfermidade, hoje o meu Deus vai curar
Vai libertar o teu filho, das drogas e da prisão
Sabe aquele teu marido, vai marchar com o varão
Sabe aquela tua filha que vive na perdição
Ela vai virar a líder do grupo de oração
Sabe aquela feiticeira que tentou contra você
Deus vai entrar na peleja, ela vai é se converter[8]

O Ministério Flordelis é um Ministério Pentecostal e confirma sua identidade de pentecostal "canela de fogo" por meio de diferentes formas estéticas: no nome de seu templo supracitado (Cidade do Fogo), no logotipo do Ministério (uma composição de imagens sobrepostas de uma cruz, uma Flor de Lis e uma labareda de fogo), nas canções entoadas pela congregação (chamadas de "canções de fogo"), na projeção frequente nas telas da igreja de imagens de fogo, compostas por luzes vermelhas, laranja e amarelas que transformavam a "Cidade do Fogo" em um caldeirão pentecostal, com pessoas cantando, entoando orações

8 Disponível em: https://www.youtube.com/watch?v=K0JD8TPumQQ. Acesso em: 19 de maio de 2020.

com muitas glórias e aleluias, com movimentos corporais abundantes acompanhando orações e canções e – tal como Flordelis descreve – fazendo muito barulho porque "*o povo pentecostal é um povo barulhento*".

O Ministério Flordelis fez parte de um campo devotado a ocupar posições públicas na sociedade em diferentes instituições, sem a intenção de agir "discretamente", mas de ser visível e "barulhento" também na política. Este campo evangélico politicamente ativo reforça uma noção de representatividade política evangélica que foi grandemente fortalecida nos últimos 10 anos, e que difere de um campo protestante mais clássico que, historicamente, procura separar a política formal da igreja (Sant'Ana, 2017). Tais protagonistas, fortemente presentes na cena pública, propõem uma agenda eleitoral pentecostal bem planejada, apresentando muitos candidatos principalmente ao poder legislativo, mas também ao executivo (Cunha e Lopes, 2012; Cunha e Lopes, 2017).

Nas eleições municipais de 2016, a pastora Flordelis foi pré-candidata à Prefeitura da cidade de São Gonçalo, município com mais de 1 milhão de habitantes, sendo a segunda maior população do estado do Rio de Janeiro. Flordelis, por fim, não concorreu ao cargo de prefeita daquela cidade, mas Misael, um de seus filhos, foi candidato a vereador. O nome utilizado por ele durante a campanha foi "Misael da Flordelis", e seu lema era "Vou dar a volta por cima", título e refrão de um dos sucessos de sua mãe. Em 2016, o Ministério de Flordelis tinha um candidato a vereador em cada uma das quatro cidades em que tinha uma congregação. Apenas Misael, filho de Flordelis, foi eleito. Nas eleições de 2018, Flordelis concorreu ao cargo de deputada federal do Rio de Janeiro, sendo eleita com quase 200.000 votos; nesta que foi sua primeira tentativa de concorrer a uma posição política, ela alcançou a quinta maior votação para o pleito federal do estado do Rio de Janeiro.

Uma parte significativa das músicas gravadas por Flordelis narra a ação de Deus na vida concreta das pessoas. O pentecostalismo do Ministério Flordelis é um projeto de transformação de vidas que escolhe os temas da "família" e da "mulher" como seus eixos mais fortes. Apresenta-se como um projeto expansivo e, ao longo dos anos, ganhou formas diferentes e atingiu escalas mais amplas. O primeiro objetivo deste ministério foi a criação do Instituto Flordelis, no intuito de "proteger a juventude vulnerável", expandindo sua lógica familiar de "adoção" e ampliando sua política de "cuidado" para além dos seus filhos.

A entrada de Flordelis na política partidária e sua candidatura seguem essa trajetória que alinhou seu Ministério, e que também é composta de práticas estéticas, sendo a música gospel o elemento principal. Mais uma vez, fica aqui o convite ao leitor para ouvir a canção "Canela de fogo" disponível por meio do *link* indicado na nota de rodapé que se encontra ao final da letra da música. A experiência sonora é um recurso que certamente traz elementos que o texto não é capaz de informar.

A voz de Flordelis tem a tessitura das vozes das cantoras populares do nordeste brasileiro quando cantam forró: uma voz rasgada, na garganta, sem a "doçura" do estilo gospel norte-americano, mas com um vibrato popular, um tremor na voz que carrega a agonia que se coaduna com o clamor de suas canções, e também dá o tom da alegria de uma vida pentecostal em um estilo popular brasileiro. Diferentemente do samba e do funk, a presença de algumas canções em ritmo de forró não é uma novidade no campo pentecostal, bem como o uso de instrumentos como o pandeiro, o triângulo e a sanfona. Mas poucas vezes essas canções são realmente apresentadas como "forró" gospel nas igrejas, pois, geralmente, é preciso alguém dizer "*que forrozinho bom esse...*" para que o gênero musical já mais presente no dia a dia das igrejas pentecostais seja percebido como tal.

Nos eventos dos quais nós pesquisadores participamos, Flordelis frequentemente cantava com uma massa de vozes a acompanhando. Essa experiência de cantar junto – e juntamente com muitas pessoas – promovia sensações, vibrações corporais e movimentos, trazendo o fogo para todo o corpo, produzindo nos que cantavam com ela aquele tipo de voz que quase grita, que faz dançar, levantar as mãos e, às vezes, até chorar. Todos esses elementos caracterizam experiências mais gerais que se davam no contexto do Ministério Flordelis, mas podem descrever também *shows* musicais, em eventos políticos, outras práticas religiosas, tornando inútil qualquer esforço para saber onde começa um e onde termina o outro.

Além do eixo estrutural indiscutível que articula os atores econômicos, políticos e religiosos em torno da música gospel (Cunha, 2004; Paula, 2007; Sant'Ana, 2017; Bandeira, 2017), não acreditamos que a carreira de Flordelis (e também a de outros cantores gospel que recentemente entraram na política partidária) possa ser explicada como uma ação de cima para baixo, promovida exclusivamente por articulações poderosas entre pessoas e interesses macropolíticos. A agenda política de Flordelis também se constituiu por meio de suas produções no campo musical, de suas canções (letras, melodia e ritmo) e da maneira pela qual ela performatiza essas músicas em suas apresentações ao vivo: apenas reunindo tudo é que podemos compreender melhor o fundamental emaranhado formado por suas canções e suas declarações políticas.

A trajetória de Flordelis mudou dramaticamente em junho de 2019. Isso porque seu marido, o pastor Anderson do Carmo, foi assassinado em sua casa. Este evento teve inúmeras consequências na vida de Flordelis. A averiguação do assassinato de Anderson tornou-se também uma investigação da família de Flordelis. Todos os filhos – biológicos e adotados – da pastora eram também filhos de Anderson. No entanto, as suspeitas recaíram sobre alguns deles, e atualmente, dois estão presos, enquanto se desenrolam as investigações policiais. A responsabilidade de Flordelis pelo assassinato do marido também faz parte das especulações que rondam o caso. Deputada Federal eleita, Flordelis perdeu seu mandato em 2021, e atualmente encontra-se presa sob a acusação de ser a mandante deste crime.

Mesmo antes de Flordelis ser presa, este evento desarticulou em vários níveis o seu campo de atividades: sua circulação como cantora gospel foi reduzida; sua igreja foi impactada; seus filhos se dividiram entre aqueles que a acusavam e aqueles que a defendiam; sua carreira política ficou extremamente fragilizada, visto que Anderson era seu principal articulador e apoiador; e suas parcerias políticas também se pulverizaram.

Mais uma vez, evidencia-se a dinâmica e a instabilidade do campo pentecostal politicamente atuante nas periferias urbanas do Rio de Janeiro. Apesar de toda a trama familiar em torno do assassinato de Anderson, as questões políticas que também poderiam fazer parte deste evento não foram publicamente discutidas. Mesmo com a possível participação de membros da família, o teor político do crime também poderia ter sido analisado, haja vista a forte atuação política do casal em um território extremamente conflituoso e violento, as posições institucionais partidárias de ambos e a condição de deputada eleita de Flordelis. No entanto, o crime foi tratado exclusivamente como um crime familiar, e com atores evangélicos envolvidos. A questão religiosa foi, ao menos no debate público, mais do que suficiente para satisfazer as curiosidades sobre o caso de assassinato.

Tonzão: pentecostalismo fora do "gospel", mas sempre dentro da periferia

Tonzão nasceu na Cidade de Deus, uma conhecida favela brasileira com fama internacional, dado o sucesso do filme homônimo. Era dançarino de um grupo de funk chamado "Os Hawaianos". Em 2011, Tonzão deixou o grupo e ingressou na Assembleia de Deus dos Últimos Dias (ADUD), a mesma igreja que Waguinho frequentou por mais de uma década. Waguinho foi uma espécie de padrinho pentecostal de Tonzão. Na ADUD, Tonzão rapidamente iniciou sua carreira no funk gospel; sua música intitulada "Passinho do abençoado" foi um sucesso na internet, que o levou inclusive a alguns programas de TV aberta para apresentar seus novos movimentos no funk gospel e contar sua história.[9]

> Se no mundo eu cantava e dançava,
> Foi assim que tu me conheceu,
> Agora a mesma coisa eu vou fazer pra Deus
> O mistério é profundo acho bom ficar ligado
> Quando vê o crente mandando o passinho do abençoado
> No passinho, no passinho, no passinho do abençoado
> Dá dois pulinhos balança os braços
> Quero ver geral mandando o passinho do abençoado[10]

---

9 Sobre a trajetória de Tonzão, ver o trabalho de: PAZ, Sthefanye (2018). A pesquisadora é mestre pelo PPGCS / UFRRJ com a dissertação "Tonzão entre dois 'mundos': mediações e agência entre o funk e a igreja", sob orientação de Carly Machado. Sua pesquisa se deu no âmbito do projeto "Ministérios evangélicos e periferias fluminenses: religião, mídia, política e cultura no cotidiano das cidades da Região Metropolitana do Rio de Janeiro" (Bolsa Produtividade – Nível 2 – CNPq – Coordenação: Carly Machado).

10 Disponível em: https://www.youtube.com/watch?v=ztqEb_nDeTs. Acesso em: 19 de maio de 2020.

Em 2015, Tonzão mudou de igreja, ingressando no Ministério do Flordelis; na verdade, foi sua decisão que primeiramente chamou a atenção destes pesquisadores para aquele Ministério em que Tonzão começou a trabalhar com crianças e adolescentes, já que a carreira de funk gospel de Tonzão nunca foi bem-sucedida. Ele nunca assinou um contrato com uma boa gravadora; alegava que as grandes gravadoras gospel pediam que ele mudasse de gênero musical, mas Tonzão dizia sempre ser fiel ao funk e que não queria se tornar um cantor gospel *pop* apenas para conseguir assinar um contrato.

Tonzão passou muitos anos, desde seu tempo na ADUD, gravando seu material de modo independente e vendendo-o sozinho em suas apresentações. Costumava ser uma das principais atrações de eventos de música gospel em ruas, com o objetivo de atrair a população jovem. Mas Tonzão raramente se apresentava durante cultos dentro de igrejas, sua posição institucional sempre foi instável, alternando visibilidade e invisibilidade. A abertura pentecostal ao seu funk gospel era muito mais complicada do que a que se dava, por exemplo, com o samba gospel de Waguinho. O funk no Rio de Janeiro está fortemente associado à sexualidade e a diferentes elementos da vida nas periferias, incluindo violência, drogas e crime. Um funk "redimido" pode apresentar letras social e moralmente corretas, mas seu ritmo e suas batidas são muito mais complicadas de se "converter". Os trabalhos de Oosterbaan (2015) e de Pinheiro e Farias (2019) discutem tanto as complicações próprias à relação do funk com o campo pentecostal quanto as particularidades do campo do funk gospel carioca.

O samba de Waguinho sempre foi um samba mais romântico, mais suave em seus ritmos, tendo o cantor se ajustado mais facilmente à sua carreira de sambista gospel. O funk gospel de

Tonzão sempre esteve conectado aos movimentos e temas do funk, e construir a passagem para o gospel era, portanto, muito mais difícil para ele. Por outro lado, no entanto, a potência evangelizadora desse funk gospel era enorme quando ressoava nos corpos e nas vidas de sujeitos das periferias do Rio de Janeiro. Ouvir sobre o evangelho e viver esta experiência por meio do funk fez muito sentido para um número significativo de pessoas que, até hoje, aciona o pentecostalismo professado por Tonzão como uma experiência de efeitos muito consistentes.

Um elemento relevante na música de Tonzão à época era a relação entre música e videoclipe. Como é próprio ao campo do funk secular, também no funk gospel de Tonzão a experiência de conhecer seu novo trabalho implicava não apenas ouvir a música, mas também assistir ao clipe. Os clipes traziam muitas informações pertinentes ao projeto de cada música, sendo uma das principais a presença do corpo de Tonzão e de todos os participantes dos vídeos. Cabe salientar que Tonzão era dançarino (e não cantor) do grupo "Os Hawaianos", logo, sua expressão corporal é fundamental em qualquer projeto que ele desenvolve. O fato de o "passinho" do abençoado ser seu primeiro grande sucesso gospel confirma esta ideia; o "passinho" não é só uma música, mas uma dança, um movimento. Nesse sentido, ouvir a música sem assistir ao clipe não faz sentido neste caso.

O corpo de Tonzão é uma mediação de forte importância na estética do que se produz a partir dele. Suas roupas e seu modo de vestir em seus clipes, por exemplo, são parte da produção de "passagens" feitas por ele. Do visual "funkeiro" (sem camisa, cordão de ouro, calça baixa, boné, óculos escuro etc.), Tonzão passou para o "terno" da ADUD. Posteriormente, já fora da ADUD, seu terno foi se modificando, tornando-se mais colorido, com cortes menos tradicionais, época em que frequentava o Ministério Flordelis. Aos poucos, Tonzão passou a usar mais roupas informais, com calça jeans e camiseta de malha contendo mensagens religiosas com *design* moderno. Fora da igreja, seu vestuário não sofreu grandes mudanças, e quando de seu retorno ao mundo gospel, Tonzão manteve o mesmo estilo informal que já tinha ao sair. O estilo de Tonzão é fortemente expressivo de uma estética gospel no campo da moda, e a versão jovem e "descolada" deste segmento que formula passagens entre o secular e o religioso na moda das periferias.

A mediação que se opera no corpo de Tonzão não se dá apenas em sua vestimenta, mas também em seus movimentos. Um dos grandes desafios no funk gospel é a presença / ausência da dança e de alguns movimentos típicos do funk, especialmente aqueles mais sexualizados ou relacionados ao mundo do crime; o "passinho" do abençoado foi a solução gospel adotada por Tonzão. Mas em muitas de suas apresentações em eventos religiosos, o limite dos movimentos do passinho estavam em negociação. A questão é sobre *o quanto e como se pode mexer o quadril.* Mesmo o passinho, executado com empolgação, pode "passar dos limites". A variação do corpo de Tonzão se deu ao longo destes anos, por vezes, em relação ao ministério ao qual ele estava vinculado, mas também em função do seu momento musical e de vida. Um dos últimos clipes gospel lançados por Tonzão em 2017 já davam indícios de movimentos demasiadamente expansivos para uma canção evangélica.

Em janeiro de 2018, depois de viralizar na internet um vídeo seu em um baile funk carioca (o Baile da Gaiola, do DJ da Penha), Tonzão anunciou que estava deixando a carreira gospel para trás. Algumas notícias afirmavam que Tonzão tinha deixado "a igreja". Após alguns dias, Tonzão veio à público explicar que ele tinha muitas críticas às instituições religiosas (lembrando que Tonzão foi da ADUD e do Ministério Flordelis) e que não queria mais fazer parte delas como cantor. Criticou as ações de pastores (sem citar nomes) e afirmou que, nos momentos em que mais precisou de orientação, a maioria dos líderes apenas quiseram tirar vantagem dele e colocá-lo rapidamente no trabalho, em vez de lhe dar tempo para amadurecer como cristão. Tonzão costumava afirmar que a vida cristã não era fácil, e que não foi fácil para ele deixar o "mundo" para trás.

Contudo, mesmo fora da carreira gospel, Tonzão sempre se apresentou publicamente como crente. Muito ativo nas mídias sociais, ele se expressava usando um vocabulário pentecostal, publicava fotos vestindo camisetas com palavras associadas ao mundo evangélico, indo à igreja com sua família, e sempre escrevia textos agradecendo a Deus por cada conquista de sua nova carreira secular.

Alguns meses depois dessa saída do "gospel" e de poucas tentativas de retomar uma carreira de funk "secular", Tonzão passou um período recolhido em uma comunidade religiosa pentecostal e, aos poucos, retomou suas ações no campo evangélico, mais dedicado ao que ele sempre fez em paralelo à música: suas ações sociais. Sempre ligado ao mundo do funk e mantendo suas tentativas de cantar e de se apresentar como cantor de funk gospel, Tonzão, neste momento, leva uma vida fortemente conectada às necessidades do cotidiano nas favelas (especialmente da Cidade de Deus), expressando seu compromisso com o pentecostalismo por meio de seus compromissos sociais: falando sobre pobreza, racismo e o problema da violência (incluindo a violência policial) na favela.

Atualmente, Tonzão raramente aparece em igrejas ou ao lado de lideranças religiosas; suas postagens são, em geral, sobre suas ações sociais e durante estas atividades. Ao falar dessas ações, Tonzão sempre reforça que esta é, para ele, uma verdadeira vida no evangelho: uma vida cuidando do próximo. No ano de 2021, Tonzão foi convidado para atuar como ator na série "Arcanjo renegado" (das empresas Globo), e tem postado frequentemente imagens das gravações que se encontram em andamento enquanto finalizo este capítulo.

Considerações finais

Vivemos neste momento um período de reorganização das fronteiras do religioso e do secular no Brasil, que afeta de formas diferenciadas sensibilidades laicas e religiosas. Muito deste debate tem sido travado em escala nacional e macropolítica. A intenção deste capítulo foi trazer estas reflexões para uma escala diferente. Partimos do princípio de que, para a realização de pesquisas sobre quaisquer temáticas no campo das periferias urbanas no Brasil, faz-se relevante compreender mais sobre a presença do pentecostalismo na vida dos sujeitos que as habitam.

Procuramos trazer um elemento particular da relação entre o pentecostalismo e a vida nas periferias que não se restringisse ao âmbito institucional. Em vez de falar de igrejas ou a partir delas, optamos por tratar de diferentes questões a partir da música gospel e de sua capacidade de circulação e fabricação de formações estéticas (nos termos de Meyer, 2019). A música gospel, tal como evidenciada pelas trajetórias dos cantores aqui analisados, fornece uma perspectiva interessante sobre como podemos compreender a vida nas periferias urbanas e, neste caso em particular, as periferias do Rio de Janeiro.

A música gospel pode ser ouvida em casas, ruas e eventos, sem que a delimitação de "espaços religiosos" possa contê-la. Interessa-nos fortemente esta expansividade da música gospel e sua capacidade de produzir passagens, refazer fronteiras, aparecer onde não se esperava, invadir lugares, mobilizar corpos e sensações.

As trajetórias aqui selecionadas têm em comum o fato de serem de sujeitos periféricos (D'Andrea, 2013) que produzem diferentes e variadas formulações de subjetividades periféricas, artísticas, politicamente engajadas e pentecostais. Suas trajetórias mostram que não há um padrão de institucionalização definido no campo: fazer ou não parte de uma igreja, permanecer ou mudar de ministério, todas são alternativas possíveis, com consequências específicas em diferentes momentos de suas trajetórias.

Identificamos, também que, em muitos casos, o campo de atuação destes sujeitos foi atravessado por polêmicas e controvérsias que levaram a rupturas e desvios. Se muitos consideram estas crises algo de peculiar do campo evangélico, consideramos importante também perceber que a vida nas periferias é tomada de assalto por situações graves – e o campo evangélico não está livre desta sua condição periférica.

As trajetórias de Waguinho, Flordelis e Tonzão retratam um pouco da relação entre projetos musicais e indústria fonográfica. O mercado gospel seleciona e modela seus artistas, e mais ainda, tal como discutido por Sant'Ana (2017), participa diretamente de projetos políticos. O "sucesso", no campo gospel, é também um desafio. E, no caso dos três cantores aqui tratados, nenhum deles vive exclusivamente de sua carreira musical. Todos são de famílias periféricas, de origem pobre e vivem até os dias de hoje em condições financeiras frágeis, ora mais estáveis e prósperas, ora mais restritas e vulneráveis.

Por fim, retomamos a questão dos gêneros musicais aqui discutidos e do campo que se abre com as pesquisas sobre samba, forró e funk gospel. Reforçamos a importância de um investimento no campo de pesquisas sobre política e religião em sua relação com a dimensão estética. Pensar estas temáticas a partir dos corpos, dos objetos, das mídias, das mediações e das sensorialidades leva a resultados de pesquisas que podem contribuir para diferentes estudos no campo das periferias urbanas.

Se pudéssemos resumir nosso desejo com este capítulo, diríamos que nossa intenção é que qualquer pesquisa sobre periferias urbanas possa ser desenvolvida não só com os olhos, mas com os ouvidos abertos; que seja possível vivenciar a paisagem sonora desse campo, com atenção à presença da música gospel. E não estranhar o som do funk gospel, ou de um samba de Jesus, mas se atentar ao que este som produz, ao que ele fabrica. Além disso, que as pesquisas sobre periferias urbanas que mobilizam as músicas dos Racionais MC's e do funk carioca possam ser também impactadas por cantores como Waguinho, Tonzão e Flordelis e suas músicas e, quem sabe, aventurarem-se a se deixar pensar a partir de suas canções e suas trajetórias, aprendendo por meio destas o modo como passagens e fronteiras são produzidas e reinventadas também pelas suas práticas e seus percursos de vida.

Referências Bibliográficas

ALMEIDA, Ronaldo de. A onda quebrada: evangélicos e conservadorismo. *Cadernos Pagu*, (50), e175001. Epub June 26, 2017

ALMEIDA, Ronaldo; D'Andrea, Tiaraju. Pobreza e redes sociais em uma favela paulistana. *Novos estudos*, (68), 2004, p. 94-106.

ASAD, Talal. "Genealogies of Religion: Discipline and Reasons of Power". In: *Christianity and Islam*. Baltimore and London: The Johns Hopkins University Press, 1993.

ASAD, Talal. *Formations of the secular*: Christianity, Islam, Modernity. Stanford University Press, 2003.

BANDEIRA, Olívia. Música gospel no Brasil - reflexões em torno da bibliografia sobre o tema. *Religião & Sociedade*, 37(2), 2017, p. 200-228.

BIRMAN, Patricia. Feitiçarias, territórios e resistências marginais. *Mana*, 15(2) 2009, p. 321-348.

BIRMAN, Patricia. Cruzadas pela paz: práticas religiosas e projetos seculares relacionados à questão da violência no Rio de Janeiro. *Religião & Sociedade*, 32(1), 2012, p. 209-226.

BIRMAN, Patrícia. Narrativas seculares e religiosas sobre a violência: as fronteiras do humano no governo dos pobres. *Sociologia & Antropologia*, 9(1), 2019, p. 111-134.

BIRMAN, Patricia; MACHADO, Carly. A violência dos justos: evangélicos, mídia e periferias da metrópole *Revista Brasileira de Ciências Sociais*, v. 27, núm. 80, octubre, 2012, p. 55-69.

CÔRTES, Mariana. *Diabo e fluoxetina*: pentecostalismo e psiquiatria na gestão da diferença. 1. ed. Curitiba: Appris, 2017.

CUNHA, Christina Vital da. Religião e criminalidade: traficantes e evangélicos entre os anos 1980 e 2000 nas favelas cariocas. *Religião & Sociedade*, 34(1), 2014, p. 61-93.

CUNHA, Christina Vital da. "Traficantes evangélicos": novas formas de experimentação do sagrado em favelas cariocas. *Plural*, 15, 2014, p. 61-93.

CUNHA, Christina; LOPES, Paulo Victor Leite; LUI, Janayna. *Religião e Política:* medos sociais, extremismo religioso e as eleições 2014. Rio de Janeiro: Fundação Henrique Böll/ Instituto de Estudos da Religião, 2017.

CUNHA, Christina; LOPES, Paulo Victor Leite. *Religião e política*: uma análise da atuação de parlamentares evangélicos sobre direitos das mulheres e de LGBTs no Brasil. Rio de Janeiro: Fundação Heinrich Böll, 2012.

CUNHA, Magali. "*Vinho novo em odres velhos*": um olhar comunicacional sobre a explosão gospel no cenário religioso evangélico no Brasil. Tese apresentada à Escola de Comunicação e Artes, da Universidade de São Paulo.

D'ANDREA, Tiarajú Pablo. *A formação dos sujeitos periféricos*: cultura e política na periferia de São Paulo. Tese apresentada ao Departamento de Sociologia da Universidade de São Paulo, 2013.

HIRSCHKIND, Charles. *The ethical soundscape*: cassette sermons and Islamic counterpublics. New York: Columbia University Press, 2006.

JAFFE, Rivke. The Popular Culture of Illegality: Crime and the Politics of Aesthetics in Urban Jamaica. *Anthropological Quarterly*. v. 85 (1), 2012.

MACHADO, Carly. Pentecostalismo e o sofrimento do (ex-) bandido, *Horizontes Antropológicos*, 42, 2014, 153-180.

MACHADO, Carly. Conexões e rupturas urbanas: projetos, populações e territórios em disputa. *Revista Brasileira de Ciências Sociais*, 32(93), 2017, e329308.

MACHADO, Carly. Fazendo política em outros congressos: tramas religiosas, práticas midiáticas e a estética da política nas periferias urbanas do Rio de Janeiro. *Debates do NER (UFRGS)*, v. 2, 2020, p. 19-59.

MACHADO, Carly. *Samba gospel:* sobre pentecostalismo, cultura, política e práticas de mediação nas periferias urbanas do Rio de Janeiro. Novos Estudos. *CEBRAP*. v. 39, 2020, p. 81 - 101.

MAFRA, Clara; Almeida, Ronaldo. (orgs.). *Religiões e Cidades*: Rio de janeiro e São Paulo. São Paulo: Terceiro Nome, 2009.

MEYER, Birgit. "De comunidades imaginadas a formações estéticas: mediações religiosas, formas sensoriais e estilos de vínculo", em GIUMBELLI, Emerson; TONIOL, Rodrigo e RICKLI, João (org.). *Como as coisas importam*: uma abordagem material da religião – textos de Birgit Meyer. Porto Alegre: Editora da UFRGS, 2019.

PAULA, Robson de. "Os cantores do Senhor": três trajetórias em um processo de industrialização da música evangélica no Brasil. *Religião & Sociedade*, 27(2), 2017, p. 55-84.

PINHEIRO TEIXEIRA, Cesar De "Corações de Pedra" a "Corações de Carne": Algumas Considerações sobre a Conversão de "Bandidos" a Igrejas Evangélicas Pentecostais *Dados - Revista de Ciências Sociais*, v. 54, núm. 3, septiembre, 2011, p. 449-478.

TEIXEIRA, Cesar Pinheiro. *A construção social do ex-bandido:* um estudo sobre sujeição criminal e pentecostalismo. Rio de Janeiro: 7letras, 2011.

TEIXEIRA, Cesar Pinheiro. O testemunho e a produção de valor moral: observações etnográficas sobre um centro de recuperação evangélico. *Religião & Sociedade*, 36(2), 2016, p. 107-134.

OOSTERBAAN, Martijn. Batman returns: Brazilian conflicts and the popular culture of sovereignty. *Conflict and Society*: Advances in Research 1, 2015, p. 197–215.

OOSTERBAAN, Martijn. Gospel Funk: Pentecostalism, Music, and Popular Culture in Rio de Janeiro. In: Ingalls and Yong (Ed.). *The Spirit of Praise*: Music and Worship in Global Pentecostal-Charismatic Christianity. Park, PA: Penn State University Press, 2015.

OOSTERBAAN, Martijn. Transposing Brazilian Carnival: Religion, Cultural Heritage, and Secularism in Rio de Janeiro. *American Anthropologist*, v. 119, n. 4, 2017, p. 697–709.

OOSTERBAAN, Martijn. *Transmitting the Spirit: Religious Conversion, Media, and Urban Violence in Brazil.* University Park, PA: Penn State University Press, 2017.

PAZ, Sthefanye Silva. *Tonzão entre dois mundos*: mediações e agência entre o funk e a igreja. Dissertação (Ciências Sociais) – Programa de Pós-Graduação em Ciências Sociais. Universidade Federal Rural do Rio de Janeiro, 2018.

PINHEIRO, Marcia Leitão.; FARIAS, Carine Lavrador de. O Funk abençoado: apropriação musical, trajetória religiosa e carreira musical de MC Polliana Gospel Funk. *Religião & Sociedade*, 39(3), 2019, p. 34-57.

SANT'ANA, Raquel. *A Nação cujo Deus é o Senhor*: a imaginação de uma coletividade "evangélica" a partir da Marcha para Jesus. Tese de Doutorado apresentada ao Programa de Pós-Graduação em Antropologia Social, Museu Nacional, Universidade Federal do Rio de Janeiro, 2017.

Lugares Negros na Cidade

Joana D'Arc de Oliveira

Introdução

Quais foram os lugares reservados às populações negras nas cidades brasileiras? Por quais territórios esses agentes se deslocaram? Como se estabeleceram? Onde se fixaram? Essas, dentre outras, têm sido algumas das questões que têm pautado as pesquisas sobre as vivências de africanos e de seus descendentes em solo brasileiro. No campo da arquitetura e do urbanismo, essas discussões e análises têm ganhado cada vez mais força e se disseminado pelo país, tirando da invisibilidade as histórias dos povos negros.

Ao nos debruçarmos sobre os aspectos historiográficos e espaciais relacionados à presença de homens e mulheres negros em uma das cidades do interior paulista no pós-abolição, faz-se necessário compreendermos também como isso ocorreu em outros locais do Brasil. Para começar, vale destacarmos que essa presença remonta ao século XVI, ou seja, ao início do sistema escravista. Neste período, era comum escravizados circularem pelas ruas sinuosas das regiões centrais atuando em atividades diversificadas, como por exemplo, escravos de ganho, sujeitos estes que desenvolviam atividades comerciais e repassavam parte dos seus ganhos monetários aos seus proprietários.

Segundo Reis (2008), havia uma série de negociações que marcavam essa atividade:

> Essas negociações permitiam a muitos escravos viver afastados do controle cotidiano dos senhores, trabalhar, dormir e até morar por conta própria. Eram os chamados escravos de ganho. Muitos dos quais apenas se encontravam aos sábados com seus senhores para "pagar a semana", ou seja, entregar a estes a parte que lhes cabia do produto de seu trabalho. A outra parte servia para a sobrevivência dos ganhadores e, com sorte, e suor, para formar um pecúlio futuramente investido na alforria. Esses acordos informais celebrados entre senhores e escravos eram típicos da escravidão urbana (Reis, 2008, p. 47).

Além dos escravizados, coexistiam nas cidades e em seus respectivos espaços urbanos negros e negras livres, os quais, para garantirem seu sustento, também se ocupavam de maneira diversificada. Flávio Gomes (2006) destaca o grande número de mulheres negras que atuavam como domésticas,[1] ambulantes, quitandeiras, quituteiras, e de homens negros que se ocupavam do transporte e carregamento de cargas e materiais. Mas a presença negra nas cidades não se resumia a tais práticas. Para além das ocupações direcionadas ao trabalho, esses indivíduos circulavam pelas ruas trocando informações e realizando encontros em Irmandades Religiosas, em Terreiros de Candomblé, em Quilombos Urbanos e em seus Espaços de Morar.

1 O termo domésticas tem sido combatido na contemporaneidade por expressar o processo de domesticação que os membros da elite branca desejam impor sobre seus escravos e empregados. Segundo Lilia Moritz Schwarcz, a palavra tem significados pejorativos se relacionado a seres humanos.

Ana Maria Gonçalves (2006), em seu livro intitulado "Um Defeito de Cor", narra com riqueza de detalhes os encontros negros que aconteciam nos casarões de arquitetura colonial em Salvador, estado da Bahia, com os mais variados objetivos, dentre eles, a organização de revoltas e levantes.

Ainda que tornassem os espaços urbanos mais pretos, haja vista que eram a maioria da população, esses sujeitos, mesmo livres, não podiam circular tranquilamente pelas cidades, pois seus passos eram constantemente vigiados desde o período colonial. No Império, as leis promulgadas deram continuidade à vigilância sobre os corpos negros, cerceando seus deslocamentos e exigindo o uso de códigos de identificação, como por exemplo, o uso de plaquinhas em seus pescoços. Outras proibições foram instauradas também em códigos de posturas que criminalizaram manifestações das culturas africanas, como a capoeira e as práticas religiosas.

De qualquer maneira, a presença de africanos e de seus descentes movimentaram as cidades brasileiras desde o início da vigência do sistema escravista. Henrique Cunha Jr. explica que:

> As cidades brasileiras do Império eram espaços de maioria afrodescendente devido ao grande número de trabalhadores e comerciantes, negras e negros, nos espaços públicos dos centros urbanos. Contingentes importantes de afrodescendentes moravam nos centros das cidades em habitações coletivas denominadas de cortiços (Cunha Jr., 2019, p. 34).

Com o fim do sistema escravista em maio de 1888, as condições de vida da população negra não sofreu mudanças significativas, pois, apesar de trazerem alterações no que tange ao poder sobre si, a vida no período pós-abolição seria marcada por inúmeros enfrentamentos a obstáculos sociais demarcados nas ações do Estado e da sociedade civil branca. Vale destacar que as lutas sociais pelo direito à cidadania, moradia, saúde e educação foram uma constante na trajetória da história negra no Brasil e até os dias atuais são pautas que compõem as reivindicações dos movimentos negros. A liberdade, duramente conquistada pela população negra, não colocaria fim ao sofrimento desses indivíduos que se tornaram alvo das políticas excludentes do Estado.

Nessa conjuntura, podemos destacar o nascente urbanismo do início do século XX que, amparado nas teorias do racismo científico em voga na Europa no final do século XIX, influenciou decisivamente na ordenação dos territórios nas cidades brasileiras. José Tavares de Lira (1999) destaca o quanto a ideologia urbanística se apropriou das teorias raciais para ordenar, embelezar e higienizar os núcleos urbanos no início do século XX. Em seu livro "Lima Barreto: triste visionário", Lilia Moritz Schwarcz (2017) traz à tona observações de Lima Barreto sobre as transformações urbanas – denominadas de modernistas – que se processaram nas cidades no período da Primeira República, tendo como objetivo a exclusão e marginalização social da população negra. Cunha Jr. (2019) aponta que médicos sanitaristas, legisladores, engenheiros e urbanistas planejaram os espaços das cidades tendo como inspiração o modernismo e as culturas europeias, e como alvo de criminalização, as culturas africanas e afro-brasileiras. Ele complementa: "Como as imagens do espaço público eram negras, a política da república exerceu uma ampla tarefa de ressignificação destas imagens do espaço público e reorganização populacional." (Cunha Jr., 2019, p. 34).

Logo, uma lógica racializada do espaço se constituiu no pós-abolição, estabelecendo fronteiras físicas e simbólicas entre brancos e negros e organizando as cidades em "espaços negros" e "espaços brancos", como sugere Sansone (2012). O controle sobre o deslocar dos corpos negros, vigente no período escravista, não foi extinto na sociedade republicana, de modo que sua presença nos mais variados espaços suscitou comportamentos díspares em brancos. Segundo relata Santos:

> Há espaços, lugares, momentos, contextos de interação nos quais, através de comportamentos (que são frutos de comandos e aprendizados) subjetivos (as vezes bastante objetivos) a presença negra pode ser aceita, brindada e até valorizada, ou, por outro lado, tolerada, não aceita, reprimida ou repelida (Santos, 2012, p. 58).

Sidney Chalhoub (1996) é contundente em seu livro "Cidade Febril" quando destaca as ações que foram empreendidas pela elite branca e pelo Estado no intuito de retirar das áreas centrais os tidos como indesejáveis, compostos, em sua maioria, por homens e mulheres negros. Destituídos dos espaços de morar das regiões centrais e tendo suas culturas criminalizadas, esses sujeitos não encontraram alternativas de ocupação que não as franjas e morros da cidade. De acordo com Andrelino Campos (2006), nesse momento da história urbana, Estado e capital imobiliário prepararam parte do solo da cidade para receber determinado segmento social, restringindo, então, a permanência de grupos não desejados.

Nessa mesma perspectiva, Cunha Jr. aponta que:

> A remoção sistemática das populações afrodescendentes dos centros urbanos se realizou em todas as cidades brasileiras, transferindo estas populações para áreas erma, difíceis, desprovidas de meios de transporte, saneamento, saúde, sistemas de educação e lazer (Cunha Jr., 2019, p. 34).

Na contramão das ações de exclusão, os povos negros grafaram no espaço urbano suas marcas, presentes, principalmente, em bairros negros, favelas e periferias. Esses locais se transformaram em territórios de resistência e de preservação cultural, lócus de nascimento do samba, organização de terreiros de candomblé e clubes negros; reconhecidos como quilombos urbanos, esses locais garantiram a espacialização da cultura negra.

Rafael Sanzio (2014) aponta em suas análises que os quilombos brasileiros, além de serem símbolos territoriais da resistência negra durante a vigência do sistema escravista, também se tornaram palcos de lutas e de preservação da memória afro-brasileira no período pós-abolição. Consoante Raquel Rolnik (1989), os antigos redutos de resistência à escravidão viraram "territórios negros", espaços em que as tradições herdadas dos africanos floresceram. Manifestações como a capoeira, o batuque, as danças de roda e o culto aos orixás, práticas malvistas pela sociedade, encontraram nesses locais um porto seguro. Carril complementa o raciocínio: "Entre os quilombos urbanos, a organização se faz entre os homens em torno da música, da dança e da arte, ali onde o meio lhe é hostil. No urbano não se planta, não se pesca e nem se coleta frutos da mata" (Carril, 2006, p. 66). Segundo Cunha Jr. (2019), no pós-abolição, os territórios negros de resistências se configuraram em Bairros Negros, ou, quilombos urbanos contemporâneos.

A população negra, ao escolher o espaço urbano para vivenciar a sua liberdade no pós-abolição, teve que elaborar uma série de estratégias de resistência para driblar a excludente conjuntura social, política, econômica e cultural que se solidificou com o fim da escravidão. Dentre as várias ações desempenhadas pelos povos negros marginalizados, destacam-se aquelas empreendidas para a apropriação da região central, onde, mesmo sob os olhares controladores da polícia e da sociedade civil, tentaram se impor e se deslocar.

No interior paulista, foram muitos os territórios negros urbanos criados para demarcar a presença e a cultura negra na cidade, tais como clubes, átrios das igrejas de santos negros ou determinadas ruas para a realização do footing, teatros e cinemas. Vale salientarmos que esses espaços não eram frequentados, em hipótese alguma, pela elite branca, porém, alguns pobres brancos se inseriam nestes locais. Além disso, esses sujeitos se apropriaram daqueles espaços que lhe foram direcionados nas franjas das cidades, e ali se estabeleceram, protegeram-se e mantiveram suas crenças e práticas culturais em suas casas e quintais.

Em São Carlos, município do interior paulista, a presença negra se fez ainda durante a vigência do sistema escravista, sendo a responsável pela maioria das atividades desenvolvidas tanto no espaço urbano como no rural. Osvaldo Truzzi (2007) destaca que o número de escravizados em meados de 1870 chegava a mais de 3.000, praticamente o mesmo número de negros e negras registrados na cidade no Recenseamento Populacional ocorrido em 1907. Dos 38.64[2] indivíduos recenseados no município nesse ano, 4.816 foram declarados negros, sendo 3.815 pretos e 1.001 mulatos2, ou seja, 12% da população são-carlense era formada por negros.

2 Vale ressaltarmos que o número de negros recenseados não pode ser considerado como absoluto, pois encontramos alguns casos em que pardos foram registrados como brancos, o que torna este documento um tanto frágil. Porém, os números apresentados nos permitem, ainda assim, conhecer o perfil daqueles que foram declarados, ou se declararam pretos, ou mulatos, no momento do recenseamento. Nenhum documento sobre a metodologia de execução do censo foi encontrado, o que se tem é apenas o Decreto-lei registrado em Ata da Câmara Municipal ordenando a execução do recenseamento, no qual também nada foi informado sobre a metodologia que deveria ser empregada.

Este percentual pequeno, se comparado ao número de indivíduos de cor branca, encontra explicação em diversos fatores, dentre os quais, Walter Fraga Filho (2006) menciona o caso da Bahia, mas que pode ser plenamente vislumbrado em São Carlos: o anseio da população negra, após a abolição, por retornar para sua terra natal, ou para onde estavam membros de suas famílias, cruelmente separados pelo tráfico interprovincial que notadamente sustentou a escravidão no interior paulista até às vésperas da abolição.

Outro elemento que contribuiu para o aumento da população branca e para a diminuição da negra foi a imigração europeia, fortemente impulsionada pelo Estado e pelos fazendeiros locais, preocupados com a substituição da mão de obra escrava, mas também movidos pelo desejo de branqueamento da população brasileira.[3] De qualquer maneira, no total, havia em 1907 uma presença significativa de negros em São Carlos, e dos 4.816 indivíduos, 3.487 moravam no meio rural, trabalhando como empregados nas inúmeras propriedades agrícolas do município, ou como pequenos proprietários rurais, já 1.329 moravam no espaço urbano.

Como podemos perceber, em 1907, a população negra que habitava o município de São Carlos estava majoritariamente concentrada no meio rural, demonstrando que o campo também era uma opção de escolha para esses sujeitos, que podiam permanecer e voltar de acordo com suas vontades e necessidades. Segundo Hebe Mattos (1987), os negros libertos eram atraídos pela vida no campo por diversos fatores, dentre eles, o desejo pela manutenção da família no mesmo local, os laços de

3 Sobre este assunto, indicamos a leitura dos seguintes autores: Maria Helena Machado, Keila Grimberg, Wlamyra Albuquerque, Flávio Gomes e Kabengele Munanga, entre outros.

parentesco e amizade já estabelecidos, o cumprimento de acordos e contratos trabalhistas, o conhecimento acerca dos serviços executados, o acesso à moradia e a um pequeno pedaço de terra para plantações de alimentos e criação de animais, usados para o consumo familiar e, em alguns casos, também comercializados.

No munícipio de São Carlos, estes fatores certamente influenciaram os 3.487 indivíduos a optarem pela vivência de suas liberdades no meio rural, colocando por terra o discurso de que os negros no período pós-abolição, deram preferência à vida no meio urbano. Isso, porém, não significa que ex-escravos dessa cidade tenham permanecido no campo após a abolição, pois os negros que habitavam o meio rural em 1907 podiam perfeitamente ser migrantes que para cá vieram motivados por inúmeros fatores. De qualquer maneira, acreditamos ser de extrema valia conhecer o perfil da população negra que vivia no espaço urbano, bem como mapear em quais bairros fixaram moradia, que ocupações exerceram, quais foram suas estratégias de enfrentamento social e como moldaram suas vidas culturalmente em uma sociedade majoritariamente branca.

O município de São Carlos do Pinhal, em 1907, era regido pelo Código de Posturas, que foi aprovado no ano de 1905. De acordo com Renata Priore Lima,[4] esse código foi definido pela Lei municipal de número 58, e mantinha muitos aspectos dos Códigos anteriores, trazendo, no entanto, uma alteração, segundo a autora, muito significativa para a cidade, a saber: o estabelecimento dos limites da área rural e urbana, sendo esta

4 Sobre esse assunto, ver: Lima, Renata Priore. *Limites da Legislação e o (des)controle da expansão urbana:* São Carlos (1857-1977). São Carlos: EdUFSCar, 2008; Costa, Natália. *Espaços negros na cidade do pós-abolição.* São Carlos, um estudo de caso. Dissertação de Mestrado. IAU-USP. São Carlos, 2015.

última subdividida em cidade e subúrbio. A cidade, neste período já contava com alguns loteamentos mais populares, distintos e afastados das áreas ocupadas pela elite local e que perfaziam os arredores da igreja matriz, as quais, segundo Bortolucci (1991), eram compostas por majestosos casarões ecléticos dos barões do café que ali mesclavam costumes rurais e urbanos.

Para as classes mais pobres foram criados, logo após a abolição da escravidão, os bairros Vila Nery, Pureza e Izabel,[5] os quais surgiram em resposta ao medo da elite de que, com o fim do sistema escravista, ocorresse uma migração em massa dos libertos para o espaço urbano. Assim, de modo a evitar que eles ocupassem a região central, trataram logo de lotear espaços distantes, a fim de que eles pudessem se estabelecer longe do perímetro elitizado. Certamente, foi a partir da preocupação com o "perigo" que os libertos representavam para a elite branca – tal como destacou Maria Helena Machado (1994) em seu livro intitulado "O Plano e o Pânico" – que surgiram os primeiros loteamentos no município, desprovidos de qualquer tipo de infraestrutura e embelezamento. Os lotes nestes espaços eram adquiridos com certas facilidades, dentre elas: a troca por meio do trabalho, como mencionado por Sebastião Nunes,[6] quando se referiu ao pedaço de terra na Vila Pureza, que seu pai recebeu em troca do trabalho ofertado ao senhor Mattos; a venda parcelada, como salientou "Tiana Poçeira"[7] quando relatou como seu

5 A Vila Nery foi o primeiro loteamento da cidade, tendo sido implantado, de acordo com Renata Priore Lima, em 1889. Dois anos depois, em 1891, foram concebidas a Vila Pureza e a Vila Izabel. Isso, porém, não significa, a nosso ver, que estes espaços não tenham sidos anteriormente habitados de maneiras informais.

6 Sebastião Nunes, em entrevista concedida à autora, na casa do entrevistado, residência esta ornada com muitas fotos e quadros da família. São Carlos, 2013.

7 Sebastiana Ananias, em entrevista concedida à autora, na casa da entrevistada, cuja localização é na Vila Izabel. O espaço escolhido foi a sala de visitas, em meio às fotos e objetos que retratavam a história da família. São Carlos, 2013.

pai havia conseguido adquirir cerca de 750 metros² na Vila Izabel; ou ainda, pela ocupação ilegal, quase nunca revelada diretamente.

De acordo dados registrados no Recenseamento Populacional de 1907, o espaço urbano de São Carlos do Pinhal era formado pelos bairros Centro, Vila Izabel, Vila Pureza, Vila Nery, Botafogo e Subúrbios, os quais agregavam em maior ou menor número, como podemos verificar no Gráfico 1, homens e mulheres de cor preta ou mulata.

Gráfico 1: Presença negra no espaço urbano em São Carlos. Recenseamento Populacional de 1907.

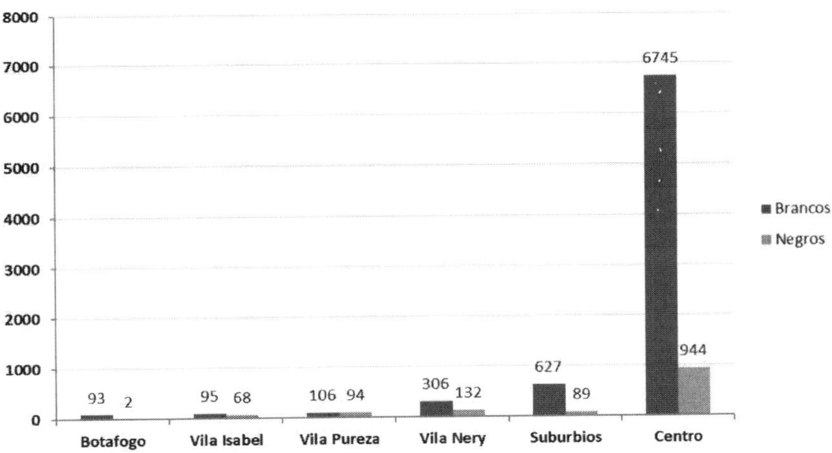

Acervo: Fundação Pró-Memória de São Carlos.

O centro de São Carlos era o espaço mais antigo da cidade e teve sua formação oficial iniciada em 1857, quando foi erigida a capela, a qual resultou do empenho de fazendeiros locais e do emprego de mão de obra cativa.[8] Assim como em inúmeras

8 Os locais em que foram erigidos os centros urbanos eram costumeiramente ocupados por negros posseiros. Em São Carlos, descendentes do senhor Gregório afirmam ter sido ele um dos primeiros ocupantes do território onde foi estruturada a região central. O rio que corta a baixada do mercado leva o seu nome.

cidades do país, foram as mãos dos negros escravizados e livres que construíram os primeiros prédios no município; por mais que os dirigentes locais tivessem usado de suas influências políticas e de seus patrimônios econômicos, não podemos deixar de evidenciar que os negros participaram ativamente dos processos de estruturação das cidades, empregando, por vezes, seus conhecimentos e experiências em técnicas construtivas.

As variadas ofertas de serviços e o desenvolvimento cada vez mais acelerado na região central atraíram mais da metade dos negros, tendo esta parcela optado pela vida no meio urbano. Vale ressaltarmos que, do total de negros que ocupou o espaço urbano em 1907, 70% habitava a região denominada como Centro, somando 944 indivíduos, dos quais 377 eram do sexo masculino e 567 do feminino, o que nos leva a constar que havia uma taxa elevada de mulheres morando nesta localização.

Considerando os indivíduos com idade igual ou superior a 12 anos,[9] contabilizavam registrados na região central 212 homens exercendo ocupações variadas, todas majoritariamente de maneira informal, destes: 48 eram camaradas, sendo esta atividade desenvolvida principalmente no meio rural; 35 eram empregados, atividade não definida claramente; 22 trabalhavam na construção civil como pedreiros; 14 empregavam-se na Companhia Paulista de Estradas de Ferro; 11 estavam empregados em serviços domésticos, como criados; e 11 eram lavradores. Também foram registradas outras ocupações, em menor número, que indicam uma variedade nas atividades exercidas por homens negros, as quais, porém, estavam ligadas essencialmente

9 Seguimos o mesmo padrão analítico que Karl Monsma adotou em sua análise sobre a vida de imigrantes e negros no meio rural em São Carlos do Pinhal, no período pós-abolição.

a serviços manuais e não a atividades que exigiam escolaridade, com exceção de um negro, que trabalhava no registro civil.

Como podemos perceber, os negros não estavam nos serviços públicos, não eram donos de estabelecimentos comerciais. Porém, foram registrados dois homens como industriais: um deles era o mulato Antonio David, brasileiro, com 17 anos de idade, solteiro, alfabetizado e proprietário; e o outro era o preto Manoel Affonso da Rocha, de 53 anos de idade, brasileiro, alfabetizado e também proprietário. Manoel era casado com uma mulher branca, com quem tinha nove filhos, todos identificados como mulatos, o que demonstra que o casamento inter-racial também constituía uma das estratégias adotadas pelos negros para serem aceitos socialmente.

Com relação às 567 mulheres, tinha-se registro de 248 com idade igual ou superior a 12 anos exercendo ocupações variadas, das quais se destacam as atividades domésticas, que eram exercidas no âmbito privado das residências da elite. Nestes locais atuavam como cozinheiras, passadeiras e criadas, sendo, na maioria dos casos, as responsáveis por todo o trabalho ali executado. No âmbito informal, trabalhavam pelas ruas da cidade, como por exemplo, na atividade de lavadeiras. Se adentrarmos os espaços privados, teremos 90 mulheres cozinhando para a elite branca, em extensas jornadas de trabalho; a essas cozinheiras somavam mais 42 criadas e 5 copeiras, totalizando 137 mulheres negras que exerciam atividades nas casas da elite branca são-carlense, tendo de lidar diariamente com o preconceito e as constantes tentativas de abuso de poder por parte de seus patrões, arraigados ainda aos costumes escravistas e aos quais elas respondiam com o abandono do emprego, adotando, assim, a estratégia de defesa que lhes era possível no momento.[10] No âmbito informal, 52 mulheres exerciam o ofício de lavadeiras, o qual, segundo Telles (2014), foi uma das formas encontradas pelas mulheres negras para garantirem renda e o direito de ir e vir pela cidade, vivenciando, assim, algo que lhes era precioso à época: a liberdade. Além destas ocupações, as mulheres negras também eram costureiras, engomadeiras, empregadas, caseiras, cocheiras, doceiras, camaradas e lavradoras. Estas duas últimas ocupações estavam ligadas ao campo, o que demonstra que as mulheres, ainda que em menor número, também mantinham algum tipo de relação com a terra. Podemos, por fim, considerar que tanto os homens como as mulheres estavam majoritariamente vinculados às atividades urbanas, e que as suas localizações no centro da cidade contribuíam, em grande parte, para o melhor deslocamento entre casa e trabalho. Além disso, permitia que pudessem usufruir dos serviços oferecidos no centro da cidade, como espetáculos culturais, restaurantes, lojas e botequins, mesmo que sob os olhares atentos do preconceito racial.

Com relação ao estado civil e também ao título de propriedade, das 567 mulheres ali residentes: 338 eram solteiras, das quais 15 eram proprietárias; 148 eram casadas, sendo 42 proprietárias; e 79 eram viúvas, destas, 13 possuíam um imóvel na cidade.[11] Dos 377 homens: 228 eram solteiros, sendo 11 proprie-

10 Ao considerar que o negro exercia sua agência de acordo com o meio e as possibilidades disponíveis, temos o que Maria Helena Machado destaca, em seus textos e falas, quando relata que o negro era protagonista de seu destino e sua agência era exercida de acordo com o contexto em que estava inserido.

11 No Recenseamento Populacional de 1907, como bem destacou Karl Monsma, não é possível verificarmos a que especificamente se refere o termo "propriedade", uma vez que, segundo este autor, as diretrizes de elaboração deste documento se perderam no tempo. De qualquer forma, assim como Monsma, acreditamos que o tipo de propriedade se

tários; 130 eram casados, sendo 47 proprietários; e 18 eram viúvos, sendo apenas 03 proprietários. Como podemos perceber, os indivíduos casados tinham uma chance maior em juntar pecúlio para adquirir um imóvel na cidade, o que não significava que alguns solteiros não conseguissem se estabelecer com títulos de propriedade. Outro ponto importante a ser destacado era a situação econômica favorável que esses proprietários possuíam; ainda que se tratassem de posses singelas, estas se localizavam na região central do município, indicando que esses sujeitos trabalharam arduamente para poupar recursos, contrariando as teorias vigentes no pós-abolição de que os negros eram dados à vadiagem e não eram aptos ao trabalho.

Com relação à nacionalidade e à instrução dos homens e mulheres negros que moravam no centro, podemos afirmar categoricamente que se tratava de uma população negra essencialmente brasileira, pois, dos 944 indivíduos ali residentes em 1907, 941 nasceram no Brasil; desse total, 566 eram mulheres e 375 eram homens. Os estrangeiros somavam apenas 03 indivíduos, sendo 01 mulher italiana e 02 homens recenseados como sendo de origem diversa. Podemos afirmar, no entanto, que um deles era de origem africana: tratava-se do preto Bernardo, de 54 anos de idade, que foi inventariado em 1883 como escravo africano dentre os bens da senhora Maria Umbelina de Barros e de Joaquim Antônio de Paula.[12]

Com relação à habilidade de "saber ou não ler", dos 944 indivíduos registrados: 210 "sabiam ler", indicando 22% do to-

---

refere a extensões de terras na área rural para moradores desses locais e, por sua vez, a um imóvel residencial para os moradores da área urbana.

12 Inventário de Partilha de Joaquim Antônio de Paula em favor de Maria Umbelina de Barros. 1883. In: Rizzoli. Álvaro. *Inventário Analítico da Escravidão em São Carlos*. Pesquisa CNPQ. São Carlos, 1995.

tal; e 734 "não sabiam ler", somando 78%. Isso demonstra que os moradores negros do centro estavam mais voltados ao trabalho e não tinham, na maioria dos casos, acesso à educação formal. Vale ressaltarmos que em um levantamento realizado por Natália Costa,[13] foi constatado que o índice de indivíduos negros presentes nas escolas locais era extremamente baixo, indicando que os espaços educacionais, nos primeiros anos do pós-abolição, atendiam majoritariamente à elite local, o que levava a população negra a criar espaços educacionais voltados para os seus. Era comum nesse momento que clubes negros oferecessem ensino aos homens e mulheres negros.

Assim, tal como pudemos perceber a partir dos dados apresentados, os moradores negros que viviam no centro eram homens e mulheres – estas em maior número – majoritariamente brasileiros, em idade proativa e que dedicavam suas vidas ao exercício de suas ocupações, por meio das quais conseguiam prover modos de sanar suas principais necessidades e, em alguns casos, até mesmo se tornarem proprietários. Dentre estes moradores, uma parcela pequena teve acesso à educação e sabia ler. Estes atores souberam, ao certo, driblar toda a conjuntura social excludente e racista, conseguindo, de acordo com suas possibilidades, fixar-se neste espaço. Vale destacarmos que, de acordo com os registros criminais arrolados em São Carlos, os conflitos envolvendo negros como vítimas ocorreram majoritariamente no centro, o que demonstra a intolerância da sociedade branca local para com estes indivíduos.

Ao analisarmos as margens da cidade, mais especificamente os bairros Vila Pureza e Vila Isabel, que concentravam uma parte significativa de moradores negros, constatamos perfis di-

13 Costa, Natália. *Espaços negros na cidade do pós-abolição*. São Carlos, um estudo de caso. Dissertação de Mestrado. IAU-USP. São Carlos, 2015.

vergentes em comparação à população negra do centro. A Vila Pureza foi o segundo loteamento a ser implantado no espaço urbano de São Carlos em 1891. Não temos informações sobre o perfil dos seus primeiros habitantes, porém, constatamos que o bairro era em 1907 o que concentrava o maior número de negros em comparação à população branca no município, o que fez deste espaço um reduto da cultura negra local.

Localizada na parte oeste da cidade, a Vila Pureza era afastada da região central e concentrava uma população negra composta por 94 indivíduos. Destes, 44 eram homens de cor preta e 50 eram mulheres, sendo 46 pretas e 04 mulatas. Com relação à faixa etária, destacavam-se aqueles entre 15 e 24 anos e entre 0 e 9 anos, que perfaziam um total de 23 e 22 indivíduos, respectivamente. Em seguida, estava a faixa entre 35 e 44 anos, totalizando 15 sujeitos. Os idosos eram apenas 06 indivíduos, sendo que nenhum destes possuía acima de 74 anos.

Com relação às atividades profissionais, foram registrados 39 indivíduos com idade igual ou superior a 12 anos que exerciam algum tipo de ocupação remunerada. Destes sujeitos, 31 eram homens e 08 eram mulheres. No tocante à atividade exercida, a de camarada ocupava a primeira posição, agregando 24 homens. Em seguida, vinham 07 cozinheiras e 03 cozinheiros. Havia, ainda, 02 homens que eram amansadores, 01 empregado da Cia. Paulista e 01 pedreiro. No grupo das mulheres, havia 01 lavadeira. Do pequeno número de mulheres que declarou exercer algum tipo de atividade para garantir sua subsistência, destacaram-se as domésticas, cuja atividade era exercida, provavelmente, em residências de famílias abastadas da cidade localizadas longe de suas moradias.

O tipo de ocupação exercida estava extremamente ligado ao perfil do indivíduo, o que, a nosso ver, considerava, em um primeiro momento, os seus conhecimentos na atividade e suas necessidades. Foram muitos os indivíduos que, mesmo no espaço urbano, ainda exerciam atividades tipicamente rurais, deslocando-se diariamente para sítios e fazendas da localidade e região, protegidos, porém, por uma série de exigências que eram registradas nos contratos estabelecidos entre patrão e empregado. Sidney Chalhoub[14] destacou que a negociação do trabalho foi, sem dúvida, uma das grandes conquistas dos negros no período pós-abolição, pois, por mais que eles tivessem que disputar vagas cotidianamente, os contratos, quando existiam, na maioria dos casos, eram estabelecidos levando-se em consideração alguns dos seus interesses, os quais podiam variar conforme crenças, culturas e anseios.

Os moradores da Vila Pureza eram, em grande parte, solteiros, perfazendo um total de 56 indivíduos, sendo 25 homens e 31 mulheres. Já os casados eram 33, dos quais 18 eram homens e 15 eram mulheres, e apenas 05 eram viúvos, sendo 01 homem e 04 mulheres. Não podemos afirmar se os indivíduos que se declararam casados o eram oficialmente ou se viviam em uniões informais não reconhecidas pelo Estado e pela Igreja. Declarar-se casado poderia configurar uma estratégia adotada pelos negros frente à discriminação da sociedade com relação às uniões informais. Em alguns processos criminais consultados, verificamos que algumas mulheres se declaravam oficialmente viúvas, mas se mantinham amasiadas com outros homens, ou seja, não assumiam integralmente a relação, certamente por receio das discriminações que poderiam recair sobre elas. O mesmo,

14 Chalhoub, Sidney. *Trabalho, lar e botequim:* o cotidiano dos trabalhadores no Rio de Janeiro da belle époque. 3ª ed. Campinas, SP: Editora da Unicamp, 2012.

podemos considerar, dava-se com os solteiros, eles mantinham relações estáveis, mas não as declaravam oficialmente.

Um dado extremamente relevante sobre os negros da Vila Pureza se refere ao número de proprietários ali residentes cuja idade é igual ou superior a 18 anos, pois, dos 94 indivíduos, 29 eram donos de um pedaço de terra, o qual poderia ter sido permutado ou comprado, o que representava em torno de 31%. Destes, 15 eram homens e 14 eram mulheres, que se distribuíam entre as ocupações de amansadores, camaradas, empregados da Cia. Paulista, cozinheiras e pedreiros. Com base nos dados colhidos em entrevistas, pudemos perceber que os indivíduos que não eram proprietários ocupavam uma moradia de três formas distintas, a saber: por meio da cessão de terras em troca de trabalho, concedida pelo senhor Manoel Antonio de Mattos; por meio da ocupação "ilegal"; ou ainda, por meio da locação do imóvel.

Por fim, destacamos que todos os negros que habitavam a Vila Pureza tinham nascido no Brasil e 25 deles provavelmente foram escravos, pois, em 1907, possuíam idade superior a 36 anos, fato indicador de que haviam nascido antes da promulgação da Lei do Ventre Livre, de 1871. Estes negros que experienciaram a escravidão e se estabeleceram neste bairro eram majoritariamente proprietários de suas terras, pois, dos 25 indivíduos, 18 afirmaram serem donos de seus imóveis, fato que aponta também que, se não foi por meio da troca da terra pelo trabalho, alguns negros saíram da escravidão com algum pecúlio, ou ainda, o formaram após a abolição, por meio da dedicação plena ao trabalho, desmistificando, assim, como já apontado anteriormente, a imagem do negro como um indivíduo vadio e vagabundo, representação esta que começou a ser difundida com o fim da escravidão. Segundo pontua Lilia Moritz Schwarcz (1987), com a proximidade da abolição, construiu-se uma imagem estereotipada do negro, a qual tinha como principais elementos indicadores a degeneração, a embriaguez, a alienação e a vadiagem.

Por outro lado, há a negação da cidadania e do acesso à educação ao negro no período pós-abolição, representada pelo baixo número de indivíduos que moravam neste bairro e sabiam ler, pois, dos 94 negros registrados, apenas 07 "sabiam ler", restando aos 87 que "não sabiam ler" a constante necessidade de contar com o auxílio de amigos, parentes e vizinhos quando alguma leitura e/ou escrita se fizessem necessárias. Outro fator que pode ter contribuído para esse baixo índice era a dedicação de todos os membros das famílias negras ao trabalho, o que efetivamente impossibilitava que crianças e adultos pudessem frequentar as escolas. De acordo com alguns depoimentos coletados, pudemos perceber que o não acesso à educação por parte dos entrevistados e de seus antepassados se dava também por conta do cansaço que sentiam após uma pesada e extensa jornada de trabalho. Os mais jovens trabalhavam "na lida do campo" com seus pais, ou como ambulantes ou prestando serviços domésticos nas residências da elite, com o intuito de contribuir para a formação da renda familiar ou apenas para garantir o próprio sustento, tirando das costas dos pais tal obrigação. Sebastião Nunes,[15] que morou grande parte de sua vida na Vila Pureza, relatou que seu pai não podia garantir o sustento de todos os filhos e, por isso, "ele foi trabalhar e morar, ainda criança, com o seu patrão".

No bairro Vila Isabel, também localizado nas margens da cidade, duas versões se mantêm sobre a sua origem: uma se refere a sua implantação, em 1891, pelo senhor Casimiro Guimarães, que era proprietário das terras; outra, porém, que

15 Sebastião Nunes, em entrevista concedida à autora. São Carlos, 2013.

se mantém viva na memória local, diz respeito à implantação espontânea por parte de ex-escravos que teriam ali se estabelecido informalmente, após o fim da escravidão. Apesar de uma versão não excluir a outra, o seu loteamento formal foi iniciado em 1891, e assim como outros bairros locais, nada sabemos sobre os primeiros habitantes dessa localidade.

Em 1907, 16 anos depois de sua implantação, a Vila Izabel abrigava 68 negros, sendo 41 mulheres, das quais 32 eram pretas e 09 mulatas. Os homens eram 27, sendo 22 pretos e 09 mulatos. Com relação à faixa etária, eram majoritariamente indivíduos em idade produtiva, e por mais que 22 deles fossem crianças em idade entre 0 e 9 anos, o restante era formado por uma parcela significativa de indivíduos em idade adulta. Vale destacarmos que não havia morador com idade igual ou superior a 75 anos.

Ao considerarmos os sujeitos em idade igual ou superior a 12 anos, temos registrado na Vila Izabel um total de 26 indivíduos exercendo algum tipo de ocupação remunerada. Dentre as atividades, podemos destacar a de camarada para os homens e a de cozinheira para as mulheres, ocupando a primeira posição. Eram 11 homens trabalhando como camaradas e 08 mulheres como cozinheiras. Havia ainda 01 carpinteiro, 02 empregados, 01 lavrador e 01 pedreiro. Para as mulheres, 01 empregada e 01 vivandeira.[16] Assim como nos outros bairros retratados, a ocupação de camarada era a majoritária entre os homens, fato que demonstra que, mesmo habitando no meio urbano, eles ainda estavam vinculados ao trabalho rural, o que podia ser explicado

16 De acordo com o dicionário *"Dicio online da Língua Portuguesa"*, vivandeiras eram as mulheres que vendiam ou levavam mantimentos seguindo tropas. No contexto aqui analisado, estamos certos de que se tratava de uma vendedora ambulante de alimentos, atividade desenvolvida pelas mulheres negras desde o período escravista.

por seu interesse em exercer atividades não urbanas, privilegiando contatos e conhecimentos prévios, ou ainda, pela pequena oferta de serviços urbanos que lhes eram destinados, principalmente nas indústrias, em decorrência das teorias raciais que inferiorizaram os negros e de toda a construção social estereotipada sobre as suas condutas, a qual os representava como malandro e vadio.

Em contrapartida, as mulheres estavam essencialmente vinculadas às atividades domésticas que eram executadas nas casas da elite são-carlense. Essa opção resultava, a nosso ver, em razão do desejo de se manterem nas cidades, pelo conhecimento dos ofícios domésticos que lhes eram tão familiares e também em decorrência da pequena oferta de trabalho oferecido no comércio e na indústria às mulheres negras, pelos mesmos motivos já citados anteriormente, acrescentando-se aqui também o estereótipo construído sobre elas, que as relacionava à libertinagem e à prostituição e as acusava de aguçarem os desejos masculinos.[17] Lembramos que a maioria dos moradores negros deste bairro era composta de mulheres, que somavam 61%, e que grande parte delas não declarou ocupação, vivendo provavelmente do exercício do trabalho informal.

Com relação ao estado civil, temos: 39 indivíduos solteiros, sendo 16 homens e 23 mulheres; 25 casados, dos quais 11 eram homens e 14 eram mulheres; e ainda, 04 viúvas. Ao realizarmos um levantamento apenas sobre os indivíduos com idade igual ou superior a 18 anos, tivemos o registro de 32 indivíduos, dos quais 29 eram proprietários, o que significava que 91% dos ne-

17 Para saber mais, ver: Weimer, Rodrigo de Azevedo. *A gente da Felisberta*. Consciência histórica, história e memória de uma família negra no litoral rio-grandense no pós-emancipação. Tese de Doutorado. Rio de Janeiro: Universidade Federal Fluminense. 2013.

gros da Vila Izabel eram donos de imóveis no bairro ou em outra parte do munícipio. Assim como na Vila Pureza, tivemos a constatação da aquisição de terra por parte do negro, por meio da compra, da permuta, da doação ou da ocupação ilegal; de qualquer maneira, era o possuidor de suas terras, contribuindo para a nossa hipótese de que, nos casos em que comprou a terra, ou ele saiu com certo pecúlio da escravidão ou o acumulou posteriormente, com a dedicação ao trabalho. Vale ressaltarmos que os lotes nos bairros mais afastados do centro eram negociados a valores não muito altos e seus pagamentos eram facilitados, como indicou Dona Dirce,[18] moradora da Vila Izabel, que nos contou que seu sogro havia comprado as terras quando chegou a São Carlos, porque "naquele tempo era barato".

Por fim, de acordo com os dados obtidos no Recenseamento Populacional de 1907, os 68 moradores negros da Vila Izabel eram brasileiros, dos quais apenas 12 sabiam ler, sendo 08 mulheres e 04 homens. Esses dados corroboram a confirmação de que os negros não tinham facilmente acesso à educação formal.

Como podemos perceber, apesar de ocuparem espacialmente locais distintos no espaço urbano de São Carlos, homens e mulheres negros compartilhavam trajetórias similares e driblavam a sociedade republicana tão racista quanto a imperial e a colonial. Os desafios que se colocaram eram materializados por meio do não acesso ao trabalho formal, do não acesso à educação, do exercício de atividades consideradas degradantes por brancos nacionais e muitos imigrantes e da perseguição e criminalização de suas crenças, hábitos e práticas culturais. Estas, porém, como nos sugere vasta documentação, eram realizadas tanto no ambiente doméstico como no espaço da rua. A rua era

18 Dirce Felício Gomes da Silva, em entrevista cedida à autora na casa da entrevistada, na Vila Izabel. O espaço escolhido foi a sala. São Carlos, 2011.

considerada o lugar da liberdade, mas de uma liberdade controlada, cerceada, constantemente monitorada. Mesmo assim, negros e negras recriaram seus espaços de vivência e de encontros no universo urbano, tais como clubes negros, escolas de samba e igrejas de santos negros.

Dos locais negros da cidade que podiam ser usufruídos principalmente pela população negra moradora da região central, podemos destacar a Igreja de São Benedito que, além de ser um recinto destinado aos cultos católicos, era o local para a realização do footing negro em seu adro. Inaugurada no final do século XIX, foi um dos primeiros lugares negros urbanos registrados no município.

Símbolo da cultura e da resistência negra, ela foi cogitada pela Irmandade de São Benedito. Sobre a sua fundação, a historiadora Leila Massarão (2013) comenta:

> Em 1890, João Antônio Xavier, sacristão da Matriz e responsável pela Irmandade de São Benedito solicitou à Câmara Municipal a doação do terreno para a construção de uma capela em homenagem ao santo. Efetivada a doação teve início a construção da capela, com trabalhadores negros e brancos trabalhando conjuntamente e sob a coordenação do construtor italiano Domingos Marra. Em 1892, porém, por falta de recursos a obra foi paralisada, sendo retomada pouco depois pelos esforços em angariar doações do Tenente Francisco Cabral e Benedito José Gomes (ex-escravo, devoto de São Benedito). A primeira capela de São Benedito foi, assim, inaugurada em 30 de junho de 1897.[19]

19 O texto "Praça São Benedito – Largo São Benedito" foi produzido pela historiadora Leila Maria Massarão, chefe da Divisão de Pesquisa e Divulgação da Fundação Pró-Memória de São Carlos. São Carlos, 2013.

A praça de São Benedito, que abrigava a igreja e o jardim envoltório, tornou-se espaço de encontro da população negra, que passou também a frequentar o Cine Teatro São José, inaugurado nas primeiras décadas do século XX, defronte ao pátio da igreja. Vale salientarmos que esses locais também eram frequentados por indivíduos brancos, majoritariamente imigrantes, que estabeleciam relações mais amistosas com os negros e negras da cidade.

Além da igreja, diante da impossibilidade de frequentar os clubes brancos locais, foram inaugurados alguns clubes negros na cidade, que culminaram na fundação, no ano de 1928, do Grêmio Recreativo e Familiar Flor de Maio. Foram responsáveis por sua criação trabalhadores negros empregados na Companhia Paulista de Estradas de Ferro. A construção de sua sede, cuja pedra fundamental foi lançada em 15 de novembro de 1948, demarcou espacialmente a consolidação do clube na cidade. Neste local, negros e negras divertiam-se nos finais de semana, em dias festivos e em datas comemorativas. Dentre os eventos marcantes, estavam o Carnaval e o concurso de rainha do clube. Além disso, assim como grande parte dos clubes negros no país, o Flor de Maior atuou diretamente no desenvolvimento educacional de seus frequentadores.

> O Grêmio Recreativo e Familiar Flor de Maio, fundado na cidade de São Carlos no dia 4 de maio de 1928, é sem sombra de dúvidas a materialização local desta injunção – da luta social dos afrodescendentes e da Companhia Paulista de Estradas de Ferro – que tanto contribuiu, material e simbolicamente, para o desenvolvimento de nosso município. Sua idealização e edificação representam não só um importante capítulo da história da população negra em São Carlos como também do papel social desempenhado pelas companhias ferroviárias no

> interior paulista através da conformação de uma "elite negra" mais cônscia de seus direitos e valores. Desempenhando um papel fundamental no processo de ressocialização e afirmação cultural da população negra na cidade de São Carlos, o Grêmio desde cedo ultrapassou o aspecto meramente recreativo e demonstrou sua vocação educacional e inclusiva, criando, ainda na década de 1930, uma escola de ensino primário aberta também para a população não afrodescendente (Lopes, 2011, p. 1).

Por mais que esses locais fossem usados por uma parcela significativa da população negra, vale destacarmos que era no espaço doméstico, formado pela casa e quintal, que esses sujeitos encontravam ambiente para manifestarem suas crenças, culturas e transmitir os seus saberes. A configuração do quintal como um lugar de resistência da população negra emergiu em nossa pesquisa de doutorado, a qual resultou no livro intitulado "Da senzala para onde? Negros e negras no pós-abolição em São Carlos-SP (1880-1910)", publicado em novembro de 2018.

Por fim, podemos afirmar que esses sujeitos se estabeleceram para além dos limites definidos pela elite branca, apropriando-se dos espaços das ruas, de alguns ambientes públicos da cidade e de seus locais de moradia. Driblando uma constante conjuntura de discriminação e marginalização racial e espacial, eles se fixaram no núcleo urbano de São Carlos, fomentando a economia e a cultura local, ainda que suas vivências estivessem mais restritas aos seus pares.

Referências bibliográficas

BORTOLUCCI, Maria Ângela. *Moradias urbanas construídas em são carlos no período cafeeiro*. São Paulo: FAU-USP. Tese de Doutorado, 1991.

CAMPOS, Andrelino. *O planejamento urbano e a "invisibilidade" dos afrodescendentes*: Discriminação Étnico-Racial, Intervenção Estatal, Segregação Sócio-Espacial na Cidade do Rio de Janeiro. Rio de Janeiro: UFRJ. Tese de Doutorado, 2006.

CHALHOUB, Sidney. *Cidade Febril*: cortiços e epidemias na Corte imperial. São Paulo: Companhia das Letras, 1996.

COSTA, Natália. *Espaços negros na cidade do pós-abolição.* São Carlos, um estudo de caso. Dissertação de Mestrado. IAU-USP. São Carlos, 2015.

CUNHA JR., Henrique; BIÉ, Estanislau Ferreira. *Bairros Negros, Cidades Negras*. Fortaleza: Editora Vila Dourada, 2019.

FILHO, Walter Fraga. *Encruzilhadas da Liberdade*: histórias de escravos e libertos na Bahia (1870-1910). Campinas: Editora da Unicamp, 2006.

GOMES, Flávio dos Santos; et al. *Cidades Negras*: africanos, crioulos e espaços urbanos no Brasil escravista do século XIX. São Paulo: Alameda. 2ª edição, 2006.

GONÇALVES, Ana Maria. *Um defeito de cor*. Rio de Janeiro: Record, 2006.

LOPES, Ruy Sardinha. *Parecer circunstanciado referente ao Tombamento do Grêmio Recreativo e Familiar Flor de Maio* - Processo 57/2011. São Carlos, 2011.

LIRA, José Tavares de. O urbanismo e seu outro: Raça, Cultura e Cidade no Brasil (1920-1945). *Revista Brasileira de Estudos Urbanos e Regionais*. Publicação semestral da Anpur (maio/novembro). Número 1, maio de 1999.

LIMA, Renata Priore. *Limites da Legislação e o (des)controle da expansão urbana*: São Carlos (1857-1977). São Carlos: EdUFSCar, 2008.

MACHADO, Maria Helena. *O Plano e o Pânico*. Os Movimentos Sociais na Década da Abolição. Rio de Janeiro: Editora UFSJ, EdUSP, 1994.

MATTOS, Hebe Maria. *Ao sul da história*: lavradores pobres na crise do trabalho escravo. São Paulo: Brasiliense, 1987.

ROLNIK, Raquel. *Territórios negros nas cidades brasileiras* (Etnicidade e cidade em São Paulo e no Rio de Janeiro), *Estudos Afro-Asiáticos*, n. 17, Rio de Janeiro, 1989.

SANSONE apud Renato Emerson dos Santos, In: Sobre espacialidades das relações raciais: raça, racialidade e racismo no espaço urbano. *Questões Urbanas e Racismo*, Petrópolis – RJ: ABPN, 2012.

SÂNZIO, Rafael. Geografia, Cartografia e o Brasil Africano: algumas representações. São Paulo: *Revista do Departamento de Geografia da Universidade de São Paulo*, 2014.

SCHWARCZ, Lilia Moritz. *Lima Barreto*: triste visionário. São Paulo: Companhia das Letras, 2017.

SCHWARCZ, Lilia Moritz. *Retrato em branco e negro*: jornais, escravos e cidadãos em São Paulo no final do século XIX. São Paulo: Companhia das Letras. 1987.

TELLES, Lorena Feres da Silva. *Libertas Entre Sobrados* - Mulheres Negras e Trabalho Doméstico em São Paulo (1880-1920). São Paulo: Alameda, 2014.

TRUZZI, Oswaldo. *Café e Indústria*. São Carlos: 1850-1950. São Carlos: Arquivo de História Contemporânea- UFSCAR, 2007.

WEIMER, Rodrigo de Azevedo. *A gente da Felisberta*. Consciência histórica, história e memória de uma família negra no litoral rio-grandense no pós-emancipação. Tese de Doutorado. Rio de Janeiro: Universidade Federal Fluminense. 2013.

A economia política da terra: as elites e a produção das periferias pobres

Thalles Vichiato Breda

I. Introdução

Bem-vindo à São Carlos, capital tecnológica,
Onde a desigualdade é a única lógica (...).
A cidade está esquecida, falta água na quebrada,
Uma falta de respeito, um governo que só falha (...).
Falta saneamento, transporte inadequado,
Falta posto de saúde e o asfalto é esburacado.
Robert Visionário (2014)

Este artigo tem como objetivo discutir os processos de produção e expansão das periferias pobres ao analisar o papel da estrutura fundiária e sua relação com a (re)produção do poder econômico e político das elites[1] locais. O objeto em questão é o município de São Carlos, localizado na porção central do estado de São Paulo, contando atualmente com 251.983 habitantes (IBGE, 2019). Conhecida por ser a *Capital da tecnologia*, a cida-

1 Para compreender a formação e o papel das elites, apoiamo-nos na definição proposta por Saint Martin (2008, p. 48): "As elites não consistem unicamente na soma do conjunto dos grupos ou dos atores que ocupam posições dominantes nos domínios político, econômico e administrativo e não são apenas uma categoria da estratificação social; elas propõem modelos de comportamento, possuem sistemas de valores e interesses, constituem grupos de influência e, às vezes, de pressão".

de é sempre referenciada como rica e desenvolvida, influenciada por duas grandes universidades públicas – a Universidade de São Paulo (USP) e a Universidade Federal de São Carlos (UFSCar) – e por um Parque Tecnológico.

Desde a década de 1980, a cidade tem sistematicamente expandido as franjas periféricas urbanas, tanto em sua porção rica, composta por condomínios de médio e alto padrão, como em sua parcela pobre, que acumula habitações precárias e de interesse social. É justamente na periferia pobre localizada na região sul e sudoeste que estamos interessados – possivelmente, foi a região que mais se expandiu nas últimas duas décadas e que se encontra inserida nos grandes circuitos imobiliários do capitalismo. Nesta área se localiza a grande Cidade Aracy (loteada na década de 1980) e os grandes empreendimentos do Programa Minha Casa Minha Vida (construídos na década de 2010). A estimativa é que, na região sul, habitam cerca de 80 mil pessoas,[2] majoritariamente negras, vivendo sob condições de vulnerabilidade social e de segregação.

Observando o panorama de uma cidade dita tecnológica, rica e desenvolvida, por que, então, havia se desenvolvido um extenso bolsão de pobreza e de vulnerabilidade social? Interessamo-nos em observar os mecanismos, agentes e escalas como também os componentes de classe e raça que marcam diretamente o processo de produção desta determinada região, sincrônica e diacronicamente. Visando lançar luz nestes questionamentos, organizamos o presente artigo em três principais seções, além da introdução e das considerações finais:

(a) por meio de uma revisão bibliográfica, iniciamos a discussão apresentando elementos históricos e contemporâneos a

2 Estimativa de 2018. Disponível em: https://camarasaocarlos.sp.gov.br/artigo/?a=noticia&id=2237. Acesso em: 14 jan. 2020.

respeito das elites, bem como abordamos a formação e organização fundiária do município, marcadas, especialmente, pelos tempos áureos da produção cafeeira, pelo desenvolvimento urbano-industrial e pelas formas de exploração imobiliária das últimas décadas; **(b)** posteriormente, analisamos o desenvolvimento e urbanização da região sul e sudoeste da cidade de São Carlos, observando aspectos históricos de sua ocupação desde 1980, os principais agentes envolvidos no processo de loteamento e produção habitacional, assim como a relação com personagens da elite local; **(c)** e, por fim, dedicamos uma seção a esses personagens da elite local que, de alguma forma, fizeram-se presentes na produção da referida região, levantando aspectos de suas respectivas biografias e a relação deles com a organização fundiária, urbana e habitacional e os laços entre si.

De modo geral, buscamos demonstrar o modo como as relações de classe e de raça ficam marcadas no espaço urbano. Em outras palavras, procuramos evidenciar como as elites cafeeiras e os industriais imigrantes brancos norteavam o destino da população pobre e negra em relação à distribuição espacial do local de moradia e, consequentemente, da vida cotidiana. Deste modo, seguimos para o próximo item.

II. Aspectos da ocupação e urbanização da cidade de São Carlos

Quem é que viu? A cidade tá crescendo
Só lá nos fundão, ocupando os terrenos.
Pessoas que vem de fora, sem estrutura nenhuma,
Pensando em viver, vencer, na terra do nunca!
Os tijolos sobrepostos, onde nasce seu castelo,
Onde aprende sozinho, onde realiza o sonho de arquiteto.
Morando bem distante do condomínio Parque Faber,

Da onde o *boy* só sai pra ir pra faculdade,
Abraçar oportunidade, de médico, engenheiro,
Enquanto aqui pra nós, oferece o desemprego.
SUBLOCO (2019)

A ocupação do Oeste Paulista ou Sertões de Araraquara pelas populações não nativas ocorreu, inicialmente, por posseiros e pequenos lavradores, entretanto, eles encontravam dificuldade de legalizar suas terras devido ao seu baixo prestigio social, político e econômico. Somente no início do século XIX é que ocorreu uma progressiva valorização e aumento de interesse e de disputas pelas terras do então desconhecido oeste paulista, as quais se tornaram foco de operação da elite paulista no processo de expansão fundiária. Essas terras começaram a ser transformadas em sesmarias e foram reservadas para futuros negócios, "em um mero movimento de apropriação de terras com fins inteiramente especulativos" (Truzzi, 2000, p. 33).

Neste cenário, a apropriação de terra por meio de cartas de sesmarias não significou a ocupação dos Sertões de Araraquara, visto que poucos sesmeiros resolveram se mudar para o local ou tornar produtiva a gleba recebida, contrariando a própria lei. A apropriação legal e, posteriormente, a venda das terras no momento em que a oferta se mostrasse compensatória, era um procedimento comum. Um exemplo foi a famosa sesmaria do Monjolinho, em São Carlos, que teve "sua posse transferida pelo menos seis vezes até a primeira consolidação do sítio urbano". Parte da própria sesmaria do Pinhal não foi fruto de terras devolutas do Estado, mas originou-se de uma compra por parte da família Botelho (Truzzi, 2000, p. 33).

As classes mais abastadas da capitania de São Paulo estabeleciam estratégias bem organizadas para se apropriarem da maior parte das terras do Oeste Paulista: solicitavam regiões contíguas; colocavam vários membros da família para realizar simultaneamente solicitações de sesmarias; utilizavam "testa de ferro" etc. A formação da propriedade fundiária se deu com base na expulsão de posseiros e da população pobre, concentrando as terras nas mãos de poucos, predominando, desta forma, o grande latifúndio. De modo geral, os donatários eram homens brancos, abastados e de grande prestígio social e político, geralmente fazendeiros, grandes comerciantes, importantes funcionários públicos e autoridades militares que tinham canal direto com as instâncias de poder. Somente a partir da crise cafeeira, em 1930, é que essa situação começou a mudar remotamente. São Carlos foi uma das cidades da região que mais manteve índices de alta concentração de terras (Truzzi, 2000; Truzzi; Follis, 2012).

A formação de uma população estável em São Carlos se iniciou na primeira metade do século XIX, com as primeiras fazendas tocadas a braço escravo, majoritariamente de negros. A princípio, vieram a criação de gado e o cultivo de cana-de-açúcar e, posteriormente, predominou o cultivo do café, marcando profundamente a economia do município, assim como toda a região do oeste paulista. No que tange à situação demográfica, o crescimento da cultura cafeeira local coincidiu com o declínio da escravidão; desta forma, o município tinha uma população de origem escrava oriunda do comércio nacional, trazida do Nordeste, Minas Gerais ou Rio de Janeiro. Junto com a transição, vieram as grandes levas de imigrantes, em sua maioria, italianos, recrutados pelos próprios fazendeiros para substituir a mão de obra dos escravos (Truzzi, 2004).

Em 1856, a construção da capela fora solicitada por Jesuíno de Soares Arruda e pelos herdeiros de Carlos José Botelho, de partes da antiga Sesmaria do Pinhal. Ambas as famílias afazendadas em terras locais já figuravam entre a nascente oligarquia regional. Em 1857, foi inaugurada a capela e foi fundada São Carlos do Pinhal; em 1865, contando com uma Câmara Municipal, foi elevada à categoria de Vila, e, em 1880, à de cidade. Assim, a partir de sua fundação, as oligarquias agrárias passaram a exercer forte influência sobre o desenvolvimento urbano local, processo semelhante aos que ocorreram em diversos municípios brasileiros. Várias funções que anteriormente eram instaladas nos latifúndios passaram a ser exercidas na incipiente área urbana, o que fez com que os fazendeiros promovessem importantes equipamentos urbanos e construíssem seus palacetes próximos à capela. Em São Carlos, há alguns exemplos que marcam a paisagem urbana até os dias de hoje, tais como a construção da estrada de ferro de Rio Claro até Araraquara e Jaú, em 1884, e a inauguração na região central do suntuoso prédio da Escola Normal, em 1916, à época voltada para a classe média e para a elite (Truzzi, 2000).

Inicialmente, o centro de São Carlos foi ocupado pela elite oligárquica cafeeira e pela incipiente classe comerciante, que viria a se tornar hegemônica política e economicamente após a crise do café e com o início do processo brasileiro de industrialização, no início do século XX. Logo, com a industrialização, vieram os bairros operários não contíguos à região central, como por exemplo, a Vila Nery (1857), que foi o primeiro loteamento implementado em São Carlos que não correspondia à região central; o bairro foi historicamente ocupado por pequenas fábricas e por artesãos que davam suporte e manutenção à ferrovia. Outro exemplo é a Vila Prado (1893), contígua à linha férrea que a separava da área central. Ela foi o maior loteamento do município do século XIX e era caracterizada pela presença de operários qualificados e funcionários de qualificação média, pequenos comerciantes e pequenas fábricas (Lima, 2008). Após a abolição da escravatura, os ex-escravizados da Fazenda do Conde Pinhal, localizada ao sul do município, vieram para a cidade e se aglutinaram na então periferia, mais especificamente, na saída da estrada que liga São Carlos à referia fazenda, e formaram um bairro de negros, nomeado – até hoje – como Vila Isabel (Truzzi, 2000).

Neste momento, tal como mostra Joana D'Arc de Oliveira, em artigo nesta mesma coletânea, os bairros como Vila Nery, Pureza e Isabel foram rapidamente criados e loteados pelas próprias elites, com a finalidade de assentar os ex-escravizados, evitando, assim, que eles ocupassem massivamente os centros urbanos. O censo de 1907, exposto no texto de Oliveira, mostra que 12,3% da população no centro urbano de São Carlos era negra, enquanto nos bairros periféricos esta população era majoritária.

Durante as décadas de 1930 e 1940, devido à crise cafeeira e do setor agrícola, concomitantemente ao crescimento industrial, São Carlos passou por um êxodo rural-urbano e começou a se transformar a fim de acomodar as novas configurações e modos de vida, de maneira que teve início o problema habitacional, em razão da baixa oferta de moradia, como pode ser verificado por meio do excerto a seguir:

> Os bairros urbanos e suburbanos de São Carlos se superlotavam, apresentando atualmente grande densidade, havendo casas de dois ou três cômodos em que moram oito ou dez pessoas, na maior promiscuidade e muitas vezes, na miséria. E há sempre falta de casa para alugar, enquanto que nas fazendas abundam os prédios vazios (Camargo, 1940 *apud* Truzzi, 2000, p. 124).

Notamos no relato publicado no *Correio de São Carlos* em 1940, que há no imaginário social uma relação de promiscuidade com a moradia da classe pobre, produzindo um estigma sobre tais populações. É a partir das décadas de 1930 e 1940 que há um agravamento no processo de segregação espacial, em que, notadamente, os palacetes se acumulavam na região central e, nas demais regiões da cidade, encontravam-se péssimas condições de habitação derivadas de múltiplos loteamentos populares precários, frutos da autoconstrução. Esta etapa de urbanização precária se deu como resultado de um quadro depressivo da crise no setor agrário (Lima, 2008).

A década de 1950, para São Carlos, marcou um grande processo de urbanização, dobrando o tamanho da área urbana e consolidando o anel periférico em volta do centro. Os lotes menores começaram a se disseminar para se adequarem à realidade operária. Durante o período de 1929 a 1959, houve uma expansão periférica que privilegiou os especuladores imobiliários que não forneciam infraestrutura mínima para os bairros mais pobres. Neste mesmo momento, as regiões sul e sudoeste começam a ser dominadas pela população mais pobre (Lima, 2008).

De modo geral, observa-se que a primeira etapa de urbanização da cidade está intimamente ligada às elites cafeeiras: os investimentos urbanos, o êxodo rural de ex-escravizados, a importação de imigrantes e colonos que abandonavam as fazendas já em decadência, em busca de oportunidade na cidade que começava a se industrializar. A segunda etapa de urbanização se autonomiza do setor agrário e passa a responder aos investimentos do setor industrial e à criação de bairros operários (Truzzi, 2000). Posteriormente, na virada da década de 1970 para 1980, o desenvolvimento urbano deixa de ser iniciativa dos setores industriais e passa a ser predominantemente dos setores imobiliários (Lavandeira, 1999).

No final do século XX, foi aprovado o loteamento da Cidade Aracy, que atingiu seu desenvolvimento durante 1990. O bairro marcou o início da periferia contemporânea na extremidade da região sul descolada do tecido urbano consolidado, inaugurando, assim, toda uma faixa de especulação imobiliária que, posteriormente, na década de 2010, viria a abrigar quase 5 mil unidades domiciliares financiadas pelo Programa Minha Casa Minha Vida, faixas 1, 1,5 e 2.

É a partir da década de 1980 que o tecido urbano da cidade de São Carlos começa a se fragmentar, especialmente nos eixos norte/sul, influenciado diretamente pelos empreendimentos condominiais de médio e alto padrão e por aqueles voltados à habitação social, como é possível ver a seguir na **Figura 1**. Especificamente, segundo aponta Siqueira (2015), é nas décadas de 1990 e 2000 que há uma proliferação de empreendimentos direcionados à habitação de interesse social; e no tocante aos condomínios habitacionais com controle de acesso, sua proliferação se dá especialmente na década de 2000, agravando o cenário.

Figura 1. Localização dos empreendimentos habitacionais de 1980 a 2020, São Carlos

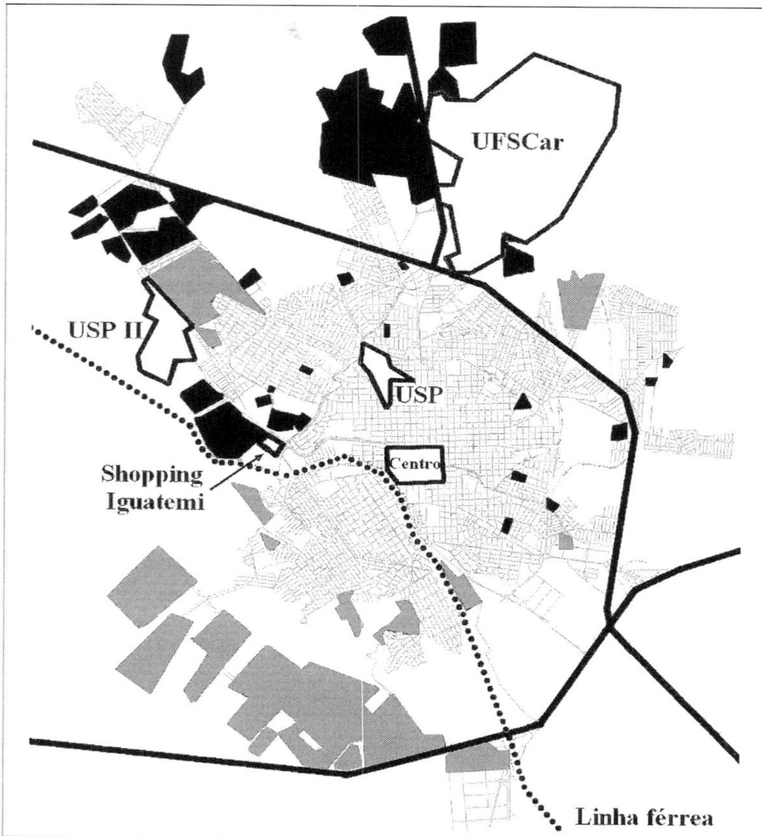

Legenda

Preto: Empreendimentos habitacionais condominiais com controle de acesso.

Cinza: Empreendimentos/regularização habitacionais de interesse social.

Mapa-base: Siqueira (2015). **Fonte:** para os empreendimentos habitacionais entre 1980 a 2010, ver Siqueira (2015). Para os empreendimentos habitacionais entre 2010 a 2020, o autor atualizou de forma não sistemática, utilizando recursos do Google Earth (imagens de 2018) e visitas a campo. **Elaboração final do autor**.

Os empreendimentos condominiais de médio e alto padrão se localizam majoritariamente na porção norte, próximos à UFSCar e ao Parque Tecnológico, e a noroeste, situados na região do *Shopping* Iguatemi e entre os dois *campi* da USP, região de forte vetor de especulação imobiliária, tanto residencial quanto comercial. Nota-se que a ferrovia constitui uma grande barreira de segregação socioespacial, possibilitando poucos pontos de passagem entre uma região e outra. A sudoeste, é possível verificar uma separação entre a "cidade consolidada" e os bairros em que há uma grande concentração de empreendimentos/regularização de habitação de interesse social. Este espaço entre os bairros é um grande acidente geográfico, possibilitando apenas dois pontos de passagem entre eles.

Outros aspectos da ocupação urbana podem ser destacados por meio da espacialização dos dados relativos à faixa de renda domiciliar (2010) e da densidade demográfica (1991, 2000, 2010) apresentada por Silva *et al.* (2015). Os autores observaram que há evidências de concentração de rendas mais altas na área central e no eixo norte-noroeste, bem como uma grande concentração de baixa renda no sul e sudoeste. No que se refere à densidade demográfica, nota-se um movimento de esvaziamento da região central em prol de um adensamento fragmentado crescente nas regiões norte e noroeste, possivelmente concernente às classes mais abastadas que ocupavam o centro da cidade e passaram a ocupar os condomínios fechados na periferia norte/noroeste. Há, também, um adensamento crescente no sul/sudoeste, caracterizando-se como a região mais populosa de São Carlos.

No que tange à questão racial, os dados do IBGE (2010) indicam que a região sul e sudoeste concentram majoritariamente a população negra de São Carlos. É nesta área também que se concentram todos os empreendimentos voltados à habitação social (faixa 1) do Programa Minha Casa Minha Vida. Vale destacar que, segundo dados do Ministério do Desenvolvimento Regional, quase 70% dos beneficiários da faixa 1 nível nacional são negros. Assim, é possível afirmar que tal política pública, gerida de modo privado, colaborou para o adensamento da população negra e pobre neste território, agravando, desse modo, a segregação socioespacial, econômica e racial já existente.

Nesta conjuntura, notamos dois eixos de expansão habitacional especialmente nas periferias noroeste e sudoeste, configurando uma tendência de polarização norte-sul, sendo o norte mais abastado e, o sul, mais pobre. No vetor leste/oeste, devido às ocupações pioneiras, há uma maior mescla entre os estratos sociais, o que não significa que a proximidade geográfica se traduza em interação social (Silva *et al.*, 2015). Estes dados mostram que as periferias não são mais exclusivas das classes populares e têm se tornado cada vez mais foco da especulação imobiliária para todas as faixas de renda, refletindo, assim, uma composição social diversa, o que não exclui o processo de segregação socioespacial, apenas complexifica o próprio conceito de periferia urbana. Para este artigo, selecionamos a região sul e sudoeste para podermos aprofundar nossa análise, uma vez que nestas se concentra o maior eixo de expansão da pobreza do município, inclusive via programas habitacionais públicos.

III. Desenvolvimento da região sul e sudoeste – atores e escalas

> Vem comigo, vem, se segura *aê*,
> Vamos descendo a serra, é logo ali,
> Cidade Aracy, minha quebrada. (...)
> Água, encanada, asfalto, *tamo* evoluindo. (...)

Ruas de terra, quando chovia complicava,
Que nada, sacolinha no pé sempre ajudava. (...)
Se tá sem o *din* do *busão*, então força na carcaça,
Também, 2,75 até o Cruzeiro é *mó* piada. (...)
Mas na hora da entrevista, infelizmente isso não conta,
O preconceito que rola, olha o São Carlos Agora,
Para muitos, aqui só tem bandido, puta e droga.
Sara Donato (2013)

A história da expansão da região sudoeste (ver Figura 2) se inicia com a construção do bairro Cidade Aracy, objeto de muita discussão, como abordaremos a seguir. O projeto de loteamento do bairro foi aprovado pelo poder público em setembro de 1983, estipulado para aproximadamente 20 mil pessoas;[3] entretanto, em 1980, o perímetro urbano já havia sido ampliado para envolver o loteamento futuro (Lima, 2008). O espaço que veio a ser o loteamento da Cidade Aracy era uma antiga fazenda pertencente à família do Dr. Ernesto Pereira Lopes, caracterizada como terreno arenoso e topograficamente desfavorável à habitação (Maciel, 2012), sendo de difícil acesso, conectada à cidade por uma serra cuja a estrada veio a se chamar Avenida Integração.

No ano em que o loteamento foi aprovado, os empreendedores Airton Garcia e Francisco Pereira Lopes, seu sócio, iniciaram as vendas dos lotes na área mesmo sem cumprir o que determinava a legislação urbanística. Entretanto, as condições dos lotes e do local não atraíram moradores. Em 1990, visando

3 No *site* da Prefeitura Municipal de São Carlos, a Planta de Aprovação da Cidade Aracy data de 1992, com o processo inicial de 1983. Disponível em: http://www.saocarlos.sp.gov.br/index.php/habitacao-morar/154835-mapas-loteamentos-cidade-distritos.html. Acesso em: 10 mar. 2018.

promover a ocupação da área, Airton Garcia, por meio da sua Imobiliária Faixa Azul – que administrava a venda de lotes no local –, começou a doar lotes de terrenos, mas impondo algumas exigências: aquele que ganhasse meio lote deveria zelar pela outra metade e deveria construir sua habitação no prazo de um mês. A estratégia funcionou, provocando um processo de ocupação acelerada e precária na década de 1990 (Maurício, 2008; Ávila, 2006).

Durante a eleição municipal de 1995, na condição de candidato a vice-prefeito, Airton Garcia prometeu doar inúmeros terrenos na Cidade Aracy para seus eleitores. Para tanto, cadastrou cerca de 10 mil pessoas em sua imobiliária a fim de realizar a doação após o pleito. A maioria das pessoas do cadastro era de uma população externa à cidade.[4] Após ganhar a eleição, a chapa[5] foi processada por aliciamento eleitoral, sendo posteriormente condenada. Mesmo assim, assumiu e se mantive nos cargos por meio de uma liminar na justiça (Poli, 2004).

Além dos terrenos que foram doados, outra parte dos terrenos foi vendida por uma falsa cooperativa habitacional, que enviava um carnê mensal cobrando de seus compradores prestações de um verdadeiro contrato de compra e venda. O loteamento foi considerado clandestino e recebeu um processo de ação civil pública. Neste momento, a legislação já obrigava o loteador a entregar a área do loteamento dispondo de uma mínima infraestrutura. Foi assim que Airton Garcia obteve a valoriza-

4 Segundo Silva (2007), as origens das famílias que vieram a compor a Cidade Aracy são predominantemente nordestinas, mineiras e paranaenses, oriundas da zona rural.

5 Entre 1996 e 2000, Airton Garcia foi vice-prefeito de João Dagnone de Mello, pelo extinto Partido Social Trabalhista, e atualmente é prefeito de São Carlos, em seu segundo mandato (pelo PSB – Partido Socialista Brasileiro entre 2016 - 2019; e pelo PSL – Partido Social Liberal, 2020).

ção de inúmeros lotes intercalados, deixando a urbanização do loteamento a cargo desta população que recebeu meio terreno e da outra população que o comprou via carnê. Os terrenos a serem vendidos incorporaram uma valorização sem o gasto do loteador, gerando um imenso lucro a Airton Garcia (Poli, 2004).

Na época em que o bairro começou a ser habitado, este se localizava a cerca de nove quilômetros da zona urbanizada. Não havia água, luz nem saneamento básico. A maioria da população cozinhava em fogão a lenha. As mulheres lavavam roupa no mesmo lugar em que os habitantes tomavam banho – a represinha perto do cemitério. O ponto de ônibus mais próximo ficava no bairro Cruzeiro do Sul, depois de subir a serra. Em relações aos equipamentos de uso coletivo, não havia escolas ou posto de saúde – a unidade escolar mais próxima era subindo a serra em uma caminhada de 35 minutos, cujo nome era Aracy Leite Pereira Lopez, em homenagem à mãe de Francisco Pereira Lopes e esposa do Dr. Ernesto Pereira Lopes, e que dá o nome ao bairro também. A primeira escola no bairro foi improvisada nas instalações do velório do cemitério Jardim da Paz (Maurício, 2008).

Segundo Maurício (2008), depois de vários anos, por força do Ministério Púbico, a Imobiliária Faixa Azul foi obrigada a implantar algumas melhorias no bairro, que foram recebidas como dádiva pela população. O autor argumenta que a doação de lotes fez com que os moradores passassem a admirar Airton Garcia e os melhoramentos obrigatórios que a imobiliária promovia no bairro, por ordem jurídica, eram vistos pelos moradores como favores dele. Alguns trechos de entrevistas realizadas por Maurício com moradores pioneiros demonstram a produção de uma relação clientelista:

> (...) Mas confesso que foi muito bom aquela época, quem mandava os caminhões pipa aqui era o Airton Garcia, só ele ligava para gente aqui em baixo. O Airton ajudou muito a gente aqui em baixo. Ele dava pão, ele colocou até ônibus (...) (entrevista realizada com Ramos, em 2008) (Maurício, 2009, p. 9).

> O único político que ajudava o bairro era o Airton Garcia mesmo, ele se interessou né, ele ajudou a colocar a força, não tinha, né, deu terreno pra outro que não tinha casa pra morar. Ele fez muita coisa boa né, o único que eu lembro (...) (entrevista realizada com João, em 2008) (Maurício, 2009, p. 16).

Na década de 1990, os bairros Presidente Collor, Cidade Aracy II e Antenor Garcia (nome do pai de Airton Garcia) seguiram praticamente as mesmas modalidades utilizadas anteriormente no bairro Cidade Aracy: todos localizados na propriedade de Airton Garcia e frutos da especulação fundiária e da prática clientelista. Atualmente, toda esta região é denominada popularmente como a grande Cidade Aracy (Maciel, 2012).

Os efeitos desta relação entre loteamentos populares e práticas clientelistas podem ser observados no desempenho eleitoral de Airton Garcia. Em 2014, quando concorreu ao cargo de Deputado Estadual, 66% votos nominais depositados nas urnas da grande Cidade Aracy foram endereçados a ele. Na eleição municipal de 2016, quando se elegeu prefeito, a relação aparece mais explícita: recebeu 77% dos votos nominais depositados nas urnas da região da Cidade Aracy.[6]

6 Dados disponíveis em: http://www.tse.jus.br/eleicoes/eleicoes-anteriores. Acesso em: 27 jan. 2020.

Próxima à região da Cidade Aracy localiza-se outra zona de expansão habitacional inaugurada na década de 2010 pelo Programa Minha Casa Minha Vida, somando quase 5 mil unidades habitacionais. Compõem a região bairros financiados pelo Programa Minha Casa Minha Vida **Faixa 1:** o Jardim Zaváglia (2011, 1.000 unidades, RPS Engenharia), Planalto Verde (2014, 887 unidades, Construtora Marimbondo), Eduardo Abdelnur (2015, 962 unidades, RPS Engenharia); **Faixa 1,5** – em fase de construção/entrega: o Residencial Ipê Mirim, (759 unidades, RPS Engenharia) e o Residencial Itatiaia (201 unidades, Infratécnica); e **Faixa 2**: o bairro Novo Mundo (2009, 491 unidades, RPS Engenharia) e o bairro, em construção, Vida Nova São Carlos (500 unidades, Pacaembu Construtora). Destaque, portanto, para a RPS Engenharia, produzindo 3.212 unidades das 4.800 financiadas pelo Programa Minha Casa Minha Vida naquela região.

Figura 2: Disposição dos bairros residenciais da região sul e sudoeste de São Carlos

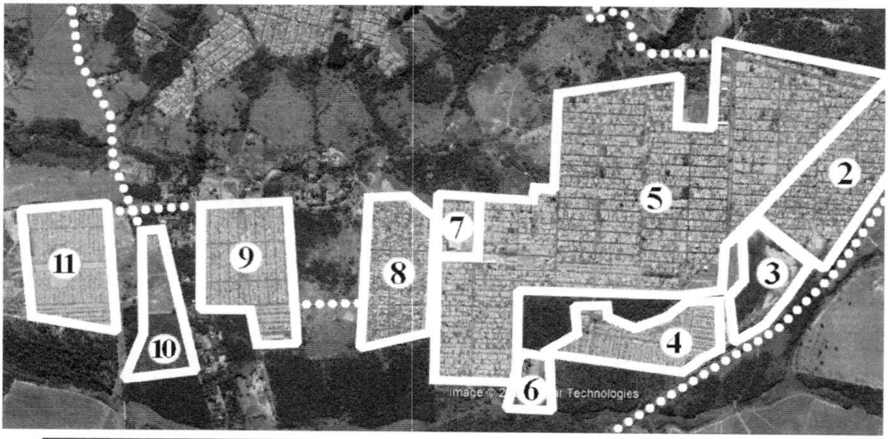

Legenda: (1) Bairro Novo Mundo; (2) Bairro Presidente Collor; (3) Bairro Vida Nova São Carlos; (4) Bairro Planalto Verde; (5) Cidade Aracy I e II; (6) Residencial Itatiaia; (7) Ocupação em Busca de um Sonho; (8) Bairro Antenor Garcia; (9) Jardim Zaváglia; (10) Bairro Ipê Mirim; (11) Bairro Eduardo Abdelnur. Pontilhado em branco: acessos às regiões sul e sudoeste, da esquerda para a direita – acesso Botafogo; acesso pela Av. Integração; acesso pela Rodovia Dep. Vicente Botta.

Fonte: Google Earth (imagens de 2018). Elaboração final do autor.

À parte toda a discussão sobre o déficit e demanda habitacional que "justificaria" a produção de quase 5 mil unidades habitacionais no quadrante sul/sudoeste,[7] questionamo-nos por que tais empreendimentos foram produzidos naquele lugar e

7 Ver estudo detalhado de Breda (2018), especificamente a parte 1, em que são demonstrados os mecanismos da produção de uma *demanda* habitacional, que não se confunde com o *déficit* habitacional – este último sendo menor do que a grande produção habitacional no município.

não em vazios urbanos ou na área noroeste da cidade[8], onde há diretrizes de desenvolvimento?

Ao conversar com João Muller,[9] presidente da PROHAB (Progresso e Habitação São Carlos S/A) na época das negociações da implementação do bairro Jardim Zaváglia, ele nos revelou que a vontade partiu do empreendedor: "Um empreendedor pergunta na Secretaria de Habitação de São Carlos se ela conhecia alguma área que pudesse viabilizar o PMCMV-1". Segundo Muller, a prefeitura indicou o terreno onde atualmente é o empreendimento. A "vantagem" da área era que já havia "um empreendimento, o primeiro 'Zaváglia', aprovado desde 2000, que era a Fábrica de Toalhas São Carlos". Com este primeiro empreendimento pré-aprovado desde 2000, o limite do perímetro urbano já estava expandido para uma futura construção, o que, segundo Muller (Breda, 2018), facilitou o processo.

Segue um trecho da entrevista:

> **Muller:** (o terreno) era da família Abdelnur. Então, nós orientamos o empreendedor que estava interessado, que

---

8 É válido ressaltar que, segundo relatório de Revisão do Plano Diretor (Revisão, 2011, p. 56), a área em que o Jardim Zaváglia está instalado foi classificada pelo Plano Diretor de 2005 como imprópria para a expansão urbana – "Zona de Recuperação e Ocupação Controlada", uma vez que esta expansão urbana sudoeste pressiona a Área de Proteção Ambiental Corumbataí-Botucatú-Tejupá, agravando os problemas ambientais e de infraestrutura da periferia.

9 Entrevista realizada no âmbito da pesquisa de mestrado, em 20 out. 2017 (Breda, 2018). João Muller foi vereador entre 1993 e 2000; entre 2001 a 2002 foi Presidente da Câmara Municipal de São Carlos; de 2003 a 2004 foi Secretário de Esportes; entre 2005 a 2008 foi Secretário de Governo; em 2008 foi Diretor da Câmara; entre 2009 e 2012 foi Presidente da PROHAB e desde 2016 é Vereador pelo PMDB. Atualmente João Muller é Secretário de Habitação e Desenvolvimento Urbano.

> era a RPS, que é do R., que é a RPS Engenharia. Orientamos ele a negociar com o pessoal da (empresa) Toalhas São Carlos. Se ele conseguisse, teria duas vantagens: primeiro, ele era o primeiro empreendedor que estava procurado para fazer o Faixa 1; segundo, já estava provado, não teria que submeter às novas regras, já estava na vigência do Plano Diretor; você tinha um empreendimento aprovado sem as exigências, lá de trás; terceiro, nós indicaríamos ele, o prefeito Barba (PT) indicaria ele para a Caixa Econômica Federal fazer o empreendimento. A nossa parte ficaria só dar isenção e fazer o cadastro e definir as famílias. O que foi feito. (...) então, foi assim, a origem foi essa: nós estávamos no lugar certo, na hora certa. O empreendedor queria fazer o Faixa 1 e nós tínhamos dois empreendimentos aprovados antes do Plano Diretor da cidade (se referindo ao Planalto Verde, que também estava dentro dos limites urbanos) (Breda, 2018, p. 96).

Assim surge o Jardim Zaváglia: entre a articulação dos interesses da RPS Engenharia, o desejo de venda do terreno pela família Abdelnur e o poder público, ao agenciar as esferas privadas, realizar isenções tributárias e indicar diretamente o empreendedor à Caixa Econômica Federal. Neste contexto, a produção do bairro ficou ao acaso das oportunidades de negócio da esfera privada. O poder público fica, então, subordinado à iniciativa privada, assim como parte da produção do espaço urbano (Breda, 2018).

A consolidação de Eduardo Abdelnur também se deu sob termos parecidos, como esclareceu Muller: "O Abdelnur foi um desafio para nós, por que a Fábrica de Toalhas também estava numa situação difícil, financeiramente. Eu levei pro Barba (prefeito) a possibilidade de a gente matar dois coelhos com uma cajadada só". Novamente, o empreendimento passou primeiramente pela vontade dos empreendedores e pela necessidade de beneficiá-los, de "salvar a fábrica" (Breda, 2018).

Isso revela, tal como também demonstrado por Rizek (2011) em um estudo sobre a cidade de São Paulo, o papel dos agentes privados de transformação da cidade que renunciam às regulações estatais, em agenciamento com entes públicos, alterando o tecido urbano. Observa-se uma autonomia empresarial na intervenção direta no urbano e nas sociabilidades subjacentes, obtendo vantagens e acionando mecanismos privatizantes dos eixos de decisões públicas sobre a produção do espaço urbano e as formas de vida. Mediante este *modus operandi*, o PMCMV expandiu os limites urbanos do município de São Carlos, promovendo a segregação urbana por meio de bairros homogêneos e precários, do ponto de vista de equipamentos. Neste âmbito, promoveram-se também novas fronteiras simbólicas, constituindo um marco entre a "cidade legítima" e os moradores da "periferia", que influenciam na própria produção das sociabilidades e identidades.

O caso dos conjuntos Jardim Zaváglia e Eduardo Abdelnur torna-se ainda mais interessante na medida em que ambos foram projetados pela mesma empreiteira, a RPS, e executados em único e grande terreno da família Abdelnur, onde foi deixada estrategicamente uma faixa de 500 metros de vegetação entre os dois bairros. Assim, seguindo o que Lúcio Kowarick (1979) chamou de "lógica da desordem",[10] essa faixa entre empreendi-

10 Para o autor, um processo de desenvolvimento urbano que aparenta ser desordenado, com traços irregulares e regiões desconexas, na verdade, é resultado de um planejamento estratégico, seguindo um determinado modelo que se explica pelo "abandono" de lotes entre a cidade

mentos adquiriu um potencial imobiliário na medida em que houve todo um aparelhamento de infraestrutura, tais como rede de esgoto, energia elétrica, água potável e asfalto, financiados pelo PMCMV-1 (Breda, 2018). Neste terreno "abandonado" está sendo empreendido o Residencial Ipê Mirim, financiado pelo PMCMV Faixa 1,5,[11] construído também pela RPS Engenharia e vendido pela Imobiliária Cardinali.[12]

Por fim, é preciso enfatizar que há diferença significativa entre o processo de urbanização da última metade do século XX e os atuais loteamentos periféricos em São Carlos. Tal como demonstrado por Lima (2008), depois de 1929, o desenvolvimento do uso e ocupação do solo urbano foi marcado pela forte ação de especuladores imobiliários e por loteamentos voltados às classes populares em locais em que não havia o mínimo de infraestrutura urbana, como rede de água e esgoto, energia elétrica ou asfalto. No século XXI, apesar de terem sido mantidas as práticas de especulação, espraiamento e segregação urbana somada à precariedade de equipamentos coletivos, o PMCMV-1, obrigatoriamente, equipa seus bairros com rede de energia elétrica, de água e esgoto, aquecimento solar individual (opcional) e ruas as-

consolidada e os novos loteamentos periféricos, nunca produzindo um novo lote contíguo ao anterior. Desta maneira, o lote intermediário (ocioso) receberá toda a infraestrutura do novo lote, resultando em uma intensa valorização da terra, promovendo a especulação imobiliária, a segregação social, bairros periféricos e as periferias das periferias (Kowarick, 1979).

11 A modalidade A faixa 1,5 entrou em operação em 2016 e se incluí nas faixas de incorporação imobiliária, como as faixas 2 e 3, havendo diferenças no subsídio e taxa de juros.

12 Sobre as relações estabelecidas entre a Imobiliária Cardinali, o Jardim Zaváglia e Eduardo Abdelnur, ver Breda (2018). Também é fundamental frisar que o atual vice-prefeito, Bruno Cardinali, durante parte de sua gestão, presidiu o COMDUSC – Conselho Municipal de Desenvolvimento Urbano de São Carlos.

faltadas e iluminadas, diferenciando-se do padrão de expansão de loteamentos antigos, de rua de terra, sem água, rede elétrica e de coleta de esgoto, como foi o caso do início da Cidade Aracy. Entretanto, os equipamentos de uso coletivos, sejam públicos ou privados, bem como o serviço de transporte público, ainda se mostram ausentes ou insuficientes.

Explorado o processo de produção da periferia sul e sudoeste, a seguir vamos abordar como esta produção está intimamente relacionada com as elites locais.

IV. As elites e a produção do espaço urbano

Na capital da tecnologia o pobre é ignorado,
Pro rico é tudo lindo e o que é pobre é maquiado.
Na madruga fria, viaduto vira manto,
Conclusão: São Carlos não é santo.
SUBLOCO (2009)

Neste ponto, gostaríamos de discutir especificamente sobre alguns atores envolvidos na produção do espaço urbano, em especial, na região sul e sudoeste da cidade de São Carlos. Exploraremos as relações entre a propriedade fundiária e as elites políticas e econômicas locais. É válido resgatarmos aqui a definição dada por Saint Martin (2008, p. 48), a qual demonstra que as elites impõem modelos de comportamento, sistema de valores e conveniências, constituindo grupos de interesse e pressão. Para além disso, no caso de São Carlos, elas estão intimamente conectadas com a produção do espaço urbano e a distribuição espacial das classes pobres e negras.

Começamos com uma pequena regressão sobre o Conde do Pinhal, uma vez que o local em que se encontra a Cidade Aracy outrora já foi parte da sesmaria do Pinhal, regularizada em 1831 por Carlos José Botelho, que idealizou a formação de São Carlos nos limites de sua propriedade.[13] O Conde do Pinhal, herdeiro da sesmaria em questão, "representou o padrão mais perfeito da estirpe desses barões do café existentes em São Carlos" (Truzzi, 2000. p. 96), sendo um dos principais membros da elite regional. Ele tinha uma profunda capilaridade na vida política: ocupou a Câmara de Araraquara (1857), coordenou a criação do distrito de paz de São Carlos do Pinhal, trilhando o rumo de deputado provincial e deputado geral. Foi uma das figuras mais notáveis do Império, tendo recebido o título de Conde concedido pelo Imperador.

Ele se destacava pela diversidade de atividade econômica em que se envolvia: foi responsável pelo primeiro contingente de imigrantes que chegou em São Carlos (1876); negociou a construção da Estrada de Ferro de Rio Claro a Araraquara e Jaú, tendo sido o próprio Conde quem determinou o traçado que melhor serviria a ele e a seus amigos oligarcas, pois dispunha de enormes propriedades rurais não somente em São Carlos. Também fundou o Banco de São Paulo, um Banco em Piracicaba e a primeira casa bancária existente em São Carlos (Truzzi, 2000).

O Conde do Pinhal tinha uma extensa e sólida rede de relações familiares com, ao menos, 28 pessoas de elevado poder político e econômico, dentre as quais havia proprietários de terras e participantes da vida política local, estadual e federal, ocupando cargos de vereador, presidente da Câmara, chefe de partidos, secretário da agricultura estadual, deputado provincial e federal, prefeito de São Paulo, presidentes de bancos, delegados de polícia, proprietários de jornal, juiz de paz, juiz municipal,

13 Consultar Figura 3 em Fundação Pró-Memória (2006).

chefe de polícia, provedor da Santa Casa, residente da companhia Luz Elétrica, fundador da Escola Normal. Nota-se, portanto, a presença maciça de seus familiares na ocupação dos postos políticos na cidade, o que evidencia que os cargos disponíveis eram de monopólio das elites agrárias. Não restam dúvidas de que as elites rurais tiveram uma maciça influência nos rumos da produção e regulação do espaço urbano (Truzzi, 2000).

A hegemonia dos senhores do café entrou em declínio na década de 1930, devido, dentre outros motivos, à crise de 1929, ao início da industrialização brasileira e à ascensão de Vargas liderando um Estado centralizador, que minava a autonomia legislativa de estados e municípios, transferindo ao governo federal quase todos os recursos para o exercício do clientelismo coronelista. Não por acaso, é neste momento que as Associações Comerciais de cada munícipio passam ter uma capilaridade profunda na vida política local. Há, neste contexto, uma renovação de quadros, embaralhando o jogo político local e minando o coronelismo, de modo a surgir espaço para novos atores: os imigrantes (Souza; Kerbauy; Truzzi, 2003).

O desenvolvimento da cidade naquele momento não mais se confundia com o desenvolvimento agrário, mas com o do setor industrial. A elite rural, embora não extinta, já não tinha capacidade de ditar o curso das transformações da sociedade. A indústria nascente pôde se aproveitar de parte da infraestrutura construída no auge da economia cafeeira, como por exemplo, a ferrovia, que trazia para o município de São Carlos os imigrantes recém-chegados a São Paulo. De fato, no final do século XIX, São Carlos foi uma das cidades do interior paulista que mais recebeu imigrantes europeus, especialmente italianos, em parte devido à existência da linha férrea, fato que alterou drasticamente a demografia local (Truzzi, 2000). No tocante à composição da classe industrial e comercial, como demonstrado por Truzzi e Palma em artigo nesta mesma coletânea, eram os imigrantes europeus que ocupavam tais posições. Negros e negras raramente acessavam cargos de prestígio, em geral, eram camaradas, empregados, cozinheiras e lavadeiras. Portanto, tal como apontado pelos autores, com base em dados do censo de 1907, havia um conjunto de condições desfavoráveis que, por um lado, colocava a população negra na marginalização espacial e nas ocupações subalternas e, por outro, impulsionava os imigrantes europeus a ascenderam economicamente no setor industrial e comercial.

No rol de empresas bem-sucedidas de imigrantes quem se destacou, em especial, foram as Indústrias Pereira Lopes Ltda. (IPL), cuja inauguração se deu em 1942 como um entreposto de comércio e de industrialização de pequenos motores elétricos que, após a guerra, começou a fabricar geladeiras de uso doméstico, tendo se tornado uma poderosa indústria são-carlense. Na década de 1950, o grupo Pereira Lopes exercia grande influência econômica e política na cidade; logo começou a verticalizar sua produção da empresa matriz, produzindo localmente diversos componentes. No início dos anos 1960, o grupo inaugurou outra indústria pioneira, a CBT – Companhia Brasileira de Tratores (Truzzi, 2000).

Um dos sócios das indústrias Pereira Lopes se destacava por suas inúmeras qualidades e liderança: o Dr. Ernesto Pereira Lopes, médico, empreendedor e político. De origem portuguesa, seu pai era gerente de uma casa comercial de porte médio em São Paulo (assim como seu avô era comerciante em Portugal). Nasceu em 1905, na cidade de São Paulo, completou seus estudos e ingressou na Faculdade de Medicina de São Paulo. No final da década de 1920, resolveu se mudar para São Carlos por influência de seus amigos da turma de Medicina, filhos de fazendeiros.

Destaque para Sebastião, seu amigo de classe, filho de Antônio Militão de Lima – fazendeiro e prefeito de São Carlos entre 1931-1932, nomeado pelo governo central. Posteriormente, Ernesto Pereira Lopes comprou uma fazenda em sociedade com o político e fazendeiro (Valente; Humberg, 1994).

Ernesto Pereira Lopes participou como primeiro tenente de infantaria na Campanha Constitucionalista de 1932. Em São Carlos, elegeu-se vereador e depois, em 1935, presidente da Câmara Municipal, pelo Partido Democrático. Com o advento do Estado Novo, retirou-se da política e, na década de 1940, mudou seu consultório médico para o município de São Paulo, assumindo também o Magistério da cadeira de Clínica Médica pela faculdade em que se formou. Na mesma década em que se empenhava em fundar as Indústrias Pereira Lopes com o capital inicial oriundo da herança de seu falecido pai, volta à cena política pela siga udenista e se elege deputado da Assembleia Constituinte de São Paulo (Valente; Humberg, 1994). Passou pelos postos de líder da bancada, secretário e presidente do Diretório Estadual. Em 1951, ingressou como deputado federal, tendo permanecido por mais quatro mandatos.

Na campanha de 1950, para o cargo de deputado federal, Ernesto Pereira Lopes realizava comícios na praça principal de São Carlos e sorteava geladeiras fabricadas pela IPL. Em período próximo à eleição, Ernesto publicou na primeira página do diário local a oferta de 47 eletrodomésticos de variados tipos para serem sorteados caso ele obtivesse no município um mínimo de seis mil votos válidos. É notável o quanto sua empresa pôde se beneficiar de seus trunfos políticos, saltando de 55 funcionários, em 1950, para 650 funcionários, em 1955 (Truzzi, 2000).

Outra família de imigrantes que escreveu sua história na cidade de São Carlos foi a de Abdelnur, donos da Fábrica de

Toalhas São Carlos e proprietários do terreno em que foram construídos os empreendimentos Jardim Zaváglia e Eduardo Abdelnur. De origem libanesa, Miguel Abdelnur chegou ao Brasil em 1914 e contou com a ajuda de parentes aqui já estabelecidos, sendo acolhido em São Paulo por seu primo Antônio Jafet, que lhe arranjou trabalho como vendedor de seus artigos por todo o sul do país. Jafet era proprietário da maior organização de confecções de tecidos vendidos no atacado e foi, dentre outros, pioneiro na industrialização de São Paulo, sendo de uma das famílias mais ricas daquele tempo. O grupo familiar experimentou uma gigantesca ascensão econômica desde quando começaram a migrar para o Brasil, no final do século XIX.

Ao longo dos anos, em virtude da prosperidade econômica, a família acabou ajudando muitos patrícios a se estabelecerem, como foi o caso supracitado da família Abdelnur. As Organizações Jafet tinham investimentos concentrados nas áreas têxtil, de mineração e de siderurgia, além de outras atividades como banco, empresa de transporte, imobiliária, prédios para seus trabalhadores e mansões na Avenida Paulista para os familiares próximos. A família também teve influência direta na criação do famoso Hospital Sírio-Libanês (Truzzi, 1993).

Em 1932, Miguel Abdelnur conseguiu se estabelecer como coproprietário de uma fábrica de meias, provavelmente por intermédio dos contatos e da influência de seu primo. Posteriormente, a sociedade não prosperou e Abdelnur abriu outra tecelagem (Truzzi, 2000), a Fábrica de Toalhas São Carlos, que ainda existe. Em 2010, a Fábrica entrou com um pedido de recuperação judicial em razão de dívidas com fornecedores e bancos. Foi neste momento, como já citado anteriormente, que João Muller articulou a venda do terreno da família Abdelnur para a construção dos empreendimentos via PMCMV. Naquele mesmo ano, Eduardo

Abdelnur (neto de Miguel Abdelnur) foi encontrado morto em seu escritório, dentro da fábrica, com suspeita de suicídio. A denominação do bairro homônimo provavelmente é uma homenagem a Eduardo Abdelnur.

Eduardo era um dos sócios da fábrica e tinha um papel atuante na articulação de políticas para o desenvolvimento das empresas de São Carlos e região, ocupando o cargo de diretor do Departamento de Ação Regional da Federação das Indústrias do Estado de São Paulo (FIESP). Ele foi um dos maiores apoiadores de Paulo Skaf para a eleição de presidente da FIESP e, posteriormente, colaborou também com a campanha dele para governador do Estado de São Paulo.[14]

O relacionamento da família Abdelnur com a FIESP não é recente. Quando a CIESP[15] – Regional de São Carlos foi fundada, em 1949, a diretoria era composta por, dentre outros empresários, Miguel Abdelnur e Ernesto Pereira Lopes. Em 1954, nasceu a Associação Industrial Paulista, que foi resultado da cisão dentro da Regional da CIESP de São Carlos; nesta nova diretoria se encontram, novamente, os dois, dentre outros membros. Ainda em 1954, a CIESP de São Carlos é reinstalada na cidade e sob sua jurisdição ficaram 10 cidades da região. Entre 1965 e 1966, Ernesto Pereira Lopes assumiu o cargo de vice-diretor; em 1967 e 1968, Lopes assumiu o cargo de diretor e Miguel Abdelnur Filho assumiu a vice-diretoria. Entre 1969 a

14 Dados disponíveis em: https://www.estadao.com.br/noticias/geral,dono-da-toalhas-sao-carlos-e-encontrado-morto-em-sp,653679. Acesso em: 10 jan. 2020.

15 "O CIESP – Centro das Indústrias do Estado de São Paulo é uma sociedade civil de direito privado que visa dar suporte aos empresários paulistas e representá-los junto à sociedade e ao governo brasileiro, fundada em 1928". Dados disponíveis em: http://www.ciesp.com.br/saocarlos/sobre/. Acesso em: 10 jan. 2020.

1977, Miguel Abdelnur Filho permaneceu como diretor por três mandatos. Ou seja, pelo menos entre as décadas de 1950 a 1970, é possível notar uma influência direta de Ernesto Pereira Lopes e de Miguel Abdelnur Filho na CIESP de São Carlos e a articulação entre eles. [16]

O relacionamento da família Abdelnur com a RPS Engenharia também não é recente. Como já citado, a RPS Engenharia construiu, na década de 2010, três bairros pelo PMCMV nos terrenos da família, tendo sido essa empresa também a que construiu a Fábrica de Toalhas São Carlos (Kappa Magazine, 2010). Essa rede de relacionamento entre as elites econômicas e políticas se estende mais: a própria RPS Engenharia tem entre seus sócios José Pereira Lopes Junior, descendente de Ernesto Pereira Lopes. O dono majoritário da RPS Engenharia, Roberto Pereira de Souza, tinha entre seus sócios Fernão Carlos Botelho Bacher, (falecido em 2019[17]), o bisneto do Conde do Pinhal. Formado em Direito, era um dos maiores banqueiros brasileiros. Foi ex-presidente do Banco Central no governo Sarney e posteriormente assumiu a vice-presidência do Bradesco. Em 1988, Fernão fundou o banco BBA Creditanstalt, empreendimento feito com Antonio Beltran e em sociedade com o banco austríaco Creditanstalt. O BBA Creditanstalt foi incorporado ao Itaú em 2002 por R$ 3,3 bilhões. Por ironia do destino, no início do ano de 2019, Bracher sofreu uma queda quando passava um final de semana na Fazenda do Pinhal – a qual havia

16 Atualmente, a CIESP de São Carlos abrange Ibaté, Ribeirão Bonito, Dourado, Trabiju, Boa Esperança do Sul, Descalvado, Analândia, Porto Ferreira, Pirassununga, Santa Cruz da Conceição e Santa Rita do Passa Quatro. Dados disponíveis em: http://www.ciesp.com.br/sao-carlos/sobre/historia/. Acesso em: 10 jan. 2020.

17 Dados disponíveis em: https://www.consultasocio.com/. Acesso em: 10 jan. 2020.

recentemente recomprado e restaurado – o que levou a um agravamento de seu estão de saúde e, por conseguinte, a seu óbito.[18] Atualmente, seu filho, Candido Bracher, é o presidente do Itaú Unibanco, um dos maiores bancos da América Latina.

Como já mencionado, Francisco Pereira Lopes tinha sociedade com Airton Garcia no empreendimento que resultou na Cidade Aracy. Airton nasceu em São Carlos, parte de sua família tem origens europeias (austríaco, espanhol e italiano); seu pai tinha uma fábrica de panelas em São Carlos. Airton herdou essa fábrica quando seu pai faleceu, aos 51 anos, e, sob estas circunstâncias, não pôde dar continuidade ao curso de Direito, uma vez que teve que assumir a reponsabilidade de chefiar a família.[19]

A partir da experiência no comércio, rumou para o campo do empreendedorismo. Atualmente, seu patrimônio é extenso; nas eleições de 2008 (DEM), foi considerado o candidato mais rico do Brasil, segundo patrimônio declarado.[20] Em 2016, foi considerado o candidato mais rico do estado de São Paulo, tendo declarado R$ 440 milhões entre bens e dinheiro, contanto com hotel, fazendas em São Carlos e em Tocantins, terrenos em Goiânia e no estado de Maranhão, empresas de mineração, *shopping* e quase R$ 8 milhões em espécie.[21]

---

18 Dados disponíveis em: https://braziljournal.com/memoria-fernao-bracher-banqueiro-e-filantropo-morre-aos-83. Acesso em: 10 jan. 2020.

19 Dados disponíveis em: https://www.al.sp.gov.br/deputado/?matricula=300591. Acesso em: 10 jan. 2020.

20 Dado disponível em: https://congressoemfoco.uol.com.br/especial/noticias/empresario-de-sao-carlos-sp-e-o-candidato-mais-rico-do-pais/. Acesso em: 10 jan. 2020.

21 Dado disponível em: https://www.infomoney.com.br/onde-investir/prefeito-eleito-mais-rico-do-estado-de-sao-paulo-tem-r-440-milhoes-veja-seu-patrimonio/. Acesso em: 10 jan. 2020.

Airton Garcia não é figura nova na vida política: entre 1996 e 2000, foi vice-prefeito de São Carlos; em 2014, foi eleito primeiro deputado suplente (PSB); e, em 2015, assumiu a vaga de deputado estadual após seu colega se retirar por questões médicas. Atualmente, está em seu segundo mandato como prefeito de São Carlos.

Nestas trajetórias é possível notar como a terra é central na constituição das elites locais e na manutenção de seus poderes, desde a formação da sesmaria constituída por meio da expropriação e da expulsão das populações nativas e pobres pela elite cafeeira, passando pelos imigrantes que tiveram um papel na formação da indústria e comércio brasileiro, chegando nos circuitos de financeirização imobiliária representada pelo PMCMV. A porção de terra em que atualmente se localiza a grande Cidade Aracy "nasce" com vocação especulativa: uma vez enquanto sesmaria e *plantation*, depois enquanto loteamento irregular e, agora, enquanto empreendimentos habitacionais de interesse social. É notável como a produção dos espaços de pobreza estão diretamente relacionados com as ações das elites e com a reprodução do capital. Tais espaços foram diretamente fomentados por uma elite branca que instrumentaliza a classe pobre e negra a fim de produzir riquezas e estabelecer relações clientelistas que perduram por gerações.

V. Notas finais: terra, elite e política

Buscamos explorar, neste artigo, os processos de produção e expansão das periferias pobres ao analisar o papel da estrutura fundiária e sua relação com a (re)produção do poder econômico e político das elites locais. Iniciamos com o processo de organização fundiária que ocorreu nos Sertões de Araraquara, traduzindo-se em latifúndios, os quais foram resultados de ações

– muitas vezes – violentas, de expropriação de terra da população nativa ou de posseiros e pequenos lavradores. Isto resultou em um processo de acumulação por expropriação apoiada pelos instrumentos do Estado.

Um dos personagens principais desta configuração foi o Conde do Pinhal, bem como seus familiares. Poderíamos imaginar que, depois de quase um século da decadência da elite cafeeira, seus bens e descendentes teriam desaparecido ou perdido importância. Entretanto, não foi isso que ocorreu. Notamos que parte de seu poder se manteve, e um dos principais fatores diz respeito à propriedade fundiária. Até os dias de hoje, seus descendentes participam ativamente da elite econômica do país, ao dirigirem instituições bancárias, por exemplo. Vale relembrar que o próprio Conde do Pinhal havia fundado ao menos três bancos. Notamos claramente na família Botelho os processos de reconversão do capital agrícola em capital industrial e, por fim, financeiro.

O capital agrícola, no início do século XX, foi importante para o início do processo de urbanização e industrialização, tendo permitido à elite agrária ditar o rumo da produção do tecido urbano, isto é, decidir onde e como urbanizar e distribuir a população no espaço. Com a decadência de grande parte das elites cafeeiras e com as inúmeras barreiras postas para a integração do negro na sociedade, surge um novo personagem na constituição das elites industriais e comerciais: o imigrante europeu.

No caso de São Carlos, não faltam exemplos: as famílias Pereira Lopes, Abdelnur e Garcia, estavam envolvidas diretamente na indústria e na política local, mantendo influência até os dias atuais. Todas estas famílias criaram bancos de terra, inclusive em terras que outrora foram da família Botelho. A obtenção de bancos de terras sempre aparece como estratégia das elites, assim, quando a elite agrária começa perder seu poderio econômico, vende parte de suas terras para as novas elites emergentes, que, posteriormente, envolveram-se diretamente no circuito de especulação fundiária e imobiliária.

Como demonstrado, todas estas três famílias são responsáveis diretamente pela produção da periferia sul e sudoeste de São Carlos. No caso mais explícito, o de Airton Garcia – proprietário da terra e também o loteador –, observamos a produção de uma relação clientelista que resultou em votações maciças quando este concorreu aos cargos de deputado e de prefeito.

As articulações entre as elites econômicas e políticas se alongam no tempo e no espaço e se rearranjam no intuito de manter o poder local, tal como as relações entre os descendentes da família Botelho e os da família Pereira Lopez, Abdelnur e Garcia. Foram justamente estes rearranjos e configurações que lhes possibilitaram comandar, em parte, os rumos da cidade em diversas esferas, especialmente no tocante à produção do espaço urbano e suas distintas sociabilidades.

Este processo demonstra claramente como os agentes privados produzem o espaço urbano, renunciando ou negociando com as regulamentações estatais. Notamos uma autonomia empresarial na intervenção direta do urbano; assim, neste processo, eles colocam os bairros periféricos no centro da acumulação capitalista por meio da especulação/acumulação imobiliária e fundiária.

Uma vez que é possível notar que a produção do espaço urbano da pobreza está diretamente relacionada aos interesses das elites, desmistifica-se a ideia de que a produção dos bairros pobres são responsabilidades exclusivas das classes pobres. Logo, não é possível responsabilizar diretamente os pobres pelas condições urbanísticas da periferia, mas sim compreender os processos históricos e sociais que destinam certas populações a determinados territórios. A inauguração de frentes pioneiras de especulação e a distribuição espacial da população são fruto dos interesses das elites econômicas e políticas desde a época do Brasil Império e tais processos de acumulação por expropriação, ocorridos há quase dois séculos, garantem a algumas famílias um alto prestígio social e econômico até os dias atuais.

Não poderíamos deixar de destacar a interseccionalidade entre classe, raça e gênero. Não é novidade que as classes dominantes no Brasil, desde os tempos do Império, são brancas. Em São Carlos, a situação se repete, desde a família do Conde do Pinhal até a ascensão dos imigrantes, notamos que os personagens são todos homens, brancos, de origem europeia. São estes mesmos personagens que ditaram os rumos do desenvolvimento da cidade por séculos, utilizando-se disto para enriquecimento próprio e para acúmulo de prestígio social. Por outro lado, há uma população pobre e majoritariamente negra que foi trazida para ser braço escravo e, posteriormente à abolição da escravidão, não teve qualquer tipo de amparo.

Não é exagero afirmar que a elite branca instrumentalizou – e ainda instrumentaliza – os pobres e negros para lhe produzir riquezas, prestígio social e poder político. Soma-se a isso a busca incessante desta mesma elite branca pelo controle dos corpos pobres e negros, por meio da produção do espaço urbano, ao criar bairros segregados para tal população e espaços exclusivos de convívio para esta. Produção e controle também dos símbolos presentes no imaginário social, no qual ao branco cabe a exaltação do herói, desbravador, empreendedor, tal como exemplificado pela biografia *Ernesto Pereira Lopes: um homem, três dimensões* (Valente; Humberg, 1994), ou mesmo por meio de inúmeros nomes de bairros, praças e ruas, que homenageiam e eternizam estes homens corajosos e à "frente de seu tempo"; ao negro, coube as margens da cidade e da sociedade, sendo culpado sistematicamente pela própria pobreza, ignorando-se os fatores históricos e sociais.

Por outro lado, embora não tenha sido o objeto de discussão deste artigo, é preciso lembrar das formas de resistência e de ressignificação positiva destes territórios e identidades, como por exemplo, a denúncia das condições de vida por meio da música. Um dos intuitos de trazer, em cada seção, as epígrafes com trechos de *rap* de artistas negros e negras locais foi justamente mostrar este contraste entre a São Carlos tecnológica, rica, desenvolvida e branca e a periferia pobre, negra e precária, para jamais esquecermos de que elas estão sempre conectadas por diversos laços, uma produzindo a outra em relações assimétricas de poder. Neste sentido, inspirando-nos em Roberto Schwarz, compreender os processos na periferia é compreender o centro e suas relações intrínsecas.

Referências bibliográficas

ÁVILA, Milene Peixoto. *"Periferia é periferia em qualquer lugar?" Antenor Garcia: um estudo de uma periferia interiorana*. Dissertação (mestrado) – Programa de Pós-Graduação em Ciências Sociais, UFSCar, São Carlos, 2006.

BREDA, Thalles Vichiato. *Articulações entre a produção do espaço urbano e a gestão do social: agentes, escalas na produção do PMCMV em São Carlos/SP*. Dissertação (mestrado) – Programa de Pós-Graduação em Sociologia, UFSCar, 2018.

CAMARGO, E. O êxodo a população rural em São Carlos. *Correio de São Carlos*, São Carlos, 9 out. 1940.

FUNDAÇÃO PRÓ-MEMÓRIA. *Os primeiros tempos e a formação da cidade de São Carlos* (Final do século XVIII e século XIX), 2006. Disponível em: https://www.promemoria.saocarlos.sp.gov.br/acervo-files/historias-sc/historico-saocarlos-(XVIII-XIX).pdf. Acesso em: 28 jan. 2020.

GEORGES, Isabel Pauline Hildegard; RIZEK, Cibele Saliba. A periferia do direito: trabalho, precariedade e políticas públicas. In: *32º Encontro Anual da ANPOCS*. Caxambu, Minas Gerais: Hotel Gloria, 2008.

KAPPA MAGAZINE, Ano 1, Edição 12, Nº 12, São Carlos, 19 de nov. de 2010. Disponível em: http://www.revistakappa.com.br/edicoes.html. Acesso em: 10 jan. 2020.

KAPPA MAGAZINE, Ano 10, Edição 148, São Carlos, 5 de set. de 2019. Disponível em: http://www.revistakappa.com.br/edicoes/saocarlos/edicao_148/. Acesso em: 27 jan. 2020.

KOWARICK, Lúcio. *A espoliação urbana*. Rio de Janeiro: Paz e Terra, 1979.

LAVANDEIRA, Lucélia Maria Lot. *Apreensão da diversidade urbana – análise comparativa da morfologia e uso do espaço público de dois fragmentos na cidade de São Carlos – SP*. Dissertação (mestrado). Programa de Pós-Graduação em Engenharia Civil, UFSCar, São Carlos, 1999.

LIMA, Renata Priori. *Limites da legislação e o (des)controle da expansão urbana: São Carlos (1857 – 1977)*. São Carlos: EdUFSCar, 2008.

MACIEL, Lidiane Maria. *O sentido de melhorar vida: arranjos familiares na dinâmica das migrações rurais-urbanas em São Carlos-SP*. Dissertação (mestrado) – Programa de Pós-Graduação em Sociologia, UNICAMP, Campinas, 2012.

MAURÍCIO, José Gaspar Lima. *Cidade Aracy: história de um bairro periférico da cidade de São Carlos – SP*. Monografia (Licenciatura em História), Centro Universitário Central Paulista, 2008.

POLI, Mariana Naxara. *A Geografia do espaço vivido: Análise do uso social do solo urbano – estudo de caso na cidade de São Carlos, SP*. Dissertação (mestrado), Programa de Pós-Graduação em Engenharia Urbana, UFSCar, 2004.

REVISÃO DO PLANO DIRETOR DO MUNICIPIO DE SÃO CARLOS – PRODUTO I. *Atualização da Leitura Técnica do Município*. PMSC/USP, São Carlos, agosto, 2011.

RIZEK, Cibele Saliba. "Intervenções urbanas recentes na cidade de São Paulo: processos, agentes, resultados". In: CABANES, Robert; GEORGES, Isabel Pauline Hildegard; RIZEK, Cibele Saliba; TELLES, Vera (orgs.). *Saídas de emergência: Ganhar/perder a vida na periferia de São Paulo*. São Paulo: BOITEMPO, 2011, p. 339-357.

SAINT MARTIN, Monique de. "Da reprodução às recomposições das elites: as elites administrativas, econômicas e políticas na França". *TOMO*, São Cristóvão-SE, nº 13, jul./dez. 2008, p. 43-73.

SILVA, Sandra Regina Mota Silva; SIQUEIRA, Barbara Vallilo; BREDA, Thalles Vichiato; SILVA, Ricardo Siloto da. "Mutações nas dinâmicas socioespaciais das periferias urbanas: reflexos na diversidade urbana e na composição social". *UR Cadernos FA/UL – (re)inventar a Cidade em tempos de mudança*, Lisboa, nº 8, jun. 2015, p. 16-23.

SILVA, Maria Aparecida de Moraes. Expropriação da terra, violência e migração: camponeses do nordeste do Brasil nos canaviais paulistas. In: Seminário Memória, Ciência e Arte: Razão e Sensibilidade na Produção do Conhecimento – PREAC, 5., 2007. Campinas, SP. Anais… Campinas, SP: Centro de Memória da Unicamp, Centro de Memória em Educação – FE. 2007.

SIQUEIRA, Barbara Vallilo. *Produção de periferias urbanas em cidades médias paulistas: o caso de São Carlos e São José do Rio Preto*. Dissertação (mestrado) – Programa de Pós-Graduação em Engenharia Urbana, UFSCar, São Carlos, 2015.

SOUZA, Maria do Carmo Campello de; KERBAUY, Maria Teresa Miceli; TRUZZI, Oswaldo Mário Serra. "Do clientelismo coronelista ao clientelismo de estado: a ascensão de imigrantes na política do interior paulista". *Perspectivas*, São Paulo, nº 26, 2003, p. 11-34.

TRUZZI, Oswaldo Mario Serra (Org.). *Fonte estatístico-normativas da propriedade rural de São Carlos (1873-1940)*. São Carlos: EdUFSCar, 2004.

TRUZZI, Oswaldo Mario Serra. *Café e Indústria: São Carlos: 1850-1950*. 3ª ed. São Carlos: EdUFSCar, 2000.

TRUZZI, Oswaldo Mario Serra. *Patrícios: Sírios e Libaneses em São Paulo*. Tese (Doutorado) – Departamento de Ciências Sociais do Instituto de Filosofia e Ciências Humanas, UNICAMP, 1993.

TRUZZI, Oswaldo Mario Serra; FOLLIS, Fransérgio. *A ocupação dos sertões de Araraquara: das sesmarias e apossamentos à Lei de Terras de 1850*. São Carlos: EdUFSCar, 2012.

VALENTE, Célia; HUMBERG, Fábio. *Ernesto Pereira Lopes: um homem, três dimensões*. São Paulo: JMJ, 1994.

Músicas:

Robert Visionário. "São Carlos Agora". In: *Robert Visionário superando limites*. SM Produções, 2014

SUBLOCO. "Capital da Tecnologia". In: *Ideias à deriva*. Correra Records, 2009.

Sara Donato. "É logo ali". In: *Made in Roça*. Correra Records, 2013.

As duas faces do neoliberalismo contemporâneo

Christian Laval
(Tradução por Cibele Saliba Rizek)

Introdução

O neoliberalismo não é uma doutrina completamente homogênea nem um modo de poder consolidado de uma vez por todas. O conceito de neoliberalismo designa formas de poder que impõem à sociedade a lógica do mercado e impõem aos indivíduos um certo tipo de funcionamento social e subjetivo – o do capital humano e o do empreendedor de si mesmo. Dessa perspectiva, o conceito é indispensável para compreender a transformação profunda da sociedade. Mas ele deve ser utilizado de forma bastante elástica e grandemente ampliada para nos permitir apreender e analisar as metamorfoses históricas desse modo de poder, bem como os diferentes contextos nacionais nos quais ele acaba por se desdobrar e se desenvolver. Pode-se atualmente distinguir dois grandes "tipos ideais" de neoliberalismo, assim como dois léxicos que os acompanham e os constituem: um neoliberalismo autoritário e um neoliberalismo "ecológico-social". A hibridização desses dois tipos permite caracterizar algumas situações políticas, especialmente a da França de Macron.

O que é o neoliberalismo

O que o conceito de neoliberalismo abarca e compreende? É importante que o conceito tenha precisão porque ele perde muito de sua pertinência quando é utilizado de modo confuso, o que acontece muito frequentemente. O conceito não diz respeito apenas às políticas econômicas monetaristas ou de austeridade, à mercantilização das relações sociais, ou ainda, à "ditadura dos mercados financeiros". O conceito designa uma racionalidade política que se tornou mundial, que consiste na imposição, pelos governos, de uma lógica do capital, tanto no âmbito da economia como no da sociedade e do próprio Estado, até que essa lógica se torne a forma mesma das subjetividades e a norma das existências. Trata-se de um projeto radical e, se quisermos, revolucionário, já que o neoliberalismo não se confunde com um conservadorismo que se contenta em reproduzir as estruturas da desigualdade tal como estão consolidadas. Por meio do jogo das relações internacionais de concorrência e de dominação, pela mediação das grandes organizações de "governança mundial" (FMI, Banco Mundial, União Europeia etc.), esse modo de governo se tornou, ao longo do tempo, um verdadeiro sistema mundial de poder comandado pelo imperativo de sua própria manutenção.

Para compreender o fenômeno neoliberal, é preciso, primeiramente, evitar dois erros. O mais antigo deles consiste em confundir o neoliberalismo com o "ultraliberalismo", o libertarianismo,[1] a "volta a Adam Smith", ou ainda, o "fim do

---

1 O "libertarianismo" pode ser considerado como um conjunto de perspectivas que valoriza fortemente a liberdade individual e, assim, justifica as proposições que buscam a proteção dessa mesma liberdade. Assim, de acordo com seus princípios, as pessoas podem ser forçadas a, por exemplo, abster-se de violar os direitos de outras pessoas, mas não podem ser coagidas a servir o bem geral da sociedade. Essas perspectivas endossam e propõem a defesa acirrada dos direitos à liberdade individual e à propriedade privada, das liberdades civis como direitos iguais para homossexuais e endossam a descriminalização das drogas e a abertura de fronteiras, opondo-se ainda à maioria das intervenções militares. Ver *Stanford Encyclopedia of Philosophy* in https://plato.stanford.edu/entries/libertarianism/. Acesso

Estado". Como há algum tempo Foucault advertiu, o neoliberalismo é um modo de governo muito ativo, que tem pouco a ver com o Estado mínimo passivo do liberalismo clássico.

Trata-se menos de uma "ideologia" do que uma lógica geral que impõe normas concorrenciais e empresariais a todos os domínios da existência. Essa racionalidade política ou lógica normativa totalizadora informa o conteúdo das políticas neoliberais. Essas políticas, como lembrou Barbara Stiegler em livro recente, são políticas que visam à adaptação da espécie humana ao seu ambiente: "Adaptem-se!", essa é sua prescrição.[2] Barbara Stiegler mostrou que o neoliberalismo histórico tem um enraizamento sólido em um evolucionismo biológico que se constitui em esquema fundamental de ação em uma grade de inteligibilidade das situações. Adaptar-se ao ambiente seria, portanto, o *nec plus ultra* da racionalidade neoliberal tal como se pode compreendê-la por meio das formas discursivas das políticas neoliberais que superam obstáculos, acelerando transformações a fim de obedecer a um processo vital. Então, se as políticas neoliberais são políticas de adaptação das estruturas ao seu meio ambiente, elas se transformam em um círculo vicioso sem fim, já que, em se "adaptando" às situações, elas as criam e não param de reforçá-las, a ponto de produzir realidades sistêmicas. A suposta "adaptação" é, na realidade, uma construção.

Esse modo de governo se alimenta de suas próprias crises, ele só se sustenta e se reforça porque governa *por meio de crises.* Face à crise, a resposta é sempre a mesma: longe de questionar a lógica que as provoca, a resposta consiste em acelerar essa mesma lógica. Se a austeridade cria os déficits orçamentários, é preciso acrescentar-lhes medidas suplementares; se a concorrência destrói o tecido industrial ou desertifica regiões inteiras, é ne-

2 Cf. Barbara Stiegler, *"Il faut s'adapter". Sur un nouvel impératif politique*, Collection NRF Essais, Paris: Gallimard, 2019.

cessário introduzir mais concorrência ainda entre as empresas, entre os territórios e entre as cidades; se os serviços públicos não cumprem sua missão, é preciso esvaziá-la de toda significação e privá-los de seus próprios meios de operação; se a baixa dos impostos para os ricos não fornece os resultados pretendidos, é preciso baixar mais ainda os impostos etc. Toda crise econômica, assim como a de 2008, é interpretada nos termos do sistema e só recebe respostas que com ele se compatibilizam. A "ausência de alternativas", tão cara à Margaret Thatcher, não é apenas a manifestação de um dogmatismo no plano intelectual; é a expressão de um funcionamento sistêmico em escala mundial.

Entretanto, o que é mais recente e merece com certeza toda nossa atenção é que esse funcionamento sistêmico vem se nutrindo, no momento presente, das reações negativas que provoca no plano político, o que se reforça por meio da hostilidade política que ele mesmo suscita. Vivemos uma dessas metamorfoses que é bastante perigosa. O neoliberalismo não precisa mais de sua imagem liberal ou "democrática", tal como acontecia no período que se pode designar como "neoliberalismo clássico", já inteiramente superado. O neoliberalismo, graças a seu passado, esteve associado à "abertura", ao "progresso", às "liberdades individuais", ao "Estado de Direito". Atualmente, ele está associado ao fechamento das fronteiras, à construção de "muros", ao culto da nação e da soberania do Estado, à ofensiva aberta contra os direitos humanos acusados de serem ameaça contra a segurança. Nos dias de hoje, tornou-se necessário, assim, lidarmos com um neoliberalismo novo, mais agressivo, menos respeitoso quanto às formas constitucionais da democracia, mais autoritário, mais violento e, sobretudo, mais nacionalista. Como compreender as diversas faces do neoliberalismo?

As tipologias existentes

Esta distinção entre formas diferentes de neoliberalismo não é muito original. Poderia evocar aqui dois modos de categorização que têm, cada um à sua maneira, uma validade relativa. O primeiro modo foi proposto por Nancy Fraser; o segundo por Quinn Slobodian. Nancy Fraser, filósofa norte-americana, militante feminista, professora na *New School de New York*, apoiando-se no conceito gramsciano de hegemonia, propôs distinguir dois tipos de neoliberalismo, o "progressista" e o reacionário, sendo que cada um deles estaria ancorado e referenciado em um "bloco hegemônico" diverso do outro.[3] É preciso lembrar que, para Gramsci e para os gramscianos, um "bloco histórico hegemônico" não é somente uma aliança de classes, mas a realização de uma unidade entre economia e cultura em uma representação homogênea da realidade, representação que é, justamente, a condição da constituição dessa aliança entre os grupos sociais. De acordo com Nancy Fraser, o "neoliberalismo progressista", antes da chegada de Trump ao poder, tinha conseguido aglutinar dois princípios de justiça: um primeiro que dizia respeito à distribuição; e um outro que era relativo ao reconhecimento. O bloco neoliberal progressista associava o princípio neoliberal de distribuição pela concorrência de mercado a um princípio de reconhecimento das minorias, das mulheres, dos marginalizados. Fraser, então, explica: "isso pode parecer um oxímoro, mas na verdade é uma aliança real e poderosa entre dois parceiros improváveis, de um lado as principais correntes de esquerda dos novos movimentos sociais (feminismo, antirracismo, multiculturalismo, ecologia e direitos dos LGBTs); de outro, os setores de ponta, os mais dinâmicos da economia americana – tanto do ponto

3 Nancy Fraser, "From Progressive Neoliberalism to Trump—and Beyond", *American affairs Journal,* Winter 2017 / Volume I, Number 4.

de vista da elaboração da dimensão simbólica quanto da dimensão financeira (Wall Street, Silicon Valley e Hollywood)".[4] Com efeito, esses novos movimentos sociais não são forçosamente anticapitalistas; lutam por um reconhecimento "meritocrático" que repousa sobre uma concepção essencialmente individual de emancipação e de igualdade, perfeitamente compatível com a financeirização da economia. Diversidade e igualdade de oportunidades são os seus mantras. Esse bloco histórico teria permitido o sucesso político dos « novos democratas », da terceira via, de uma parte dos ecologistas etc., que acreditaram na possibilidade de um « novo espírito do capitalismo ». As grandes vítimas desta aliança foram a classe popular e uma parte da classe média, camadas que sofreram com o peso da precarização, da desindustrialização e da pauperização. A crise de 2008 daria ao neoliberalismo reacionário uma oportunidade única de se apresentar como alternativa, já que Obama se revelava incapaz de mudar o quadro econômico e de impulsionar uma virada reguladora e igualitária na política dos democratas. Em 2016, chegava a hora da revanche do neoliberalismo reacionário que combinou a economia neoliberal e uma visão da sociedade etnoidentitária nacionalista, religiosa, anti-imigrantes, homofóbica etc.

Quinn Slobodian, um jovem historiador de Harvard, propôs uma distinção um pouco diferente, mas igualmente esclarecedora: depois de algum tempo, os neoliberais se dividiram em "globalistas" e "nacionalistas".[5] Os globalistas militaram pelo livre comércio organizado pelos tratados comerciais como a ALENA[6]

---

4 *Ibid.*

5 Quinn Slobodian, *Globalists. The End of Empire and the Rise of Neoliberalism*, Cambridge, MA: Harvard University Press, 2018.

6 Trata-se do Tratado Norte-Americano de *Livre Comércio* (em inglês: North American Free Trade Agreement, NAFTA; em francês: Accord de Libre-Échange Nord-Américain, ALENA (nota da tradução).

ou nos quadros da OMC, com a ajuda das grandes organizações conquistadas pelo ideal dos mercados globalizados (FMI, Banco Mundial). Eles obtiveram o apoio de grandes entidades privadas multinacionais e pela maior parte dos governantes, tanto do Norte como do Sul. A União Europeia é um caso um tanto à parte, mas se organiza como um subconjunto desse mercado global. De acordo com Quinn Slobodian, o neoliberalismo se transformou quando correntes conservadoras bastante antigas, vinculadas tanto ao libertarianismo[7] quanto ao nacionalismo, ganharam cada vez mais importância nas formações políticas de direita. Eles começaram por denunciar todos os órgãos reguladores supranacionais e seus constrangimentos (ONU, UNESCO, ONGs, tratados comerciais, União Europeia, especialmente no caso dos Tories) e tudo isso em nome dos interesses nacionais. Eles conseguiram tornar plausível a ideia de que esse nacionalismo *new look* protegeria as populações, no momento em que houvesse uma reação de defesa, sobretudo das empresas nacionais, liberando-as de todos os constrangimentos e normas sociais, éticos, ecológicos. Esses neoliberais que promoveram um comércio agressivo e um nacionalismo econômico defensivo foram recrutados tanto nos meios do conservadorismo britânico como nos do conservadorismo norte-americano, a partir de Reagan. Um de seus grandes teóricos, Patrick Buchanan, a propósito do globalismo, falava da "grande traição".[8] Um outro teórico da extrema direita nacionalista vinculado ao libertarianismo, Murray Rothbard, criticava, desde os anos 1970, o "comércio burocraticamente regulamentado", ao mesmo tempo

7 Cf. Nota 1 – nota de tradução.

8 Patrick Buchanan, *The Great Betrayal. How American Sovereignty and Social Justice Are Being Sacrificed to the Gods of the Global Economy*, Boston: Little Brown, 1998.

em que Thatcher podia mencionar esse tipo de regulamentação como obra do "Super Estado Europeu de Bruxelas". Trump e o Brexit são o produto direto dessa ideologia. Só é possível compreender a denúncia de Trump do Acordo de Paris pelo Clima no âmbito dessa ideologia antiglobalista. Esses nacionalistas veem o globalismo como um enquadramento supraestatal insuportável das atividades econômicas. Este antiglobalismo não é um antineoliberalismo, já que associa interesses nacionais e defesa do comércio totalmente livre. O que criticam no globalismo é o risco de um "supergoverno" mundial, já que são favoráveis ao mesmo tempo à soberania nacional e aos mercados completamente livres, desde que os resultados do comércio internacional sejam favoráveis aos mais poderosos, isto é, aos países do Norte e, sobretudo, aos Estados Unidos. O que postulam é principalmente a destituição das regulações ambientais ou sociais. Como afirma Pierre Sauvêtre, trata-se de uma luta entre nacionalistas neoliberais e globalistas neoliberais.[9]

O neoliberalismo autoritário

Para compreender as transformações do neoliberalismo, é preciso partir das crises financeiras, econômicas e sociais que ele provocou e que acabaram por desembocar em uma crise política geral, tanto no "centro" como na "periferia", isto é, nos Estados Unidos, Europa e, especialmente, na América Latina. Os países que pareciam melhor encarnar o processo de democratização liberal a partir dos anos setenta ou oitenta, os países do Leste e do Sul Europeu ou os países da América Latina, como o Brasil, engajaram-se na via contrária, isto é, em uma via de abando-

9 Pierre Sauvêtre, "Les origines néolibérales de l'antiglobalisme", AOC, 28 octobre 2019, https://aoc.media/analyse/2019/10/28/les-origines--neoliberales-de-lantiglobalisme.

no acelerado da democracia. Certamente, a crise política não se manifesta da mesma maneira em todo lugar, mas há entre os fenômenos Trump, Bolsonaro, Salvini ou o próprio Brexit um ponto comum, que é a ascensão da extrema direita, entre outros muitos sinais de que há uma *crise global da democracia liberal.*

Seria um engano pensar que esta crise política deve ser interpretada unicamente como um fenômeno que acontece de cima para baixo, das elites, dos partidos, dos intelectuais, da classe política, tomados todos por uma espécie de fascistização do topo da pirâmide social. Esta crise se vincula aos efeitos subjetivos massivos do neoliberalismo que engendrou, no curso das últimas décadas, uma crise de legitimidade das formas clássicas de representação pelas instituições e partidos, isto é, uma decomposição do princípio e do eixo propulsor mesmo da democracia de tipo liberal, que é o princípio da representação tal como foi teorizado no final do século XVIII.

Essa crise política geral se deve à rejeição, cada vez mais massiva, das formas de "representação", tanto por parte dos eleitores das classes populares como por uma parcela das classes médias, e pelas oligarquias dominantes. Essas formas de "representação" acabam por ser assimiladas em uma designação bastante significativa: o "sistema". Essa rejeição geral toma a forma do que os comentários da mídia e, por vezes, também os comentários acadêmicos chamam de absenteísmo, de desprezo ou recusa[10] e, de modo mais frequente, de "populismo", fenômeno que se funda na suspeita de uma traição geral, de corrupção em massa, de usurpação do poder pelas "elites". As populações deixaram de dar seu consentimento automático ao jogo político tradicional; rejeitam o sistema político e seus representantes,

10 Em francês: *dégagisme.*

assim como todas as formas clássicas de "representação", sejam elas os sindicados ou as mídias.

Como explicar esses fenômenos? A causa profunda dessa rejeição se vincula à desconexão entre, de um lado, o sistema clássico de representação e, de outro, grande parte da população, o que se deve ao fato de que o sistema político está atualmente sob completa dependência das lógicas sistêmicas mundiais, resultado, por sua vez, de trinta ou quarenta anos de políticas neoliberais. O sistema de representação está cada vez mais distanciado das aspirações da população e, muito frequentemente, aparece como totalmente estranho e contrário a essas mesmas aspirações. Decorre daí a perda geral de legitimidade das instituições e partidos – quer sejam de direita ou de esquerda – identificados com o "sistema".

Trata-se da consequência lógica do fato de que o neoliberalismo se impôs esvaziando todo o conteúdo das democracias liberais clássicas, o que se desdobrou em perda de confiança da sua efetividade decorrente da impotência das políticas diante do crescimento ou, antes, diante do fortalecimento das desigualdades e da precariedade. Essa crise política de representação é um dos aspectos de uma crise muito mais global que afeta todos os setores e todos os domínios da sociedade e que foi provocada pela extensão do neoliberalismo como racionalidade global. A racionalidade é global e a crise é global.

A extrema direita se beneficia dessa deslegitimação graças à insuficiência de qualquer outra via que ponha em questão o sistema neoliberal mundial. Os movimentos altermundialistas dos anos 2000 ou os movimentos de ocupação das praças na década seguinte não foram potentes e coordenados o bastante, ou ainda, não encontraram meios políticos suficientemente dignos de crédito para reverter a lógica neoliberal em escala mundial.

É preciso salientar que isso não significou a derrota tampouco a desaparição das contestações democráticas; elas estão sempre presentes e agem em todos os países, como se pode constatar tanto pelo movimento dos Coletes Amarelos, na França, como no Sudão, na Argélia ou em Hong Kong e, atualmente, no Equador e no Chile.

Entretanto, é essa fragilidade ou essas insuficiências das alternativas democráticas – em relação às quais a esquerda histórica tem uma imensa responsabilidade – que, evidentemente, fazem com que a crise global do sistema neoliberal desemboque em uma crise de representação política; essa mesma fragilidade e essas insuficiências acabaram por originar esta nova forma política nacionalista, autoritária ou hiperautoritária. A questão, então, passa a ser a de saber como certas forças políticas neoliberais (partidos, movimentos, *think tanks* e, claro, governos) conseguiram "gerenciar a crise de representação política" a seu favor, ou mesmo surfar nessa crise política não apenas acentuando o neoliberalismo, como também provocando uma inflexão no sentido autoritário e nacionalista. Essa gestão autoritária da crise política se modula diferentemente de acordo com essas diversas situações, o que não permite simplesmente homogeneizar Trump, Bolsonaro, Orbán, Erdogan ou Salvini; mas, entre eles, há traços comuns que podemos reagrupar sob a mesma denominação: "novo neoliberalismo autoritário" ou "brutalismo neoliberal", como o faz Pierre Sauvêtre.

Esse neoliberalismo autoritário constitui uma *resposta política perversa* às diferentes formas de desestabilização social provocada por um neoliberalismo que acentuou generalizadamente a precariedade, a insegurança social e a concorrência geral. Esse tipo de governo neoliberal autoritário, que surfa na crise política da representação, põe em operação toda uma maquinaria discursiva e institucional que transforma com muita eficácia o "social" em "identitário", de acordo com os receituários da extrema direita, jogando com o impulso poderoso da pulsão de morte, revertendo a demanda de solidariedade social – por consequência, a demanda de amor ou de fraternidade – em ódio e ressentimento em direção àquela ou àquele que se constitua como ameaça aos pequenos privilégios, pequenas vantagens, signos às vezes minúsculos que indicam superioridade, em um contexto de rarefação ou de luta concorrencial acentuada por bens materiais e simbólicos. Isso que vem sendo percebido como impotência dos Estados diante das potências econômicas privadas, dos capitalistas e dos fluxos financeiros encontra uma espécie de compensação psíquica de massa diante do deslocamento da cólera social dirigida aos "maus objetos", como os imigrantes, estrangeiros, pessoas de esquerda, homossexuais, os "bobos",[11] os intelectuais, ou ainda, "as elites", categoria na qual é possível armazenar, de forma imprecisa, todos os elementos sociais suspeitos de causar danos à grande massa da população. Os grupos dos diferentes matizes de direita radical alimentam e mobilizam, assim, afetos e pulsões de ódio que tomam a forma de antifeminismo, racismo, homofobia ou, dito de outro modo,

11 O termo francês *bobo*, contração das palavras bourgeois-bohème, designa um estilo de vida que pressupõe uma parcela da população dotada de renda, quase sempre portadora de um diploma, que se beneficia de oportunidades culturais e que frequentemente vota na esquerda. Vários autores se dedicaram à caracterização dos bobos, como Camille Peugny e Michel Clouscard. Trata-se, sobretudo, uma camada da população com um modo de vida burguês hibridizado com os valores boêmios da contracultura dos anos 1960-70. Ver Avec Nuit debout, le retour des tentatives de définition du mythique "bobo". *Le monde*, 26 avril 2016 in https://www.lemonde.fr/big-browser/article/2016/04/26/avec-nuit-debout-le-retour-des-tentatives-de-definition-du-mythique-bobo_5991998_4832693.html (Nota da tradução).

afetos e pulsões de ódio que compõem um conjunto de atitudes e de práticas que se aproximam muito do fascismo histórico.

Desta feita, o que caracteriza essa tendência autoritária pode ser resumido da forma que se segue. Quanto mais se afirma um neoliberalismo ameaçador para uma grande parte da população, mais se reforça uma aspiração à homogeneidade de uma comunidade fechada. Para uma grande maioria das classes populares, a mundialização ou a União Europeia são vistas como o que torna possível a invasão de estrangeiros e de muçulmanos. Essa prática encontra sua forma exacerbada no fantasma da "grande substituição" (Renaud Camus)[12] ou do declínio francês (Eric Zemmour).[13] Há aí um jogo de compensações que diz respeito a como fazer face ao vazio moral aberto pelo neoliberalismo, como se opor ao cálculo frio, ao cinismo do dinheiro, à postura clânica dos poderosos, ao egoísmo dos ricos etc. Diante desse vazio, a extrema direita passa a oferecer uma possibilidade de reconforto pela defesa dos valores mais tradicionais: a nação, a tradição, a família, a propriedade, a religião etc. A partir desses temas vinculados ao ideário da extrema direita, inicia-se uma espécie de *reencantamento da política* por meio de um apelo aos valores, à nação, à comunidade, que parecem se contrapor ao neoliberalismo em si mesmo. Entretanto, essa extrema direita é também portadora de medidas neoliberais as mais extremas.

12 Escritor francês que encontrou na fórmula *grande substituição* um mote para discutir a eventual desaparição da França por meio da imigração, africanização ou islamização. Ver https://www.franceculture.fr/emissions/mecaniques-du-complotisme-saison-2-les-instructions-secretes-et-le-faux-complot-des-jesuites/le-grand-remplacement-un-virus-francais-35-renaud-camus (Nota de tradução).

13 Ensaísta francês, autor de *Le Destin Français*. Albin Michel, Paris, 2018, de posições conservadoras, sobretudo, anti-imigração.

Como explicar a eficácia política de uma configuração como esta, aparentemente contraditória, que promove, de um lado, a máxima concorrência interindividual e, de outro, a defesa da hierarquia tradicional no seio de uma comunidade nacional fechada? E como essa guinada da cólera social foi possível? O que a tornou possível e o que fez com que esta configuração fosse eficaz foi a homologia que existe entre as formas de autoridade tradicional, especialmente na família (a autoridade do pai e do marido), e a autoridade exercida pelo capital no campo econômico, assim como a autoridade de seus representantes no campo político, social e econômico.

A resposta diante de um sentimento de ameaça é uma aspiração de reforço de todas as formas de autoridade, o que se traduz por uma espécie de conciliação, isto é, de fusão entre, por um lado, um autoritarismo tecnocrático e político a serviço dos mercados e das grandes empresas, concentrado no executivo e no líder e, por outro lado, um autoritarismo carismático ou comunicacional *à la* Trump, em que o líder está voltado para a defesa da identidade nacional e da tradição. Tudo se passa, então, como se o neoliberalismo produzisse, de uma só vez, no âmbito da sociedade, seu veneno (a desvinculação ou desfiliação social) e seu antídoto imaginário sob a forma de reencantamento da comunidade nacional pela rememoração de seus valores, tradições e emblemas. As duas faces do neoliberalismo parecem, assim, mais complementares do que realmente antagônicas, se consideradas em um nível mais profundo do que o das clivagens políticas.

Entretanto, esse "novo neoliberalismo autoritário" é realmente novo? Não se configura como um ressurgimento puro e simples do fascismo histórico? Em muitos aspectos, eles se assemelham, mas se sabe melhor agora, por meio do trabalho dos historiadores, que o nazismo havia posto a serviço da barbárie a mais selvagem racionalidade do gerenciamento e gestão.[14] Enzo Traverso faz um alerta e põe de sobreaviso o uso do termo: "essa palavra 'fascismo', a partir do momento em que começamos a refletir, se revela mais como um obstáculo do que como um elemento de debate".[15] Ele insiste sobre a heterogeneidade dos fenômenos políticos em questão e se recusa a qualificá-los com um termo, aos seus olhos, excessivamente homogeneizante, preferindo o termo aberto de "pós-fascismo". Mas seu argumento mais pertinente é o de que "os fascismos clássicos não eram neoliberais; ao contrário, eram estatistas e imperialistas".[16]A questão do diagnóstico e da designação exata – que ainda é preciso encontrar – não é, evidentemente, neutra no âmbito dos combates políticos. A palavra "fascismo" tem a vantagem de sublinhar tudo o que atualmente remete às catástrofes do século XX que parecem se repetir. Entretanto, ao mesmo tempo, o uso dessa palavra conduz à perda da singularidade dos acontecimentos históricos. Assim, esse neoliberalismo autoritário – com bastante evidência – não tem a mesma natureza do fascismo histórico que se constituiu como resposta à ameaça do comunismo; trata-se de uma resposta àquilo que ele mesmo provoca, e essa resposta acaba por estimular um crescimento das causas da infelicidade que impulsionaram seu nascimento. Esse é o círculo vicioso no interior do qual estamos todos enredados.

---

14 Johann Chapoutot, *Libres d'obéir, Le management du nazisme à aujourd'hui*, Nrf Essais, Paris: Gallimard, 2019.

15 Enzo Traverso, *Les nouveaux visages du fascisme*, Textuel, 2016, p. 12.

16 Enzo Traverso, *ibid.*, p. 27.

O Neoliberalismo Ecológico-Social

Existe, todavia, uma versão muito diferente do neoliberalismo, que se aproxima do que Nancy Fraser chamou de neoliberalismo progressista ou do que Quinn Slobodian caracterizou como "globalismo". De minha parte, prefiro o termo neoliberalismo ecológico-social. Trata-se de uma outra resposta à crise do neoliberalismo, mais precisamente, à dupla crise ambiental e social que o mundo vem experimentando atualmente; trata-se, ainda, de uma resposta conforme a racionalidade neoliberal àquilo mesmo que provoca a emergência do neoliberalismo. Evoquei acima as análises de Barbara Stiegler e gostaria de estendê-las para o terreno da atualidade. A estrutura evolucionista das políticas neoliberais – que consiste em adaptar a espécie humana a suas condições de vida, em nome de um dinamismo próprio da natureza, para que possa compensar o suposto atraso que caracterizaria a espécie – inspira uma parte das políticas neoliberais atuais. Em sua origem, o neoliberalismo nasceu, ao menos em parte, da tomada de consciência de que era necessário mudar o homem e a sociedade para adaptá-los às novas realidades: primeiramente, à "Grande Sociedade" produzida pela revolução industrial antes da Segunda Guerra mundial; em seguida, à mundialização. Atualmente, a realidade à qual é preciso adaptar a espécie humana é a dupla crise do vínculo social e do clima. Para além das variações históricas, há pontos comuns. O primeiro é a importância conferida aos especialistas, que deveriam orientar a adaptação da sociedade de cima para baixo. O segundo é a concepção atomista, de acordo com a qual os comportamentos individuais deveriam assegurar a adaptação à nova situação. Mas há ainda e sobretudo, o pressuposto de todas essas políticas neoliberais de adaptação, isto é, o caráter indiscutível do capitalismo, considerado como o único destino possível das sociedades. A palavra de ordem "adaptação ou morte" retoma, assim, seu sentido pleno nos dias atuais.

Esta outra versão do neoliberalismo remete a uma configuração que não se reduz unicamente à problemática da adaptação da espécie humana a novas condições de vida. Trata-se de uma resposta à crise do sentido da existência, ao vazio da existência, que não pode mais ser preenchido – ao menos nos países ricos – pelo consumo excessivo ou superconsumo. Esse neoliberalismo existencial recupera em seu próprio benefício a temática da *emancipação*. As propostas de Macron e de alguns de seus consultores sobre o tema da emancipação são exemplares. O credo do candidato – e, posteriormente, presidente – Macron, é o da emancipação individual pelo trabalho, pela cultura e pela empresa, contra a fatalidade do nascimento e do local do domicílio. Em um discurso de fevereiro de 2018, uma frase pronunciada resume bem sua linha política: "Nossa sociedade precisa de emancipação. A totalidade das pessoas não poderá obtê-la da mesma maneira, essa promessa é insustentável." E acrescenta: "A vocação do Estado não se encontra na afirmação de que algo é bom ou ruim; a vocação do Estado é a de permitir a emancipação, favorecendo o acesso à cultura".[17] Todas as proposições de Macron são, desse modo, cobertas de máximas sobre a emancipação, o que parece demonstrar que se trata de uma convicção pessoal: "A emancipação é aquilo que acontece quando os mais desfavorecidos param de pensar que isso não é para eles", escreveu outro dia no Twitter. O que é necessário compreender como "emancipação" no discurso de Macron? De acordo com um dos comentadores *mainstream* do pensamento presidencial, essa emancipação teria dois componentes: a responsabilidade,

17 https://www.actualitte.com/article/monde-edition/emmanuel-macron-notre-societe-a-besoin-d-emancipation/87413.

sempre evocada; e a mobilidade geográfica e profissional.[18] Dois dos seus conselheiros mais próximos lançaram, há alguns meses, um "manifesto" particularmente interessante.[19] David Amiel e Ismaël Emelien, em *Le progrès ne tombe pas du ciel,*[20] pretendem explicitar o que é esse progressismo que Macron reivindica. A ideologia dita "progressista" repousaria sobre uma série de afirmações sintomáticas.

A primeira enfatiza um diagnóstico: a doença da sociedade não são as desigualdades, mas as imobilidades e as frustrações. Os indivíduos não podem concretizar suas aspirações porque continuam presos a seus lugares, suas identidades, a seus campos de atuação. Periferias, classes, esquerda/direita: há inúmeros lugares fixos a serem superados por uma "política de emancipação" que favoreceria a mobilidade geográfica, social, partidária.

A segunda sublinha uma estratégia política que deseja que toda ação política deva ter um único propósito: "maximizar as possibilidades" dos indivíduos. David Amiel e Ismaël Emelien explicitaram assim sua estratégia: "isso não significa que a missão dos progressistas é a de fazer tudo o que está ao seu alcance para alargar as oportunidades e as perspectivas dos indivíduos. Para lhes permitir desenvolver ao máximo seus talentos e suas capacidades". E isso deveria começar pela educação e pela formação profissional. É, portanto, estimulando as ambições, fornecendo aos indivíduos os meios para a obtenção de sua autonomia, favorecendo o engajamento coletivo, que será possível atingir o ponto em que "cada um seja considerado apenas pelo

18 Brice Teinturier, "Pour Macron, l'émancipation est un combat", *Le Monde,* 23 juin 2018.

19 David Amiel e Ismaël Emelien, *Le progrès ne tombe pas du ciel, Manifeste,* Paris: Fayard, 2019.

20 Em português, *O Progresso não cai do céu* (nota da tradução).

que é em si mesmo".[21] São, então, peças-chave da argumentação a denúncia do vínculo entre posição/privilégio social e nível de renda, a promoção da inovação e sua livre difusão. É a inovação e sua difusão que, em todos os setores da sociedade, poderão assegurar a competitividade global e a realização de cada um, ao mesmo tempo.

Esses dois autores, que figuram como "teóricos do macronismo", querem unificar uma esquerda convertida ao neoliberalismo sobre o plano econômico e uma direita liberal que aceitaria se distanciar do conservadorismo ideológico e do nacionalismo identitário. Essa união estaria assentada na comunhão entre inovação tecnológica e liberalização "societária". Esse projeto político não tem qualquer semelhança com a velha política punitiva do neoliberalismo puritano *à la* Thatcher ou *à la* Reagan. Ele apreciaria uma sociedade sem armas, sem dogmas e sem partidos,[22] que favorecesse sempre e em todas as esferas o indivíduo, facilitando a realização do seu desejo de mobilidade e de inovação.

Como afirmou Haud Guéguen, estamos diante de um procedimento de "encantamento do potencial humano". A performance econômica seria, então, o verdadeiro princípio normativo que se alastra por toda a vida, a norma de uma subjetividade tomada pela ausência de limites. Trata-se de superar constantemente os próprios limites. O que caracteriza essa subjetivação neoliberal é "a representação do indivíduo como potencial a ser concretizado de modo otimizado". Vê-se, aqui, o quanto as técnicas de gestão são sustentadas pela conformação de um ideal subjetivo e como se transformam em projeto político. Para retomar

21 *Ibid.*, p. 54.

22 *Ibid.*, p. 109.

uma referência ao título de Nikolas Rose, trata-se claramente de um "governo da alma" (*Governing the Soul*).[23] Toda ação coletiva, toda mobilização – sindical, por exemplo – parece ser inútil e ineficaz. Só o indivíduo deve poder se movimentar, se mexer, mobilizando ao mesmo tempo a sociedade.

Mas essa ideologia *new look* também pretende propor uma saída da solidão e, a seu modo, oferecer um sentido à vida coletiva. Essa saída é a empresa, certamente ou sobretudo, a empresa "*start-up*". O projeto de Macron é o de uma "nação *start-up*",[24] orientada e pilotada em função da inovação e da competitividade, e associada, assim, à preeminência do indivíduo em "movimento" e às necessidades dos coletivos de natureza empresarial, em uma competição generalizada. Dar sentido à vida individual e coletiva, entretanto, é dar sentido ao engajamento empresarial para além do enriquecimento pessoal. E isso porque a empresa é competição, mas deve ser também "responsabilidade moral".

Esse moralismo neoliberal participa de uma estratégia defensiva face à contestação de que crescem a corrupção, a degradação do ambiente, as desigualdades colossais que se cruzam em detrimento dos assalariados de baixos rendimentos e dos desempregados. Faz assim pensar que as empresas em si mesmas, de boa vontade, podem se moralizar e se autodisciplinar porque isso lhes interessa. É assim que, diante da virada do século XX, pode-se observar o desenvolvimento de temáticas como a "*venture philanthropy*",[25] "investimentos de impacto social",

23 Nikolas Rose, *Governing the Soul. The Shaping of the Private Self*, Londres, Free Association Books, 1999.

24 No texto em francês, o termo está em inglês: "start-up nation". (nota de tradução).

25 Em inglês no original. *Venture philanthropy* pode ser traduzido como filantropia da promoção do bem estar (nota da tradução).

"empresariado social", "microcrédito" etc. No modelo do "*social business*",[26] a empresa não procura primeiramente o lucro, mas a defesa de uma causa social, cultural ou, cada vez mais, ecológica.[27] E a defesa dessa causa – e isso é importante – se alimenta da competitividade, ela a reforça porque os assalariados (nomeados como "colaboradores") seriam, então, mais motivados, melhorando ainda a imagem da empresa.

Constata-se, desse modo, o desenvolvimento de uma ecologia neoliberal que, além do mais, não diz respeito somente às empresas "responsáveis", mas a todos os indivíduos. A ecologia neoliberal está fundamentada na boa vontade dos atores da economia privada. Torna-se a base da estratégia *One Planet summit,*[28] impulsionada pelo governo francês, que sustenta ações concretas das finanças e das grandes empresas. Trata-se – de acordo com Macron, que é seu promotor em âmbito internacional – de "mobilizar as finanças a serviço do clima", a partir de um fundamento voluntário, por meio de uma estratégia de "*blended finance*" (finanças mistas) que ameniza os riscos para os financiadores privados. Trata-se, ainda, de "criar oportunidades de lucro" a partir da questão climática. Mas a ecologia neoliberal diz respeito também a indivíduos que devem ser responsabilizados por pequenos gestos em favor da biodiversidade e do clima. Deste modo, as campanhas de sensibilização e de responsabilização, sejam elas privadas ou públicas, reduzem a questão do clima a uma questão individual. É isso que precisa

26 Em inglês no original. *Social business* pode ser traduzido como negócio do social ou negócio social (nota da tradução).

27 Cf. Yunus M., *Building Social Business. The New Kind of Capitalism that Serves Humanity's most Pressing Needs,* New York, Public Affairs, 2010.

28 Conferência do Clima que elaborou o chamado Acordo de Paris, em dezembro de 2017 (nota da tradução).

ser nomeado como *ecologia neoliberal*, já que deve se tornar, ao longo dos próximos anos e das próximas décadas, um dos eixos centrais do neoliberalismo. Governar a crise climática à maneira neoliberal consiste em culpabilizar todo indivíduo enquanto indivíduo, qualquer que seja sua classe social e seu nível efetivo de responsabilidade no âmbito do sistema econômico e social, o que permite fazer com que o peso da "transição ecológica do capitalismo" recaia sobre a massa da população, especialmente sobre as frações mais modestas, desprezando a organização da produção e da circulação capitalistas, assim como o consumo das classes mais abastadas. Por "ecologia neoliberal" pretendemos designar esse conjunto de discursos e medidas que consistem em imputar a responsabilidade da crise climática aos comportamentos dos indivíduos em geral e aos membros das classes populares em particular e, ainda, no plano prático, dar lugar a medidas tanto de incentivo fiscal como de sua destituição, cujo efeito global é o de fazer crescerem as desigualdades. Nesse sentido, na França, a revolta dos Coletes Amarelos foi uma das primeiras mobilizações que articularam de modo bastante preciso a questão da igualdade e a questão do clima, a justiça social e a justiça climática.

Essas duas versões do neoliberalismo vêm se opondo uma à outra na cena política nacional e mundial. Isso não significa que elas são perfeitamente equivalentes do ponto de vista daqueles que estão submetidos às políticas concretas postas em operação em cada versão. Entretanto, essas duas versões opostas têm como ponto comum o desejo de salvaguardar, pelo maior tempo possível, as bases mesmas do capitalismo neoliberal e de defender, custe o que custar, – e mesmo de incrementar – os benefícios colossais que as oligarquias econômicas obtiveram com a globalização e o enfraquecimento mundial do movimento operário. Essas duas estratégias estão, assim, em disputa, mas ambas procuram, por meios diferentes, superar os limites sociais, culturais e ambientais do modelo neoliberal e do próprio capitalismo. Esse confronto ainda será, por muito tempo, estruturante do campo político, enquanto uma verdadeira alternativa em âmbito global não se consolidar.

Sobre as autoras e autores

Amélia Cohn é Socióloga, professora associada aposentada da USP, docente do Programa de Mestrado em Direito da Saúde - dimensões individuais e coletivas/UNISANTA. Ex-pesquisadora e ex-presidente do CEDEC. Participou da primeira equipe responsável pela implantação do Programa Bolsa Família, governo Lula. Relatora geral documento brasileiro para a Cúpula de Desenvolvimento Social/ONU (1995). Autora de vários artigos e livros, dentre estes: Previdência Social e Processo Político no Brasil (esgotado); *Cartas ao Presidente Lula* - Bolsa Família e Direitos Sociais. Rio de Janeiro, Azougue Editorial.

Áurea Maria Zöllner Ianni é Livre-Docente em Ciências Sociais em Saúde pela Faculdade de Saúde Pública da USP, possui graduação em Ciências Sociais pela USP, Mestrado e Doutorado em Ciência Ambiental pela USP e Pós-doutorado pela UNICAMP. É docente da Faculdade de Saúde Pública da USP e credenciada junto aos Programas de Pós-Graduação em Saúde Pública da Faculdade de Saúde Pública da USP e de Pós-Graduação em Mudança Social e Participação Política da Escola de Artes e Humanidades da USP. Editora científica da revista *Saúde e Sociedade*. Tem experiência na área da sociologia e atua na aproximação entre as Ciências Sociais e a Saúde nos temas: mudanças sociais contemporâneas e saúde, pensamento social em saúde, metrópole e atenção em saúde. É autora do livro *Mudanças Sociais Contemporâneas e Saúde. Estudo sobre Teoria Social e Saúde no Brasil* e coautora de *Individualização, Cidadania e Inclusão na Sociedade Contemporânea: uma Análise Teórica.*

Carlos Alberto Bello é Professor associado do Departamento de Ciências Sociais da Unifesp, doutor em Sociologia pela USP e pesquisador do Centro de Estudos dos Direitos da Cidadania da FFLCH/USP. Principais temas de pesquisa são: Neoliberalismo e Políticas Sociais; Financeirização, Políticas Sociais e Pobreza; Classes e Hegemonia Neoliberal.

Carly Machado é Professora de Antropologia da Universidade Federal Rural do Rio de Janeiro - UFRRJ, e desenvolve pesquisa no campo que envolve as temáticas de religião, mídia, política e periferias urbanas. Atua no Programa de Pós-Graduação em Ciências Sociais da UFRRJ. É Bolsista Produtividade CNPq – Nível 2. Junto com Christina Vital e Edilson Pereira, a Revista Religião & Sociedade (ISER). Coordena, com Patricia Birman, o grupo de pesquisa Distúrbio / UERJ - Dispositivos, tramas urbanas, ordens e resistências. É pesquisadora do Observatório Fluminense / UFRRJ.

Christian Laval é Professor emérito de sociologia na Universidade Paris-Nanterre e autor de diversos livros, entre os quais *L´Homme économique* (Galllimard, 2007) e *L'Ambition sociologique* (La Découverte, 2002). No Brasil publicou *A Escolha da Guerra Civil* (Elefante, 2021) *Foucault, Bourdieu e a Questão*

Neoliberal (Elefante, 2020), *A Escola Não é uma Empresa* (Boitempo 2019) e, com Pierre Dardot, *A Nova Razão do Mundo* (Boitempo, 2016) e *Comum* (Boitempo 2017), além de *A Sombra de Outubro* (Editora Perspectiva, 2018).

Cibele Saliba Rizek é Professora titular do IAU USP, pesquisadora do CENEDIC – FFLCH USP, professora convidada do Programa de Pós Graduação em Sociologia da Universidade Federal de São Carlos, pesquisadora I C do CNPq. Coordenou em conjunto com Isabel Georges o Laboratório Misto Internacional SAGEMM e atualmente coordena o SAGEMM USP. É vice coordenadora do Grupo Teoria Urbana Crítica no Instituto de Estudos Avançados da Universidade de São Paulo.

Felipe Rangel é Doutor em Sociologia pela Universidade Federal de São Carlos (UFSCar), com estágio doutoral no Goldsmiths College - University of London e no Laboratoire interdisciplinaire pour la sociologie économique - Conservatoire national des arts et métiers (CNAM). Foi bolsista de pós-doutorado no Programa de Pós-Graduação em Sociologia da UFSCar e atualmente é pesquisador de pós-doutorado no Instituto de Arquitetura e Urbanismo (IAU) da Universidade de São Paulo (USP). Nos últimos anos, tem desenvolvido pesquisas na interface entre Sociologia do Trabalho e Estudos Urbanos, dedicando-se aos temas da informalidade e das experiências de trabalho e formas de gestão das economias populares urbanas.

Frederico de Assis é Graduando em Ciências Sociais pela Universidade Federal Rural do Rio de Janeiro - UFRRJ. Pesquisador Bolsista de Iniciação Científica do Programa Institucional de Bolsa de Iniciação Científica - (PIBIC/CNPq)

- (de 2017 a 2018); Pesquisador Bolsista de Iniciação Científica pela Fundação Carlos Chagas Filho de Amparo à Pesquisa do Estado do Rio de Janeiro - (FAPERJ) - (de 2019 a 2021). Atualmente, desenvolve pesquisa que envolve as temáticas de Religião, Mídia, Cultura, Periferias urbanas e Raça. Integra o Grupo de estudos Partideiro Bezerra da Silva, interessado em analisar e debater sobre as formas de interação entre Samba, Música gospel, Carnaval e Evangélicos, na contemporaneidade. Atua como produtor cultural na Zona Oeste do Rio de Janeiro.

Isabel Pauline Hildegard Georges é Doutora em Sociologia, pesquisadora do Institut de recherche pour le développement (IRD) desde 2005 e tem Habilitation à diriger des recherches (HDR) em Sociologia. É diretora da Unité Mixte de Recherche *Développement et Sociétés* (UMR 201 D&S - IRD / Université de Paris I Panthéon Sorbonne) – Nogent-s-Marne - França, Docente permanente Programa de Pós-graduação em Sociologia (PPGS), Universidade Federal de São Carlos (UFSCar) e pesquisadora associada do Centro de pesquisa sobre os direitos da cidadania (Cenedic) da Universidade de São Paulo (USP). Foi codiretora do LMI-SAGEMM, 2016-2018, atual rede SAGEMM. Linhas de pesquisa: globalização dos mundos de trabalho e suas reconfigurações, políticas sociais no Brasil e na América latina e o lugar da política. Coorganizou, entre outros, *Le care, face morale du capitalisme. Assistance et police des familles en Amérique latine.* (Bruxelles: Peter Lang, 2017), *Os tempos do social e da política* (São Paulo: Alameda Editorial, 2018) e *Dinámicas do mundo do trabalho na Argentina e no Brasil: transições, mobilidades e deslocamentos* (São Paulo: Alameda, 2020).

Joana D'Arc de Oliveira é Doutora em Arquitetura e Urbanismo. Pós-Doutoranda no IAU-USP (Instituto de Arquitetura e Urbanismo da Universidade de São Paulo) sob a supervisão da Profa. Dra. Eulalia Portela Negrelos com o Projeto "Patrimônio Cultural Afrobrasileiro: Casas e Quintais Negros Urbanos como Espaços de Resistências. É bolsista de Pós-Doutorado no Projeto Memórias Negras coordenado pela Profa. Dra. Eulalia Portela Negrelos no IAU-USP. Autora do Livro "Da Senzala para onde? Negros e negras no Pós-Abolição em São Carlos/SP (1880-1910)" publicado pela Fundação Pró-Memória de São Carlos em 2018 e finalista no Prêmio Anparq 2020.

José Sergio Leite Lopes é Professor Titular de Antropologia Social do Museu Nacional-UFRJ. Coordenador do Programa de Memória dos Movimentos Sociais (Memov/CBAE/UFRJ) e Coordenador da Comissão Memória e Verdade da UFRJ (CMV/UFRJ). Tem doutorado em Antropologia pelo PPGAS/MN/UFRJ (1986) e mestre pelo mesmo programa (1975). É autor de *"O Vapor do Diabo; o trabalho dos operários do Açúcar"* (1976) e *"Movimentos Cruzados, Histórias Específicas* (Greves de Canavieiros e Metalúrgicos)" (2019).

Maria Aparecida de Moraes Silva é Professora Sênior, visitante do PPG/Sociologia da UFSCar. Pesquisadora nível 1A do CNPq. Professora colaboradora do curso de Especialização, Maestria e Doctorado Sociología de la Agricultura latinoamericana da UNco, na Facultad de Derecho y Ciencias Sociales de Comahue/Argentina. Integrante do Grupo do CLACSO, "Trabajo agrário, desigualdades y ruralidades," coordenado por Paola Mascheroni (Uruguai) e Germán Quaranta (Argentina), do qual participam pesquisadores do Uruguai, Argentina,

Brasil, México, Equador, Bolívia, Paraguai, Cuba, Peru, Espanha, França e EUA. https://www.clacso.org/grupos-de-trabajo/. Líder de grupo do CNPq "Terra, trabalho, memória e migrações" www.trama.ufscar.br. Possui graduação em Ciências Sociais pela Universidade Estadual Paulista Júlio de Mesquita Filho (1968), mestrado em Sociologie Du Dévéloppement Iedes - Université Paris 1 (Panthéon-Sorbonne) (1978) e doutorado em Sociologie Du Développement Iedes - Université Paris 1 (Panthéon-Sorbonne) (1980). É livre-docente pela Universidade Estadual Paulista Júlio de Mesquita Filho (UNESP) em 1997. Possui experiência na área de Sociologia, com ênfase em Sociologia Rural, atuando principalmente nos seguintes temas: agricultura e capitalismo, agricultura e modernização, exploração do trabalho, modernização agrícola, trabalhadores rurais, migrantes e assentamentos rurais, relações de gênero e raça/etnia e memória.

Natália Máximo e Melo é Professora EBTT no Instituto Federal do Rio Grande do Norte (IFRN). Doutora em Sociologia pela Universidade Federal de São Carlos (2016) e mestre em Ciências Sociais pela mesma universidade (2008). Possui bacharelado em Ciências Sociais pela Universidade Federal de São Carlos (2005) e Licenciatura em Ciências Sociais pela Universidade Estadual Paulista Júlio de Mesquita Filho (2011). Realizou estágio de doutorado sanduíche entre 2015 a 2016 na *École des Hautes Études en Sciences Sociales* (EHESS). Tem experiência na área de Sociologia, atuando principalmente nos seguintes temas: sociologia do trabalho, sociologia urbana e políticas sociais.

Oswaldo Truzzi é Professor Titular da Universidade Federal de São Carlos, onde atua no Programa de Pós-Graduação em

Sociologia. Possui Doutorado em Ciências Sociais pela Unicamp (1993) e Mestrado em Administração de Empresas pela EAESP-FGV (1985). Foi *Visiting Scholar,* como bolsista Fulbright, na Universidade de Chicago (1992), onde também realizou estágios de pós-doutorado (1996, 2000 e 2006). Atua principalmente nos temas de Sociologia das migrações e História Social das Migrações. É pesquisador do CNPq e membro da Coordenação de Área de Ciências Humanas e Sociais da FAPESP. É autor de *Patrícios: sírios e libaneses em São Paulo, Italianidade no interior paulista, Atlas das migrações internacionais em São Paulo* (coautor) e *Café, indústria e conhecimento* (coautor), entre outros escritos. Em 2019 recebeu o prêmio "Evelyn Shakir Non-Fiction Award Winner" do Arab-American National Museum, pelo livro *Syrian and Lebanese Patrícios in Sao Paulo.*

Ricardo de Lima Jurca é Sociólogo. Doutor em Saúde Pública pela Faculdade de Saúde Pública da Universidade de São Paulo (FSP-USP). Atualmente é pós-doutorando no Instituto de Arquitetura e Urbanismo da Universidade de São Paulo (IAU-USP) e membro do grupo de pesquisa Social activities, gender, markets and mobilities from below Latin America (SAGEMM). A pesquisa de pós-doutorado intitulada "Políticas e Organizações Sociais nos territórios periféricos da cidade de São Paulo: reconfigurações", analisa o desmanche das políticas sociais nos territórios periféricos, com ênfase nas políticas de saúde como foco para a apreensão das transformações recentes no âmbito dos programas e serviços públicos. A pesquisa se desenvolve a partir: da elaboração de informações obtidas a partir de entrevistas com os profissionais da saúde e coletivos envolvidos na gestão dos programas sociais de saúde e na luta contra o encolhimento da cobertura da saúde pública.

Rogério da Palma é Graduado em Ciências Sociais (2007) pela Universidade Federal de São Carlos. Possui mestrado (2010) e doutorado (2014) em Sociologia pela mesma instituição. Através de uma bolsa de doutorado sanduíche ofertada pela CAPES, foi *Visiting Scholar* na *University of Michigan* (EUA) durante o ano de 2013. Desde 2015, é Professor Adjunto da UEMS, lecionando e orientando pesquisas nos cursos de Ciências Sociais e no ProfHistória. Atualmente, é coordenador do curso de Licenciatura em Ciências Sociais, modalidade EAD, da UEMS. Tem experiência na área de Sociologia, com ênfase em sociologia histórica, atuando principalmente nos seguintes temas: relações étnico-raciais, racismo, migrações, pós-abolição, mercados de trabalho; raça e educação; raça e música. É autor de *Racismo e Liberdade. Relações inter-raciais e a construção da (sub)cidadania negra*. São Paulo: Alameda, 2021. *Negros e Italianos em São Carlos. As gramáticas morais do mercado de trabalho da economia cafeeira no pós-abolição*. 1. ed. Saarbrücken: Novas Edições Acadêmicas, 2014.

Sthefanye Paz é Licenciada em Ciências Sociais pela Universidade Federal Rural do Rio de Janeiro (UFRRJ), onde também obteve o seu Mestrado no Programa de Pós-graduação em Ciências Sociais. Atualmente é doutoranda em Antropologia Social pelo Museu Nacional da Universidade Federal do Rio de Janeiro (PPGAS/UFRJ). Bolsista Capes. Professora de Sociologia na educação básica. Suas pesquisas têm ênfase na trajetória de sujeitos periféricos, sobretudo a partir de seus pertencimentos religiosos, sua arte e seus trabalhos, a partir da Antropologia da religião e urbana.

Tainá Reis é Doutora em Sociologia pela Universidade Federal de São Carlos, é vice-líder do Grupo de Pesquisa Terra, Trabalho, Memória e Migração – CNPq e membro do Grupo de Pesquisa Ruralidades, Ambiente e Sociedade. No âmbito do CLACSO (Consejo Latinoamericano de Ciencias Sociales), é membro do Grupo de Trabalho, Trabajo agrário, desigualdades y ruralidades. Durante a formação se dedicou aos temas: questão agrária, renda fundiária e ruralidades (mestrado), trabalho rural, saúde do trabalhador na produção canavieira, atentando para a intersecção com estudos de gênero, migração e resistência camponesa (doutorado). Atuou como assessora de pesquisa com membros do Programa DINTER UFSCAR/UNEMAT, participando de pesquisas de campo e executando correção de teses de doutorado. Tais pesquisas versaram sobre: resistência camponesa, agronegócio e Estado. Docente, na condição de substituta, da Universidade Federal da Bahia.

Tarcísio Perdigão Araújo Filho é Doutor e mestre em Sociologia pela Universidade Federal de São Carlos (UFSCar). Bacharel em Ciências Sociais pela Universidade Federal de Minas Gerais (UFMG) com ênfase em Sociologia. Fez estágio sanduíche no *Laboratoire interdisciplinaire pour la sociologie économique* (Lise) do *Conservatoire national des arts et métiers* (Cnam) em Paris, França. É pesquisador da Rede Sagemm: *Social Activities, Gender, Markets and Mobilities from below (Latin America)*. Tem experiência nas áreas de Sociologia Urbana e Sociologia do Trabalho. Docente vinculado ao Departamento de Ciências Humanas da Universidade do Estado de Minas Gerais (UEMG), unidade Abaeté.

Thalles Vichiato Breda é Doutorando pelo Departamento de Pós-Graduação em Sociologia da UFSCar e Doutorando pelo Faculdade de Arquitetura e Urbanismo da Bauhaus Universidade de Weimar (Alemanha), pesquisador da Rede Sagemm: *Social Activities, Gender, Markets and Mobilities from below (Latin America)* e Editor assistente da Contemporânea - Revista de Sociologia da UFSCar. Foi Pesquisador Visitante na Universidade Técnica de Berlim, em 2019. Mestre em Sociologia pelo Departamento de Pós - Graduação em Sociologia, UFSCar (2018). Possui graduação em Ciências Sociais pela UFSCar (2014), com ênfase em Sociologia e Ciência Política e Licenciatura em Ciências Sociais pela UNESP (2021). Tem experiência na área de Sociologia, atuando principalmente nos seguintes temas: Sociologia Urbana, Produção do Espaço Urbano, Gestão do Social e Políticas Sociais.

Alameda nas redes sociais:
Site: www.alamedaeditorial.com.br
Facebook.com/alamedaeditorial/
Twitter.com/editoraalameda
Instagram.com/editora_alameda/

Esta obra foi impressa em São Paulo no verão de 2023. No texto foi utilizada a fonte Minion Pro em corpo 10,5 e entrelinha de 15,0 pontos.